Zweckadäquate Gewinnermittlungsregeln

AF883967

Betriebswirtschaftliche Studien Rechnungs- und Finanzwesen, Organisation und Institution

Herausgegeben von
Prof. Dr. Dr. h.c. Wolfgang Ballwieser, München
Prof. Dr. Christoph Kuhner, Köln
Prof. Dr. Dr. h.c. Dieter Ordelheide †, Frankfurt

Band 75

Peter Lang
Frankfurt am Main · Berlin · Bern · Bruxelles · New York · Oxford · Wien

Silvia Hettich

Zweckadäquate Gewinnermittlungs-regeln

Peter Lang
Europäischer Verlag der Wissenschaften

Bibliografische Information Der Deutschen Bibliothek
Die Deutsche Bibliothek verzeichnet diese Publikation in der Deutschen Nationalbibliografie; detaillierte bibliografische Daten sind im Internet über <http://dnb.ddb.de> abrufbar.

Zugl.: München, Univ., Diss., 2006

D 19
ISSN 1176-716X
ISBN 3-631-55853-8

© Peter Lang GmbH
Europäischer Verlag der Wissenschaften
Frankfurt am Main 2006
Alle Rechte vorbehalten.

Das Werk einschließlich aller seiner Teile ist urheberrechtlich geschützt. Jede Verwertung außerhalb der engen Grenzen des Urheberrechtsgesetzes ist ohne Zustimmung des Verlages unzulässig und strafbar. Das gilt insbesondere für Vervielfältigungen, Übersetzungen, Mikroverfilmungen und die Einspeicherung und Verarbeitung in elektronischen Systemen.

www.peterlang.de

Geleitwort

Wer heute noch eine Arbeit über Gewinnermittlung schreibt, hat ein Begründungsproblem. Alles scheint von kompetenten oder weniger kompetenten Autoren gesagt, nur noch nicht von jedem. Diese naheliegende, aber falsche Einschätzung widerspricht der intensiven Beschäftigung mit Gewinnkonzepten in der derzeitigen Welt. Gewinne dienen der internen Steuerung und werden intensiv für die externe Rechnungslegung diskutiert. Während Theoretiker längst gezeigt haben, daß ein einheitlich definierter Gewinn nur zufällig verschiedene Zwecke erfüllen kann, suchen Praktiker nach wie vor nach einem universal verwendbaren Gewinn. Dies wird unterstützt durch politische Bemühungen, „qualitativ hochwertige" Rechnungslegungsregeln zu entwickeln, die weltweit für kapitalmarktorientierte Unternehmen eingesetzt werden sollen. Diese Regeln sollen das in- und externe Rechnungswesen vereinheitlichen und insofern unternehmensinterne Transaktionskosten abbauen. Hier ist man schnell bei der Diskussion und Wertung von Details, ohne den Gesamtzusammenhang zu beleuchten. Genau dies ist der Grund für die vorliegende Arbeit: Ohne eine Präzisierung eines Gewinnermittlungszwecks sind Aussagen über die Qualität von Rechnungslegungsregeln substanzlos. Zwar existiert eine weitgehend abgeschlossene Diskussion bilanztheoretischer Konzepte, aber diese entstanden zu einer Zeit, in der die Modellbildung, die Erfassung unsicherer Erwartungen, die Formalisierung von Zielkonflikten, die Berücksichtigung von Informationsasymmetrien und die Möglichkeiten, Auswirkungen bestehender Rechnungslegungssysteme am Kapitalmarkt zu testen, begrenzt waren. Insofern werden seit den letzten 20 Jahren Rechnungslegungsregeln in einem gegenüber den früheren Bilanztheorien stark erweiterten Kontext diskutiert. Neben der politischen Dimension des Gewinnermittlungsproblems ist dies der theoretische Hintergrund der vorliegenden Arbeit. Dem vorliegenden Projekt ist deshalb größte theoretische wie praktische Bedeutung zuzumessen.

Kapitel 2 beschreibt die Gewinnermittlung als zentrales betriebswirtschaftliches Problem. Frau Hettich diskutiert das Zweckadäquanzprinzip und systematisiert mögliche Zwecke, bevor sie sich Gewinnkonzepten in der Abgrenzung von Statik (Gewinn als Vermögensänderung) und Dynamik (Gewinn als Einkommensindikator) zuwendet. Das Kapitel schließt mit einem Plädoyer für eine Differenzierungsnotwendigkeit der Gewinnermittlungsregeln in Abhängigkeit der Zwecke. Kapitel 3 behandelt zweckadäquate Gewinneigenschaften und trennt nach Rechenschaft, Entscheidungsnützlichkeit, Ausschüttungsbemessung und Anreizsetzung. Es endet mit einem Plädoyer für eine Zusammenschau der verschiedenen Zwecke. In Kapitel 4 widmet sich die Verfasserin dem aktuellen Projekt Performance Reporting des IASB. Nach einer Beschreibung der derzeitigen Regelungen zur Gewinnermittlung und Gewinndarstellung nach IFRS und des Stands des Projektes erfolgt eine Würdigung anhand der qualitativen Anforderungen des Rahmenkonzeptes des IASB und der Zwecke Rechenschaft, Entscheidungsnützlichkeit, Ausschüttungsbemessung und Anreizsetzung.

Die Gliederung läßt erkennen, daß neben einer Besinnung auf klassische Konzepte ein aktuelles, wenn auch umstrittenes Projekt des IASB behandelt wird. Ein genauerer

Blick zeigt weiterhin, daß in Kapitel 3 die jeweiligen Abschnitte bezüglich zweckadäquater Gewinnermittlungsregeln einem Dreisprung folgen: Frau Hettich diskutiert jeweils im ersten Schritt, ob die aus der deutschen Bilanztheorie bekannten Konzepte dem in dem jeweiligen Unterabschnitt behandelten Zweck gerecht werden. Hierbei werden plausible Argumentationsketten entwickelt, jedoch keine formalen Modelle herangezogen. Dies erfolgt auf der zweiten Ebene, wo zur Analyse des Zwecks der Entscheidungsnützlichkeit auf ein Modell von Ohlson aus dem Jahre 1999, für den Zweck der Ausschüttungsbemessung auf ein Modell von Gjesdal/Antle aus 2001 und für den Zweck der Anreizsetzung auf ein Modell von Dutta/Zhang aus dem Jahre 2002 zurückgegriffen wird. Auf der dritten Ebene werden Ergebnisse fremder empirischer Untersuchungen ausgewertet, die geeignet sein könnten, Empfehlungen für die Entwicklung zweckgerechter Regeln zu geben.

Die Arbeit hat sich auf eine originelle Art aktuellen Projekten des IASB und FASB gewidmet und hierzu eine gelungene Verbindung von traditionellen deutschen Bilanztheorien, aktuellen analytischen Modellen aus der angelsächsischen Welt und den Ergebnissen empirischer Studien hergestellt. Sie hebt sich trotz der Beschäftigung mit einem klassischen Problem vorbildlich von vielen Konkurrenzprodukten ab. Ich wünsche ihr eine gute Aufnahme.

München, im Juni 2006 — Wolfgang Ballwieser

Vorwort

Nicht leicht ist es, eine Lücke in der bisherigen Forschung zur Gewinnermittlung und Gewinndarstellung zu finden, gibt es doch eine Fülle an Literatur, wie sie kaum ein anderes Gebiet der Rechnungslegung aufweist. Eine Lücke zu finden und zu ihrer Schließung beizutragen wurde erst durch das Umfeld am Lehrstuhl möglich, das die notwendigen Ressourcen und Unterstützung darbot. Ergebnis ist die während meiner Tätigkeit als wissenschaftliche Mitarbeiterin am Seminar für Rechnungswesen und Prüfung der Ludwig-Maximilians-Universität München entstandene Arbeit zu zweckadäquaten Gewinnermittlungsregeln. Sie wurde im Sommersemester 2006 vom Promotionsausschuss der Fakultät für Betriebswirtschaft als Dissertation angenommen.

An erster Stelle gilt mein Dank meinem akademischen Lehrer und Doktorvater Herrn Professor Dr. Dr. h.c. *Wolfgang Ballwieser*. Er hat durch seine fördernde Grundhaltung, konstruktive Kritik und hinterfragenden Anmerkungen das Gelingen der Arbeit wesentlich beeinflusst und gleichzeitig die notwendigen Freiräume gewährt. Herrn Professor Dr. *Bernd Rudolph* danke ich für die freundliche Übernahme des Korreferats und dessen rasche Erstellung.

Ein solches Vorhaben kann nicht ohne die Unterstützung vieler gelingen. Allen Kolleginnen und Kollegen gilt mein Dank für die gute Zusammenarbeit am Lehrstuhl und für die fachlichen wie zerstreuenden und motivierenden Gespräche. Den studentischen Hilfskräften danke ich für die unermüdliche Literaturbeschaffung selbst der ältesten Quellen. Dank gebührt auch meinen langjährigen Freunden aus der Schul- und Studienzeit, deren Rückhalt ich mir stets sicher sein konnte, sowie den Kollegen des IN-RIVER, die für die manchmal notwendige Abwechslung sorgten. Schwer ist es, einzelne hervorzuheben. Dennoch danke ich insbesondere Herrn Dr. *Peter Gampenrieder*, MBR, für die stete Diskussionsbereitschaft und guten Ratschläge bei dem einen oder anderen Cappo. Die Gespräche mit Herrn Dr. *Werner Rockel*, MBR, waren gleichermaßen fachlich bereichernd wie erheiternd und aufbauend. Herr Dr. *Michael Dobler*, MBR, ist mir vom ersten Tag am Lehrstuhl mit Rat und Tat zur Seite gestanden und hat sich nicht gescheut, auch kurzfristig verschiedene Arbeiten teilweise mehrfach zu lesen. Neben den konstruktiven fachlichen Anmerkungen bin ich ihm für die zwischenmenschlichen Gespräche, den großen Rückhalt, die Geduld und Unterstützung v.a. in der Endphase der Dissertation mehr als dankbar.

Ohne meine Eltern, *Ursula* und Dr. *Günter Hettich*, und Geschwister, *Karin* und insbesondere *Ralf*, die mich immer unterstützt und gefördert haben und auf deren Zuspruch und Motivation ich mich stets verlassen konnte, wäre ich nicht da, wo ich heute stehe. Ich danke ihnen dafür, dass sie das alles ermöglicht haben. Ihnen ist diese Arbeit gewidmet.

München, im Juni 2006 *Silvia Hettich*

Inhaltsverzeichnis

Abkürzungsverzeichnis

a.M.	am Main
abh.	abhängig
Abs.	Absatz
abzgl.	abzüglich
AE	Anteilseigner
AHK	Anschaffungs- oder Herstellungskosten
AICPA	American Institute of Certified Public Accountants
AIMR	Association for Investment Management and Research
AK	Anschaffungskosten
Anm.	Anmerkung
Art.	Artikel
ASB	Accounting Standards Board
Aufl.	Auflage
BC	Basis for Conclusion
Bd.	Band
BilKoG	Gesetz zur Kontrolle von Unternehmensabschlüssen (Bilanzkontrollgesetz)
BilReG	Gesetz zur Einführung internationaler Rechnungslegungsstandards und zur Sicherung der Qualität der Abschlussprüfung (Bilanzrechtsreformgesetz)
bzgl.	bezüglich
bzw.	beziehungsweise
c.p.	ceteris paribus
ca.	circa
CAPM	Capital Asset Pricing Model
CEO	Chief Executive Officer
CRSP	Center for Research in Security Prices
D	Deutschland
d.	der
d.h.	das heißt
ders.	derselbe
DVFA	Deutsche Vereinigung für Finanzanalyse und Anlageberatung e.V.
e.V.	eingetragener Verein
EBIT	Earnings Before Interest and Taxes
EBITDA	Earnings Before Interest, Taxes, Depreciation, and Amortization
EG	Europäische Gemeinschaft
Einbeh.	einbehaltene Mittel
EPS	Earnings per Share
EStG	Einkommensteuergesetz
et al.	et alii
etc.	et cetera

EU	Europäische Union
EVA	Economic Value Added
evtl.	eventuell
f.	folgende
F.	Rahmenkonzept (*framework*) der IFRS
FASAC	Financial Accounting Standards Advisory Council
FASB	Financial Accounting Standards Board
ff.	fortfolgende
FIFO	First in First out
Fn.	Fußnote(n)
FS	Festschrift
GAAP	Generally Accepted Accounting Principles
gem.	gemäß
ggf.	gegebenenfalls
Gl.	Gläubiger
GoB	Grundsätze ordnungsmäßiger Buchführung
GuV	Gewinn- und Verlustrechnung
HGB	Handelsgesetzbuch
Hrsg.	Herausgeber
i.A.	im Allgemeinen
i.Br.	im Breisgau
i.d.R.	in der Regel
i.e.S.	im engen Sinne
i.H.d.	in Höhe der
i.S.d.	im Sinne des
i.S.v.	im Sinne von
i.V.m.	in Verbindung mit
i.w.S.	im weiten Sinne
I/B/E/S	Institutional Brokers' Estimate System
IAS	International Accounting Standard(s)
IASB	International Accounting Standards Board
IASC	International Accounting Standards Committee
IASCF	International Accounting Standards Committee Foundation
IDW	Institut der Wirtschaftsprüfer in Deutschland e.V.
IFRS	International Financial Reporting Standard(s)
IG	Implementation Guide
immat.	Immaterielle(n, r, s)
IN	Introduction
inkl.	inklusive
insb.	insbesondere
IT	Informationstechnologie
Jg.	Jahrgang
JIG	Joint International Group on Performance Reporting
Jr.	Junior

LEN	lineare Teilungsregel, exponentielle Nutzenfunktion, normalverteilte Zufallsvariablen
m.w.N.	mit weiteren Nachweisen
No.	Number
Nr.	Nummer
NYSE	New York Stock Exchange
OBSF	*off balance sheet*-Finanzierung
qualif.	qualifiziert(er, es, en)
R&D	Research and Development
R.	Rahmenkonzept der IFRS
rev.	revised
Rn.	Randnummer
Rz.	Randziffer
S.	Seite(n)
s.o.	siehe oben
SEC	Securities and Exchange Commission
SFAC	Statement of Financial Accounting Concept(s)
SFAS	Statement of Financial Accounting Standard(s)
SIC	Standard Industrial Classifications Index
sog.	sogenannte(n, r, s)
Sp.	Spalte(n)
Suppl.	Supplement
Ts.	Taunus
u.a.	und andere / unter anderem
u.d.N.	unter der Nebenbedingung / unter den Nebenbedingungen
u.U.	unter Umständen
UK / U.K.	United Kingdom
US / U.S.	United States
USA	United States of America
v.	von
v.a.	vor allem
Verf.	Verfasserin
vgl.	vergleiche
Vol.	Volume
vs. / vs	versus
VW	Vermögenswert
XBRL	Extensible Business Reporting Language
z.B.	zum Beispiel
z.T.	zum Teil
ZGE	zahlungsmittelgenerierende Einheit

Verzeichnis der Zeitschriftenabkürzungen

ABR	Accounting and Business Research
A & F	Accounting and Finance
AER	American Economic Review
AH	Accounting Horizons
AiE	Accounting in Europe
AJM	Australian Journal of Management
AMR	Academy of Management Review
AOS	Accounting, Organizations and Society
AR	The Accounting Review
BAR	The British Accounting Review
BB	Betriebs-Berater
BFuP	Betriebswirtschaftliche Forschung und Praxis
Biom.	Biometrica
BJE	The Bell Journal of Economics
BL	The Business Lawyer
CAR	Contemporary Accounting Research
CPoA	Critical Perspectives on Accounting
DB	Der Betrieb
DBW	Die Betriebswirtschaft
DK	Der Konzern
DÖB	Der Österreichische Betriebswirt
DStR	Deutsches Steuerrecht
DU	Die Unternehmung
EAR	European Accounting Review
Econ.	Econometrica
FB	Finanz Betrieb
FM	Financial Management
FR	Financial Review
FT	Financial Times
JAAF	Journal of Accounting, Auditing and Finance
JAAPE	Journal of Accounting, Auditing and Performance Evaluation
JACF	Journal of Applied Corporate Finance
JAE	Journal of Accounting and Economics
JAL	Journal of Accounting Literature
JAPP	Journal of Accounting and Public Policy
JAR	Journal of Accounting Research
JBFA	Journal of Business Finance and Accounting
JCF	Journal of Corporate Finance
JEF	Journal of Economics and Finance
JEP	Journal of Economic Perspectives
JET	Journal of Economic Theory
JFE	Journal of Financial Economics

JFQA	Journal of Financial and Quantitative Analysis
JLEO	Journal of Law, Economics, and Organization
JME	Journal of Mathematical Economics
JoA	Journal of Accountancy
JoB	The Journal of Business
JoF	Journal of Finance
JPE	Journal of Political Economy
JRI	The Journal of Risk and Insurance
KoR	Zeitschrift für kapitalmarktorientierte Rechnungslegung
krp	Kostenrechnungspraxis
MS	Management Science
NBW	Neue Betriebswirtschaft
NTJ	National Tax Journal
PT	The Philosophical Transactions
QJE	Quarterly Journal of Economics
RAS	Review of Accounting Studies
RES	Review of Economic Studies
RQFA	Review of Quantitative Finance and Accounting
RWZ	Österreichische Zeitschrift für Recht und Rechnungswesen
ST	Der Schweizer Treuhänder
StuW	Steuer und Wirtschaft
WPg	Die Wirtschaftsprüfung
WPK-Mitt.	Wirtschaftsprüferkammer-Mitteilungen
ZfB	Zeitschrift für Betriebswirtschaft
zfbf	Schmalenbachs Zeitschrift für betriebswirtschaftliche Forschung
ZfCM	Zeitschrift für Controlling und Management
ZfhF	Zeitschrift für handelswissenschaftliche Forschung
zfwu	Zeitschrift für Wirtschafts- und Unternehmensethik
ZGR	Zeitschrift für Unternehmens- und Gesellschaftsrecht

Symbolverzeichnis

A	Ausschüttungen
AI	Auszahlungen für Investitionen
b	Buchwert des Eigenkapitals
c_1	Auszahlungsstrom
c_2	Einzahlungsstrom
c	Nettozahlungsstrom
C, C_1, C_2	Insolvenzkosten
d	Nettodividenden
D	Mindesteinbehaltungserfordernis
e	Anstrengung des Managers
$E(\cdot)$	Erwartungswert
EK	Einzahlungen aus der Aufnahme von Eigenkapital
f	Verteilungsfunktion
F	Dichtefunktion
FK	Einzahlungen aus der Aufnahme von Fremdkapital
g	Quotient aus effektiven Entlohnungskoeffizienten
h	Konsum des Managers
i	angefallener Zins aus Periodenabgrenzungen
I	Informationen
Inc	*operating income*
k	Ersparnisse des Managers
K	Auszahlung für ein Investitionsprojekt
L	Einzahlungen aus der Liquidation von Vermögenswerten
M	vom Gläubiger geliehene Mittel
M_D	maximale Ausschüttung
n	Dimension
p	Einkommensparameter
P	Preis (Marktwert)
P_1, P_2	Rückzahlungen an den Gläubiger
PA	Periodenabgrenzungen
q	Produktionsentscheidung
r	Kapitalkosten des Eigners
r_b	Basisvergütung
R	Diskontierungsfaktor
RI	Residualgewinn im Modell von *Dutta/Zhang*
s	Entlohnungsfunktion
t	Zeitindex

T	Planungshorizont
$U(\cdot)$	Nutzenfunktion des Managers
W	Vermögen des Eigners
x	Gewinn
x_1	Kerngewinne
x_2	transitorische Gewinne
x^a	Residualgewinn im Modell von *Ohlson*
X, X_1, X_2	Rückfluss aus dem Investitionsprojekt
z	Informationen der Rechnungslegung
Z	Zins-/Tilgungszahlungen
$ZÜ$	Zahlungsüberschuss aus dem Umsatzprozess
α	Ausschüttungsquote
α_1, α_2	Bewertungsparameter
β_1, β_2	Entlohnungskoeffizienten
β_j	effektiver Entlohnungskoeffizient
δ	Vektor von Beständigkeitsparametern
Δ	Teilmenge möglicher Ausschüttungen
$\tilde{\varepsilon}$	Störterm
γ	Diskontierungsfaktor
$\tilde{\eta}$	Zufallsterm
λ	fester Entlohnungsbestandteil
μ^2	Varianz des Zufallsterms $\tilde{\eta}$
v	andere Information
$\tilde{\theta}$	vom Manager beobachtbarer, stochastischer Schock
ρ	Risikoaversion des Managers
σ^2	Varianz des Störterms $\tilde{\varepsilon}$
τ	Laufindex
ϖ	Produktivität der Anstrengung des Managers
$\omega_{11}, \omega_{12}, \omega_{21}, \omega_{22}$	Beständigkeitsparameter
ξ	Vertragsparameter

Abbildungsverzeichnis

Tabellenverzeichnis

1. Problemstellung

Zu den zentralen Fragen der Rechnungslegung gehören die Gewinnermittlung und die Darstellung der Ertragslage des Unternehmens. Seit Beginn der Buchführung ist von Interesse, wie sich das Vermögen im Geschäftsjahr entwickelt hat, d.h., inwieweit es sich im günstigen Fall vermehrt, im ungünstigen Fall vermindert hat.[1] Die Fülle an Literatur, die sich zum Gewinn findet, weist auf die heftigen und kontroversen Diskussionen über den Sinn und Zweck des Gewinns und seiner Ermittlung hin.

Vereinfacht gesagt, kann Gewinn als positiver und Verlust als negativer Erfolg eines Unternehmens gesehen werden. Die Ermittlung kann sowohl bestandsorientiert als Differenz zwischen Anfangsvermögen und Endvermögen (Statik) als auch stromgrößenorientiert als Differenz zwischen Erträgen und Aufwendungen (Dynamik) erfolgen.[2] Wenngleich Gewinn eine wesentliche Zielgröße unternehmerischen Handelns darstellt, ist er ein theoretisches, modellmäßig zu erläuterndes Konstrukt.[3] Es gibt daher nicht den „richtigen" Gewinn, vielmehr ist dieser zweckabhängig zu ermitteln.

Neue Aktualität haben die Gewinnermittlung und Gewinndarstellung in den letzten Jahren im Rahmen der internationalen Rechnungslegung erfahren. Im Oktober 2005 veröffentlichte das *FASAC* die Ergebnisse seiner jährlichen Befragung über die wichtigsten Themen, mit denen sich das *FASB* auseinander setzen sollte.[4] Im vierten Jahr in Folge wird dabei *revenue recognition* und *performance reporting* höchste Priorität eingeräumt. Dies verwundert nicht, da die bisherigen Regelungen sowohl des *FASB* als auch des *IASB* aus diversen Gründen als unbefriedigend erachtet werden.[5] Derzeit befassen sich die Standardsetter mit beiden Themen in gemeinsamen Projekten.[6]

Bevor Regeln zur Gewinnermittlung und Gewinndarstellung abgeleitet werden können, sind die Zwecke zu klären, die mit der Rechnungslegung verfolgt werden sollen. Das sind nach IFRS (F.12-.14)[7] und nach US-GAAP (SFAC 1.34, 1.50) Entscheidungsnützlichkeit und Rechenschaft. Im HGB steht die Ausschüttungsbemessung im Vordergrund, daneben ist der Zweck der Rechenschaft implizit verankert.[8] Seit dem 1. Januar 2005 ist in Deutschland die Anwendung von IFRS im Konzernabschluss für kapitalmarktorientierte Konzerne verpflichtend; ein Wahlrecht zwischen IFRS und HGB wird für die Aufstellung der übrigen Konzernabschlüsse sowie für die Offenle-

---

1 Vgl. z.B. *Walb* (1926), S. 23, *Schneider* (2002).

2 Vgl. *Wagenhofer* (2002), Sp. 969f.

3 Vgl. *Schneider* (1997), S. 35, *Ballwieser* (2001a), S. 161, auch *Revsine* (1971), S. 482.

4 Vgl. *FASAC* (2005). Befragt wurden 27 von 33 *FASAC*-Mitglieder, alle sieben *FASB*-Mitglieder und weitere 20 Akademiker und Praktiker.

5 Vgl. zur Konzeptionslosigkeit des *IASB Ballwieser* (2005b).

6 Vgl. zu *revenue recognition IASB* (2006c), *FASB* (2006b), zu *performance reporting FASB/IASB* (2006b).

7 Die Angabe der Fundstellen bei HGB, IFRS und US-GAAP erfolgt direkt im Text und bezieht sich jeweils auf die aktuelle Regelung, sofern nicht anders gekennzeichnet.

8 Vgl. *Ballwieser* (1996a), S. 7-9, *Baetge/Kirsch/Thiele* (2005), S. 95-98.

gung der Einzelabschlüsse großer Kapitalgesellschaften gewährt.[9] Für die Ausschüttungsbemessung ist weiterhin ein HGB-Abschluss notwendig.[10] Das wirft die Frage auf, ob ein auf Basis der IFRS ermittelter Gewinn auch für die Ausschüttungsbemessung geeignet ist,[11] so dass nur ein Einzelabschluss aufzustellen ist und damit direkte Publizitätskosten gesenkt werden können.[12] Der Rechenschaftszweck kann unter Entscheidungsnützlichkeit subsumiert, aber auch als Anreizkontrolle verstanden werden.[13] Daher ist zusätzlich der Zweck der Anreizsetzung zu diskutieren. Aufgrund der Überschneidungen von Anreizsetzung und interner Steuerung[14] kann der Bogen zum internen Rechnungswesen geschlagen und die Diskussion um eine Harmonisierung von internem und externem Rechnungswesen befruchtet werden.

Damit rücken die Zwecke Rechenschaft, Entscheidungsnützlichkeit, Ausschüttungsbemessung und Anreizsetzung in den Fokus der Diskussion. Während für den Zweck der Rechenschaft wie der Anreizsetzung[15] die Meinungen über geeignete Bewertungsansätze weit auseinander gehen,[16] wird v.a. im englischsprachigen Schrifttum – meist ohne theoretische Analyse – unterstellt, dass zum Zweck der Entscheidungsnützlichkeit eine Bewertung zu *fair values* vorteilhaft ist.[17] Für den Zweck der Ausschüttungsbemessung wird in Deutschland eine vorsichtige Rechnungslegung für den Gläubigerschutz als überlegen erachtet,[18] wobei vernachlässigt wird, dass eine hohe Haftungsmasse auch gläubigerschädigend wirken kann.[19] Offen ist, welches Gewinnkonzept für den jeweiligen Zweck geeignet ist. Eine Rangfolge von Zwecken ist dann festzulegen,[20] wenn sich die aus verschiedenen Zwecken abgeleiteten Regeln widersprechen.[21]

---

9 Vgl. EU-Verordnung (EG) Nr. 1606/2002 und deren Umsetzung in Deutschland durch das Bilanzrechtsreformgesetz, insb. §§ 315a, 325 Abs. 2a HGB. Ein Überblick über die Änderungen durch das Bilanzrechtsreformgesetz findet sich bei *Meyer* (2005), S. 41-43.

10 Vgl. *Wendlandt/Knorr* (2004), S. 46.

11 Vgl. ähnlich *Gjesdal/Antle* (2001), S. 62, *Ballwieser* (2005a), S. 28.

12 Obgleich die IFRS international anerkannt sind, ist von einer weltweit einheitlichen Auslegung – auch aufgrund unterschiedlicher Zwecke der Abschlüsse – nicht auszugehen. *Dobler/Ballwieser* (2005), S. 23, sprechen von „verschiedene[n] ‚Dialekte[n]' von IFRS".

13 Vgl. *Birnberg* (1980), S. 77, *Gjesdal* (1981), S. 214, *Ballwieser* (1985a), S. 34.

14 Vgl. *Küting/Lorson* (1998), S. 492f.

15 Die Diskussion beginnt bei der geeigneten Bemessungsgrundlage der Entlohnung, die z.B. am Gewinn, am Residualgewinn, an Kennzahlen, am Aktienkurs oder an einer Kombination mehrerer Größen ansetzen kann, vgl. m.w.N. *Hebertinger* (2002), S. 65-185, *Schaffer* (2005), S. 12-31.

16 Vgl. z.B. *Beaver/Demski* (1979), S. 44f., *Schneider* (1981), S. 261, *Hartmann-Wendels* (1991), S. 14-216, *Barlev/Haddad* (2003), S. 398f.

17 Vgl. z.B. *Barrett* et al. (1991), S. 93, *Bromwich* (2004), S. 34f. Die Umstellung auf *fair values* scheint langfristiges Ziel des *FASB* zu sein, vgl. *FASB* (2006a, 2006b). Gemäß einer Rede von Sir *David Tweedie* verneint das *IASB* hingegen die Absicht des Übergangs auf ein *full fair value accounting*, vgl. *IASB* (2004a), S. 6.

18 Vgl. z.B. *Beisse* (1993), S. 79f., *Ballwieser* (1996a), S. 8f.

19 Vgl. *Ewert* (1986), S. 300f., *Kuhner* (2005b), S. 769-771.

20 Zu möglichen Rangfolgen vgl. z.B. *Baetge* (1976), *Schneider* (1997), S. 30-32, *Leffson* (1987), S. 9-63.

21 Vgl. *Coenenberg* (2005), S. 17f.

Ziel der Arbeit ist ausgehend von einer Begriffsklärung der unterschiedlichen Zwecke die Ableitung zweckadäquater Gewinnermittlungsregeln, um darauf aufbauend die bislang im Projekt *performance reporting* diskutierten Vorschläge der Gewinndarstellung zu würdigen. Daher ist zunächst losgelöst von derzeit geltenden Rechnungslegungsregeln zu untersuchen, welche Bilanzierungsregeln den Zwecken Rechenschaft, Entscheidungsnützlichkeit, Ausschüttungsbemessung und Anreizsetzung gerecht werden können und welche Informationen eine Gewinn- und Verlustrechnung zur Erfüllung dieser Zwecke enthalten sollte. Dazu sind für eine konzeptionelle Analyse statische und dynamische Gewinnkonzepte zu betrachten.[22]

Für die Zwecke der Rechenschaft und Entscheidungsnützlichkeit,[23] die über die Wertrelevanz konkretisiert werden,[24] stellt sich die Frage, ob der *fair value* anderen Gewinnkonzepten überlegen ist. Zudem ist möglicherweise eine Trennung der Gewinnkomponenten in wertrelevant und wertirrelevant bei der Gewinndarstellung sinnvoll.[25] Im Rahmen der Gewinnermittlung für Ausschüttungsbemessungszwecke treten Eigner-Gläubiger-Konflikte in den Fokus der Diskussion.[26] Ausschüttungen werden für Gläubiger dann relevant, wenn ihre eigenen Ansprüche gefährdet und die Eigner nur beschränkt haftbar sind. Durch Informationsasymmetrien sind Reichtumsverlagerungen von Gläubigern zu den Eignern möglich.[27] Die Periodisierung von Zahlungsströmen im Rahmen der Gewinnermittlung kann dazu beitragen, Eigner-Gläubiger-Konflikte zu lösen. Aus der Trennung von Eigentum und Verfügungsmacht folgt die Notwendigkeit von Rechenschaftslegung seitens des Managers. Bei unterschiedlichen Interessen und unterschiedlichem Informationsstand tritt das Problem auf, dass der Manager nicht zwingend im Interesse des Eigners handelt.[28] Im Rahmen der Anreizsetzung gilt es daher zu prüfen, wie das Verhalten von Managern zum Nutzen der Eigner beeinflusst werden kann. Eine Lösungsmöglichkeit wird in der Beteiligung des Managers am bilanziellen Gewinn gesehen.[29] Unklar ist, wie der Gewinn unter Anreizgesichtspunkten beschaffen sein sollte.

---

22 Statische Gewinnkonzepte umfassen den ökonomischen Gewinn sowie eine Vermögensänderung auf Basis einer Bewertung zum *fair value* oder zu historischen Kosten mit und ohne Imparitätsprinzip. Zur Analyse dynamischer Gewinnkonzepte bieten sich der dynamische Gewinn von *Schmalenbach* und der neodynamische Gewinn von *Moxter* an.

23 Aufgrund großer definitorischer Überschneidungen beider Zwecke werden diese gemeinsam diskutiert und auf Unterschiede im Rahmen von Abschnitt 3.1. näher eingegangen.

24 Vgl. *Wagenhofer/Ewert* (2003), S. 120. Eine Information ist dann wertrelevant, wenn sich infolge der Veröffentlichung der Marktpreis des Wertpapiers ändert.

25 Die Trennung von Gewinnkomponenten zum Zweck der Wertrelevanz wird anhand von Modellen, die auf dem Residualgewinnmodell aufbauen, diskutiert.

26 Im Rahmen der Ausschüttungsbemessung können auch Eigner-Manager-Konflikte auftreten, wenn Kompetenzen festzulegen sind, wer in welchem Umfang über die Verwendung des Kapitals entscheiden darf. Diese Konflikte werden in der Arbeit ausgeblendet.

27 Vgl. zu einem Überblick über mögliche Konflikte *Ewert* (1989), S. 285-289.

28 Vgl. zu ersten Ansätzen *Berle/Means* (1932), S. 119-125, auch *Arrow* (1985), *Jost* (2001).

29 Vgl. *Laux* (2006), S. 85.

Die konzeptionelle Analyse der Eignung verschiedener Gewinnkonzepte für die Zweckerfüllung wird ergänzt um modelltheoretische und empirische Befunde. Mit den Arbeiten von *Ohlson*[30], der aufbauend auf dem Residualgewinnmodell die Bedingungen für die Wertirrelevanz einer Gewinnkomponente untersucht, von *Gjesdal/Antle*[31], die einen Vergleich zwischen einer zahlungsbasierten und einer gewinnbasierten Ausschüttungsbemessung ziehen, und von *Dutta/Zhang*[32], die sich mit der Anreizsetzung aus agency-theoretischer Sicht auseinandersetzen, liegen viel versprechende und bislang wenig rezipierte Modelle vor,[33] die zur Klärung beitragen können und daher zu diskutieren sind. Empirische Befunde sollen Hinweise dafür liefern, (i) welche Gewinngrößen als relevant für den jeweiligen Zweck eingestuft werden und (ii) inwiefern die konzeptionellen und modelltheoretischen Ergebnisse gestützt und erhärtet werden können.[34] Sie dienen jedoch nur der Ergänzung der theoretischen Analyse und lassen keine Rückschlüsse auf die Ableitung optimaler Regeln zu.[35] Die Ableitung von Gewinnermittlungsregeln aus konzeptioneller und modelltheoretischer Sicht und die Ergänzung um empirische Studien tragen zu einer ausgewogenen Analyse bei.[36] Die Analyse strahlt auf den Normgebungsprozess aus, indem Lösungsmöglichkeiten von Interessenkonflikten anhand von Rechnungslegungsregeln aufgezeigt werden.

Das zentrale Instrument zur Darstellung der Ertragslage ist die Gewinn- und Verlustrechnung, die den Jahreserfolg auf einzelne Erfolgsquellen herunter bricht.[37] Insofern interessiert neben der Gewinnermittlung die Gewinndarstellung. Für das Projekt *performance reporting* wurde von *IASB* und *FASB* eine Arbeitsgruppe gebildet, die sich mit der formalen Neugestaltung der Gewinn- und Verlustrechnung befasst.[38] Die in-

---

30 Vgl. *Ohlson* (1999a).

31 Vgl. *Gjesdal/Antle* (2001).

32 Vgl. *Dutta/Zhang* (2002).

33 Das *Ohlson*-Modell (1999a) wird von *Beaver* (1999) besprochen, der sich auf den Beitrag des Modells für die Forschung beschränkt und Möglichkeiten für künftige Forschung aufzeigt. Eine kritische Analyse unterbleibt. Viel diskutiert sind hingegen die strukturgleichen Modelle von *Ohlson* (1995) und *Feltham/Ohlson* (1995), vgl. z.B. *Lo/Lys* (2000), *Prokop* (2003), *Stromann* (2003).

34 Empirische Studien werden nur für die Zwecke Rechenschaft, Entscheidungsnützlichkeit und Ausschüttungsbemessung betrachtet.

35 Vgl. *Popper* (1966), S. 3-6.

36 Vgl. auch bereits *Beaver/Kennelly/Voss* (1968), S. 677, die betonen, dass eine umfassende Analyse sowohl theoretische als auch empirische Überlegungen berücksichtigen muss.

37 Vgl. *Küting/Keßler/Gattung* (2005), S. 15, m.w.N.

38 Vgl. zum aktuellen Stand des Projektes *FASB/IASB* (2006b). Das Projekt wurde mittlerweile in *financial statement presentation* umbenannt. Vgl. zu den Mitgliedern der Arbeitsgruppe *performance reporting IASB* (2004c). In weiteren gemeinsamen Projekten werden Ertragsrealisierung und eine Überarbeitung des Rahmenkonzeptes diskutiert, vgl. zu *revenue recognition IASB* (2006c), *FASB* (2006b), zum Rahmenkonzept *FASB/IASB* (2006a).

haltliche Konzeption der Gewinnziffer wurde bisher vernachlässigt.[39] Dies verwundert, weil der darzustellende Gewinn „ein Konstrukt mit wünschenswerten Eigenschaften"[40] ist. Daher müsste zunächst eine Diskussion über die Definition von *financial performance* und über ein Gewinnkonzept stattfinden, um darauf aufbauend die Gewinnermittlung und Gewinndarstellung neu zu gestalten. Die Gewinndarstellung kann die Mängel in der Gewinnermittlung allenfalls partiell beheben.[41]

Vor diesem Hintergrund gilt es zu prüfen, inwiefern die diskutierten Vorschläge einer Neugestaltung der Gewinn- und Verlustrechnung die identifizierten Schwächen in den IFRS beheben und den in dieser Arbeit betrachteten Zwecken gerecht werden. Dazu sind einerseits die qualitativen Kriterien des Rahmenkonzeptes heranzuziehen, die die Anforderungen an einen Standard definieren. Andererseits ist auf die im Rahmen der Zwecke gewonnenen Ergebnisse zurückzugreifen, um die diskutierten Vorschläge im Hinblick auf die Zweckerfüllung zu beleuchten. Da sich das Projekt derzeit noch in der Diskussionsphase befindet und verschiedene Ansätze zur Debatte stehen, muss die Würdigung auf Empfehlungen beschränkt bleiben. Die Überlegungen gelten für den Einzel- und den Konzernabschluss gleichermaßen, so dass keine Differenzierung vorgenommen wird.

Im Schrifttum finden sich bereits Arbeiten, die sich mit der Ableitung zweckadäquater Gewinnermittlungsregeln oder mit dem Projekt *performance reporting* auseinandersetzen.[42] Die Diskussion beider Problembündel erfolgte jedoch weitgehend isoliert voneinander. Mit den Arbeiten von *Gerbaulet*, *Grau*, *Caliz*, *Hollmann* und *Dexheimer*[43] liegen zwar Dissertationen für die Gewinnermittlung und Gewinndarstellung gemäß IFRS (und teilweise US-GAAP) vor, auf die aufgebaut werden kann. Neu in der vorliegenden Arbeit ist jedoch vor allem

(1) die Erweiterung der Ableitung zweckadäquater Gewinnermittlungsregeln um die Zusammenschau aktueller modelltheoretischer Ergebnisse ergänzt um empirische Befunde, die in dieser Form bislang nicht zu finden sind,

---

[39] Vgl. *Ballwieser/Hettich* (2004), S. 82. Zu erwarten wäre eine Diskussion über ein Gewinnkonzept bei der Überarbeitung des Rahmenkonzeptes, welches die Anforderungen an Standards festlegen und die Grundlage ihrer Entwicklung bilden soll. Allerdings findet sie eher im Projekt *revenue recognition* von *FASB* und *IASB* statt, wo sich eine Tendenz zum *fair value* erkennen lässt, vgl. *FASB* (2006b). Die Diskussion bleibt dort aber auf die Ertragsrealisierung beschränkt, ohne dass über ein Gewinnkonzept nachgedacht wird. Hinweise auf Querverbindungen zwischen den Projekten finden sich beim Rahmenkonzept, das auf die beiden anderen Projekte verweist.

[40] *Ballwieser* (2001a), S. 161.

[41] Vgl. *Dexheimer* (2002), S. 451f., die die Gliederungsnormen als wesentlichen Teil der Informationsvermittlung ansieht.

[42] Vgl. zur Ableitung zweckadäquater Gewinnermittlungsregeln insb. *Moxter* (1982, 1984), zur Würdigung des Projektes z.B. *Hollmann* (2003), S. 271-292, *Ballwieser/Hettich* (2004), S. 82-87, *Zülch* (2005), S. 298-309.

[43] Vgl. *Gerbaulet* (1999), *Grau* (2002), *Caliz* (2003), *Hollmann* (2003), *Dexheimer* (2004).

(2) die strukturierte Analyse von Mängeln und Inkonsistenzen bei der Gewinnermittlung und Gewinndarstellung nach IFRS anhand selbst gewählter Problembereiche, und

(3) die Würdigung des Projektes *performance reporting* auch im Hinblick auf die Zwecke Rechenschaft, Entscheidungsnützlichkeit, Ausschüttungsbemessung und Anreizsetzung.

Der Gefahr, an Aktualität durch den Rückgriff auf derzeit geltende Regelungen und darauf aufbauende Schriften zu verlieren, wird vorgebeugt. Zum einen erfolgt die Analyse zweckadäquater Gewinnermittlungsregeln unabhängig von derzeit geltenden Rechnungslegungsregeln. Zum anderen werden verschiedene Vorschläge zur Neugestaltung der Gewinn- und Verlustrechnung gewürdigt, die die Diskussion befruchten und dem Standardsetter bei der Ausarbeitung von Gewinnermittlungs- und Gewinndarstellungsregeln Hilfestellung bieten können.

2. Gewinnermittlung als zentrales betriebswirtschaftliches Problem

2.1. Zwecke betriebswirtschaftlicher Gewinnermittlung

2.1.1. Zweckadäquanzprinzip

Rechnungslegung und mit ihr die Gewinnermittlung erfolgt zur Erfüllung bestimmter Zwecke. In Abhängigkeit der Zwecksetzung erwachsen unterschiedliche Anforderungen an die Gewinnermittlung.[44] Vor der Entwicklung von Regeln zur Gewinnermittlung ist daher deren Zweck zu klären.[45] Die Vorgehensweise ist deduktiv.[46] Es lässt sich jedoch nur begrenzt begründen, warum ein bestimmter Zweck als Grundlage für die Ableitung von Rechnungslegungsregeln dienen soll.[47]

Das in der Unternehmensbewertung bekannte Zweckadäquanzprinzip lässt sich damit auf die Gewinnermittlung übertragen.[48] Für jeden möglichen Zweck können unterschiedliche Regeln abgeleitet werden.[49] Daher ist es reiner Zufall, wenn bei verschiedenen Zwecken gleiche Anforderungen an den Gewinn resultieren.[50] Das Zweckadäquanzprinzip ist auch im englischsprachigen Bereich bekannt. Bereits *Solomons* stellt 1961 fest: „Whether we use one concept of income or another [...] clearly should depend [...] on the purpose we want to serve and the income concept which will best serve it."[51]

2.1.2. Systematisierung möglicher Zwecke

Die verschiedenen, im Rahmen der Gewinnermittlung denkbaren Zwecke stehen nicht isoliert nebeneinander. Vielmehr bestehen Zusammenhänge zwischen ihnen. Einen Überblick über verschiedene Zwecke und ihre wesentlichen Zusammenhänge gibt Abbildung 2.1.

---

44 Vgl. *Honko* (1965), S. 622, *Beisse* (1984), S. 1, 7.

45 Vgl. bereits *ter Vehn* (1924), S. 362, *Leffson* (1987), S. 28, *Schneider* (1997), S. 45, *Ballwieser* (2001b), S. 16-18.

46 Die deduktive Ermittlung von Normen wird v.a. von *Döllerer* (1958, 1959) diskutiert.

47 Vgl. *Ballwieser* (1982), S. 775, 790f., *Watts/Zimmerman* (1986), S. 9, *Beisse* (1993), S. 81.

48 Vgl. *Ballwieser* (2004a), S. 1-5, m.w.N.

49 Vgl. *Baetge* (1970), S. 23.

50 Vgl. *Moxter* (1984), S. 1, *Schneider* (1997), S. 44f.

51 *Solomons* (1961), S. 377. Vgl. z.B. auch *AICPA* (1973), S. 33, *Beaver/Demski* (1974), S. 171, *Lee* (1974), S. 131-134.

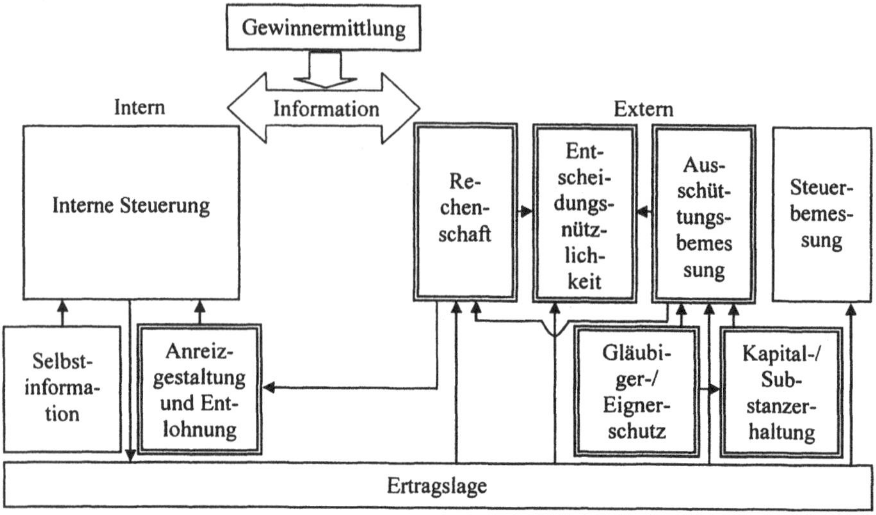

Abbildung 2.1: Zwecke betriebswirtschaftlicher Gewinnermittlung[52]

Gewinnermittlung dient der Information von Unternehmensinternen und Unternehmensexternen.[53] Unternehmensintern bildet der Gewinn eine mögliche Größe für die interne Steuerung[54]. Sie kann nicht ohne die Selbstinformation des Geschäftsführers[55] funktionieren.[56] Die gesetzliche Verpflichtung zur Rechnungslegung und Dokumentation zwingt zur Führung von Büchern, so dass sich der Geschäftsführer regelmäßig einen Überblick über Vermögen, Schulden, Eigenkapital und Gewinn und damit über die Lage des Unternehmens verschaffen kann.[57] Interne Steuerung umfasst zudem die Koordination einzelner Aktivitäten. Das Verhalten von Handlungsträgern soll so gesteuert werden, dass sie aus Sicht der Unternehmenseigner optimale Maßnahmen ergreifen.[58] Dies kann durch finanzielle Anreizsysteme erfolgen, die die Art, die Beurtei-

---

52 Pfeile weisen auf Zusammenhänge zwischen den Zwecken hin, auf die im Folgenden näher eingegangen wird. Die doppelt umrandeten Zwecke werden in der vorliegenden Arbeit vertieft.

53 Information kann als zweckorientiertes Wissen verstanden werden, vgl. *Wittmann* (1959), S. 14. Einen Überblick über verschiedene Definitionen gibt *Hettich* (1981), S. 12-15.

54 Steuerung bezeichnet einen „geordnete[n] informationsverarbeitende[n] Prozess zielführender Eingriffe (Anpassungsmaßnahmen) in die Planrealisation." *Schweitzer/Küpper* (2003), S. 2.

55 Unternehmensleitung, Geschäftsführung und Management werden in dieser Arbeit synonym gebraucht.

56 *Ballerstedt* (1965), S. 2-5, sieht darin noch den wesentlichen Zweck des Jahresabschlusses.

57 Vgl. *Leffson* (1987), S. 55, *Moxter* (1987), S. 369f. Der Zweck der Dokumentation und Selbstinformation gilt als ursprünglicher Zweck der Rechnungslegung, vgl. *Loitlsberger* (1955), S. 71. Mittlerweile spielt er eine eher untergeordnete Rolle, da die Unternehmensleitung intern meist über bessere Informationssysteme als den Abschluss verfügt, vgl. z.B. *Goerdeler* (1962), S. 217, *Albach* (1965), S. 22, *Wagenhofer/Ewert* (2003), S. 9. Der Zweck wird insoweit nicht vertieft.

58 Vgl. *Küpper* (2005), S. 132.

lungsgrößen und den funktionalen Verlauf der Entlohnung festlegen.[59] Als Beurteilungsgröße für die interne Steuerung kann der Gewinn dienen.[60]

Der Erfolg der internen Steuerung schlägt sich in der Ertragslage eines Unternehmens nieder. Informationen über die Ertragslage gehören zu den wichtigsten Informationen für die externen Nutzer eines Abschlusses.[61] Gegenwärtige und künftige Vertragspartner eines Unternehmens verfolgen mit vertraglichen Beziehungen zum Unternehmen finanzielle Ziele.[62] Für sie gilt es zu prüfen, inwiefern eine Beziehung zum Unternehmen künftig lohnend ist. Der Gewinn als Indikator für die Ertragslage eines Unternehmens[63] kann für die Beurteilung des Erreichungsgrads ihrer Zielvorstellungen dienen.[64] Gegenüber einer reinen Zahlungsrechnung liegt der Vorteil der Gewinnermittlung in der Periodisierung der Ein- und Auszahlungen, so dass durch eine „Egalisierung"[65] der Zahlungsströme der Abschluss einer Periode als repräsentativ für die Lage des Unternehmens angesehen werden kann.[66] Daher müssen weniger Informationen ausgewertet werden als bei einer Zahlungsrechnung, die für eine Analyse langfristiger Zusammenhänge die Betrachtung vieler Perioden erfordert.[67] Die Ertragslage soll über erzielte Erfolge durch Strukturierung von Erträgen und Aufwendungen der zurückliegenden Periode und über vorhandene Erfolgspotenziale zur Erzielung künftiger Erfolge informieren.[68] Für die Interpretation der Ertragslage ist eine Konkretisierung der Informationsbedürfnisse von Adressaten notwendig.

---

59 Vgl. *Ewert/Wagenhofer* (2005b), S. 402, 411. Neben einem festen Gehaltsbestandteil erfolgt eine Bonuszahlung in Abhängigkeit einer vereinbarten Größe. Vorteilhaft ist eine Entlohnung auf Basis des Outputs statt des Inputs, vgl. *Laux* (1995), S. 72f. Als Outputgröße erweist sich der Residualgewinn als überlegen, vgl. *Ewert/Wagenhofer* (2005b), S. 568.

60 Die interne Steuerung kann Erfolgs-, Finanz-, Liquiditäts-, Produkt-, Potenzial-, Sozial- und Umweltziele verfolgen, vgl. zu dieser Unterscheidung *Küpper* (2005), S. 131-133, m.w.N.

61 Vgl. *Ballwieser* (1987a), S. 60, *Leffson* (1987), S. 60, 70. Zu den externen Nutzern eines Abschlusses zählen Eigen- und Fremdkapitalgeber, Arbeitnehmer, Lieferanten, Kunden, Finanzanalysten, Ratingagenturen, der Fiskus und die Öffentlichkeit, vgl. zugleich kritisch *Ballwieser* (2002b), S. 115f.

62 Nicht-finanzielle Ziele umfassen z.B. Macht, Prestige, persönliche Befriedigung, die jedoch nicht in einem Zielkonflikt mit den finanziellen Zielen stehen, so dass sie im Folgenden nicht separat betrachtet werden. Vgl. auch *Egner* (1974), S. 29.

63 Der Gewinn wird oft als Erfolgsmaßstab angesehen, vgl. z.B. *Kosiol* (1940), S. 41f., *Schmidt* (1979), S. 56f., *Schmalenbach* (1988), S. 36-39.

64 Vgl. ausführlich *Coenenberg* (1986), S. 159f., auch *Ijiri* (1975), S. 36, *Clemm* (1987), S. 96-99.

65 *Moxter* (1982), S. 174.

66 Vgl. hierzu und im Folgenden *Wagner* (1994), S. 1186, *Dechow/Skinner* (2000), S. 237f., m.w.N. Eine Erfassung von Erträgen und Aufwendungen unabhängig vom zeitlichen Anfall der zugehörigen Zahlungsströme soll Informationen über die Periodenleistung liefern, vgl. *Paton/Littleton* (1967), S. 14-18, *Beaver* (1998), S. 2, auch *Lee* (1974), S. 18-20. Dadurch werden zusätzliche Informationen über erwartete Zahlungsströme offen gelegt, vgl. *Beaver* (1998), S. 5f.

67 Vgl. kritisch aber *Moxter* (1966), S. 51-57, *Moxter* (1974), S. 375-394, und *Busse von Colbe* (1966), die ein finanzplanorientiertes Tableau (*Moxter*) und eine Kapitalflussrechnung (*Busse von Colbe*) gegenüber der Gewinnermittlung als überlegen erachten, da der Gewinn den zeitlichen Anfall der Zahlungsströme und die Zahlungsfähigkeit des Unternehmens vernachlässigt.

68 Vgl. *Moxter* (1979), S. 144.

Rechenschaft dient dem Schutz von Unternehmensexternen und ist gegenüber bestehenden Vertragspartnern abzulegen.[69] Durch die Trennung von Eigentum und Verfügungsmacht in einem Unternehmen stellt v.a. Rechenschaft gegenüber Anteilseignern einen zentralen Zweck der externen Rechnungslegung dar.[70] Eigner, die nicht an der Unternehmensführung beteiligt sind, beauftragen Manager mit der Führung der Geschäfte, die im Gegenzug Rechenschaft über die Verwendung der anvertrauten Mittel zu geben haben.[71] Die Eigner haben das Recht zu kontrollieren und Rechenschaft zu fordern.[72] *Leffson* definiert: „Rechenschaft bedeutet Offenlegung der Verwendung anvertrauten Kapitals in dem Sinne, daß dem Informationsberechtigten [...] ein so vollständiger, klarer und zutreffender Einblick in die Geschäftstätigkeit gegeben wird, daß dieser sich ein eigenes Urteil über das verwaltete Vermögen und die damit erzielten Erfolge bilden kann."[73] Zudem umfasst „Rechenschaft alles, was ein Kapitalgeber [...] wissen muß, um entscheiden zu können, ob er neues Kapital gewähren, altes zurückziehen, der Geschäftsleitung sein Vertrauen schenken [...] oder auf Änderungen in der Zusammensetzung der Verwaltung dringen soll."[74]

Nach dieser Aussage kann Rechenschaft als „Grundlage für eine Entscheidungsverbesserung"[75] verstanden werden. Informationen sollen die Entscheidung des Eigners in Bezug auf seine Investition im Unternehmen unterstützen. Rechenschaft erfolgt aber ebenso mit dem Ziel, das Management und die Investitionsentscheidung des Eigners zu kontrollieren. Durch den Vergleich zwischen einer aufgrund von Erwartungen gebildeten Gewinngröße und einer ex post ermittelten Gewinngröße sind Abweichungen feststellbar.[76] Abweichungen können (i) durch eine Fehlspezifikation im Prognosemodell des Eigenkapitalgebers oder (ii) durch Handlungen des Managers verursacht sein. Können diese identifiziert werden, ist es dem Eigenkapitalgeber möglich, (i) das Prognosemodell anzupassen oder (ii) Konsequenzen für die Investition in das Unternehmen zu ziehen.[77] Die Ertragslage eines Unternehmens liefert Informationen über die Verwendung des Kapitals und hilft bei der Beurteilung des Zielerreichungsgrads. Eine rein vergangenheitsbezogene Betrachtung ist allerdings zu eng, weil sich Rückflüsse aus in der vergangenen Periode durchgeführten Maßnahmen oft erst in späteren Perioden im

---

69 Dabei ist der Rechenschaftsadressat zu spezifizieren: „Ohne einen wohldefinierten *Adressaten* ist keine sinnvolle Rechenschaft denkbar." *Moxter* (1976), S. 94 (kursiv im Original).

70 Vgl. z.B. *Clemm* (1987), S. 111f., *Rosenfield* (1974), S. 124, m.w.N. *Watts* (1977), S. 63, sieht in der Rechenschaftsfunktion die eigentliche Erklärung für Abschlüsse.

71 Vgl. *Ijiri* (1975), S. 32, *Wagner* (1982), S. 752. *Schneider* (1995), S. 54, spricht von der „Pflicht zur Rechenschaft des Beauftragten" und dem „Recht [...], sich von der übernommenen Verantwortung gegenüber dem Auftraggeber entlasten zu können". Aus der Trennung von Eigentum und Verfügungsmacht resultieren bei Informationsasymmetrien sowie divergierenden Zielen von Managern und Eignern sog. Prinzipal-Agenten-Probleme, vgl. *Berle/Means* (1932), S. 119-125, *Jensen/Meckling* (1976), S. 308-310, 312-330.

72 Vgl. *Leffson* (1987), S. 57.

73 *Leffson* (1987), S. 64, ähnlich auch *Richter* (1928), S. 198.

74 *Leffson* (1987), S. 57.

75 *Ballwieser* (1985a), S. 34.

76 Vgl. *Leffson* (1966), S. 379f., *Baetge* (1970), S. 32. Dazu ist eine ex post-Betrachtung notwendig, vgl. z.B. *Kohler* (1963), *Moxter* (1979), S. 144.

77 Vgl. ähnlich bereits *Baetge* (1970), S. 32.

Gewinn niederschlagen. Künftige Rückflüsse sind daher in der Beurteilung des Zielerreichungsgrads und der Managerleistung zu berücksichtigen.[78]

Zugleich kann Rechenschaft nach der Aussage *Leffsons* auch im Sinne einer Anreizkontrolle verstanden werden.[79] Eine Leistungsbeurteilung des Managers wird ermöglicht, weil in der Rechnungslegung das Verhalten des Managers in Bezug auf von ihm getroffene Entscheidungen erfasst wird.[80] Die gelieferten Informationen sollen Rückschlüsse auf die Qualität des Managers zulassen.[81] Zugleich wird das Verhalten des Managers durch die Rechnungslegung beeinflusst, weil Manager Entscheidungen unter Berücksichtigung ihrer Abbildung im Abschluss treffen.[82] Wird der Manager zusätzlich am Gewinn beteiligt,[83] kann durch die Wahl des Rechnungslegungssystems das Verhalten des Managers gesteuert werden.[84] Ist ein Rechnungslegungssystem anreizkompatibel gestaltet, so dass Manager im Interesse von Eignern handeln, fungiert der Abschluss als ex ante effiziente Lösung zur Verhaltenssteuerung und ex post als Kontrollinstrument.[85]

Während der Zweck der Rechenschaft auf bestehende Vertragspartner rekurriert, zielt der Zweck der Entscheidungsnützlichkeit neben bestehende auch auf potenzielle Vertragspartner. Gegenwärtige und künftige Eigner eines Unternehmens haben finanzielle Interessen, da sie an Zahlungsströmen zur Deckung künftiger Konsumausgaben interessiert sind.[86] Ziel ist die Optimierung der künftigen Zahlungsströme in Bezug auf Höhe, Zeit und Risiko zur Konsumbefriedigung, die nicht durch das Unternehmen erfolgen muss, sondern vom Eigner selbst übernommen werden kann.

Die Entscheidungen der Eigner betreffen Investitionen in ein Unternehmen, d.h. den Kauf, das Halten oder den Verkauf von Anteilen. Die Eigner sind an einer risikoadäquaten Rendite und am gesamten oder anteiligen Unternehmenswert interessiert.[87] Dazu benötigen Eigner v.a. Informationen über die künftige Entwicklung des Unternehmens, um verschiedene Anlagemöglichkeiten in Hinblick auf die Erfüllung individueller Ziele und Erwartungen über Zahlungsströme beurteilen und Entscheidungen vorbe-

---

78 Vgl. *Solomons* (1961), S. 378, *AICPA* (1973), S. 25f., *Moxter* (1979), S. 144. „Rechenschaft umfaßt Retrospektive und Prospektive." *Leffson* (1987), S. 63.

79 Vgl. *Ballwieser* (1985a), S. 34.

80 Vgl. *Prakash/Rappaport* (1977), S. 35.

81 Vgl. *Baetge/Kirsch/Thiele* (2005), S. 98.

82 Vgl. *Moxter* (1962a), S. 98-109, *Birnberg* (1980), S. 77, *Hunt* (1995), S. 128, *Wagenhofer* (1996b), S. 1052, *Stanke* (2003), S. 126-131, m.w.N. *Rosenfield* (1974), S. 128, betont, dass Rechnungslegung Entscheidungen in Bezug auf den Manager unterstützen sollen.

83 Vgl. auch *Gjesdal* (1981), S. 214.

84 Vgl. *Prakash/Rappaport* (1977), S. 31, *Ng* (1978), S. 912.

85 Vgl. *Gjesdal* (1981), S. 219, *Ballwieser* (1985a), S. 26, *Christensen/Demski* (2003), S. 229-279.

86 Vgl. hierzu und im Folgenden *Egner* (1974), S. 28-32, auch *Moxter* (1966), S. 37f.

87 Vgl. *Moxter* (1966), S. 39, *Burger/Buchhart* (2000), S. 2199. Bei Kauf oder Verkauf von Anteilen sind Informationen darüber nötig, welcher Preis höchstens gezahlt oder mindestens geboten werden soll. Zur Bedeutung des Gewinns als Information und zum Zusammenhang zwischen Gewinn und Aktienkurs vgl. *Beaver* (1998), S. 69-74.

reiten zu können.[88] Der Rückfluss aus der Investition erfolgt in Form eines Verkaufs der Anteile oder in Form von Ausschüttungen. Insofern sind Eigner an Ausschüttungen und allen Informationen interessiert, die den Wert der Anteile beeinflussen.[89] Der Periodengewinn und Gewinnrücklagen können als Orientierungsgröße für Ausschüttungen dienen.[90] Informationen der vergangenen Periode werden zur Beurteilung des realisierten Zielerreichungsgrades und zur Revision von Erwartungen benötigt.[91] Aus gesamtwirtschaftlicher Sicht soll Allokationseffizienz gewährleistet werden, so dass das Kapital den rentabelsten Verwendungsmöglichkeiten zufließt.[92]

Die Zwecke Rechenschaft und Entscheidungsnützlichkeit weisen große Überschneidungen auf. Besonders deutlich zeigt sich das bei der Aussage *Leffsons*, wonach Informationen zum Zweck der Rechenschaft zur Verbesserung der Entscheidung dienen sollen.[93] Unter den Zweck der Rechenschaft wird zusätzlich die Kontrolle des Managers subsumiert. Weil aber in die Beurteilung der künftigen Entwicklung zur Entscheidungsvorbereitung auch die Qualität des Managers einfließt,[94] scheint eine getrennte Diskussion von Rechenschaft und Entscheidungsnützlichkeit nicht zweckmäßig. Separat diskutiert wird die Anreizsetzung von Gewinnkonzepten, die sowohl unter den Zweck der Rechenschaft als auch der internen Steuerung gefasst werden kann und insofern die Grundlage einer Diskussion um die (partielle) Harmonisierung von internem und externem Rechnungswesen bildet.[95]

Zum Zweck der Ausschüttungsbemessung stellt der Gewinn den an die Eigner ausschüttungsfähigen Betrag dar, in dem sich die Ertragslage eines Unternehmens widerspiegelt.[96] Für den Eigenkapitalgeber stellt die Ausschüttung einen Rückfluss aus der Investition dar und kann insofern unter den Zweck der Rechenschaft eingeordnet werden.[97] Zudem kann der ausschüttungsfähige Betrag als Indikator für die Vorteilhaftig-

---

88 Vgl. *Baetge/Thiele* (1997), S. 15. Informationen über die Ertragslage des Unternehmens dienen Investoren als Entscheidungsgrundlage. Die Entscheidungserheblichkeit kann nicht für alle Nutzer nachgewiesen werden, vgl. *Demski* (1973).

89 Vgl. *Clemm* (1987), S. 97.

90 Vgl. *Schneider* (1971), S. 610, *Ballwieser* (1997), S. 26. Der Gewinn dient daher als Vergleichsmaßstab von Investitionen, vgl. *Honko* (1965), S. 622.

91 Vgl. *Moxter* (1966), S. 37. Es interessiert, inwiefern sich der erwartete Zahlungsstrom im Laufe der Periode verändert hat, weil die Veränderung anzeigt, „inwieweit die Ereignisse der Periode eine finanzielle Besser- oder Schlechterstellung bewirkten." *Moxter* (1966), S. 39.

92 Vgl. *Hax* (1964), S. 645, *Wagner* (1982), S. 763. *Young/Guenther* (2003) können in einer empirischen Studie die These nicht verwerfen, wonach in Ländern, die eine umfassende Offenlegung wertrelevanter Informationen fordern, eine hohe internationale Kapitalmobilität zu finden ist.

93 Vgl. *Leffson* (1987), S. 57, auch *Moxter* (1976), S. 96, *Gjesdal* (1981), S. 210, 220, m.w.N.

94 Vgl. *Schildbach* (1975), S. 32.

95 Vgl. *Wagenhofer/Ewert* (2003), S. 89.

96 Gemeinhin wird angenommen, dass ein ertragreiches Unternehmen zumindest im Durchschnitt einen höheren ausschüttungsfähigen Betrag erwirtschaftet. Die Ausschüttungsbemessungsfunktion wird meist von der Informationsfunktion, unter die Selbstinformation, Rechenschaft und Entscheidungsnützlichkeit subsumiert wird, abgegrenzt.

97 Vgl. z.B. *Moxter* (1979), S. 144, *Baetge/Kirsch/Thiele* (2005), S. 98.

keit einer Investition und damit als Entscheidungsgrundlage herangezogen werden.[98] Gläubiger hingegen benötigen Informationen über die Fähigkeit des Unternehmens, Verbindlichkeiten zu begleichen. Ihr Interesse gilt primär der fristgerechten Zahlung von Zinsen und Tilgung der Verbindlichkeit zum jeweiligen Fälligkeitszeitpunkt.[99] Informationen über die gegenwärtige und künftige Liquidität sowie die Bestandsfähigkeit des Unternehmens sollen dazu dienen, Entscheidungen über die Gewährung und Fortsetzung des Kreditengagements zu treffen.[100] Am Gewinn und insb. an Ausschüttungen sind Gläubiger daher nur dann interessiert, wenn ihre eigenen Ansprüche, z.B. durch Insolvenz des Unternehmens, gefährdet sind.[101]

Eine Ausschüttungsbegrenzung im Sinne einer Sicherung der Verdienstquelle kommt Eignern und Gläubigern zugute.[102] Durch die Möglichkeit der Haftungsbegrenzung von Eignern einer Kapitalgesellschaft[103] erfährt der Gläubigerschutz jedoch besondere Aufmerksamkeit.[104] Eigner verlieren im Zeichnungszeitpunkt (und bei Zahlung) maximal ihre Einlage und zu späteren Zeitpunkten den höheren oder niedrigeren Marktwert ihrer Anteile.[105] Können Forderungen von Gläubigern nicht durch das Gesellschaftsvermögen vollumfänglich bei Fälligkeit der Schuld befriedigt werden, sind die Eigner nicht zum Verlustausgleich verpflichtet. Dadurch verlagern sich Verlustrisiken von den Eignern auf die Gläubiger.[106] Liegen zudem Informationsasymmetrien zwischen Gläubigern und Eignern vor, können Gläubiger nicht beobachten, wofür Eigner das Kapital verwenden.[107] Dies kann zu Reichtumsverlagerungen von den

---

98 Vgl. *Ballwieser* (1993), S. 114f.

99 Gläubigeransprüche sind in ihrer Höhe und oft auch zeitlich festgelegt.

100 Vgl. *Egner* (1974), S. 34. Das Ziel der Unternehmenserhaltung bedingt auch die Erhaltung des Fremdkapitals, soweit es nicht durch Eigenkapital ersetzt wird. Es liegt daher im Interesse der Eigner, dass das Unternehmen kreditwürdig bleibt. Vgl. *Baetge/Thiele* (1997), S. 14-17.

101 Vgl. *Egner* (1974), S. 57f. Allgemein wird unterstellt, dass Gläubiger an möglichst niedrigen Ausschüttungen interessiert sind, um ausreichend Haftungspotenzial im Unternehmen sicherzustellen, während Eigner möglichst hohe Ausschüttungen wünschen. Vgl. *Baetge/Thiele* (1997), S. 16. Das Interesse an hohen Ausschüttungen seitens der Eigner vernachlässigt jedoch die Heterogenität der Eigner und Steuereffekte.

102 Vgl. *Schneider* (1968), insb. S. 9, *Leffson* (1987), S. 93, *Hartmann-Wendels* (1991), S. 12.

103 Faktisch ist auch die persönliche Haftung von Eignern einer Personengesellschaft beschränkt, und zwar auf das zur Verfügung stehende Vermögen, vgl. *Rammert* (2000), S. 92f. *Schneider* (1992), S. 633, sieht sogar die Gefahr eines zusätzlichen Insolvenzrisikos durch die persönliche Haftung, da private Schulden eine Insolvenz auslösen oder begünstigen können.

104 Der Fokus auf Gläubigerschutz und Ausschüttungsbegrenzung in Deutschland ist historisch zu erklären, vgl. z.B. *Moxter* (1984), S. 93, *Leffson* (1987), S. 41-43.

105 Vgl. *Schneider* (1992), S. 633.

106 Allerdings sind auch Gläubiger nicht unbegrenzt haftbar, da sie höchstens ihre Tilgungs- und Zinsansprüche verlieren können. Dies gilt gleichfalls für Manager und Arbeitnehmer, die bei Insolvenz keine Nachschusspflichten haben. Vgl. *Rammert* (2000), S. 92. Auf die Vorteilhaftigkeit einer Haftungsbeschränkung soll an dieser Stelle nicht näher eingegangen werden, vgl. dazu ausführlich *Rammert* (2000), S. 94-98, m.w.N.

107 Vgl. *Hartmann-Wendels* (1991), S. 270. Die Haftungsbeschränkung von Eignern kann Agency-Probleme verursachen oder bereits vorhandene Agency-Probleme verstärken, vgl. ausführlich *Wagenhofer* (1993), S. 239f. Vgl. zu einem fremdfinanzierungsbedingten Agency-Modell, welches optimale Verträge bei Haftungsbeschränkung untersucht, auch *Innes* (1990).

Gläubigern zu den Eignern führen.[108] Ein Schutz der Gläubiger vor Verlustrisiken und Reichtumsverlagerungen kann in der Rechnungslegung durch eine Ausschüttungssperre[109] oder durch Information über die Unternehmenslage[110] erfolgen.[111]

Entscheidet man sich für eine Ausschüttungsrestriktion, können die Konzepte der Kapital- oder Substanzerhaltung zur Ermittlung eines ausschüttungsfähigen Gewinns herangezogen werden.[112] In der betriebswirtschaftlichen Bilanztheorie[113] findet eine Diskussion über Erfolgs- und Erhaltungskonzeptionen im Lichte der ordnungspolitischen Vorstellung statt, „daß es für schützwürdige und schutzbedürftige Interessen von Vorteil ist, das (bilanzielle) Kapital des Unternehmens zu erhalten und dessen langfristigen Fortbestand zu sichern“[114]. Ziel dieser Konzeptionen ist es, „einen Nullpunkt für die Erfolgsmessung so zu definieren, daß der daraus resultierende Erfolg Änderungen des Vermögens als eines Spenders künftigen Konsums anzeigt.“[115] Man unterscheidet zwischen Nominalkapital-, Realkapital- und Substanzerhaltung.[116]

Bei der Nominalkapitalerhaltung wird das Eigenkapital[117], welches die Einlagen der Eigner zuzüglich einbehaltener Gewinne aus Vorperioden umfasst, zum Nominalwert berechnet.[118] Preisschwankungen werden bei der realen Kapitalerhaltung berücksichtigt, bei der das Eigenkapital zu Periodenbeginn und Periodenende mit Hilfe eines Preisindices in reale Werte umgerechnet wird. Substanzerhaltung bezeichnet die Erhaltung des Sachkapitals, also auch die Erhaltung einer bestimmten Produktionskapa-

---

[108] Bei rationalen Erwartungen werden die Gläubiger die Reichtumsverlagerungen antizipieren und sich daher durch die Gestaltung der Kreditverträge schützen. Die Eigner tragen dann sämtliche Wertminderungen. Vgl. *Wagenhofer/Ewert* (2003), S. 158-160, *Rammert* (2004), S. 581.

[109] Eine Ausschüttungsbegrenzung zieht eine vorsichtige Rechnungslegung wie z.B. in Deutschland nach sich, vgl. *Moxter* (1984), S. 95.

[110] Dieser führt zu vertraglichem Gläubigerschutz, wie er in den USA zu beobachten ist, vgl. ausführlich *Franken* (2001).

[111] Vgl. zu einem Vergleich beider Systeme und aktuellen Stand der Diskussion *Merkt* (2004).

[112] Vgl. z.B. *Streim* (1998), S. 330. *Wagner* (1978), S. 137, stellt fest, dass „Kapitalerhaltung als Ziel nur im Zusammenhang mit Ausschüttungen bzw. Entnahmen sinnvoll definiert werden kann“. Umgekehrt könnte man den Gläubiger- und Eignerschutz als ein Nebenprodukt der Kapitalerhaltung ansehen. Jedoch wird die Konkretisierung des Gläubigerschutzes durch Kapitalerhaltung als dominante Richtung beider Zwecke erachtet, weil der Interessenschutz den Ausgangspunkt bildet, vgl. *Krümmel* (1992), S. 309.

[113] Die betriebswirtschaftliche Bilanztheorie beschäftigt sich mit betriebswirtschaftlichen Überlegungen zu Aufgaben und Zielen der Rechnungslegung, vgl. *Baetge/Kirsch/Thiele* (2005), S. 12.

[114] *Rammert* (2000), S. 35. Vgl. auch *Leffson* (1987), S. 93f., *Krümmel* (1992), S. 309. Es wird unterstellt, dass die Fortführung des Unternehmens vorteilhafter ist als seine Liquidation.

[115] *Schildbach* (1993b), Sp. 2091. Vgl. *Ordelheide* (1994), S. 796, *Rammert* (2000), S. 35. Wird das Ziel der Einkommensmaximierung für Konsumzwecke verfolgt, können Kapitalerhaltungsmaßstäbe als Kriterium für Bilanzkonzepte herangezogen werden, vgl. *Wagner* (1982), S. 751.

[116] Kapitalerhaltung erfordert, den Gewinn bestandsorientiert als Vermögensänderung zu ermitteln, vgl. *Wagner* (1978), S. 26.

[117] Eigenkapital, Reinvermögen und Vermögen werden in dieser Arbeit synonym verwendet.

[118] Vgl. *Baetge/Kirsch/Thiele* (2005), S. 99-101.

zität.[119] Gewinn entsteht, wenn das Reinvermögen am Periodenende dasjenige am Periodenanfang übersteigt,[120] und kann ausgeschüttet werden.[121]

Das Konzept der Nominalkapitalerhaltung ist weit verbreitet, weil es nachprüfbar, einfach und allgemein verwendbar ist.[122] Streng genommen kann aber die Erhaltung des Nominalkapitals erst beurteilt werden, wenn das Unternehmen liquidiert wird, da das eingelegte Kapital in Vermögenswerte investiert wird, deren Werte nur durch Verkauf ermittelt werden können.[123] Um dennoch vor dem Liquidationszeitpunkt Informationen über die Nominalkapitalerhaltung zu bekommen, sind Bilanzierungs- und Bewertungsregeln zur Ermittlung des Eigenkapitals notwendig.[124] *Wagner* greift zur Begründung der Kapitalerhaltung und zur Beurteilung der Leistungsfähigkeit bilanztheoretischer Konzeptionen auf die Investitionstheorie zurück.[125] Retrospektive Konzepte weisen entweder keinen Bezug zur Ausschüttung auf oder führen zu einer Normierung, die ein im Sinne der Zielfunktion zielwidriges Verhalten zur Folge haben kann.[126] Prospektive Konzepte sind für die Bestimmung einer Ausschüttung nur für Individuen mit speziellen Zielannahmen nützlich.[127] Die bilanztheoretischen Kapitalerhaltungskonzeptionen sind daher „nur bei ganz besonderen Prämissen leistungsfähig“[128]. Zudem liegt der Nominalkapitalerhaltung implizit die Finanzierungshypothese zugrunde, dass eine „Verminderung (Erhöhung) des bilanziellen Haftungskapitals zu einer Erhöhung (Verminderung) des Insolvenzrisikos führt“[129]. Diese These ist zwar plausibel, aber weder theoretisch noch empirisch untermauert.[130]

---

119 Vgl. *Schildbach* (1993a), Sp. 1892.

120 Vgl. *Schneider* (1997), S. 35. Von Einlagen oder Entnahmen der Eigner wird abgesehen.

121 Vgl. *Loitlsberger* (1955), S. 78. Die Konzepte der Kapitalerhaltung definieren die Höhe der Ausschüttung und begrenzen den ausschüttungsfähigen Betrag. Sie konkretisieren die Ausschüttungsbemessung, vgl. *Coenenberg* (2005), S. 1183f. Vgl. *Schneider* (1968), S. 15, und *Hax* (1957), S. 37, die ein „doppeltes Minimum“ zur Ausschüttungsbemessung vorschlagen (Minimum aus ökonomischem und bilanziellem Gewinn (*Schneider*) und Minimum aus einem auf Basis der Nominalkapital- und einem auf Basis der Substanzerhaltung ermittelten Gewinn (*Hax*)).

122 Vgl. *Schildbach* (1993a), Sp. 1892. So orientiert sich das HGB an der Nominalkapitalerhaltung, wobei sich allerdings auch Zweifel an der Eignung der Nominalkapitalerhaltung im Gesetz finden, vgl. *Rammert* (2000), S. 15 Fn. 61, m.w.N. Im Rahmenkonzept der IFRS wird Bezug auf Kapital- und Substanzerhaltungskonzepte genommen, ohne ein bestimmtes Konzept vorzugeben (F.81, .102-.110).

123 Vgl. *Moxter* (1982), S. 136, *Schneider* (1994), S. 36, *Leuz* (1996), S. 196.

124 Vgl. *Kuhner* (2005b), S. 771f. Die Forderung nach Nominalkapitalerhaltung ist inhaltsleer, solange sie nicht durch Regeln zur Vermögensermittlung präzisiert wird, vgl. *Rammert* (2000), S. 37, ähnlich auch F.106. *Leffson* (1987), S. 59, betont ebenfalls, dass ohne Spezifizierung einer gläubigerschützenden Wirkung keine Rechnungslegungsregeln ableitbar sind.

125 Vgl. *Wagner* (1978), S. 3f.

126 Vgl. *Wagner* (1978), S. 148-170.

127 Vgl. *Wagner* (1978), S. 195-221.

128 *Wagner* (1978), S. 287, auch S. 220.

129 *Rammert* (2000), S. 39. Daher wird eine vorsichtige Rechnungslegung oft als überlegen erachtet. Vgl. *Alberth* (1997), *Kahle* (2002), S. 158-167, 288. *Ballwieser* (1996a), S. 15-17, verneint einen besseren Gläubigerschutz durch unverzerrte Rechnungslegung.

130 *Rammert* (2000), S. 39, räumt ihr daher die Stellung eines Axioms ein. Vgl. auch *Schneider* (1983b), S. 138-144.

Insgesamt erweist sich daher die betriebswirtschaftliche Bilanztheorie für eine ökonomische Analyse der Kapitalerhaltung als wenig ergiebig.[131] Die Ziele sind kaum begründbar, weil dazu Modelle notwendig wären, die eine Verbindung zwischen der Nutzenstiftung bei den Betroffenen und den Bilanzierungsregeln herstellen.[132] Als Basis für eine ökonomische Analyse des Gläubigerschutzes und des Gewinns als Ausschüttungsbemessungsgrundlage bietet sich die Prinzipal-Agenten-Theorie an. Ihr ist mit dem Konzept der Kapitalerhaltung gemein, dass sie Interessenkonflikte zwischen Eignern und Gläubigern zu lösen versucht.[133]

Schließlich kann Gewinnermittlung zum Zweck der Steuerbemessung erfolgen.[134] Einziger Adressat ist der Fiskus.[135] Manipulationsfreiheit und Steuergerechtigkeit stellen zentrale Forderungen an die Gewinnermittlung dar, die im Vergleich zur Handelsbilanz zu unterschiedlichen Regeln führen können.[136] Der Gewinn soll die wirtschaftliche Leistung des Unternehmens abbilden.[137] Die Ertragslage beeinflusst die Steuerbemessung insofern, als ein ertragsfähiges Unternehmen gegenüber einem nicht ertragsfähigen als leistungsfähiger angesehen wird, was zu höheren Steuerzahlungen führt.[138]

2.2. Gewinnkonzepte

2.2.1. Systematisierung von Gewinnkonzepten

Der Totalerfolg oder Totalgewinn eines Unternehmens resultiert als Saldo aus der über die gesamte Lebensdauer eines Unternehmens erzielten Ein- und Auszahlungen.[139] Er

---

131 Vgl. *Ballwieser* (1982), S. 777-780, *Rammert* (2000), S. 39, *Wagenhofer/Ewert* (2003), S. 146. Den Vorteil der Kapitalerhaltung sieht *Wagner* (1978), S. 3, „weniger in [der] empirischen Plausibilität, sondern eher in der einfacheren Formulierung der Zielfunktion bei Entscheidungsmodellen". *Rammert* (2004), insb. S. 592, stellt fest, dass es trotz der Nachteile der Kapitalerhaltung an besseren Alternativen für den Gläubigerschutz mangelt.

132 Vgl. *Ordelheide* (1988b), S. 283.

133 Vgl. *Ewert* (1986), S. 79, *Rammert* (2000), S. 61.

134 Der Zweck der Steuerbemessung wird in der vorliegenden Arbeit nicht behandelt, da die handelsrechtliche Rechnungslegung international von der Steuerbemessung losgelöst ist. Maßgeblichkeits- und Umkehrmaßgeblichkeitsprinzip sind nicht bekannt. Das Steuerrecht findet lediglich bei der Bildung latenter Steuern Berücksichtigung. Vgl. zu einer Vereinbarkeit von IFRS und steuerlicher Gewinnermittlung z.B. *Dietel* (2004), *Herzig* (2004, 2005).

135 Vgl. *Coenenberg* (2005), S. 16.

136 Der Zweck der Steuerbemessung ließe sich auch unter den Zweck der Ausschüttungsbemessung subsumieren, vgl. insb. *Döllerer* (1983). Laut *Coenenberg* (2005), S. 16f., schränkt eine Gewinnermittlung zur Steuerbemessung im Vergleich zur Ausschüttungsbemessung gewährte Spielräume wegen der notwendigen Objektivierung weitgehend ein. Vgl. aber *Mellwig* (1983), der argumentiert, dass aufgrund der gebotenen Objektivierung unterschiedliche Zielsetzungen des Abschlusses nicht durchschlagen.

137 Vgl. *Moxter* (1984), S. 108, *Beisse* (1984), S. 4.

138 Umgekehrt beeinflusst die Steuerbemessung auch die Ertragslage. Da ein leistungsfähiges Unternehmen hohe Steuern abführen muss, besteht für ein Unternehmen der Anreiz, die Ertragslage möglichst schlecht darzustellen und stattdessen stille Reserven zu legen.

139 Vgl. z.B. *Revsine* (1971), S. 487, *Hax* (2004), S. 79. Zu den Einwänden gegen den Totalgewinn vgl. *Richter* (1928), S. 194f., *Rieger* (1964), S. 205-215, *Leffson* (1966), S. 376f.

kann erst ex post, d.h. bei Liquidation, festgestellt werden kann. Weil aber Adressaten Informationen während der Lebensdauer des Unternehmens benötigen, ist der Totalgewinn so auf die einzelnen Perioden zu verteilen, dass sich – für den jeweiligen Rechnungslegungszweck – ein aussagefähiger Gewinn ergibt.[140] Das Kongruenzprinzip besagt, dass über die Totalperiode der Saldo aus Ein- und Auszahlungen gleich der Summe der Ausschüttungen gleich der Summe der Periodenerfolge ist.[141] Verschiedene Bewertungssysteme unterscheiden sich dann nur in der Periodisierung des Totalerfolgs.[142] Für die Ermittlung eines Periodenerfolgs findet sich in der Literatur eine Vielzahl an Gewinnkonzepten. Eine Strukturierung kann auf Basis unterschiedlicher Gesichtspunkte erfolgen. Im Folgenden wird eine Systematisierung anhand der betriebswirtschaftlichen Bilanztheorien Statik und Dynamik vorgenommen.[143] Abbildung 2.2 gibt einen Überblick.

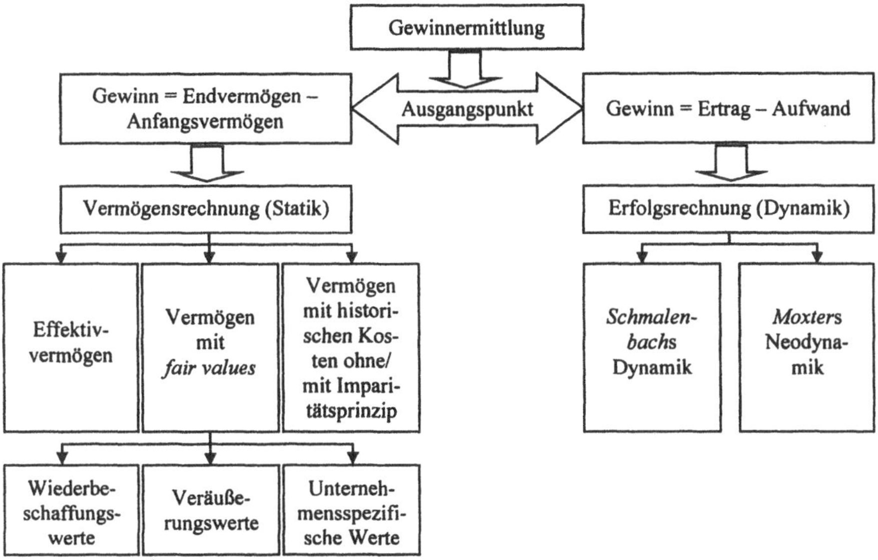

Abbildung 2.2: Überblick über verschiedene Gewinnkonzepte

140 Vgl. z.B. *Leffson* (1966), S. 376, *Hax* (2004), S. 79-82, 85f.

141 Vgl. bereits *Schmalenbach* (1919), S. 11-13, *Lücke* (1955), in der US-amerikanischen Literatur unter dem Begriff *clean surplus relation Preinreich* (1937, 1938), *Peasnell* (1982). Statt Kongruenzprinzip wird auch von pagatorischer Gewinnermittlung gesprochen. *Ordelheide* (1998), S. 517f., fordert für die Erfüllung des Kongruenzprinzips zusätzlich Barwertidentität.

142 Vgl. *Revsine* (1971), S. 487, *Ordelheide* (1991), S. 519f.

143 Die Begriffe der Statik und Dynamik werden nicht einheitlich gebraucht, vgl. kritisch *Schneider* (1983a), S. 1053-1055, *Schneider* (1987), S. 426-430. *Seicht* (1982), S. 164-166, folgend wird unter statischer Bilanz die Vermögensrechnung und unter dynamischer Bilanz die Erfolgsrechnung subsumiert. Zu einer anderen Abgrenzung gelangt z.B. *ter Vehn* (1929). Vgl. zu Alternativen z.B. *Caliz* (2003), S. 9-38, der zwischen ökonomischem und buchhalterischem Gewinn sowie Gewinn auf Basis von Marktwerten unterscheidet. Im US-amerikanischen Bereich hat sich bislang keine einheitliche Systematisierung durchgesetzt, vgl. *Ackermann* (2001), S. 11. Vgl. zur Entwicklung der Gewinnrealisierung im englischsprachigen Raum *Liang* (2001).

In der statischen Bilanz werden Vermögenswerte und Schulden eines Unternehmens ermittelt und dargestellt.[144] Der ursprüngliche Zweck der Bilanzziehung liegt in der Abbildung des Schuldendeckungspotenzials.[145] Die Differenz zwischen Vermögenswerten und Schulden wird als Eigenkapital oder Reinvermögen bezeichnet. Aus einer „richtigen" Vermögensermittlung folgt als Nebenprodukt der Gewinn als Reinvermögensänderung durch Vergleich des Periodenanfangs- und Periodenendvermögens.[146] Das Problem der Gewinnermittlung wird damit auf die Vermögensermittlung verschoben, die auf verschiedene Art erfolgen kann.[147]

Die dynamische Bilanz geht hauptsächlich auf den Betriebswirtschaftler *Eugen Schmalenbach* zurück.[148] In Abgrenzung zur statischen Bilanz soll in einer dynamischen Bilanz nicht das Vermögen, sondern der Erfolg eines Unternehmens dargestellt werden.[149] Daher ist das Vermögen „falsch" zu ermitteln. Die Gewinn- und Verlustrechnung stellt die sich in einem Unternehmen abspielenden Bewegungen dar und ist die wichtigere der beiden Rechnungen.[150] Der Erfolg eines Unternehmens ergibt sich als Differenz zwischen Ertrag und Aufwand,[151] welche anhand von periodisierten Ein- und Auszahlungen[152] gemessen werden sollen. Die Bilanz dient als Bindeglied und nimmt bereits in früheren oder erst in späteren Perioden erfolgswirksam werdende Ein- und Auszahlungen als Erinnerungs- und Abgrenzungsposten auf.

2.2.2. Statische Gewinnkonzepte

2.2.2.1. Änderung des Effektivvermögens

Die Vermögensermittlung kann durch das Liquidations- oder durch das Fortführungsvermögen erfolgen.[153] Für die Betrachtung wird die Unternehmensfortführung zugrunde gelegt, sofern nicht explizit davon abgewichen wird.[154] Sie ist heute Teil vieler Rechnungslegungssysteme und besagt, dass ein Unternehmen über den Bewertungsstichtag hinaus für mindestens eine weitere Abrechnungsperiode existiert und nicht liquidiert wird.[155]

---

[144] Vgl. *Moxter* (1984), S. 5.

[145] Vgl. *Moxter* (1974), S. 215f.

[146] Dies gilt nur, wenn keine Transaktionen mit Eigentümern stattgefunden haben. Davon wird im Folgenden ausgegangen, sofern es nicht explizit anders kenntlich gemacht ist.

[147] Das Problem von Inflation wird, *Solomons* folgend, ausgeblendet. *Solomons* (1961), S. 374, spricht davon, dass zunächst das Problem der Gewinnermittlung gelöst werden muss, bevor Inflation berücksichtigt wird. Vgl. ähnlich *Hax* (1957), S. 269-277, *Schneider* (1972), S. 185: „Allgemeine Geldwertänderungen haben nichts mit der Gewinnermittlung zu tun."

[148] Zu den Vorläufern *Schmalenbach*s vgl. *Seicht* (1970), S. 97-105, m.w.N.

[149] Vgl. *Schmalenbach* (1988), S. 44.

[150] Vgl. *Schmalenbach* (1988), S. 51.

[151] Vgl. *Schmalenbach* (1988), S. 58.

[152] Im Folgenden wird nicht zwischen Einnahme und Einzahlung sowie Ausgabe und Auszahlung unterschieden, weil kein zusätzlicher Nutzen für die Diskussion im Rahmen dieser Arbeit resultiert. Vgl. zu den Begriffen statt vieler *Heinhold* (2004), S. 10-14.

[153] Beide Bilanzen ergänzen sich, vgl. *Moxter* (1974), S. 217.

[154] Die Prämisse der Unternehmensfortführung wurde entscheidend von *Simon* (1886) geprägt.

[155] Vgl. z.B. § 252 Abs. 1 Nr. 2 HGB, F.23, IAS 1.23, SFAC 1, Fn. 10.

Das Effektivvermögen[156] wird durch die Gesamtbewertung des Unternehmens mit Hilfe des Kapitalwertkalküls durch Diskontierung zukünftiger Zahlungsströme zwischen den Eignern und dem Unternehmen mit einem geeigneten Zinssatz ermittelt.[157] Der Gewinn ergibt sich allgemein aus der Änderung des Effektivvermögens, also der Differenz zwischen dem Ertragswert am Ende und am Anfang der Periode.[158] Man kann im restriktivsten Modell Sicherheit, einen vollkommenen und vollständigen Kapitalmarkt sowie die Möglichkeit des Sparens annehmen.[159] Unter diesen Annahmen bestimmt sich der Gewinn als Zins auf das Anfangsvermögen.[160] In der Literatur wird dieser Gewinn als ökonomischer oder kapitaltheoretischer Gewinn[161] bezeichnet.[162] Er stellt denjenigen Wert dar, der einem Unternehmen am Periodenende entzogen werden kann, so dass der Zukunftserfolgswert am Periodenanfang demjenigen am Periodenende entspricht.[163] Die Erfolgskraft des Vermögens wird erhalten.[164]

Das Konzept des ökonomischen Gewinns wird oft als theoretisch sauberstes Konzept betrachtet und als Referenzmodell herangezogen.[165] Der Vorteil liegt in der Zukunftsorientierung.[166] Werden die Annahmen der Sicherheit, vollkommener und vollständiger Kapitalmärkte aufgehoben,[167] sind Schätzungen über die Höhe der künftigen Zahlungsströme sowie deren zeitlicher Struktur notwendig.[168] Die Gewinnermittlung ist dann nicht mehr eindeutig.[169] Zur Berücksichtigung der Unsicherheit im Kalkül bestehen verschiedene Möglichkeiten.[170] Das Periodenanfangsvermögen wird durch Diskontierung der erwarteten Ein- und Auszahlungen der Eigentümer mit dem gege-

---

156 Das Effektivvermögen wird auch als Zukunftserfolgswert, Ertragswert oder Unternehmenswert bezeichnet. Vgl. zu einer Analyse und Ermittlung des Zukunftserfolgswerts bereits *Busse von Colbe* (1957).

157 Vgl. z.B. *Laux* (1995), S. 163.

158 Vgl. zum Gewinn als Effektivvermögenszuwachs ausführlich *Moxter* (1982), S. 43-63.

159 Vgl. *Hansen* (1962), S. 19, *Beaver* (1998), S. 38.

160 Vgl. zu einem Nachweis *Franke/Hax* (2004), S. 82-84.

161 *Blaufus* (2005), S. 175, hält die Bezeichnung als Gewinn für problematisch, weil es sich um die Verzinsung des Barwertes handelt. In der neoklassischen Theorie gibt der Zins das Austauschverhältnis von Gegenwarts- und Zukunftsgeld an, aber keine Vermögenserhöhung. Daher springt man aus der neoklassischen Modellwelt. Vgl. auch *Franke/Hax* (2004), S. 84f.

162 Vgl. *Schneider* (1997), S. 264. *Kristensen* (1944), S. 6ff., spricht sogar vom „ideal (true) concept of profit" (zitiert nach *Hansen* (1962), S. 19). Entscheidend geprägt wurde der ökonomische Gewinnbegriff von *Irving Fisher* (1906). Spätere Veröffentlichungen und Erweiterungen legen seine Ausführungen zugrunde, vgl. insb. *Lindahl* (1933), *Hansen* (1962), *Schneider* (1963), *Honko* (1965), *Wegmann* (1970). *Seicht* (1982), S. 59-68, unterscheidet ökonomischen und kapitaltheoretischen Gewinn. Auf die Unterscheidung braucht hier nicht weiter eingegangen werden.

163 Vgl. *Seicht* (1982), S. 61.

164 Vgl. *Sieben* (1964), S. 629, *Wegmann* (1970), S. 34.

165 Vgl. *Hansen* (1962), S. 19, *Franke/Hax* (2004), S. 85. Zur Kritik vgl. z.B. *Drukarczyk* (1973).

166 Vgl. *Leffson* (1966), S. 379.

167 Wird nur die Annahme der Sicherheit aufgehoben, kann der ökonomische Gewinn weiterhin berechnet werden, vgl. im Überblick *Rudolph* (1983), m.w.N.

168 Vgl. *Moxter* (1966), S. 38f.

169 Vgl. *Beaver/Demski* (1979), S. 42.

170 Vgl. v.a. *Lindahl* (1933), *Hansen* (1962), S. 19-35.

benen Kapitalmarktzins am Periodenbeginn bestimmt.[171] Für die Berechnung des Periodenendvermögens gibt es zwei Alternativen: (i) Prognose des Endvermögens am Periodenanfang (ex ante) oder (ii) Feststellung des Endvermögens am Periodenende (ex post). Ziel ist jeweils eine Annäherung an den ökonomischen Gewinn bei vollkommenem und vollständigem Kapitalmarkt als Idealgewinn.

Alternative (i) ermittelt einen Plangewinn durch die Prognose des Periodenendvermögens am Periodenanfang.[172] Da der Informationsstand[173] am Periodenanfang unterstellt wird, ergibt sich der Gewinn als Zins auf das Periodenanfangsvermögen (Zeiteffekt).[174] Der Unterschied zum Idealgewinn besteht darin, dass es sich hier um antizipierte Zinsen handelt, deren tatsächlicher Erhalt nicht sicher ist. Insofern liegt eine Näherungslösung vor.[175] Bei Alternative (ii) wird das Endvermögen am Ende der Periode bestimmt. Im Zeitablauf sind Anpassungen der Ein- und Auszahlungen und des Zinses aufgrund eines besseren Informationsstandes notwendig.[176] Diese führen zu Korrekturen des Gewinns und können wie folgt berücksichtigt werden:[177]

(1) Der Gewinn setzt sich aus den Komponenten antizipierte Zinsen und Kapitalgewinn oder -verlust durch Anpassungen an den neuen Informationsstand zusammen.[178]

(2) Der Informationsstand am Periodenende wird auf den Periodenanfang übertragen und so an den Idealgewinn angenähert (nachträglicher Idealgewinn).[179]

Die Berechnung des ökonomischen Gewinns ist stark subjektiv geprägt und intersubjektiv kaum nachprüfbar.[180] Das bezieht sich auf die Schätzungen der Ein- und Auszahlungen zwischen Unternehmen und Eigentümer und auf den für die Diskontierung der Nettozahlungen geeigneten Zinsfuß.[181] Im Kapitalwertkalkül wird der Zinssatz durch Vergleich mit der rentabelsten Alternativanlage gewonnen. Die möglichen Alternativinvestitionen hängen vom Entscheidungsfeld[182] des einzelnen Investors ab und

---

171 Vgl. hierzu und im Folgenden *Moxter* (1982), S. 43.

172 Vgl. *Moxter* (1982), S. 45.

173 Es wird von Bewertungshomogenität ausgegangen. Für die Schätzung der Ein- und Auszahlungen sowie des Zinssatzes werden die gleichen Annahmen von den verschiedenen Marktteilnehmern zugrunde gelegt. Bestehen inhomogene Erwartungen am Markt, so tritt neben den Zeiteffekt auch ein Spekulationseffekt, vgl. *Moxter* (1982), S. 49f. Von diesem wird hier abgesehen.

174 Vgl. *Lindahl* (1933), S. 400f., *Hansen* (1962), S. 20, *Moxter* (1982), S. 45.

175 Vgl. *Hansen* (1962), S. 24.

176 Vgl. mit Beispiel *Hansen* (1962), S. 21-23.

177 Weitere Möglichkeiten finden sich in der Literatur, vgl. *Lindahl* (1933), S. 405-407, *Hansen* (1962), 32-35, *Schneider* (1963), S. 462-464.

178 Vgl. *Hansen* (1962), S. 25.

179 Vgl. *Hansen* (1962), S. 28.

180 Folgen die Schätzungen einer bestimmten Methode und werden Annahmen sowie Methoden offen gelegt, ist eine Prüfung durch Dritte – auf Plausibilität – möglich, vgl. *Mandl/Jung* (2002).

181 Vgl. ausführlich *Coenenberg* (1968), S. 449-451, *Wegmann* (1970), S. 46-48.

182 Das Entscheidungsfeld umfasst den Aktionsraum des Entscheidungsträgers, den Zustandsraum und die Ergebnisfunktion, die die Konsequenzen aus der Kombination von einer Aktion und einem Zustand angibt, vgl. ausführlich *Bamberg/Coenenberg* (2004), S. 15-27.

variieren dadurch erheblich. Darüber hinaus ist das Entscheidungsfeld des Unternehmens, d.h. in Frage kommende Alternativinvestitionen und deren Erfolge, ungewiss.[183] Der Unternehmenswert hängt damit von der Qualität der verfügbaren Informationen ab. Unternehmensexterne sind auf die Offenlegung der entsprechenden Informationen angewiesen. Da eine objektivierte Ermittlung der Daten nicht möglich ist, darf nicht ohne weiteres von wahrheitsgemäßer Berichterstattung des Bilanzierenden ausgegangen werden. Bei unvollkommener Information erweist sich die Ermittlung des ökonomischen Gewinns daher als wenig praktikabel.[184]

2.2.2.2. Änderung des durch Einzelbewertung auf Basis von *fair values* gewonnenen Fortführungsvermögens

Das Vermögen kann auch durch Einzelbewertung und Addition von Vermögenswerten und Schulden ermittelt werden. Eine Möglichkeit der Bewertung bilden *fair values.*[185] Der *fair value* stellt den Betrag dar, für den ein Vermögenswert oder eine Schuld zwischen zwei unabhängigen und vertragswilligen Parteien getauscht werden könnte.[186] Chancen und Risiken gehen symmetrisch in die Bewertung ein.[187] *Fair values* sind nur in bestimmten Modellwelten eindeutig definiert, für jeden identisch und verlässlich sowie problemlos ermittelbar.[188] Dazu müssen die Güter- und Kapitalmärkte vollkommen und vollständig sowie im Gleichgewicht sein. Allerdings enthält der Markt bereits alle Informationen, so dass Rechnungslegung selbst überflüssig ist.[189] Werden die sehr restriktiven Annahmen aufgehoben, sind *fair values* nicht mehr eindeutig,[190] da sie Beschaffungswerte (*entry value*), Verkaufswerte (*exit value*) oder unternehmensspezifische Werte (*value in use*)[191] sein können.[192]

---

183 Vgl. hierzu und im Folgenden *Coenenberg* (1968), S. 451f.

184 Vgl. statt vieler *Münstermann* (1966a), S. 585f.

185 Vgl. *Baetge/Zülch* (2001), S. 543. Zu den zeitwertorientierten Theorien vgl. *Haller* (1994), S. 136-139.

186 Ausgangspunkt ist der fiktive, freiwillige Verkauf eines Vermögenswertes oder einer Schuld. Ungewöhnliche oder persönliche Einflüsse werden ausgeschaltet. Vgl. z.B. *Mujkanovic* (2002), S. 113, sowie SFAC 7.1, IAS 32.11.

187 Vgl. *Baetge/Zülch* (2001), S. 546.

188 Vgl. ausführlich *Ballwieser/Küting/Schildbach* (2004), S. 530f., *Hitz* (2005a), S. 175-179.

189 Vgl. *Beaver/Demski* (1979), S. 38, *Ballwieser* (1982), S. 786f.

190 Vgl. *Schneider* (1998), S. 1474-1476, *Ballwieser* (2002a), S. 298f., *Mujkanovic* (2002), S. 115.

191 Insoweit wird der internationalen Vorgehensweise gefolgt: Die beiden erstgenannten Werte werden nach der *mark to market*-Bewertung ermittelt. Sofern keine Marktpreise beobachtbar oder keine modifizierte Marktpreise ermittelbar sind, ist auf interne Schätzungen zurückzugreifen (*mark to model*-Bewertung). Vgl. ausführlich *Rockel* (2004), S. 11-15, *Hitz* (2005b), S. 3f. Internationale Regeln subsumieren den unternehmensspezifischen Wert zwar nicht unter den *fair value*, da dieser keine private Information enthalten sollte. Sowohl eine *mark to model*-Bewertung als auch unternehmensspezifische Werte rekurrieren jedoch auf interne Schätzungen, wodurch die Grenzen verwischen.

192 Vgl. ausführlich *Hitz* (2005a), S. 59-66, auch *Baetge/Lienau* (2005a), S. 72, *Streim/Bieker/Esser* (2003), S. 460. Internationale Regelungen sehen ein hierarchisches Vorgehen vor, vgl. *Baetge/Zülch* (2001), S. 547, *Ballwieser/Küting/Schildbach* (2004), S. 533f. Im Folgenden werden die Begriffe Wiederbeschaffungs- und Veräußerungswerte als Oberbegriffe verwendet und schließen Wiederbeschaffungs- und Veräußerungspreise ein.

In einer Wiederbeschaffungswertbilanz werden diejenigen Vermögenswerte und Schulden, die einzeln beschaffbar sind, mit ihren Wiederbeschaffungswerten angesetzt.[193] Die Wertermittlung eines Vermögenswerts erfolgt – sofern kein Marktpreis für ein identisches Gut beobachtbar ist – durch Vergleich mit ähnlichen Vermögenswerten am Beschaffungsmarkt oder durch fiktiven Nachbau.[194] Der Wert einer Schuld wird durch fiktive Neuaufnahme am Bewertungsstichtag bestimmt.[195] Die Ermittlung des Vermögens auf Basis von Wiederbeschaffungswerten liefert den Reproduktionswert des Unternehmens und soll den Ertragswert eines Unternehmens approximieren.[196] Das ist problematisch, da durch die Einzelbewertung der Vermögenswerte und Schulden Verbundeffekte (zwangsläufig) vernachlässigt werden.[197] Eine Bilanzierung auf Basis von Wiederbeschaffungspreisen und -werten zeigt den Substanzwert des Unternehmens an.[198]

Der Gewinn in der Wiederbeschaffungswertbilanz ergibt sich durch Vergleich des Reinvermögens zweier Stichtage[199] und lässt sich in zwei Komponenten zerlegen:[200] (i) Leistungsgewinn als Ergebnis unternehmerischen Handelns (Differenz zwischen Verkaufspreisen bei Umsatzrealisierung und Wiederbeschaffungswerten) und (ii) Dispositionsgewinn als Ergebnis aus Wertänderungen am ruhenden Vermögen (Differenz zwischen den Wiederbeschaffungswerten zweier Stichtage). Der Leistungsgewinn soll als langfristiges Gewinnmaß dienen.[201] Der Dispositionsgewinn soll messen, inwiefern bei steigenden Wiederbeschaffungswerten ein realisierbarer Vermögenszuwachs (auch i.S.v. Kostenersparnis) durch Beschaffung in früheren Perioden

---

193 Vgl. *Moxter* (1982), S. 105.

194 Vgl. *Searfoss/Fellner Weiss* (1990), S. 75. Sofern kein aktiver Markt für das Objekt vorhanden ist, sind Schätzungen über den Nachbau zu treffen, welche – je nach Objekt – sehr subjektiv ausfallen können, vgl. *Moxter* (1982), S. 108f. *Isaac* (1924), S. 262, sagt, dass dann „nur konsequentes Denken zum Ziel führen" kann.

195 Welche Schulden in einer Wiederbeschaffungswertbilanz anzusetzen sind, wird von *Schmidt* (1979) vernachlässigt, vgl. *Moxter* (1984), S. 63.

196 Vgl. *Moxter* (1982), S. 103-105. Es wird davon ausgegangen, dass am Markt kein höherer Preis als der Reproduktionswert zustande kommt. Durch die Vernachlässigung von Verbundeffekten ist die Aussage zu relativieren. Vgl. zum Ertragswert *Ballwieser* (2004a), S. 12-110.

197 Der Einzelbeschaffbarkeit sind insofern zunächst keine Grenzen gesetzt, als bei Nichtvorhandensein des Objekts die Aufwendungen für einen Nachbau berechnet werden. Fiktiv kann daher auch für das Management oder den Standort ein Wert ermittelt werden. Problematisch wird es dann, wenn die Objekte nicht konkretisierbar sind. Vgl. *Moxter* (1982), S. 106-109.

198 Vgl. *Schmidt* (1979), S. 60f.

199 Das Reinvermögen ergibt sich durch die Differenz von mit Wiederbeschaffungswerten angesetzten Vermögenswerten und Schulden, vgl. *Moxter* (1982), S. 112. Die Interpretation als Ertragswertzuwachs kann jedoch zu erheblichen Fehleinschätzungen führen, vgl. mit Beispiel *Moxter* (1982), S. 112f.

200 Vgl. *Edwards/Bell* (1961), S. 70-109. Eine ähnliche Unterscheidung nimmt *Schmidt* (1979), S. 119, mit organischem Umsatzgewinn und Wertänderungen am ruhenden Vermögen vor.

201 Vgl. *Edwards/Bell* (1961), S. 99f. Voraussetzung ist, dass die relative Vorteilhaftigkeit alternativer Produktionsprozesse im Zeitablauf erhalten bleibt.

eingetreten ist.[202] *Edwards/Bell* sehen vor, den Dispositionsgewinn in einem separaten Konto als „unrealized surplus“ (Neubewertungsrücklage) zu erfassen und bei Verkauf des Vermögenswertes in das Konto „realized surplus“ umzubuchen.[203] Wird die Neubewertungsrücklage bei Abgang des Vermögenswertes erfolgswirksam aufgelöst, liegt ein vorübergehender Verstoß gegen das Kongruenzprinzip vor.[204]

Veräußerungswerte orientieren sich am Absatzmarkt.[205] Die Bewertung erfolgt zum Veräußerungserlös am Bilanzstichtag, und zwar – sofern dieser existiert – zum Markt- oder Börsenpreis.[206] Erschwert wird die Wertermittlung für Vermögenswerte, für die kein Absatzmarkt besteht.[207] In der Bilanz wird grundsätzlich nur berücksichtigt, was sich einzeln veräußern lässt.[208] Zu unterscheiden ist eine Vermögensermittlung unter Annahme der Veräußerung des laufenden Geschäftsbetriebs (Liquidationsfiktion) und der Veräußerung im Liquidationsfall.[209] Im Folgenden wird auf eine Veräußerungsfiktion der einzelnen Vermögenswerte und Schulden im Rahmen der gewöhnlichen Geschäftstätigkeit rekurriert. Einflüsse, die aus einem Notverkauf stammen, sind daher zu vernachlässigen.[210] Der sog. realisierbare Gewinn ergibt sich als Vermögensänderung zwischen zwei Stichtagen.[211] Im Fall der Veräußerung im Liquidationsfall kann der Gewinn als Liquidationszuwachs interpretiert werden und wird unter Annahme der ungünstigsten Unternehmensentwicklung bestimmt.[212]

Eine dritte Möglichkeit ist die Vermögensermittlung auf Basis unternehmensspezifischer Werte,[213] die den Wert jeder einzelnen Bilanzposition durch Diskontierung der künftigen Nettozahlungen, die mit ihr verbunden sind, bestimmt.[214] Im Unterschied

---

202 Nach *Schmidt* (1979), S. 119, stellen Dispositionsgewinne spekulative Erfolge dar und sind erfolgsneutral direkt in einem Eigenkapitalergänzungskonto zu erfassen. Nur was volkswirtschaftlich an Mehrwert geschaffen wird, soll als Gewinn berücksichtigt werden. Dieses Vorgehen ist problematisch, da es gegen das Kongruenzprinzip verstößt.

203 Vgl. *Edwards/Bell* (1961), S. 111f., 217.

204 Ein vorübergehender Verstoß gegen das Kongruenzprinzip liegt vor, wenn ein Verstoß in einer Periode durch einen gegenläufigen Verstoß in einer späteren Periode ausgeglichen wird, wenn also Eigenkapitalveränderungen, die nicht auf Transaktionen mit Eignern zurückgehen, nicht bei ihrem Entstehen, sondern erst in einer späteren Periode in der Gewinn- und Verlustrechnung erfasst werden. Dann sind, so *Ordelheide* (1998), S. 518, zusätzlich Zinseffekte auszugleichen, damit die Barwertidentität erhalten bleibt.

205 Vgl. *Coenenberg* (1968), S. 443.

206 Vgl. *Moxter* (1974), S. 218f.

207 Vgl. *Coenenberg* (1968), S. 453. Hier sind subjektive Schätzungen nötig, vgl. *Moxter* (1982), S. 131.

208 Vgl. *Moxter* (1982), S. 128f.

209 Vgl. *Hitz* (2005a), S. 61.

210 Vgl. *Moxter* (1974), S. 218. Bei einer Zwangsliquidation wären die anzusetzenden Werte wohl niedriger zu wählen, vgl. *Seicht* (1982), S. 163.

211 Vgl. *Edwards/Bell* (1961), S. 44-51. Als Gewinn gilt derjenige Wert, der ausgeschüttet werden kann, ohne dass sich der Marktwert des Eigenkapitals auf Basis von Veräußerungswerten ändert.

212 Vgl. *Moxter* (1982), S. 136, *Baetge/Kirsch/Thiele* (2005), S. 13.

213 Vgl. grundlegend zu möglichen Bewertungsmodellen *Hitz/Kuhner* (2000), *Drukarczyk/Schüler* (2005).

214 Vgl. *Leffson* (1966), S. 378, *Wegmann* (1970), S. 23.

zum Effektivvermögen wird statt für das gesamte Unternehmen für jede Position der Zukunftserfolgswert ermittelt. Der Vorteil gegenüber der Ermittlung auf Basis des Effektivvermögens liegt in der Offenlegung von detaillierteren Informationen. Erfolgspotenziale einzelner Vermögenswerte und Schulden oder deren Gruppen werden gezeigt. Allerdings unterliegt die Wertermittlung aufgrund von Schätzungen durch den Bilanzierenden einem hohen Grad an Subjektivität; Verbundeffekte werden vernachlässigt. Der Gewinn ergibt sich als Wertänderung der Bilanzpositionen.

2.2.2.3. Änderung des durch Einzelbewertung auf Basis von historischen Kosten gewonnenen Fortführungsvermögens

Bei einer Vermögensermittlung auf Basis historischer Kosten werden Vermögenswerte und Schulden mit ihren Anschaffungs- oder Herstellungskosten (ggf. gemindert um planmäßige Abschreibungen) in der Bilanz bis zu ihrem Ausscheiden geführt.[215] Der Gewinn als Differenz von periodisierten Ein- und Auszahlungen in Form von Erträgen und Aufwendungen wird durch das Realisationsprinzip bestimmt.[216] Es legt den Zeitpunkt der Gewinnrealisierung auf den Zeitpunkt der Lieferung und Leistung und damit auf das Entstehen von Einzahlungen oder Einzahlungsansprüchen und den korrespondierenden Aufwendungen fest.[217] Von gemischten Wertansätzen spricht man, wenn in einer Bilanz neben Anschaffungs- oder Herstellungskosten auch *fair values* zu finden sind.[218]

Unter einer vorsichtigen Rechnungslegung wird ein Ansatz zu (maximal) historischen Kosten von einzeln beschaffbaren und bewertbaren Vermögenswerten sowie deren außerplanmäßige Abschreibung auf einen niedrigeren Zeitwert subsumiert. Vermögenswerte und Schulden werden vorsichtig und verlustantizipierend bewertet.[219] Drohende Verluste und Risiken sind bei ihrem Erkennen, Gewinne und Chancen erst bei ihrem sicheren Eintreten zu erfassen.[220] Subjektive Elemente sollen möglichst ausgeschaltet werden, damit die ausgewiesenen Werte – zumindest theoretisch – weitgehend willkürfrei und intersubjektiv nachprüfbar sind.[221] In der Bilanz existieren sowohl historische als auch (niedrigere) beizulegende Werte in Form von aktuellen Marktpreisen nebeneinander, was u.U. den Aussagegehalt erheblich einschränkt und zu Verzerrun-

---

215 Vgl. *Coenenberg* (2005), S. 92f.

216 Vgl. *Ijiri* (1975), S. 72, *Coenenberg* (2005), S. 41.

217 Vgl. *Moxter* (1982), S. 158.

218 Das ist nach IFRS und US-GAAP, aber auch nach dem HGB der Fall.

219 Vgl. *Baetge/Zülch* (2001), S. 546. Zu den einzelnen Prinzipien vgl. auch *Ballwieser* (2005c).

220 Vgl. z.B. *Hansen* (1962), S. 55, *Devine* (1963), S. 129.

221 Vgl. *Baetge* (1970), S. 16f. Dadurch werden die Manipulationsmöglichkeiten des Managements eingeschränkt, vgl. *Baetge/Kirsch/Thiele* (2005), S. 116f.

gen führen kann.[222] Der Zeitpunkt der Gewinnrealisation liegt im Vergleich zu einer Rechnungslegung auf Basis des ökonomischen Gewinns zeitlich später.[223]

2.2.3. Dynamische Gewinnkonzepte

2.2.3.1. Dynamik nach *Schmalenbach*

Die dynamische Bilanz fokussiert auf die direkte Erfolgsermittlung.[224] Daneben kann die Bilanz weitere Zwecke (also auch den der Vermögensermittlung) erfüllen. Diese dürfen jedoch den Hauptzweck nicht zurückdrängen und müssen im Hintergrund bleiben. Eine „richtige" Vermögensermittlung ist laut *Schmalenbach* mit Hilfe der Bilanz aber nicht möglich.[225] Der Erfolg eines Unternehmens soll über den Geschäftsverlauf des vergangenen Jahres informieren[226] und ergibt sich durch Gegenüberstellung von Ertrag und Aufwand als periodisierte Ein- und Auszahlungen.[227] Der Totalerfolg eines Unternehmens ist dabei so auf die einzelnen Perioden zu verteilen, dass ein vergleichbarer Gewinn resultiert.[228] Bereits in früheren oder erst in späteren Perioden erfolgswirksame Ein- und Auszahlungen werden in die Bilanz eingestellt. Aktiva werden als Vorleistungen, Passiva als Nachleistungen betrachtet.[229] *Schmalenbach* bezeichnet sie auch als „Kräftespeicher" des Unternehmens: „Das noch nicht Ausgelöste stellt noch vorhandene aktive Kräfte und passive Verpflichtungen dar."[230] Die Bewertung der Bilanzposten erfolgt nicht einheitlich, sondern basiert auf verschiedenen Prinzipien, die sich aus dem Hauptzweck ableiten.[231]

---

222 Vgl. *Ballwieser* (1996b), S. 521.

223 Die Gewinnrealisation erfolgt beim ökonomischen Gewinn in der Periode der Verursachung, bei einer vorsichtigen Rechnungslegung z.B. bei Lieferung und Leistung oder Zahlungseingang. Hierzu schreibt *Schneider* (1971), S. 609: „[...], dann kann realisierter Gewinn erst vorliegen, wenn ein Wirtschaftsgut abgegangen *und* die Einnahmen zugeflossen sind." (kursiv im Original) Sowohl im HGB als auch nach derzeitigen IFRS-Regeln bestimmt der Zeitpunkt der Lieferung und Leistung (überwiegend) die Realisation, vgl. *Ordelheide/Böckem* (2005), Rz. 19-30.

224 Vgl. hierzu und im Folgenden *Schmalenbach* (1988), S. 44.

225 Vgl. *Schmalenbach* (1988), S. 48. Zu beachten ist bei dieser Aussage allerdings, dass das Vermögen im Sinne einer Gesamtbewertung des Unternehmens zu verstehen ist und daher nicht durch Addition der einzelnen Vermögensgegenstände ermittelt werden kann. Vgl. auch *Moxter* (1979), S. 143, der betont, dass Adressaten „das ‚wirkliche' Vermögen (Effektivvermögen), nicht lediglich ein ‚Bilanzvermögen' (‚Buchvermögen')" interessiert.

226 Vgl. *Moxter* (1982), S. 145.

227 Vgl. *Schmalenbach* (1988), S. 58.

228 *Schmalenbach* (1988), S. 64-66, hält das Zurechnungsproblem für lösbar, was *Rieger* (1964), S. 203-210, bezweifelt.

229 *Lion* (1928), S. 486-491, ist in seiner Kritik zuzustimmen, wenn der Gewinn bei *Schmalenbach* auch durch einen Vermögensvergleich erfolgen kann (dies gibt *Schmalenbach* (1988), S. 74f., zu). *Lion* betont zu Recht, dass die Vermögensermittlung dann unter dem Gesichtspunkt der Erfolgsermittlung zu erfolgen hat. Dem ebenfalls zustimmend *Muscheid* (1957), S. 42, auch *Walb* (1924), S. 36. Vgl. aber *ter Vehn* (1929), S. 31: „In dualistischen [= statischen; Anm. d. Verf.] Bilanzen ist Gewinn identisch mit Vermögenszuwachs, in dynamischen nicht."

230 *Schmalenbach* (1988), S. 74 (beide Zitate).

231 Vgl. *Münstermann* (1981), Sp. 274. Vgl. zu Ansatz und Bewertung ausführlich *Moxter* (1984), S. 33-47. Die Regeln sind allerdings unklar, vgl. z.B. *Moxter* (1984), S. 49.

Hauptzweck der Gewinnermittlung ist die Betriebssteuerung.[232] Die Lage des Unternehmens soll festgestellt werden, um mögliche Chancen rechtzeitig zu nutzen und Krisen frühzeitig zu erkennen.[233] Der Gewinn stellt damit die Größe dar, die im Sinne einer richtigen Betriebssteuerung den Erfolg am zuverlässigsten ausdrückt,[234] und dient als Erfolgsmaßstab.[235] Da nach *Schmalenbach* allein der Totalerfolg richtig ist und eine Periodenrechnung zwangsläufig Fehler aufweist, ist nicht der absolute Gewinn, sondern ein relativer Gewinn zu ermitteln.[236] Ein vergleichbarer Gewinn zeigt am besten an, in welchem Zustand sich das Unternehmen befindet.[237] Zu diesem Zweck sind periodenfremde Einflüsse auszuschalten.[238] Zur Vermeidung von Willkür und aus Objektivierungsgründen sind sichere, u.U. weniger exakte Rechnungsmethoden unsicheren vorzuziehen.[239]

Schmalenbach führt an, dass „ein zu hoch berechneter Gewinn für den Betrieb selbst und für die Betriebseigner wesentlich gefährlicher ist als ein zu niedrig berechneter Gewinn."[240] Er hält am Vorsichtsprinzip fest.[241] Abschreibungen auf einen niedrigeren Wert sind daher ge-, Zuschreibungen aber verboten.[242] Die Forderung nach Methodenstetigkeit ist zentral und schlägt sich z.B. in eher überhöhten Abschreibungen nieder,[243] weil bei zu niedrigen Abschreibungen während der Nutzungsdauer eines Vermögenswertes zusätzliche Abschreibungen am Ende anfallen, die die Vergleichbarkeit der Gewinne stört.[244] Umgekehrt resultiert in späteren Perioden ein um die fehlenden Abschreibungen zu hoch ausgewiesener Gewinn. Die angedeutete (positive) Veränderungsrichtung ist aber nicht zwingend gegeben. Zudem führt nach Auffassung *Schmalenbachs* ein zu hoher Gewinn zu neuen Investitionen, die sich jedoch als Fehlinvestitionen herausstellen können, wenn Überkapazitäten entstehen.[245]

---

232 Die Zielsetzung der dynamischen Bilanz ist im Zeitablauf nicht konstant geblieben, vgl. *Zimmermann* (1985), S. 110-116, 147-150, m.w.N. Nach *Moxter* (1974), S. 337, ist das Bilanzziel *Schmalenbachs*, das Auf und Ab des Betriebs zu messen, „ambivalent". Für ihn ist zusätzlich eine Konkretisierung des Adressaten nötig.

233 Vgl. *Schmalenbach* (1988), S. 50.

234 Zum Gewinnbegriff führt *Schmalenbach* in früheren Auflagen aus, dass der Gewinn nicht auf eine einfache und aussagekräftige Formel gebracht werden kann, weil er viele Bedingungen zu erfüllen hat. Gewinn ist für ihn nicht das, was man allgemein darunter versteht, sondern abhängig vom Zweck der Erfolgsrechnung, vgl. *Schmalenbach* (1926), S. 86. Ebenso *Hax* (1926), S. 5.

235 Zu den Kriterien eines geeigneten Erfolgsmaßstabs vgl. *Hax* (1964), S. 646.

236 Vgl. *Münstermann* (1981), Sp. 274, *Schmalenbach* (1988), S. 54.

237 Vgl. bereits *Schmalenbach* (1919), S. 10, ähnlich *Moyer/Mautz* (1966), S. 392f.

238 Vgl. *Moxter* (1974), S. 330.

239 Vgl. *Münstermann* (1948), S. 42.

240 *Schmalenbach* (1988), S. 99. Implizit scheint *Schmalenbach* von einem „wahren" Gewinn auszugehen, da ein zu hoch oder zu niedrig bemessener Gewinn einen Vergleich benötigt. Ein Vergleichsmaßstab wird jedoch nicht spezifiziert.

241 Vgl. *Schmalenbach* (1947), S. 59.

242 Vgl. *Devine* (1963), S. 132f., *Moxter* (1974), S. 338, *Münstermann* (1981), Sp. 274.

243 Vgl. ausführlich mit weiteren Beispielen *Moxter* (1974), S. 330-335.

244 Vgl. *Moxter* (1984), S. 40. Unklar, ist, was *Schmalenbach* als Referenzmaßstab ansieht.

245 Vgl. *Schmalenbach* (1988), S. 99. *Schmalenbach* räumt ein, dass auch ein zu niedrig bemessener Erfolg schädigend sein kann, wertet aber einen zu hoch ausgewiesenen Gewinn als gefährlicher.

Für die Erfassung von Gewinn ist das Realisationsprinzip maßgebend; es gilt der Zahlungseingang bei Barzahlung oder der Rechnungstermin bei Leistungen auf Kredit.[246] Ein dynamischer Gewinn stellt erzielten Gewinn dar, da Informationen über den tatsächlichen Verlauf des Geschäftsjahres im Gewinn enthalten sind.[247] Für die Gewinnermittlung ist die Kenntnis des Periodenanfangsvermögens im Unterschied zu statischen Gewinnkonzepten nicht notwendig.

*Schmalenbach*s Verdienst liegt in der Betonung der Erfolgsermittlung als Ziel der Bilanz und Gewinn- und Verlustrechnung, wodurch nicht nur neue Begriffe, sondern auch die Bilanzlehre, das Bilanzrecht und die Rechnungslegungspraxis geprägt wurden.[248] Die dynamische Bilanz wurde von *Schmalenbach* in 13 Auflagen mit z.T. erheblichen Veränderungen weiterentwickelt.[249] So verändert sich z.B. die Zwecksetzung im Zeitablauf von „Wirtschaftlichkeit“ (1919) hin zur „Kontrolle der Betriebsgebarung“ (1988), und die Vergleichbarkeit bezieht sich anfangs auf zeitliche, zwischendurch auf zwischenbetriebliche und später wieder auf zeitliche Vergleichbarkeit.[250] Zugleich wurde massiv Kritik an der dynamischen Bilanz geübt.[251]

Vorgeworfen wird *Schmalenbach* mangelnde Systematik, die sich auf ein unvollständiges Bilanzschema,[252] auf eine lockere Systematik in Aufbau und Entwicklung der Bilanz sowie in einer Großzügigkeit bei der Begriffsbildung[253] und auf die Vielfalt der Wertansätze bezieht. Letzteres resultiert nach *Lion* und *Rieger*[254] aus einer fehlenden

---

246 Vgl. *Schmalenbach* (1988), S. 76f., *Moxter* (1982), S. 197. Das Realisationsprinzip wurde anfangs von *Schmalenbach* (1919), S. 99, noch verneint, später wollte er keine Abweichungen mehr zulassen, vgl. *Schmalenbach* (1988), S. 150, auch *Moxter* (1983), S. 304.

247 Vgl. *Moxter* (1982), S. 145f. Er ist gleichzeitig auch ein erwarteter Gewinn, da er nicht ohne Prognose über den künftigen Geschäftsverlauf bestimmt werden kann.

248 Vgl. *Lion* (1928), S. 501, *Muscheid* (1957), S. 45, *Baetge/Kirsch/Thiele* (2005), S. 23. So hat z.B. der von *Schmalenbach* erarbeitete Stetigkeitsgrundsatz zur Verhinderung von Manipulationen Eingang in das Handelsrecht gefunden, vgl. *Moxter* (1984), S. 53. Gleichzeitig ist Unstetigkeit manchmal zwingend, wenn sich z.B. Bewertungsvoraussetzungen ändern. Die dynamische Bilanz wurde auch in mehrere Sprachen übersetzt, vgl. *Münstermann* (1981), Sp. 282.

249 Die wesentlichen Grundzüge der dynamischen Bilanz waren bereits in dem zweiteiligen Aufsatz „Grundlagen dynamischer Bilanzlehre“ enthalten, der 1919 erschien und als „am lesbarsten“ (*Moxter* (1982), S. 194 Fn. 15) bezeichnet wird und „wegen seiner Kürze und Straffheit [...] die Klarheit, die [...] den späteren, weit ausführlicheren Auflagen teilweise fehlt“ (*Muscheid* (1957), S. 5) besitzt.

250 Vgl. hierzu und im Folgenden *Zimmermann* (1985), S. 112-114, auch *Münstermann* (1954).

251 Vgl. insb. *Lion* (1928), *Rieger* (1954), *Moxter* (1982), S. 194-200, *Moxter* (1984), S. 48-55, *Muscheid* (1957), *Münstermann* (1966b), S. 516-521, *Münstermann* (1981), Sp. 276-282, *Zimmermann* (1985). Weiterentwicklungen der dynamischen Bilanz finden sich z.B. bei *Walb* (1926), *Kosiol* (1940). Vgl. zu einem Überblick *Lehmann* (1963), S. 101-126.

252 Es werden nicht alle denkbaren Verrechnungsfälle erfasst, was sich aber durch eine Erweiterung in die dynamische Bilanz einarbeiten lässt, vgl. zur Kritik *Rieger* (1954), S. 118-136, zur Entkräftung *Münstermann* (1981), Sp. 276f.

253 Vgl. *Muscheid* (1957), S. 23.

254 Vgl. *Lion* (1928), S. 502-504, *Rieger* (1954), S. 15-22.

einheitlichen Bewertungsidee,[255] wobei *Schmalenbach* die Einheitlichkeit der Bewertung der Einheitlichkeit des Zwecks unterordnet.[256] Bilanznormen werden nur grob skizziert, ihre Begründung überwiegend vernachlässigt.[257] Z.B. hängt die Aktivierung eines Vermögenswertes vom künftigen Nutzen, dem Vorhandensein eines Verteilungsbedürfnisses und der Feststellbarkeit von Kosten und Nutzwert ab,[258] ohne dass klar wird, was darunter im Einzelnen zu verstehen ist.[259]

Darüber hinaus weisen auch das Gewinnkonzept und die Vergleichbarkeit des Gewinns Mängel auf. Zum einen beschreibt *Schmalenbach* nicht genau, was er messen möchte und welche Gewinnkonzeption er zugrunde legt.[260] Zum anderen vernachlässigt er die Kehrseite des Vorsichtsprinzips. Die durch die Weiterentwicklung der dynamischen Bilanz immer größere Bedeutung des Vorsichtsprinzips[261] ist nicht auf eine vorsichtige Bilanzierung, sondern auf die Vergleichbarkeit des Gewinns zurückzuführen. Allerdings torpediert gerade das Vorsichtsprinzip die Vergleichbarkeit, weil z.B. hohe Abschreibungen in einigen Jahren fehlende Abschreibungen in späteren Jahren zur Folge haben.[262] Der Gewinn ist auch nur dann vergleichbar, wenn sich Abläufe gleichförmig wiederholen.[263] Zudem zeigt der Gewinn die Veränderung der Unternehmensentwicklung tendenziell zu spät an.[264]

2.2.3.2. Neodynamik nach *Moxter*

Moxter konzentriert sich ebenfalls auf die Gewinnermittlung und legt damit eine weitere Sichtweise der dynamischen Bilanz vor.[265] Die Gewinnermittlung erfolgt jedoch im Unterschied zu *Schmalenbach* nicht zum Zweck der Betriebslenkung, sondern berücksichtigt die Informationsbedürfnisse der Eigner in Bezug auf die Entscheidungsnützlichkeit von Informationen.[266] Er geht davon aus, dass Eigner grundsätzlich daran interessiert sind, das aus dem Unternehmen „Herausholbare“ zu messen.[267] Ausgangspunkt ist daher, „welcher Betrag in der gegenwärtigen Periode maximal entnommen

---

[255] Dies gilt, sofern man unter einer einheitlichen Bewertungsidee die Einheitlichkeit des Bewertungsmaßstabs versteht, vgl. *Muscheid* (1957), S. 47, *Münstermann* (1966b), S. 520f. Vgl. aber z.B. *Walb* (1928), S. 519, und *Illetschko* (1954), die die Notwendigkeit eines einheitlichen Wertansatzes verneinen.

[256] Das betont *Schmalenbach* an mehreren Stellen, vgl. z.B. *Schmalenbach* (1919), S. 83, 87, *Schmalenbach* (1926), Vorwort.

[257] Vgl. *Moxter* (1984), S. 49. Eine eigenständige Definition von Vermögenswerten fehlt; sie sind vielmehr das, was der Leistungserstellung dient, vgl. *Feuerbaum* (1966), S. 558.

[258] Vgl. *Schmalenbach* (1988), S. 66-70, 146f.

[259] Vgl. *Moxter* (1984), S. 49.

[260] Vgl. *Moxter* (1982), S. 195.

[261] Vgl. *Moxter* (1982), S. 199 Fn. 38, m.w.N.

[262] Vgl. *Moxter* (1982), S. 197, 226, *Moxter* (1984), S. 54.

[263] Vgl. hierzu und im Folgenden *Feuerbaum* (1966), S. 555, 557. Wenn sich die Produktionsstruktur ändert und sich Fehler umkehren, wird die Vergleichbarkeit des Gewinns unterminiert.

[264] Vgl. *Moxter* (1984), S. 55.

[265] Vgl. *Wagner* (1994), S. 1177.

[266] Vgl. *Moxter* (1974), S. 250.

[267] Vgl. *Moxter* (1974), S. 246.

werden könnte, ohne die Entnahme eines gleich großen Betrags in allen Folgeperioden zu beeinträchtigen“[268]. Es handelt sich um das erste Glied einer uniformen Ausschüttungsreihe.[269] Der von *Moxter* mit Einkommen bezeichnete Entnahmestrom ist oft fiktiv, da Anleger nicht zwingend uniforme Ströme wünschen.[270] Für einen Kapitalanleger entscheidend ist dabei die Zukunftsorientierung.[271] Ihm geht es darum, welche Entnahmen er in Zukunft aus dem Unternehmen tätigen und damit seine Bedürfnisse befriedigen kann. Der Erfolg der vergangenen Periode interessiert nur insoweit, als dass er die eigenen Dispositionen kontrollieren und überdenken lässt[272] und zur Korrektur der Entnahmeerwartungen beiträgt. Die Änderungen in den einzelnen Aufwands- und Ertragsposten müssen hierzu auf ihre Nachhaltigkeit überprüft werden. Bei Berücksichtigung der Unsicherheitsdimension ergibt sich das Einkommen als mehrwertige Größe, die von den subjektiven Schätzungen des Einzelnen abhängt und damit die Vergleichbarkeit erschwert.[273]

Um eine hinreichende Objektivierung zu erreichen, sollen Periodengewinne mit dem Ziel ermittelt werden, die möglichen (durchschnittlichen) Entnahmen zu approximieren.[274] Der Periodengewinn ergibt sich als Differenz zwischen Periodenertrag (Einzahlungen, die durch Leistung der Periode verursacht sind) und Periodenaufwand (Auszahlungen, die durch Periodenleistung verursacht sind).[275] Leistung bezeichnet dabei durch das Unternehmen erfüllte Verpflichtungen, denen eine Gegenleistung durch den Vertragspartner gegenübersteht, und stellt den Zeitpunkt der Ertragsrealisation dar.[276] Es wird also ein fiktiver Strom berechnet, der das Einkommen approximieren soll und sich an Konsumausgaben orientiert.[277]

Moxter ist sich des Zielkonflikts zwischen der Einkommensapproximation und dem Objektivierungserfordernis bewusst.[278] Einerseits soll eine möglichst objektivierte und damit zuverlässige Gewinngröße ermittelt werden. Andererseits sind zwangsläufig zur Berechnung künftiger Periodenerträge und Periodenaufwendungen Schätzungen not-

---

[268] *Moxter* (1974), S. 246 (fett im Original). *Albach* (1965), S. 29, bezeichnet eine Bilanz, deren aktuelle Rentabilität der künftigen Rentabilität entspricht, als „Bilanz im Gleichgewicht“.

[269] Die Möglichkeit, den Gewinn als erstes Glied einer uniformen Ausschüttungsreihe mit Hilfe des Abschlusses zu ermitteln, wird von *Moxter* (1966), S. 46, noch bestritten, weil (i) „das erste Glied [...] über den Gesamtstrom kaum etwas auszusagen vermag“ und (ii) „diese Ausschüttung [...] gar nicht allein mit Hilfe der Bilanz feststellbar [ist]“.

[270] Vgl. *Moxter* (1974), S. 247f.

[271] Vgl. *Moxter* (1974), S. 250-252.

[272] Vgl. *Leffson* (1966), S. 379f., *Coenenberg* (1968), S. 449.

[273] Bei günstiger Entwicklung kommt es zu hohen, bei ungünstiger Entwicklung zu niedrigen Gewinnen, vgl. *Moxter* (1974), S. 252-255.

[274] Vgl. *Moxter* (1974), S. 255.

[275] Vgl. *Moxter* (1974), S. 258, 263. Zu den Durchbrechungen der durch Periodenleistung verursachten Auszahlungen vgl. ausführlich *Moxter* (1974), S. 264-273.

[276] Vgl. *Moxter* (1974), S. 258, 260. Eine Ertragsrealisation zum Zeitpunkt des Vertragsabschlusses oder der Leistungseinzahlung sind dem Zeitpunkt der Periodenleistung unterlegen, vgl. ausführlich *Moxter* (1974), S. 261f.

[277] Vgl. *Moxter* (1974), S. 246.

[278] Vgl. *Moxter* (1974), S. 274-276, *Schneider* (1975), S. 270.

wendig. Dies zeigt sich bereits an dem von ihm gewählten Beispiel der Abschreibungen.[279] Sie sollen so angesetzt werden, dass die „insgesamt durch die Anlagenutzung“[280] zu erwartenden Auszahlungen erfasst werden. Dazu zählen z.B. auch Reparatur-, Leer- und Ausschusskosten. Investitionsentscheidungen der vergangenen Periode schlagen sich in späteren Perioden in Erträgen und Aufwendungen nieder. Da jedoch keine sicheren Zahlungsströme vorliegen und die Aufwendungen z.B. für Reparatur oder Wartung nur ansatzweise auf Basis von Vergangenheits- und Erfahrungswerten prognostiziert werden können, sind Schätzungen notwendig.

Der ermittelte Strom entspricht nicht einem tatsächlichen Entnahmestrom, sondern ist fiktiv und wird als Indikator für den (künftigen) Konsumstrom erachtet.[281] *Schneider* kritisiert, dass der Gewinn kein Indikator künftigen Konsums sein kann, weil zwischen Unternehmen und Personen, die ihren Konsumstrom optimieren möchten, Märkte geschaltet sind.[282] Der neodynamische Gewinn ist aber (i) keine Konsumnorm,[283] und (ii) *Moxter* betont selbst, dass es sich um einen potentiellen Konsumstrom handelt, der vom realisierten abweichen kann und Einkommensvergleiche erleichtern soll.[284]

Der neodynamische oder einkommensapproximative Gewinn liefert dem Eigner Informationen darüber, welche Rückflüsse bei konstanten Bedingungen zu erwarten sind.[285] Insofern weist er eine große Verwandtschaft zum ökonomischen Gewinn auf.[286] Zahlungsüberschüsse der vergangenen Periode sollen so periodisiert werden, dass Rückschlüsse auf den Barwert künftiger Ein- und Auszahlungen möglich sind.[287] Durch die Periodisierung werden Zusatzinformationen geliefert, die zur Bestimmung des Unternehmenswertes beitragen sollen. Der Wunsch nach Uniformität des Entnahmestroms kann mit der Ermittlung des Grenzpreises eines Unternehmens begründet werden. Mit Hilfe des ersten Glieds einer uniformen Ausschüttungsreihe ist die Bewertungsformel für die unendliche Rente anwendbar. Im Unterschied zum ökonomischen Gewinn sollen zusätzliche Informationen vermittelt werden.

Diskussionswürdig ist die von *Moxter* gesetzte Annahme, nach der am Bilanzstichtag ein für die Zukunft repräsentativer Ist-Zustand ermittelt wird.[288] Das Abstellen auf durchschnittliche Erträge und Aufwendungen ist bei Konstanz der Bedingungen plau-

---

279 Vgl. *Moxter* (1974), S. 279f.

280 *Moxter* (1974), S. 279.

281 Vgl. *Moxter* (1974), S. 248.

282 Vgl. *Schneider* (1983a), S. 1060.

283 Vgl. *Wagner* (1994), S. 1183.

284 Vgl. *Moxter* (1977), S. 682f. Der Wunsch eines Individuums nach Transformation eines zufälligen Zahlungsstroms in einen gleichmäßigen Konsumstrom wird in der Literatur oftmals unterstellt, vgl. *Wagner* (1978), S. 77, m.w.N., auch *Schneider* (1968), S. 8.

285 Positiv ist dabei die Zukunftsorientierung, vgl. *Moxter* (1974), S. 250-252.

286 Vgl. *Schneider* (1975), S. 270, später auch *Moxter* (1977), S. 683. Der ökonomische Gewinn stellt dabei das Ideal dar, dem man sich nähern möchte.

287 Vgl. hierzu und im Folgenden *Wagner* (1994), S. 1184f.

288 Vgl. *Wagner* (1994), S. 1188. Der Rückgriff auf den realisierten Gewinn ist mit Vereinfachungs- und Objektivierungserwägungen begründbar, vgl. *Euler* (1996), S. 93f.

sibel und erfolgt mit dem Ziel, die Formel für die unendliche Rente anwenden zu können.[289] Dadurch wird die Bestimmung des Unternehmenswertes vereinfacht. Allerdings können strategische Überlegungen, die Erschließung neuer Geschäftsfelder, die Aufgabe wenig rentabler Bereiche, Lerneffekte oder Marktgegebenheiten kaum berücksichtigt werden.[290] Da der Periodengewinn auf realisierten Erträgen basiert, werden andere, für die Prognose relevante Informationen nicht berücksichtigt. Eine ungeprüfte Extrapolation des Periodengewinns in die Zukunft kann daher zu falschen Ergebnissen führen. Allerdings liefert der neodynamische Gewinn eine einfache Messgröße und fördert die Vergleichbarkeit verschiedener Investitionsalternativen.[291]

Der neodynamische Gewinn liefert eine Theorie für die Abschlusserstellung. Gleichermaßen kann er aber auch als Konzept für die Bilanzanalyse betrachtet werden. Vom gegenwärtigen Gewinn sollen Rückschlüsse für künftige Gewinne gezogen werden.[292] Insofern besteht zwischen dem Konzept des einkommensapproximativen Gewinns und dem des nachhaltigen Gewinns (*permanent earnings*)[293] eine hohe Nähe.[294] Im Unterschied zum nachhaltigen Gewinn setzt der neodynamische Gewinn jedoch nicht an der Analyse, sondern der Ermittlung an.

Die Agency-Problematik wird von *Moxter* nur am Rande aufgegriffen. So stellt er z.B. fest, dass der Bilanzersteller nicht immer ein Interesse daran hat, einen den wirklichen Einkommenserwartungen entsprechenden Gewinn auszuweisen, sondern vielmehr durch Bilanzpolitik andere Einkommenserwartungen zu wecken.[295] Daher – so *Moxter* – kann eine zu hohe Flexibilität bei der Gewinnermittlung schädlich sein. Er konstatiert damit einen Zielkonflikt zwischen einer informativen Gewinnermittlung zu Entscheidungszwecken, die private Information des Managers verlangt, und einer wahren Berichterstattung durch den Manager.

2.3. Differenzierungsnotwendigkeit

Das Zweckadäquanzprinzip betont die Notwendigkeit der Ableitung von Gewinnermittlungsregeln aus einem zuvor festgelegten Zweck. Unterschiedliche Zwecke bedingen unterschiedliche Regeln, die nur zufällig gleich sein können. Die in Abschnitt 2.2. erläuterten Gewinnkonzepte leiten Regeln unter dem Aspekt der Vermögensermittlung mit dem Gewinn als Nebenprodukt und der Gewinnermittlung ab. Zu fragen ist, inwie-

---

[289] Vgl. *Wagner* (1994), S. 1194f. Allerdings wird nicht jeder Investor auf das Modell der unendlichen Rente zur Entscheidungsfindung zurückgreifen, vgl. ähnlich *Schildbach* (1972), S. 41.

[290] Vgl. *Wagner* (1994), S. 1190, kritisch auch *Moxter* selbst (2005b), S. 1012, der die schnelle Veränderung des Umfelds betont.

[291] Vgl. *Moxter* (1974), S. 248.

[292] Vgl. zu den Bedingungen für diese Verbindung *Beaver* (1998), S. 69-76.

[293] *Beaver* (1998), S. 49, definiert *permanent earnings* wie folgt: „That constant cash flow which if received in perpetuity would have the same present value as that of the remaining cash flows and computed as the present value at the beginning of the period times the interest rate." Vgl. auch *Ballwieser* (1987a), S. 60f.

[294] Vgl. *Wagner* (1994), S. 1194.

[295] Vgl. *Moxter* (1974), S. 257.

fern die statischen und dynamischen Gewinnkonzepte für die Zwecke von Rechenschaft und Entscheidungsnützlichkeit, Ausschüttungsbemessung sowie Anreizsetzung geeignet sind. Dazu ist zunächst zu klären, inwiefern sich aus den unterschiedlichen Zwecksetzungen eine Differenzierungsnotwendigkeit ableitet. Denn wie in Abschnitt 2.2.1. erläutert, weisen gerade die Zwecke der Rechenschaft und der Entscheidungsnützlichkeit bereits hohe definitorische Überschneidungen auf, so dass möglicherweise trotz unterschiedlicher Zwecksetzung die gleichen Regeln resultieren. Die Notwendigkeit einer Trennung der verschiedenen Zwecke soll daher modelltheoretisch für die Zwecke Rechenschaft – verstanden als Anreizkontrolle und Anreizsetzung – und Entscheidungsnützlichkeit illustriert werden.

Gjesdal analysiert in einem agency-theoretischen Modell die Nachfrage nach Information zum Zweck der Rechenschaft, das Verhältnis zur Nachfrage nach Information zur Entscheidungsfindung und Implikationen für die Rechnungslegung.[296] Informationen zum Zweck der Rechenschaft entspringen dem gleichen theoretischen Rahmen und der gleichen Definition wie die Informationen zum Zweck der Entscheidungsfindung. Allerdings ergeben sich Unterschiede in der Reihenfolge verschiedener Informationssysteme für beide Zwecke.[297] Daher sind im Rahmen des Modells unterschiedliche Informationen für beide Zwecke notwendig.

Ebenso untersuchen *Christensen/Demski* den Informationsgehalt von Rechnungslegungsdaten für die Zwecke Entscheidungsnützlichkeit und Rechenschaft.[298] Während für die Entscheidungsnützlichkeit Informationen über künftige Erfolgsentwicklungen relevant sind, fokussiert Rechenschaft auf das Verhalten des Managers und das Abwägen zwischen der Berichterstattung bei „gutem" und „schlechtem" Verhalten.[299] Es wird gezeigt, dass Informationen für beide Szenarien nicht deckungsgleich sein müssen. Vielmehr können Informationen für die Beurteilung des Managers nützlich sein, nicht aber für die Ermittlung des Unternehmenswertes und umgekehrt.[300]

Wagenhofer/Ewert kommen in ihrem Modell zu einem ähnlichen Ergebnis. Sie ziehen ebenfalls zum Zweck der Entscheidungsnützlichkeit und der Rechenschaft den Vergleich zwischen zwei Informationssystemen, die eine (beobachtbare) Erfolgsgröße liefern.[301] Das erste Informationssystem misst das tatsächliche Ergebnis nur ungenau; die Erfolgsgröße stellt einen unverzerrten Schätzer der Arbeitsintensität dar, die dem Erwartungswert des Ergebnisses entspricht.[302] Die Erfolgsgröße des zweiten Informationssystems ist ebenfalls ein erwartungstreuer Schätzer des tatsächlichen Ergebnisses, knüpft aber unmittelbar an die (nur ungenau gemessene) Arbeitsintensität an. Unter der Bedingung, dass die Varianz der Erfolgsgröße des ersten Informationssystems

---

296 Vgl. *Gjesdal* (1981), S. 208f.
297 Vgl. *Gjesdal* (1981), S. 222-226.
298 Vgl. *Christensen/Demski* (2003), insb. S. 284-300.
299 Vgl. *Christensen/Demski* (2003), S. 287f., 297.
300 Vgl. *Christensen/Demski* (2003), S. 293-296.
301 Vgl. *Wagenhofer/Ewert* (2003), insb. S. 89-94.
302 Vgl. hierzu und im Folgenden *Wagenhofer/Ewert* (2003), S. 90f.

größer ist als die des zweiten, ist für die Rechenschaft das zweite, für die Entscheidungsnützlichkeit das erste Informationssystem vorteilhaft.[303]

Antle/Demski analysieren Regeln zur Umsatzrealisierung in verschiedenen Szenarien.[304] Die Umsatzrealisierung wird unter den Aspekten Qualität (*quality*) und zeitliches Eintreffen (*timing*) einer bestimmten Information diskutiert. Andere Informationen außer der Umsatzrealisierung werden berücksichtigt.[305] Zuerst wird die Nachfrage nach Information untersucht, die dem Wunsch nach Einkommensglättung der Eigenkapitalgeber entspringt. In mehreren Schritten wird das Szenario um einen Arbeitsmarkt und die Nachfrage nach Informationen für Vertragszwecke auf dem Kapital- und Arbeitsmarkt erweitert.[306] V.a. das zeitliche Eintreffen der Information zur Umsatzrealisierung steht im Mittelpunkt der Diskussion: Einerseits soll die Information möglichst frühzeitig eintreffen, um Unsicherheiten aufzulösen, andererseits erhöht ein zeitlich verzögertes Eintreffen die Qualität der Information. Wird zusätzlich ein strategisch handelnder Agent berücksichtigt, sind Kontrollen notwendig. Im Modell und seinen Erweiterungen zeigt sich, dass Zielkonflikte zwischen verschiedenen Regeln zur Umsatzrealisierung bestehen, die von den vorhandenen Informationen und von den dem Modell zugrunde liegenden Restriktionen abhängen.[307]

Die modelltheoretischen Ergebnisse zeigen die Notwendigkeit unterschiedlicher Regelungen in Abhängigkeit der Zwecksetzung auf. Daher gilt es im Folgenden zu prüfen, inwiefern die statischen und dynamischen Gewinnkonzepte für die Zwecke Rechenschaft und Entscheidungsnützlichkeit, Ausschüttungsbemessung sowie Anreizsetzung geeignet sind. Ergänzend zu den konzeptionellen Überlegungen liefern modelltheoretische und empirische Befunde wichtige Einblicke zur Beschaffenheit des Gewinns für unterschiedliche Zwecke. Da sich die aus verschiedenen Zwecken abgeleiteten Regeln widersprechen können,[308] ist es notwendig, eine Rangfolge von Zielen festzulegen.[309] Dies bleibt dem Standardsetter überlassen, der zwischen den Interessen verschiedener Gruppen von Adressaten abzuwägen hat.[310]

---

[303] Vgl. *Wagenhofer/Ewert* (2003), S. 93.
[304] Vgl. *Antle/Demski* (1989).
[305] *Antle/Demski* (1989), S. 429, sprechen von „nonrevenue component of the reporting structure".
[306] Vgl. hierzu und im Folgenden *Antle/Demski* (1989), S. 427-443.
[307] Vgl. *Antle/Demski* (1989), insb. S. 443.
[308] Vgl. *Coenenberg* (2005), S. 17f.
[309] Zu möglichen Rangfolgen vgl. z.B. *Baetge* (1976), *Schneider* (1997), S. 30-39, *Leffson* (1987), S. 59-63.
[310] Vgl. *Schneider* (1983b), S. 138, *Moxter* (2000), S. 2147f.

3. Zweckadäquate Gewinneigenschaften

3.1. Zwecke der Rechenschaft und der Entscheidungsnützlichkeit

3.1.1. Wertrelevanz als Bezugsrahmen

Rechenschaft dient dem Schutz von Unternehmensaußenstehenden. Hierbei handelt es sich in erster Linie um Eigner eines Unternehmens, die nicht an der Unternehmensführung beteiligt sind, sondern Tätigkeiten an Manager delegieren und dafür Kapital zur Verfügung stellen.[311] Manager haben im Gegenzug Rechenschaft über die Verwendung des Kapitals abzulegen. Weil Rechenschaft Erwartungsänderungen, die zu einer Änderung der Alternativenrangfolge führen,[312] verursachen und damit der Entscheidungsverbesserung dienen kann, vermag Rechenschaft unter den Zweck der Entscheidungsnützlichkeit subsumiert zu werden.[313]

Die Entscheidungsnützlichkeit von IFRS-Abschlüssen stellt auf Eigenkapitalgeber als Adressaten ab.[314] Sie erhalten „das Residuum nach Erfüllung der vertraglichen Ansprüche aller anderen, mit dem Unternehmen verbundenen Gruppen" und tragen „damit das größte Einkommensrisiko"[315]. Das *IASB* geht davon aus, dass die Befriedigung der Informationsbedürfnisse von Eigenkapitalgebern zu einem überwiegenden Teil auch den Bedürfnissen der übrigen Nutzer eines Abschlusses gerecht wird (F.10).[316] Die Konzentration auf die Informationsbedürfnisse der Eigenkapitalgeber ist problematisch, da unterschiedliche Interessenten[317] an einem Abschluss verschiedene Informationsbedürfnisse haben.[318] Um dennoch Rechnungslegungsregeln auf ihre Zweckmäßigkeit prüfen zu können, erleichtert die Orientierung an einer Gruppe von Interessenten die Ableitung von Regeln.[319] Dazu sind vom Gesetzgeber oder Standardsetter zwangsläufig Wertungen vorzunehmen.[320] Der Nachteil liegt in der Einseitigkeit der Betrachtung, denn die Wahl der Gruppe der Adressaten und deren Ziel ist nur bedingt begründbar.[321] Im Folgenden steht der Eigenkapitalgeber im Mittelpunkt der Betrachtungen.

---

311 Vgl. hierzu und im Folgenden *Leffson* (1987), S. 56. Dies gilt für den Primärmarkt.

312 Vgl. *Ballwieser* (1985a), S. 34.

313 Vgl. auch Abschnitt 2.1.2.

314 Vgl. F.13 i.V.m. F.10; zur Diskussion *Ballwieser* (2002b), S. 115f.

315 *Ballwieser* (2002b), S. 116 (beide Zitate).

316 Dem *IASB* ist dabei bewusst, dass mit dem Abschluss den individuellen Informationsbedürfnissen nicht vollständig entsprochen werden kann.

317 Vgl. zu möglichen Interessenten und Adressaten *Wüstemann/Duhr* (2005), S. 117f. Zur Abgrenzung von (Rechenschafts-)Adressat und (Rechenschafts-)Interessent vgl. *Moxter* (1976), S. 95f.

318 Vgl. auch F.9, *Revsine* (1973), S. 4-8. Das Abstellen auf eine Gruppe von Adressaten erleichtert zwar die Analyse, innerhalb dieser Gruppe können aber ebenfalls heterogene Interessen vorliegen, vgl. *Moxter* (1977), S. 682, *Ballwieser* (1982), S. 784, *Moxter* (2003), S. 223. Vgl. zu den unterschiedlichen Interessen von Eigen- und Fremdkapitalgebern auch *Kessler* (2005), S. 74-76.

319 Vgl. *Ballwieser* (1982), S. 775.

320 Vgl. *Ballwieser* (2002b), S. 116.

321 Vgl. *Ballwieser* (1982), S. 775, m.w.N.

Wird der Zweck der Entscheidungsnützlichkeit verfolgt, sollen die im Abschluss enthaltenen Informationen den Investor dabei unterstützen, Entscheidungen zu treffen (F.12, IAS 1.7, SFAC 1.35). In der Entscheidungstheorie sind Entscheidungsprobleme eines Entscheidungsträgers unter Unsicherheit abstrakt durch ein Entscheidungsfeld und eine Zielfunktion charakterisiert.[322] Der Entscheidungsträger wählt diejenige Aktion, die seinen Erwartungsnutzen[323] unter Berücksichtigung der Wahrscheinlichkeitsverteilung über die Zustände maximiert.[324] Unter der Annahme, dass das Ziel von Kapitalgebern die Befriedigung von Konsumbedürfnissen ist, werden in einem mehrperiodigen Entscheidungsmodell Investoren gegenwärtigen und künftigen Konsum unter Berücksichtigung der verfügbaren Spar- und Investitionsmöglichkeiten abwägen.[325] Vernachlässigt man nicht-finanzielle Ziele im Kalkül des Investors, dann ist er daran interessiert, den Barwert des verdichteten (bewerteten) finanziellen Zielstroms zu maximieren.[326] Um Investitionsentscheidungen treffen zu können, benötigt der Investor Informationen über künftig zu erwartende Rückflüsse,[327] die durch Höhe, zeitliche Struktur und Unsicherheitsgrad charakterisiert sind.[328]

Aus informationsökonomischer Sicht ist eine Information dann entscheidungsrelevant, wenn aufgrund der Information die Entscheidung geändert wird.[329] Ein Informationssystem liefert vor der Entscheidungsfindung Informationen in Form von Signalen über Umweltzustände. Um die Entscheidung des Entscheidungsträgers zu beeinflussen, muss ein systematischer Zusammenhang zwischen dem Signal aus dem Informationssystem und den Zuständen bestehen.[330] Der Zugang neuer (kostenloser) Information bedingt eine Veränderung der Wahrscheinlichkeitsverteilung.[331] Ein Informationssystem kann aufgrund von Feinheit und Gestörtheit beurteilt werden. Ein Informationssystem ist genau dann feiner als ein anderes Informationssystem, wenn es für jedes Signal des anderen Systems ein mindestens gleich informatives Signal und zusätzlich noch weitere Informationen liefert.[332] Gestörtheit eines Informationssystems bedeutet, dass mindestens ein Zustand mindestens zwei oder mehrere mögliche Signale produziert. Eine eindeutige Zuordnung von Zuständen zu einem Signal ist daher nicht mög-

---

322 Das Entscheidungsfeld setzt sich aus dem Aktionsraum des Entscheidungsträgers, dem Zustandsraum und der Ergebnisfunktion zusammen, die die Konsequenzen aus der Kombination von einer Aktion und einem Zustand angibt, vgl. ausführlich *Bamberg/Coenenberg* (2004), S. 15-27.

323 Der Erwartungsnutzen wird durch die Nutzenfunktion des Entscheidungsträgers spezifiziert.

324 Vgl. *Franke/Hax* (2004), S. 298-301.

325 Vgl. *Moxter* (1966), S. 38f.

326 Vgl. *Hitz* (2005a), S. 144, m.w.N. Investoren verdichten dann die zustandsspezifischen Auszahlungen und deren zugehörigen Eintrittswahrscheinlichkeiten gemäß ihren jeweiligen Risiko- und Zeitpräferenzen zu subjektiven Entscheidungswerten.

327 Vgl. zu den Informationsinteressen von Eigenkapitalgebern auch *Franke/Laux* (1970), S. 1-3.

328 Vgl. *Moxter* (1966), S. 38.

329 Das Konzept ist enger als jenes der Standardsetter, vgl. *Ballwieser* (2003), S. 341.

330 Vgl. *Marschak* (1954), S. 187-220.

331 Formalisiert wird dieser Zusammenhang im sog. *Bayes*-Theorem, vgl. *Bayes* (1763).

332 Vgl. *Bromwich* (1992), S. 128-130, m.w.N., *Christensen/Demski* (2003), S. 86-88.

lich.[333] Die Rechnungslegung kann als Informationssystem aufgefasst werden und den Investor bei der Entscheidungsfindung unterstützen.[334]

Die Informationsökonomie stößt dort an ihre Grenzen, wo Kosten Berücksichtigung finden und die Betrachtung vom Ein-Personen- auf den Mehr-Personen-Kontext ausgeweitet wird.[335] Bei Kosten sind Informationssysteme nicht mehr nach der Feinheit zu ordnen. Ferner ist die Ordnung nach der Feinheit selbst ohne Kosten eine unvollständige. Weiterhin ist bereits im Ein-Personen-Kontext im Allgemeinen nicht bekannt, welches Entscheidungsmodell ein Investor zugrunde legt und welche Informationen er daher benötigt.[336] Zudem mögen individuelle Präferenzordnungen von Entscheidungsträgern zwar vollständig (und bekannt) sein, jedoch lässt sich daraus keine vollständige und widerspruchsfreie Präferenzordnung einer Gruppe von Entscheidungsträgern ableiten.[337] Daher ist es grundsätzlich nicht möglich, normative Rechnungslegungsstandards festzulegen.[338]

Aus diesen Gründen wird im Folgenden die Entscheidungsnützlichkeit von Informationen mit Hilfe von Wertrelevanz konkretisiert.[339] Eine Information ist wertrelevant, wenn sich z.B. infolge ihrer Veröffentlichung der Marktpreis des Wertpapiers ändert, wenn die Information also für die Bestimmung des Unternehmenswerts nützlich ist.[340] *Beaver* stellt den Zusammenhang zwischen dem im Abschluss berichteten Gewinn und dem Unternehmenswert über drei Annahmen her, die erfüllt sein müssen, damit der ermittelte Gewinn eine entscheidungsnützliche Größe darstellt: Es besteht ein Zusammenhang zwischen (i) Aktienkursen und künftigen Dividenden, (ii) künftigen Dividenden und künftigen Gewinnen sowie (iii) künftigen Gewinnen und dem aktuellen Periodengewinn.[341]

---

333 Vgl. mit Beispielen *Wagenhofer/Ewert* (2003), S. 60-66.

334 Vgl. z.B. *Ballwieser* (1985a), S. 24. Es sind auch andere Informationsquellen denkbar wie z.B. Analystenprognosen, Ratingkennzahlen, Börsenkurse.

335 Vgl. *Ballwieser* (1982), S. 781f., *Hartle* (1984), S. 10-14, *Ballwieser* (1985b), S. 50f.

336 Vgl. *Beaver/Kennelly/Voss* (1968), S. 679. Vgl. zu einem Überblick über empirische Untersuchungen zum Entscheidungsmodell von Adressaten *Drukarczyk* (2003), S. 7-9, jüngst auch *Demirakos/Strong/Walker* (2004), die 104 Berichte von Analysten im Hinblick auf die verwendeten Bewertungsmodelle auswerten.

337 Vgl. *Demski* (1973), insb. S. 720f.

338 Vgl. *Demski* (1973), S. 721, auch *Ballwieser* (2004d), S. 60.

339 Vgl. *Wagenhofer/Ewert* (2003), S. 120, *Barth/Beaver/Landsman* (2001), S. 80. Für andere Ansätze vgl. *Barth/Landsman/Rendleman* (1998), *Aboody/Barth/Kasznik* (1999). *Möller/Hüfner* (2002), S. 412-421, teilen Relevanz in Prognose-, Entscheidungs- und Wertrelevanz und ordnen damit Wertrelevanz nicht unter, sondern neben Entscheidungsrelevanz ein.

340 Vgl. *Barth/Landsman* (1995), S. 98. Die Marktkapitalisierung wird in empirischen Studien mit dem Unternehmenswert gleichgesetzt, obwohl sie nicht deckungsgleich sein müssen.

341 Vgl. *Beaver* (1998), S. 69-76, auch *Streim* (2000), S. 120, ähnlich bereits *Revsine* (1971), S. 483f., zum formalen Zusammenhang *Ohlson* (1995). *Kim/Kross* (2005) zeigen in einer empirischen Studie, dass der Zusammenhang zwischen Gewinnen und künftigen operativen Zahlungsströmen zwischen 1973 und 2000 zugenommen hat.

Das Gebiet der Wertrelevanz ist in erster Linie ein empirisch-kapitalmarktorientiertes Forschungsfeld.[342] Seit den 1968 von *Ball/Brown* und *Beaver*[343] veröffentlichten empirischen Arbeiten wurde eine Vielzahl von Studien durchgeführt, die sich mit der Wertrelevanz von verschiedenen Rechnungslegungssystemen, von einzelnen Bilanzposten oder von Gewinnziffern, gemessen an deren Korrelation mit Aktienkursen, beschäftigt haben.[344] Der messtheoretische Ansatz unterstellt, dass die Differenz aus Zukunftserfolgswerten von Vermögenswerten und Schulden die Marktkapitalisierung und damit den Unternehmenswert approximiert.[345] Dies knüpft grundsätzlich an einer barwertorientierten Bewertung von Vermögenswerten und Schulden und damit an deren Zukunftserfolgswert an,[346] weil für (potenzielle) Eigner eines Unternehmens zukünftige Zahlungsströme zwischen ihm und dem Unternehmen relevant sind.

Nachteilig an der Konkretisierung von Entscheidungsrelevanz mit Hilfe der Wertrelevanz ist zum einen die starke Einengung auf eine Gruppe von Adressaten und einen (möglichen) Zweck der Rechnungslegung. Die Wertrelevanzstudien führen empirische Untersuchungen am Kapitalmarkt durch, die sich auf Investoren konzentrieren, die die Rechnungslegungsdaten zum Zweck der Bewertung des Eigenkapitals verwenden.[347] Das vernachlässigt andere Adressaten, z.B. Gläubiger, und andere Zwecke, z.B. Liquidität und Solvenz des Unternehmens sowie Rechenschaft. Zum anderen erfolgt ein Übergang vom Individual- zum Marktkontext. So begründen viele Autoren den Rückgriff auf den Kapitalmarkt damit, dass der Aktienkurs die Aggregation der Bewertung des Unternehmens durch einzelne Investoren darstellt.[348] Dadurch werden aber die – z.T. sehr unterschiedlichen – Informationsbedürfnisse einzelner Investoren vernachlässigt, denn der Aktienkurs verarbeitet eine Vielzahl an Informationen, die nicht jeder Investor gleichermaßen besitzt. Zugleich stellen Kurse und Renditen nicht zwingend Entscheidungswerte von Kapitalmarktteilnehmern dar. Weil Gesetzgeber und Standardsetter die Rechnungslegungsregeln an den individuellen Informationsbedürfnissen und an verschiedenen Zwecken ausrichten,[349] sind Wertrelevanzstudien nur bedingt geeignet, den Gesetzgebungs- oder Standardsetzungsprozess zu unterstützen. Trotz dieser Schwächen liegt der Fokus der folgenden Ausführungen auf der Wertrelevanz,

---

342 Vgl. *Wagenhofer/Ewert* (2003), S. 120. Zu einem Überblick über Wertrelevanzstudien und deren Kritik vgl. *Holthausen/Watts* (2001), mit anderer Perspektive *Barth/Beaver/Landsman* (2001).

343 Vgl. *Ball/Brown* (1968), *Beaver* (1968).

344 Vgl. zu einem älteren, aber umfassenden und gut strukturierten Überblick zur Wertrelevanz und zum Informationsgehalt des Gewinns *Lev* (1989).

345 Vgl. *Holthausen/Watts* (2001), S. 22, 53-56, auch *Hitz* (2005a), S. 154f., m.w.N. Das Effektivvermögen und der ökonomische Gewinn dienen als Referenzmodell. Für die Durchführung der Studien ist auf in der Praxis vorhandene Rechnungslegungssysteme abzustellen. Vgl. zu möglichen Messmethoden der Wertrelevanz *Lindemann* (2004), S. 110-140.

346 Vgl. *Ballwieser* (1993), S. 112f.

347 Vgl. hierzu und im Folgenden *Holthausen/Watts* (2001), S. 25-27.

348 Vgl. statt vieler z.B. *Barth* (2000), S. 10f.

349 Vgl. für US-GAAP SFAC 1.28, für IFRS F.9, F.12-.14. Einen Abschlusszweck nennt das HGB ebenso wenig explizit wie einen Adressaten. Allerdings lassen sich verschiedene Zwecke und Adressaten anhand der Regelungen identifizieren, vgl. z.B. *Baetge/Kirsch/Thiele* (2005), S. 91-104.

um das Ziel der Entscheidungsrelevanz operationalisieren und modelltheoretische und empirische Befunde heranziehen zu können.

Die Wertrelevanz von Informationen verlangt ihre Relevanz und Zuverlässigkeit.[350] Relevanz zielt auf die Prognoseeignung und das rechtzeitige Eintreffen der Information, während Zuverlässigkeit[351] auf das Vertrauen der Adressaten in die gelieferten Informationen abstellt.[352] Für eine zukunftsbezogene Berichterstattung müssten vom Unternehmen Bandbreiten über die künftigen Gewinne sowie Bedingungen für deren Eintreten angegeben werden, damit sich der Anleger ein Bild über künftig erwartete Rückflüsse machen kann.[353] Voraussetzung ist allerdings, dass das Unternehmen seine Handlungen bis zum Liquidationszeitpunkt vollständig plant, was kaum zu bewältigen ist. Relevanz von Rechnungslegungsinformationen bedingt deren Glaubwürdigkeit. Weicht der aus Sicht des Anlegers tatsächliche Tatbestand erheblich vom berichteten ab, weist die Information nur einen geringen Glaubwürdigkeitsgrad auf. Da Abweichungen vom Investor erwartet werden, gilt es, überprüfbare und damit zuverlässige Informationen zu liefern. Zukunftsbezogene Informationen unterliegen einem großen Manipulationsspielraum, so dass deren Relevanz unterminiert wird.[354] Die Zuverlässigkeit ist zugleich Voraussetzung und Grenze für die Relevanz. Beide Anforderungen stehen daher in einem Spannungsverhältnis zueinander.[355]

Zusätzlich ist für den Zweck der Rechenschaft zu prüfen, inwiefern die Gewinnkonzepte eine Kontrolle der Investitionsentscheidung und des Managers für den Eigner erlauben.[356] Durch den Vergleich zwischen einer ex ante aufgrund von Erwartungen gebildeten Gewinngröße und einem ex post realisierten Gewinn können Abweichungen identifiziert werden.[357] Können die Ursachen für Abweichungen festgestellt werden, die im Prognosemodell oder in der Leistung des Managers liegen, so kann der Eigner entsprechende Konsequenzen ziehen.[358] Dazu sollte der Gewinn objektiviert ermittelt und nicht vom Manager manipulierbar sein.[359]

---

350 Vgl. *Wagenhofer/Ewert* (2003), S. 120.

351 *Ijiri/Jaedicke* (1966) trennen Objektivierung und Zuverlässigkeit von Informationen. Objektivierung wird als Varianz beim Bewertungsvorgang durch unterschiedliche Bewertungssubjekte interpretiert. Zuverlässigkeit stellt auf die Prognosegenauigkeit ab. Dieser Trennung soll hier nicht gefolgt werden, da Objektivierung und Zuverlässigkeit auf die Nachprüfbarkeit, Nachvollziehbarkeit und Willkürfreiheit von Informationen abzielt. Vgl. auch *Bentele* (2004), S. 17f.

352 Vgl. *Wagenhofer/Ewert* (2003), S. 120.

353 Vgl. hierzu und im Folgenden *Franke/Laux* (1970), S. 3f.

354 Vgl. *Dobler* (2004), S. 2f., 93-125, zur Diskussion marktendogener und marktexogener Mechanismen, die der Glaubwürdigkeit – in Grenzen – förderlich sein können.

355 Vgl. bereits *Baetge* (1970), S. 167-173, *Kuhner* (2001), S. 530-537, modelltheoretisch *Kirschenheiter* (1997).

356 Der Eigner muss über Veränderungen von Zahlungsstromerwartungen und Abweichungen von Ist- und Soll-Stromerwartungen informiert werden, vgl. *Moxter* (2000), S. 2147.

357 Vgl. *Leffson* (1966), S. 379f., *Baetge* (1970), S. 32, *Revsine* (1971), S. 487f.

358 Vgl. auch *Beaver/Kennelly/Voss* (1968), S. 677.

359 Vgl. *Baetge* (1970), S. 16.

Im Folgenden gilt es, die verschiedenen Gewinnkonzepte auf ihre Eignung zur Erfüllung der Zwecke Rechenschaft und Entscheidungsnützlichkeit zu diskutieren. Dies erfolgt für beide Zwecke anhand der Kriterien Relevanz und Zuverlässigkeit sowie Kontrollmöglichkeit der Entscheidung und des Managers durch den Eigner. Der Frage, ob zum Zweck der Wertrelevanz alle Gewinnkomponenten relevant sind und damit offen gelegt werden sollten, wird im Folgenden anhand des Modells von *Ohlson*[360] nachgegangen. Ergebnisse weiterer Modelle werden im Anschluss zusammengefasst und um Befunde empirischer Studien ergänzt.

3.1.2. Gewinnkonzepte

3.1.2.1. Statik

Beim ökonomischen Gewinn schlägt sich die Veränderung der Lage des Unternehmens während einer Periode durch unternehmerische Dispositionen oder äußere Einflüsse unmittelbar im Unternehmenswert und damit im Gewinn nieder.[361] Gewinne entstehen bei Verursachung; Verbundeffekte werden berücksichtigt. Der ausgewiesene Gewinn kann daher als Indikator für künftig zu erwartende Rückflüsse aus der Investition[362] und damit als Entscheidungsgrundlage dienen. Darüber hinaus kann der ökonomische Gewinn als Erfolgsmaßstab für das „Auf und Ab" eines Unternehmens herangezogen werden,[363] da Chancen und Risiken gleichgewichtig in die Prognose von Ein- und Auszahlungen einfließen.[364]

Nachteilig ist die Subjektivität der Ermittlung des ökonomischen Gewinns, die seine Zuverlässigkeit und Glaubwürdigkeit unterminiert. Die Einschaltung einer dritten Instanz zur Überprüfung des Gewinns könnte die Manipulationsmöglichkeiten einschränken.[365] Beim Effektivvermögen ist aber lediglich eine Prüfung auf Plausibilität der getroffenen Annahmen über die künftige Entwicklung möglich, so dass selbst bei einer gründlichen Prüfung die gelieferten Informationen nicht zuverlässig sind.[366] Die Qualität der Informationen hängt zudem vom Informationsstand und von der Bereitschaft des Managers zu deren Offenlegung ab. Weil aber auch der Informationsstand des Managers nicht nachprüfbar ist, kann dessen Bereitschaft zur Offenlegung nicht sichergestellt werden.[367] Ein Soll-Ist-Vergleich ist beim ökonomischen Gewinn nicht

---

360 Vgl. *Ohlson* (1999a).

361 Vgl. *Franke/Hax* (2004), S. 85.

362 Der Gewinn dient als Indikator für künftige Rückflüsse, stellt aber keine tatsächliche Ausschüttungsbemessungsgrundlage dar. Als Indikator für eine uniforme Ausschüttungsreihe ist er nur bedingt geeignet, weil dadurch u.U. die Erstellung besserer Finanzpläne verhindert wird, vgl. *Drukarczyk* (1973), S. 184-186.

363 Vgl. *Hax* (1964), S. 647. Nach *Hax* (2004), S. 82, handelt es sich beim ökonomischen Gewinn „im Grunde nicht um eine Periodenerfolgsrechnung, sondern um eine antizipative Abschätzung des Totalerfolgs."

364 Vgl. *Moxter* (1962a), S. 616-621, *Hax* (1964), S. 647.

365 Dazu wäre ein ebenso sachkundiger Experte wie der Manager nötig, was von *Hax* (1989), S. 165, bezweifelt wird.

366 Vgl. *Dobler* (2004), S. 110-112.

367 Vgl. *Coenenberg* (1968), S. 452.

möglich, vielmehr können nur Soll-Größen miteinander verglichen werden. Dadurch können die Investitionsentscheidung und der Manager nicht kontrolliert werden, so dass die Rechenschaftsfunktion torpediert wird.[368] Zwar gewinnen im Jahresablauf einige Prognosen an Aussagekraft, jedoch werden beim Vergleich der Gewinne Zukunftsgrößen miteinander verglichen, die keine Aussage über Abweichungen zwischen realisierten und antizipierten Größen zulassen.[369]

Darüber hinaus werden durch die Ermittlung eines Unternehmenswertes für den Anteilseigner evtl. wichtige Informationen nicht offen gelegt.[370] Der Adressat erhält als Information das Effektivvermögen und die Gewinnziffer.[371] Für die Ermittlung des Effektivvermögens stellt der Manager auf einen vom ihm als geeignet erachteten Zinssatz ab. Damit das Effektivvermögen als Entscheidungsgrundlage für den Investor aber nützlich wäre, müsste der für die Diskontierung verwendete Zinssatz aus der besten (verdrängten) Alternativanlage gewonnen werden, der damit vom einzelnen Individuum und dessen Anlagemöglichkeiten abhängt.[372] Zudem sind einzelne Umweltentwicklungen nur schwer erkennbar.[373] Da manche Investoren feinere Informationen z.B. über einzelne Zahlungsströme benötigen, um deren Nachhaltigkeit zu prüfen, ist eine Disaggregation der Gewinngröße vorteilhaft.[374]

Sofern mit dem Abschluss der Zweck verfolgt wird, entscheidungsrelevante Informationen zu liefern, wird bei einer Einzelbewertung von Vermögenswerten und Schulden *fair values* gegenüber historischen Kosten ein höherer Stellenwert eingeräumt.[375] Begründet wird dies mit der Vergangenheitsorientierung historischer Kosten, die kaum Informationen über die künftige Entwicklung enthalten.[376] *Fair values* hingegen stellen zukunftsorientierte Werte – im Idealfall Einzelzukunftserfolgswerte – dar und werden als diejenigen Werte definiert, zu denen ein Vermögenswert oder eine Schuld zwischen zwei unabhängigen Parteien getauscht werden kann.[377] Gewinn soll für Informationszwecke weder über- noch untertrieben werden.[378] Dies ist bei einer Bewertung zu *fair values* erfüllt, da Chancen und Risiken gleichermaßen einfließen.

Barth/Landsman gehen davon aus, dass alle Vermögenswerte und Schulden, die die *asset*- und *liability*-Definitionen (SFAC 6.25-.31, 6.35-.40) im derzeitigen Rechnungs-

---

368 Vgl. auch *Baetge* (1970), S. 26f.

369 Vgl. *Edwards/Bell* (1961), S. 53, *Leffson* (1966), S. 379f.

370 Vgl. *Coenenberg* (1968), S. 449, *Drukarczyk* (1973), S. 186f.

371 Vgl. auch mit Beispiel *Moxter* (1966), S. 40, der betont, dass zumindest der Zähler gesondert auszuweisen ist. Die alleinige Offenlegung des Unternehmenswertes und dessen Änderung erlaubt keine Rückschlüsse auf den Zielerreichungsgrad. Es kann eine positive Unternehmenswertänderung und gleichzeitig eine Schlechterstellung der Position des Eigners vorliegen.

372 Vgl. *Moxter* (1966), S. 41, *Schneider* (1971), S. 615f., *Ballwieser* (2004a), S. 14.

373 Vgl. *Franke/Laux* (1970), S. 4.

374 Vgl. ähnlich *Coenenberg* (1968), S. 449.

375 Vgl. *Barrett* et al. (1991), S. 93.

376 Vgl. z.B. *Bromwich* (2004), S. 53f.

377 Vgl. *Barth/Landsman* (1995), S. 99.

378 Vgl. *Sprouse* (1963), S. 688.

legungssystem nach US-GAAP erfüllen, angesetzt werden.[379] Dies schließt z.B. Markennamen sowie Ausgaben für Forschung und Entwicklung ein. Damit liefert – nach *Barth/Landsman* – die Bilanz vollständige Information, d.h., dass die in der Bilanz angesetzten Vermögenswerte und Schulden alle zukünftigen Zahlungen des Unternehmens widerspiegeln.[380] Es werden zwei Szenarien unterschieden: (i) Annahme eines vollständigen und vollkommenen Marktes; (ii) Annahme eines unvollständigen Marktes. Die Leistungsfähigkeit des Managers (*management skill*) wird als immaterieller Wert definiert, der private Information des Managers und Synergieeffekte von Vermögenswerten und Optionen (z.B. Wachstum) umfasst. Sie resultiert zunächst allgemein aus der Wertänderung der Vermögenswerte.[381]

In Szenario (i) existiert für jeden möglichen Umweltzustand ein eindeutiger Marktpreis,[382] welcher zugleich der relevante Wert ist.[383] Die Bilanz gibt daher alle wertrelevanten Informationen wieder und macht eine separate Gewinn- und Verlustrechnung entbehrlich.[384] Der Marktwert des Eigenkapitals als Differenz von Vermögenswerten und Schulden ist direkt aus der Bilanz ersichtlich.[385] Dies wird damit begründet, dass der Markt arbitragefrei ist und somit sämtliche Zahlungsströme am Markt dupliziert werden können.

Allerdings nehmen *Barth/Landsman* neben der Voraussetzung eines vollkommenen Kapitalmarkts implizit an, dass sich die Zahlungsströme durch Kombination nicht ändern. D.h., Synergieeffekte werden nicht berücksichtigt, die Zahlungsströme sind unabhängig voneinander.[386] Verändern sich aber die Zahlungsströme durch Kombination der zugrunde liegenden Vermögenswerte und Schulden, so kann es zu Wertzuwächsen

379 Vgl. hierzu und im Folgenden *Barth/Landsman* (1995), S. 98f.

380 Von Transaktionen mit Eigenkapitalgebern wird abgesehen. Weil eine Einzelbewertung der Vermögenswerte und Schulden erfolgt, werden Verbundeffekte zwangsläufig vernachlässigt.

381 Gelingt es dem Manager den Wert der Vermögenswerte im Vergleich zum Markt zu steigern, handelt es sich um einen leistungsfähigen Manager, vgl. *Barth/Landsman* (1995), S. 100.

382 Wiederbeschaffungswert, Veräußerungswert und unternehmensspezifischer Wert sind identisch. Vgl. auch *Beaver* (1998), S. 67.

383 Vgl. *Barth/Landsman* (1995), S. 99, ähnlich bereits *Revsine* (1973), S. 98-100.

384 Vgl. *Barth/Landsman* (1995), S. 100; ebenso *Beaver* (1998), S. 57. Allerdings ist in einem vollständigen und vollkommenen Kapitalmarkt Rechnungslegung überflüssig, vgl. *Beaver/Demski* (1979), S. 39f., *Ballwieser* (1982), S. 786f.

385 Vgl. zur Argumentation *Jüttner-Nauroth* (2002), S. 108f. Würde z.B. der Marktwert des Eigenkapitals kleiner der Differenz aus Marktwerten von Vermögenswerten und Schulden sein, würde ein Investor die einzelnen Vermögenswerte und Schulden verkaufen und das Eigenkapital kaufen; die Differenz stellt den Arbitragegewinn dar. Dadurch stellen Marktpreise von Vermögenswerten und Schulden im vollkommenen Markt relevante Werte für die Berechnung des Unternehmenswertes dar. Vgl. ähnlich *Hax* (2004), S. 80, der bei vollkommenem Markt unterstellt, dass ein Unternehmen am Periodenende liquidiert und am Periodenanfang neu gegründet wird, wodurch eine Bewertung und Erfolgsermittlung zu Marktpreisen begründbar wird.

386 Vgl. *Franke/Hax* (2004), S. 335, 345.

kommen.[387] Daher ist der Marktwert des Eigenkapitals nur dann aus der Bilanz ersichtlich, wenn sie z.B. einen Posten für Synergieeffekte enthält.[388]

Nach *Barth/Landsman* spiegelt sich die Leistungsfähigkeit in der (an sich überflüssigen) Gewinn- und Verlustrechnung vollständig wider, da Vermögenswerte bei einem leistungsfähigen Manager eine Wertsteigerung erfahren.[389] Diese Wertsteigerung ist ex post von allen Marktteilnehmern beobachtbar, ex ante aber nur dem leistungsfähigen Manager bekannt. Das ist der Fall, wenn der Manager einen Informationsvorteil gegenüber den übrigen Marktteilnehmern besitzt. Denn nur dann erfolgt eine Investition in Vermögenswerte, deren Wahrscheinlichkeit einer Wertsteigerung hoch ist. Informationsasymmetrie und inhomogene Erwartungen widersprechen aber den Annahmen eines vollkommenen und vollständigen Kapitalmarktes.[390]

Szenario (ii) hebt die Annahme vollständiger und vollkommener Märkte auf, was gegenüber Szenario (i) einen realistischeren Bezugsrahmen schafft.[391] Da *fair values* nicht eindeutig sind, ist – unter der Annahme, dass *fair values* im Unterschied zu historischen Kosten für Entscheidungen eines Investors relevante Werte darstellen – zu klären, ob Wiederbeschaffungswerte, Veräußerungswerte oder unternehmensspezifische Werte relevant sind.[392]

Eine Bilanzierung zu Wiederbeschaffungswerten gibt den Reproduktionswert des Unternehmens wieder,[393] der eine Annäherung an den Ertragswert eines Unternehmens darstellen soll.[394] Wäre dies möglich, so würde der Reproduktionswert eine entscheidungsnützliche Größe für die Investoren darstellen. Da in der Bilanz alle einzelbeschaffbaren Vermögenswerte angesetzt werden und diese sehr umfassend definiert werden können, ist als einziger Posten letztlich der Verbundeffekt nicht aktivierbar. Dieses Problem könnte durch einen zusätzlichen Posten, der die Differenz zwischen Buch- und Marktwert des Eigenkapitals einfängt, gelöst werden.

Eine Annäherung an den Ertragswert eines Unternehmens durch Wiederbeschaffungswerte ist aber kaum möglich.[395] Wiederbeschaffungswerte werden stichtagsbezogen durch die Beobachtung von Marktpreisen oder durch Schätzung der Kosten für den Nachbau ermittelt. Die Bilanz gibt daher wieder, was heute für die Nachbau des

---

[387] Vgl. ausführlich *Moxter* (1982), S. 106-109, *Ballwieser* (1997), S. 53.

[388] Eine Alternative wäre, Zahlungsströme aggregiert auszuweisen, so dass Synergieeffekte verschiedener (Gruppen von) Vermögenswerte und Schulden erfasst werden. Das würde aber einer Annäherung an das Effektivvermögen gleichkommen und der Einzelbewertung zuwiderlaufen.

[389] Vgl. anhand eines Beispiels *Barth/Landsman* (1995), S. 99f.

[390] Vgl. *Franke/Hax* (2004), S. 153.

[391] *Barth/Landsman* (1995), S. 100, bezeichnen es als „more realistic setting".

[392] Vgl. hierzu und im Folgenden *Barth/Landsman* (1995), S. 100f. Nicht für alle Vermögenswerte und Schulden existiert ein Marktpreis; Wiederbeschaffungswert, Veräußerungswert und unternehmensspezifischer Wert können differieren.

[393] Vgl. *Schmidt* (1979), S. 60f.

[394] Vgl. hierzu und im Folgenden *Moxter* (1982), S. 105-107.

[395] Vgl. *Moxter* (1984), S. 72-75.

Unternehmens ausgegeben werden müsste, wobei ein unmittelbarer Zukunftsbezug fehlt.[396] Zwar könnten Wiederbeschaffungswerte als beste Näherung für künftige Zahlungsströme und damit als Indikatoren für die künftige Entwicklung interpretiert werden. Allerdings erhält der Adressat durch die Veröffentlichung der Wiederbeschaffungswerte kaum Informationen über künftig zu erwartende Rückflüsse aus dem Unternehmen. Für Vermögenswerte, die im Produktionsprozess eine hohe Nähe zum Beschaffungsmarkt aufweisen, ist eine Bewertung zu Wiederbeschaffungswerten informativ, da sich die Wertentwicklung im Vergleich zum Vorjahr ablesen lässt und Kostenersparnisse gezeigt werden.[397] Sollen sie aber langfristig im Unternehmen genutzt werden, ist der Wiederbeschaffungswert wenig geeignet. Aussagekräftiger sind dann fortgeführte Anschaffungskosten oder unternehmensspezifische Werte.

Nachprüfbarkeit ist bei Wiederbeschaffungswerten dann gegeben, wenn Marktpreise für Vermögenswerte und Schulden beobachtbar sind.[398] Die Werte sind mit geringem Aufwand und objektiviert am Markt feststellbar. Zudem erlaubt die Einzelbewertung der Vermögenswerte und Schulden im Unterschied zur Gesamtbewertung beim ökonomischen Gewinn eine bessere Nachvollziehbarkeit und Kontrollierbarkeit der Gewinngröße für den Eigner, auch wenn Verbundeffekte nicht eingefangen werden. Problematisch ist die Wertermittlung, wenn Marktpreise nicht beobachtbar sind.[399] Sind Schätzungen für die Kosten für den Nachbau der Vermögenswerte, z.B. für immaterielle Vermögenswerte wie Standortvorteil oder Belegschaft, oder für die fiktive Neuaufnahme der Schuld nötig, wird die Zuverlässigkeit unterminiert.[400] Fraglich ist zudem, ob diese immateriellen Werte einen Ertragswertbeitrag darstellen und die Vermögenswerte voneinander separierbar sind.[401] Z.B. weisen Managementleistung, Belegschaft und Standort in Bezug auf ihren Ertragswertbeitrag Überschneidungen auf,[402] deren nachvollziehbare und objektivierte Trennung unmöglich scheint. Dadurch werden Zuverlässigkeit und Relevanz der Werte untergraben.

Der Leistungsgewinn als langfristiges Gewinnmaß soll eine Prognose künftiger Gewinne ermöglichen und kann damit als Entscheidungsgrundlage dienen, sofern der

---

396 Vgl. *Schmidt* (1979), S. 62f., auch *Sieben* (1963), S. 33f. Es handelt sich vielmehr um einen Gegenwartswert.

397 Vgl. *Ijiri* (1975), S. 87. *Revsine* (1973), S. 88, sieht vor, Kostenersparnisse im Gewinn zu erfassen, weil sie einen „Opportunitätsgewinn" durch den Kauf in früheren Perioden darstellen.

398 Vgl. auch *Isaac* (1924), S. 262f. Dazu muss das Kriterium der Arbitragefreiheit erfüllt sein, da sonst für das gleiche Produkt auf verschiedenen Märkten unterschiedliche Preise erzielt werden können. Dann ist der Wiederbeschaffungspreis nicht mehr eindeutig. Gleiches gilt für Veräußerungspreise.

399 Vgl. *Revsine* (1973), S. 80f., *Lee* (1974), S. 68, *Schmidt* (1979), S. 60f.

400 Vgl. bereits *Richter* (1928), S. 210. Oft kann auch kein Vergleichsobjekt herangezogen werden.

401 Vgl. *Moxter* (1982), S. 109.

402 Vgl. auch *Ballwieser* (2004a), S. 182.

Produktionsprozess weiterhin optimal ist.[403] Gleichzeitig erlaubt die Offenlegung des realisierten Gewinns die Kontrolle von Prognosen und damit der Investitionsentscheidung; ein Soll-Ist-Vergleich ist möglich. Ist mit schnellem technologischen Fortschritt zu rechnen, ist der Leistungsgewinn als Entscheidungsunterstützung jedoch unbrauchbar, u.U. sogar irreführend für eine langfristige Prognose.[404] Als Erfolgsmaßstab ist er auch nur dann geeignet, wenn sich Produktions- und Absatzentscheidungen von unternehmerischen Bestandsdispositionen in den Wirkungen hinreichend isolieren lassen.[405] Dies ist wegen der Interdependenz sämtlicher unternehmerischer Entscheidungen zu bezweifeln. Der Dispositionsgewinn ist kaum extrapolierbar, da Wertänderungen am ruhenden Vermögen eher unter „außerordentlich" oder „ungewöhnlich" zu subsumieren sind.[406] Für die Beurteilung der Richtigkeit von Lagerhaltungsdispositionen ist er nur bedingt geeignet, da es eine Vielzahl anderer Einflussfaktoren gibt.[407] Er kann aber als Indikator für mögliche künftige Gewinne herangezogen werden.[408] Beide Gewinnkomponenten sollten separat ausgewiesen werden, weil durch den getrennten Ausweis eine Kontrollmöglichkeit eröffnet wird und die Wertänderungen als Hinweis auf künftige Gewinne dienen können.[409]

Eine Veräußerungswertbilanz zeigt an, wie viel aus dem Unternehmen bei fiktiver Veräußerung herauszuholen ist. Bei Zerschlagung des Unternehmens gibt die Bilanz den niedrigstmöglichen Ertragswert an,[410] wodurch sich beurteilen lässt, ob sich eine Unternehmensfortführung noch lohnt, sofern eine Anlage des Liquidationserlöses mehr Ertrag bringt, als bei einer Unternehmensfortführung erwartet wird. Allerdings erhält man in Veräußerungswertbilanzen keine Informationen über die künftige Entwicklung des Unternehmens, weil von der Veräußerung des laufenden Geschäftsbetriebs oder Liquidation am Bilanzstichtag ausgegangen wird.[411] Künftige Ein- und

---

[403] Vgl. *Moxter* (1982), S. 115. Dazu muss der optimale Produktionsprozess bereits identifiziert worden sein, wovon *Edwards/Bell* (1961), S. 100, ausgehen. Weil die Unternehmensleitung aber über vollkommene Information bzgl. künftiger wirtschaftlicher und technologischer Entwicklungen im Entscheidungszeitpunkt verfügen müsste, ist diese Annahme zu bezweifeln, vgl. *Eisenführ* (1967), S. 610, *Coenenberg* (1968), S. 463.

[404] Vgl. *Sieben* (1963), S. 32, *Eisenführ* (1967), S. 610, auch *Revsine* (1973), S. 134-137. In einem sich ständig ändernden Umfeld plädiert *Revsine* (1971), S. 482f., für den Betriebsgewinn der aktuellen Periode als besten Schätzer für den Gewinn der nächsten Periode unter Annahme konstanter Bedingungen, um überhaupt eine Prognose machen zu können.

[405] Vgl. zu den Problemen des Leistungs- und Dispositionsgewinns ausführlich *Coenenberg* (1968), S. 463-468.

[406] Vgl. *Moxter* (1982), S. 114f.

[407] Vgl. *Eisenführ* (1967), S. 610.

[408] Als Indikator ist er dann geeignet, wenn Wertänderungen auf eine Änderung künftig erwarteter Zahlungsströme in gleicher (oder entgegengesetzter) Richtung hinweisen. Sofern aber keine Relation zwischen einer Wertänderung und einer Zahlungsstromänderung existiert, ist der Dispositionsgewinn als Indikator unbrauchbar. Vgl. mit Beispiel *Revsine* (1973), S. 108-116.

[409] So auch *Bierman* et al. (1965), S. 322, die zu dem Ergebnis kommen, dass bei Ausweis aller Wertänderungen relevante Informationen veröffentlicht werden und durch den getrennten Ausweis von realisierten und aus Wertänderungen resultierenden Erträgen und Aufwendungen eine aussagekräftige Unterscheidung für die zugrunde liegenden ökonomischen Ereignisse vorliegt.

[410] Vgl. hierzu und im Folgenden *Moxter* (1982), S. 126.

[411] Vgl. auch *Revsine* (1973), S. 91.

Auszahlungen werden nicht in die Bilanz aufgenommen. Dadurch fehlen dem Adressaten wichtige Informationen für die Entscheidungsfindung.

Für die Zuverlässigkeit der Veräußerungswerte ergibt sich ein ähnliches Bild wie für Wiederbeschaffungswerte. Ist ein Marktpreis beobachtbar, können die Vermögenswerte mit Veräußerungspreisen bewertet werden. Dadurch resultiert ein relativ objektiver Bewertungsmaßstab.[412] Erschwert wird die Wertermittlung jedoch für Vermögenswerte, für die kein Absatzmarkt besteht, weil dann Schätzungen notwendig sind.[413] Zudem sind Annahmen darüber zu treffen, welche Vermögenswerte bei Veräußerung werthaltig sind.[414] Da Vermögenswerte und Schulden des Unternehmens fiktiv veräußert werden, wird dem Manager ein Spielraum für deren Bilanzierung und Bewertung eröffnet. Zuverlässigkeit ist dann nur in Grenzen gewährleistet.

Als Entscheidungsgrundlage ist der realisierbare Gewinn[415] insofern geeignet, als der Vergleich von zwei Gewinngrößen an aufeinander folgenden Stichtagen die tatsächlich realisierbare Vermögensänderung angibt und der Anteilseigner dadurch die Rentabilität der Investition im Vergleich zu einer Alternativanlage prüfen kann.[416] Allerdings ist der Eigner insbesondere an der künftigen Entwicklung des Unternehmens interessiert; der Erlös bei Veräußerung des Unternehmens ist von nachrangigem Interesse.[417] Um als Indikator für die künftige Entwicklung nützlich zu sein, müsste der realisierbare Gewinn Informationen für die Prognose künftiger Gewinne bereitstellen. Dies erfordert eine eindeutige Beziehung zwischen Eigenkapital und künftigen Einzahlungsüberschüssen, weil der realisierbare Gewinn eine Kapitalerhaltung auf Basis des Liquidationsvermögens anstrebt. Ein solcher Zusammenhang ist aber nicht nachweisbar. Der realisierbare Gewinn ist daher als Indikator für die Ertragslage wenig geeignet.[418] Zudem werden alternative Einsatzmöglichkeiten der Vermögenswerte, z.B. durch eine Änderung des Produktionsprogramms, nicht berücksichtigt.

Eine Kontrolle der Investitionsentscheidung ist auf Basis des realisierbaren Gewinns insofern möglich, als er den Vergleich zwischen dem Veräußerungserfolg des Unternehmens und der Anlage in eine Alternative erlaubt. Soll-Ist-Vergleiche können jedoch nur dann vorgenommen werden, wenn realisierter Gewinn und Gewinn aus Wertänderungen separat ausgewiesen werden. Dann gelten die Ausführungen wie bei Leistungs- und Dispositionsgewinn analog.

---

412 Vgl. *Edwards/Bell* (1961), S. 47f., *Coenenberg* (1968), S. 452.

413 Vgl. *Coenenberg* (1968), S. 453. Subjektive Schätzungen sind nötig, vgl. *Moxter* (1982), S. 131.

414 Vgl. ähnlich *Moxter* (1982), S. 134f.

415 Der realisierbare Gewinn ergibt sich durch Vermögenszuwachs zwischen zwei Stichtagen, wobei das Vermögen mit Veräußerungswerten bewertet wird, vgl. auch Abschnitt 2.2.2.2.

416 Vgl. *Coenenberg* (1968), S. 454f.

417 Der Erfolg aus Liquidation des Unternehmens ist für Eigner nur zur Beurteilung, ob eine Unternehmensfortführung noch lohnt, relevant, vgl. *Coenenberg* (1968), S. 455.

418 Vgl. hierzu und im Folgenden *Coenenberg* (1968), S. 455-458.

Möglicherweise kann eine Bilanzierung zu erwarteten künftigen Veräußerungswerten, die unter Annahme der Unternehmensfortführung ermittelt werden, das Problem des fehlenden Zukunftsbezugs lösen. Vorteilhaft ist, dass der Investor Informationen über die künftige Entwicklung des Unternehmens erhält. Allerdings sind Vermögenswerte, die im Unternehmen genutzt werden und am Ende noch einen erzielbaren Restwert, z.B. Schrottwert, aufweisen, streng genommen mit diesem relativ niedrigen Wert anzusetzen.[419] Dadurch kann der Eigner nicht erkennen, welche Vermögenswerte zur Erstellung der Produkte und damit zur Generierung künftiger Erlöse vorhanden sind. Relevante Informationen zur Beurteilung der künftigen Lage des Unternehmens werden nicht geliefert.[420] Außerdem sind mit der Ermittlung der erwarteten Veräußerungswerte erhebliche Schätzungen verbunden, die die Zuverlässigkeit der Informationen untergraben. Werden zum Stichtag herrschende Preise als Indikatoren und beste Schätzer künftiger Veräußerungswerte herangezogen, gelten die obigen Ausführungen analog.

Der unternehmensspezifische Wert gilt als relevant, da er den erwarteten Zukunftserfolgsbeitrag eines Vermögenswerts oder einer Schuld anzeigt.[421] Im Kaufzeitpunkt bildet der Wiederbeschaffungswert die Untergrenze des unternehmensspezifischen Wertes, weil der Vermögenswert sonst nicht erworben wird. Zu späteren Stichtagen ist der Veräußerungswert die Untergrenze, denn fällt der unternehmensspezifische Wert unter den Veräußerungswert, ist der Verkauf gegenüber dem Halten vorteilhafter.[422] Im Unterschied zu einer Bilanzierung zum Effektivvermögen weisen unternehmensspezifische Werte den Vorzug auf, dass sie disaggregiertere und damit feinere Informationen für die Beurteilung der künftigen Entwicklung liefern. Der unternehmensspezifische Wert fängt – laut *Barth/Landsman*[423] – die Leistungsfähigkeit des Managers (einschl. Synergieeffekte) ein, die in den beiden anderen Werten nicht enthalten ist. Die Leistungsfähigkeit wird hier definiert als Differenz von unternehmensspezifischem Wert und Veräußerungswert und kann negativ werden.

Den Überlegungen ist insofern zuzustimmen, als dem Bilanzleser mit dem unternehmensspezifischen Wert der Barwert erwarteter Erfolgsbeiträge dargelegt wird.[424] Wenn der unternehmensspezifische Wert größer ist als der Veräußerungswert, kann dem Manager bescheinigt werden, dass er durch gute Investitionen und geeignete Unternehmensführung die Werte gegenüber dem Markt steigern konnte.[425] *Barth/Lands-*

[419] Vgl. ausführlich *Moxter* (1982), S. 128-131.
[420] Vgl. ähnlich *Moxter* (1962b), S. 622.
[421] Vgl. *Barth/Landsman* (1995), S. 101.
[422] Vgl. *Jüttner-Nauroth* (2002), S. 117.
[423] Vgl. hierzu und im Folgenden *Barth/Landsman* (1995), S. 101.
[424] Vgl. auch *Streim/Bieker/Esser* (2005), S. 99. Allerdings schlägt sich eine Verschlechterung der Bonität eines Unternehmens c.p. in einem höheren Zinssatz nieder, was zu einem niedrigeren Wertansatz führt. *Baetge/Lienau* (2005b), S. 323-325, bezweifeln daher die Entscheidungsnützlichkeit des *fair value* für Schulden. Zudem ist der Rückzahlungsbetrag, der vom Marktwert der Schuld abweichen kann, zur Einschätzung künftiger Belastungen für Investoren relevant.
[425] Zufällige Einflüsse aus vom Management nicht beeinflussbaren Marktbewegungen werden in diesem Kalkül vernachlässigt, vgl. ähnlich *Schildbach* (1999), S. 183.

man erläutern nicht, wie Synergieeffekte durch den unternehmensspezifischen Wert eingefangen werden können; eine Einzelbewertung von Vermögenswerten und Schulden führt nicht zur Erfassung von Synergieeffekten.[426] Die von *Barth/Landsman* getroffene Annahme, dass in der Leistungsfähigkeit des Managements Synergieeffekte der Vermögenswerte enthalten sind, ist daher zu bezweifeln. Sie würde voraussetzen, dass die Summe der Synergieeffekte, die sich erst aus einer Gesamtbewertung ergibt, bereits den einzelnen Vermögenswerten und Schulden vollständig und überschneidungsfrei zugerechnet ist.[427]

Die Vorteilhaftigkeit des unternehmensspezifischen Werts kann nicht uneingeschränkt attestiert werden.[428] Für seine Bestimmung sind private Information des Managers und teilweise erhebliche Schätzungen[429] erforderlich, die die Gefahr großer Schätzfehler bergen. Die Prognoseunsicherheit, insb. bei längeren Zeiträumen, schränkt die Zuverlässigkeit ein.[430] Zudem müssen die Zahlungsströme einzelnen Posten zugeordnet werden, wenn sie von einer Gruppe von Vermögenswerten und Schulden gemeinsam verursacht sind.[431] Eine solche Aufteilung erfolgt zwangsläufig subjektiv.[432] Der Vergleich mit anderen Unternehmen zur Überprüfung der Werte verbietet sich, da für verschiedene Unternehmen verschiedene Werte mit einem Vermögenswert verknüpft sein können.[433] Eine Prüfung der Werte auf Plausibilität ist wie beim ökonomischen Gewinn möglich, Treffsicherheit ex post jedoch nicht gewährleistet.[434] Dadurch wird die Rele-

---

[426] Vgl. *Hax* (1964), S. 650, *Kley* (2001), S. 2258, *Ballwieser* (2002a), S. 299.

[427] Vgl. auch *Ballwieser* (2002a), S. 299. Eine Aufteilung würde auch voraussetzen, dass Zahlungsströme einzelnen Vermögenswerten und Schulden zuordenbar sind, vgl. *Leffson* (1966), S. 382.

[428] *Jüttner-Nauroth* (2002), S. 114, entkräftet die Argumentation und stellt heraus, dass der unternehmensspezifische Wert nur bei Fiktion eines Unternehmenskaufs der relevante Wert ist. Unternehmensspezifische Werte sind oft nur auf aggregierter Ebene ermittelbar, so dass sich Spielräume für die Aufteilung auf Vermögenswerte und Schulden ergeben, vgl. *Kessler* (2005), S. 77.

[429] Die Höhe und zeitliche Struktur der Zahlungsströme sowie der Zinssatz sind zu schätzen, vgl. *Coenenberg* (1968), S. 449, *Franke/Laux* (1970), S. 4, *Revsine* (1973), S. 106f. *Ronen/Sorter* (1972), S. 260f., schlagen die Diskontierung mit einem Marktzinssatz und nicht mit einem unternehmensspezifischen Zinssatz vor. Auch bei Wiederbeschaffungs- und Veräußerungswerten ist der Wert oft nicht eindeutig, vgl. *Schildbach* (2004), S. 848f.

[430] Vgl. *Baetge/Zülch* (2001), S. 558f. Dies zeigt sich auch in empirischen Untersuchungen, vgl. z.B. *Khurana/Kim* (2003), S. 40.

[431] Vgl. bereits *ter Vehn* (1924), S. 365: „Soweit dabei Ertragswerte gemeint sind, ergibt sich die Unmöglichkeit ihrer rechnerischen Bestimmung, zumal sich der Ertragswert des Gesamtbetriebes den einzelnen Faktoren nicht ursächlich zurechnen läßt."

[432] Vgl. *Ballwieser/Küting/Schildbach* (2004), S. 536f., *Kessler* (2005), S. 77.

[433] Empirisch ist der Vergleich mit einer *peer group* zur Leistungsbeurteilung des Managers beobachtbar, aber nicht weit verbreitet, vgl. *Bannister/Newman* (2003).

[434] Vgl. kritisch zur ex post-Prüfung *Dobler* (2004), S. 113-115, m.w.N. *Lundholm* (1999) schlägt bei einer Bewertung zu Zukunftserfolgswerten daher einen „ex post-Bericht" vor, in dem die Unternehmen die realisierten Gewinne mit den ursprünglichen Schätzungen offen legen sollen, um die Glaubwürdigkeit der offen gelegten Zahlen zu erhöhen. Seiner Meinung nach werden die Unternehmen dann dazu angehalten, ex ante keine Manipulationen vorzunehmen. Ein ähnliches Vorgehen schlägt *Lev* (2003) vor, der regelmäßig Gewinnrevisionen auf Basis realisierter Beträge vorsieht, die zuvor geschätzt worden waren.

vanz des unternehmensspezifischen Werts untergraben.[435] Wiederbeschaffungs- und Veräußerungswerte stellen dann relevante Werte dar. Da Wiederbeschaffungs- und Veräußerungswerte wenigstens teilweise vom Markt objektiviert sind, spiegeln sie zwar die Leistungsfähigkeit des Managements nicht wider, unterliegen aber weniger der Manipulationsmöglichkeiten des Managements und sind daher zuverlässige Werte.

Die Lösung sehen *Barth/Landsman* in der Offenlegung der einzelnen Komponenten des unternehmensspezifischen Werts (Veräußerungswert und *intangible value* aus der Leistungsfähigkeit des Managements). In unvollständigen Märkten ist eine separate Erfassung von durch Markttransaktionen realisierten Gewinnen und damit die Gewinn- und Verlustrechnung nicht entbehrlich.[436] Gewinn wird durch Transaktionen mit Dritten zu Wiederbeschaffungs- und Veräußerungspreisen realisiert, die aber nicht zwingend den unternehmensspezifischen Wert wiedergeben. *Barth/Landsman* schlagen daher vor, neben Erfolgen, die aus Transaktionen mit Dritten stammen, auch unrealisierte Erfolge auszuweisen. Ein separater Ausweis realisierter Gewinne liefert objektivierte Informationen. Gleichzeitig hat das Management aber die Möglichkeit zur Gewinnsteuerung durch gezielte Realisierung von Gewinnen und Verlusten am Markt. Die Offenlegung realisierter und unrealisierter Gewinne macht dies – in Grenzen – transparent. Dadurch werden auch Soll-Ist-Vergleiche möglich.

Die Wertänderungen von *fair values* schlagen sich unmittelbar im Gewinn nieder, wenn man von einer erfolgsneutralen Verbuchung in eine Neubewertungsrücklage absieht.[437] Marktpreise unterliegen einer Vielzahl an Einflussfaktoren.[438] Daher sind durch zufällige Einflüsse und eine verstärkte Volatilität der Gewinne kaum Rückschlüsse auf die Leistung des Managers und auf künftige Gewinne möglich. Zugleich kann der Gewinn durch Einflussnahme auf Marktpreise und auf Schätzungen vom Manager bewusst gesteuert werden, um bei den Adressaten bestimmte Reaktionen auszulösen. Der Gewinn verliert durch diese zufälligen und bewussten Einflüsse an Aussagekraft. Kritiker des *fair value* räumen ihm daher eine geringere Prognosefähigkeit zukünftiger Zahlungsströme ein.[439] Eine *fair value*-Bewertung wird insb. für Vermögenswerte, die nicht oder erst später zur Veräußerung bestimmt sind, als nicht adäquat erachtet, da zur Beurteilung der Lage des Unternehmen irrelevante Opportunitätskosten angezeigt werden.[440] Andererseits sollen Gewinnänderungen möglichst frühzeitig auf Veränderungen der Ertragslage des Unternehmens hinweisen. Durch eine Erfassung der Erfolge bei ihrer Verursachung – wie es bei einer Bewertung zu unternehmensspezifischen Werten der Fall ist – wird das wirtschaftliche Geschehen zeitnah abgebildet. Bei Wiederbeschaffungs- oder Veräußerungswerten werden zufäl-

---

435 Vgl. in diesem Zusammenhang auch die modelltheoretische Analyse von *Dye/Sridhar* (2004), die die Problematik von Relevanz und Zuverlässigkeit im Zusammenhang mit einer Aggregation von Rechnungslegungsdaten aufzeigt.
436 Vgl. hierzu und im Folgenden *Barth/Landsman* (1995), S. 102f.
437 Vgl. *Schildbach* (1998), S. 589.
438 Vgl. hierzu und im Folgenden *Ballwieser/Küting/Schildbach* (2004), S. 543f.
439 Vgl. *Barth* (1994), S. 3 Fn. 2, *Schildbach* (1999), S. 178-182, *Kley* (2001), S. 2260f.
440 Vgl. hierzu und im Folgenden auch *Hitz* (2005a), S. 273f., m.w.N.

lige Marktbewegungen berücksichtigt, die die Indikatorfunktion des Gewinns torpedieren, weil sie nur bedingt Rückschlüsse auf die Ertragslage zulassen.[441]

Zum Zweck der Entscheidungsnützlichkeit könnte man den Wertansatz des Vermögenswertes in Abhängigkeit seines Zwecks im Unternehmen erwägen.[442] Ist der Vermögenswert zur internen Nutzung gedacht, erfolgt ein Ansatz zum unternehmensspezifischen Wert; Vermögenswerte, die eine große Nähe zum Beschaffungsmarkt oder Absatzmarkt aufweisen, werden mit Wiederbeschaffungs- oder Veräußerungswerten angesetzt.[443] Problematisch ist dann, dass der Manager einen Spielraum bei der Einteilung der Vermögenswerte sowie teilweise bei deren Bewertung hat und die Vergleichbarkeit durch unterschiedliche Wertansätze unterminiert wird.[444]

Einer Rechnungslegung auf Basis historischer Kosten wird gemeinhin eine im Vergleich zu *fair value*s geringe Entscheidungsnützlichkeit aufgrund der Vergangenheitsorientierung der Werte und des mangelnden Zukunftsbezugs unterstellt.[445] Im Zugangszeitpunkt eines Vermögenswertes (oder einer Schuld) entspricht zwar der Anschaffungswert dem aktuellen Zeitwert und mindestens (höchstens) dem Zukunftserfolgswert, da rationale Entscheidungsträger mit Ziel der Gewinnmaximierung nicht mehr für einen Vermögenswert als den Barwert künftig erwarteter Überschüsse bezahlen.[446] In späteren Zeitpunkten entsprechen die Anschaffungskosten jedoch nur zufällig dem Einzelzukunftserfolgswert. Eine Beibehaltung von historischen Kosten in der Bilanz hat daher für barwertorientierte Entscheidungen keinen oder nur geringen Informationswert.[447]

Vermögenswerte (und Schulden) werden in verschiedenen Perioden erworben oder hergestellt. Im Zeitablauf kann es zu Preisschwankungen kommen, so dass die in der Bilanz erfassten Werte allenfalls zufällig dem zum Bilanzstichtag herrschenden Wert entsprechen.[448] Der Erwerb in verschiedenen Perioden mit unterschiedlichen Preisni-

---

441 Zu denken ist z.B. an Wertpapiere, die das Unternehmen in seinem Bestand hält. Schwankungen von Aktienkursen, die einer Vielzahl von Einflüssen unterliegen, sind bei langfristig gehaltenen Wertpapieren kaum interessant. Zudem kann ein Investor gerade bei Wertpapieren den jeweiligen Aktienkurs selbst in Erfahrung bringen.

442 Vgl. auch *Ijiri* (1975), S. 87.

443 Die Gliederung von Bilanz und Gewinn- und Verlustrechnung sollte dann in Abhängigkeit der Bewertungsvorschrift der Posten erfolgen, vgl. bereits *Illetschko* (1954), S. 41, auch *Richter* (1928), S. 210-215.

444 Vgl. kritisch zu unterschiedlichen Wertmaßstäben *Siegel* (1998), S. 598, *Streim/Bieker/Esser* (2005), S. 87.

445 Vgl. z.B. *Hansen* (1962), S. 96-106, *Schneider* (1971).

446 Vgl. *Ordelheide* (1988a), S. 279-283. Der unternehmensspezifische Wert ist größer oder gleich dem Wiederbeschaffungswert, vgl. *Barrett* et al. (1991), S. 94, *Barth/Landsman* (1995), S. 101, *Mujkanovic* (2002), S. 193.

447 Vgl. *Moxter* (1982), S. 177, *Baetge/Noelle* (2001), S. 175.

448 Vgl. *Sieben* (1963), S. 31, *Barrett* et al. (1991), S. 92. Nach *ter Vehn* (1929), S. 26, ist eine Vermögensermittlung mit Hilfe historischer Kosten nicht möglich, weil das einen gemeinsamen Bewertungsstichtag voraussetzt, der bei einer Bewertung zu historischen Kosten fehlt.

veaus untergräbt die Vergleichbarkeit der Werte.[449] Auch stimmen Preisniveaus von Kosten und zugehörigem, später realisierten Einkommen bei größeren Zeitabständen nicht überein, was zu einer Über- oder Unterschätzung des Gewinns im Vergleich zu einem um Preisänderungen bereinigten Gewinn führt.[450] Durch die Berücksichtigung von ausschließlich realisierten Gewinnen wird die Ertragslage eines Unternehmens verzerrt dargestellt, weil der Gewinn nicht die Erfolge aus vorteilhaften Investitionen widerspiegelt[451] und die Gewinne nicht bei Verursachung, sondern bei Realisation berücksichtigt werden. Damit werden Erfolgspotenziale nur begrenzt gezeigt.

Nicht übersehen werden darf jedoch, dass auch historische Kosten einen Zukunftsbezug aufweisen. Zwar bestimmen sich der Ansatz von Vermögenswerten und Schulden sowie die Ermittlung des Gewinns aus vergangenen Transaktionen und Ereignissen.[452] Die in der Vergangenheit stattgefundenen Transaktionen und Ereignisse können aber als Indikatoren für den eingetretenen Umweltzustand, Investitionsmöglichkeiten oder künftige Zahlungen dienen,[453] weil viele Investitionsprojekte zum Bilanzstichtag noch nicht abgeschlossen sind.[454] Es werden Einzahlungen antizipiert, weil Rückflüsse aus der Investition in Höhe der Anschaffungskosten berücksichtigt werden.[455] Aktivierte Vermögenswerte stellen Ressourcen für künftige Gewinne dar. Passivierte Rückstellungen deuten auf künftige Auszahlungen hin.

Darüber hinaus ist die Wertermittlung von historischen Kosten einfacher, leichter nachprüfbar und damit zuverlässiger als diejenige von *fair values*.[456] Eine Bilanzierung zu *fair values* eröffnet dem Management viele Spielräume, der Prüfer ist oft mit der Verifikation überfordert.[457] Durch die objektivierten Angaben über Vermögenswerte und Schulden werden die Manipulationsmöglichkeiten des Managements eingeschränkt, der Gewinn kann somit als Kontrollinstrument herangezogen werden.[458] His-

---

449 Vgl. bereits *Isaac* (1924), S. 259, *Mujkanovic* (2002), S. 205.

450 Vgl. *Barrett* et al. (1991), S. 92.

451 Zu denken ist z.B. an die Wertsteigerung eines Grundstücks, das günstig erworben wurde.

452 Vgl. hierzu und im Folgenden ausführlich *Leuz* (1996), S. 181-186, m.w.N. Gewinn wird z.B. durch Lieferung und Leistung realisiert.

453 *Albach* (1965) geht z.B. in seiner „synthetischen Bilanz" davon aus, dass sich der Unternehmenswert aus der Summe der fortgeführten Einzelwerte ergibt, unter der Voraussetzung, dass die tatsächliche Entwicklung mit der Planung übereinstimmt und Planrevisionen nicht nötig sind.

454 Vgl. *Schmalenbach* (1988), S. 62f., *Ordelheide* (1988b), S. 274.

455 Vgl. *Ordelheide* (1988b), S. 279f. Die in der Bilanz mit Anschaffungskosten geführten Posten können auch als Zukunftserfolgswerte interpretiert werden, vgl. *Ordelheide* (1988a), S. 292. Allerdings enthalten die Anschaffungskosten i.A. keine Gewinnanteile und bilden daher eher eine Wertuntergrenze. Vgl. zur Kritik auch *Mujkanovic* (2002), S. 193 Fn. 580.

456 Vgl. *Barth* (1994), S. 3, *Baetge/Zülch* (2001), S. 558. *Ijiri* (1967), S. 64-67, kommt zu dem Schluss, dass historische Kosten wegen ihrer Zuverlässigkeit und Stabilität anderen Bewertungsmethoden überlegen sind. *Siegel* (1997), S. 88f., betont die Bedeutung von *fair values*, räumt aber gleichzeitig die Bedeutung von historischen Kosten wegen ihrer Relevanz ein.

457 Vgl. ausführlich *Schildbach* (1998), S. 587f.

458 Vgl. *Franke/Laux* (1970), S. 5, *Baetge/Kirsch/Thiele* (2005), S. 114f.

torische Kosten erfüllen damit eine zentrale Anforderung der Rechenschaft,[459] weil sie aufgrund der Objektivierung durch Marktprozesse[460] kaum strittig oder anzuzweifeln sind.[461] Anschaffungspreis und Veräußerungspreis sind zudem gut dokumentiert, so dass eine Überprüfung leicht vorzunehmen ist.[462] Eine vergleichbare Dokumentation fehlt bei einer Bewertung zu *fair values*.

Idealerweise sollte der Gewinn möglichst frühzeitig Wendepunkte der Entwicklung eines Unternehmens anzeigen.[463] Ein hoher Gewinn würde auf eine günstige Entwicklung, ein niedriger Gewinn auf eine ungünstige Entwicklung hindeuten. Allerdings schmälern bei einer Rechnungslegung zu historischen Kosten nicht aktivierungsfähige Investitionsausgaben, z.B. in Forschung, den Gewinn, obwohl sie zur Generierung künftiger Ein- und Auszahlungen beitragen.[464] Umgekehrt erhöhen unterlassene Investitionen c.p. den Gewinn, während gleichzeitig durch die fehlenden künftigen Ein- und Auszahlungen der Unternehmenswert c.p. sinkt.

Bei einer vorsichtigen Rechnungslegung wird für Vermögenswerte eine Abwertung bei Preisrückgang, aber keine Aufwertung bei Preisanstieg vorgenommen. Vermögenswerte werden niedrig bewertet, so dass sich die Situation am Bilanzstichtag eher ungünstig darstellt.[465] Ein vorsichtig ermittelter Gewinn zeigt eine denkbar schlechte Entwicklung des Unternehmens und keinen Mittelwert an, so dass i.d.R. davon auszugehen ist, dass die tatsächliche Entwicklung günstiger verläuft.[466] Insofern wüsste der Eigner einen vorsichtigen Gewinn einzustufen. Allerdings erfolgt bei Einhaltung des Kongruenzprinzips eine Umkehrung, so dass nicht länger der niedrigst mögliche Gewinn ausgewiesen wird.[467] Weil für den Eigner die Umkehrung aber nicht erkennbar ist, kann er sich nicht darauf verlassen, dass der Gewinn die schlechteste Entwicklung anzeigt. Ein vorsichtiger Gewinn kann die Eigner daher in die Irre führen.

Zusätzlich werden durch das Abstellen auf das Realisationsprinzip und die Anschaffungskosten als Wertobergrenze dem Management Anreize gesetzt, mittels geeigneter Transaktionen den Gewinn zu beeinflussen.[468] Stille Reserven können in ertragstarken Zeiten für Krisenzeiten mit dem Ziel gebildet werden, den Gewinnausweis im Zeitab-

---

[459] Vgl. *Baetge* (1970), S. 21, *Schmalenbach* (1988), S. 55, auch bereits *Richter* (1928), S. 229: „Denn der Unternehmungsgewinn soll ja gerade aussagen, ob und in welchem Umfange sich das ursprünglich aufgewandte Kapital rentiert hat. Hierzu sind aber naturgemäß ausschließlich die historischen Ziffern geeignet."

[460] Vgl. *Schneider* (1981), S. 261. Für Transaktionen zwischen Konzernunternehmen ist diese Aussage zu relativieren, weil andere Preise als zwischen unabhängigen Dritten vorliegen können.

[461] Vgl. *Ijiri* (1970), S. 13.

[462] Vgl. *Isaac* (1924), S. 260.

[463] Vgl. *Revsine* (1971), S. 488.

[464] Vgl. hierzu und im Folgenden *Moxter* (1966), S. 44, auch *Moxter* (1967), S. 726.

[465] Vgl. *Barrett* et al. (1991), S. 92.

[466] Vgl. *Hax* (1964), S. 648.

[467] Vgl. hierzu und im Folgenden *Moxter* (1962b), S. 625f.

[468] Vgl. *Hax* (1964), S. 646.

lauf zu glätten.[469] Der Gewinn zeigt nicht mehr das „Auf und Ab" des Unternehmens an und ist damit kein guter Indikator für die Ertragslage des Unternehmens.[470] Verluste einer Periode können durch die Auflösung stiller Reserven verschleiert werden, so dass eine unrentable Anlage vom Investor als solche nicht oder nur verzögert wahrgenommen werden kann.[471] Dies schränkt die Brauchbarkeit des Gewinns als Entscheidungsgrundlage ein; er hat daher für zukunftsorientierte Entscheidungen nur geringen Informationswert.[472] Aufgrund der Möglichkeit zur (nahezu beliebigen) Bildung und Auflösung von stillen Reserven torpediert der vorsichtig ermittelte Gewinn die Rechenschaftsfunktion.[473] Zusätzlich führt nicht nur die Vermischung von historischen Kosten aus verschiedenen Perioden, sondern auch der Ansatz von *fair values* – neben außerplanmäßigen Abschreibungen – zu einer inkonsistenten Abbildung der Posten und Erfolgspotenziale.[474] Eine Rechnungslegung zu historischen Kosten hingegen vermeidet Verzerrungen durch die Bildung und Auflösung stiller Reserven aufgrund von außerplanmäßigen Abschreibungen der Aktiva.[475] Dadurch wird die Aussagefähigkeit des Abschlusses erhöht.

Für Prognosezwecke ist der auf Basis historischer Kosten oder einer vorsichtigen Rechnungslegung ermittelte Gewinn dann geeignet, wenn er von Jahr zu Jahr etwa konstant bleibt oder erkennbaren Gesetzmäßigkeiten folgt.[476] Daher bietet sich eine Untergliederung in z.B. regelmäßige und unregelmäßige, ordentliche oder außerordentliche Gewinne an, um die Extrapolationsfähigkeit und Nachhaltigkeit der Gewinnkomponenten anzuzeigen. Da eine eindeutige Zuordnung aber nicht immer möglich und die Einordnung der Gewinnkomponenten zu einem gewissen Grad ermessensbehaftet ist, wird die Zuverlässigkeit untergraben.

3.1.2.2. Dynamik

Zweck der dynamischen Bilanz nach *Schmalenbach* ist die Betriebssteuerung. Zugleich räumt *Schmalenbach* dem Zweck der Rechenschaft einen hohen Stellenwert ein.[477] *Schmalenbach* sieht aber keine großen Unterschiede in einer Rechnungslegung zur Kontrolle der Betriebsgebarung und zur Rechenschaftslegung. Für die Rechen-

---

469 Vgl. *Ballwieser* (1996b), S. 521, *Dechow/Skinner* (2000), S. 238. Die Bildung stiller Reserven ist bei *fair values* – zumindest theoretisch – nicht möglich, vgl. *Schildbach* (1998), S. 586f., *Baetge/Lienau* (2005a), S. 71f. Vgl. aber *Küting/Reuter* (2005), die Wahlrechte und Ermessensspielräume bei den IFRS, v.a. bei einer *fair value*-Bewertung, diskutieren.

470 Vgl. *Hax* (1964), S. 646.

471 Vgl. *Leffson* (1987), S. 84-88.

472 Vgl. *Baetge/Noelle* (2001), S. 175, *Mujkanovic* (2002), S. 195.

473 Vgl. *Schneider* (1971), S. 611, der von einem „Instrument zur Verhinderung von Rechenschaft" spricht.

474 Vgl. *Schildbach* (1999), S. 182, *Mujkanovic* (2002), S. 205.

475 Vgl. hierzu und im Folgenden *Schneider* (1971), S. 611. Über- wie Untertreibungen werden vermieden, vgl. *Ballerstedt* (1965), S. 5.

476 Vgl. *Franke/Laux* (1970), S. 6.

477 Vgl. *Schmalenbach* (1988), S. 55.

schaft sind Objektivierung, Willkürfreiheit und Sicherheit wesentliche Anforderungen. Eine tiefer gehende Analyse nimmt *Schmalenbach* nicht vor.

Ein vergleichbarer Gewinn soll Indikator für die Lage des Unternehmens sein, um mögliche Chancen rechtzeitig zu nutzen und Krisen frühzeitig zu erkennen.[478] Zu diesem Zweck sind periodenfremde Einflüsse auszuschalten.[479] Für Eigner eines Unternehmens ist daher der dynamische Gewinn eine entscheidungsnützliche Größe. Der Vergleich mehrerer Periodengewinne liefert dem Entscheidungsträger Anzeichen für die Entwicklung des Unternehmens und lässt möglicherweise Tendenzen für die künftige Entwicklung erkennen, so dass das Kriterium der Relevanz erfüllt ist.

Allerdings hält *Schmalenbach* bei der Gewinnermittlung an einer vorsichtigen Rechnungslegung fest, so dass die oben angeführten Überlegungen hier gleichermaßen gelten.[480] Da eine Information über den Totalerfolg, den *Schmalenbach* als Periodengewinne auf einzelne Perioden verteilt sehen will, nicht vorhanden ist, kann die Unternehmensentwicklung allenfalls ansatzweise und nur in der Tendenz bestimmt werden. Rückschlüsse auf künftige Entwicklungen sind nur sehr begrenzt möglich. Überhöhte Abschreibungen führen in späteren Perioden zu einem hohen Gewinnausweis. Die angedeutete (positive) Veränderungsrichtung ist aber nicht zwingend gegeben. Dadurch ist die Aussagekraft als Indikator künftigen Erfolgs erheblich eingeschränkt. Weil der dynamische Gewinn realisierte Erfolge zeigt und damit Soll-Ist-Vergleiche erlaubt, ist er aber als Kontrollinstrument nutzbar.

Der neodynamische Gewinn liefert dem Eigner Informationen darüber, welche Rückflüsse künftig bei konstanten Bedingungen zu erwarten sind.[481] Die Periodisierung von Zahlungsüberschüssen der vergangenen Periode soll einen nachhaltigen Gewinn liefern und Rückschlüsse auf den Barwert künftiger Ein- und Auszahlungen ermöglichen.[482] Der neodynamische Gewinn erleichtert eine zwischenbetriebliche Vergleichbarkeit und erlaubt die Anwendung der unendlichen Rente als Entscheidungsmodell, so dass die Bestimmung des Unternehmenswertes erleichtert wird. Insgesamt kann der neodynamische Gewinn den Entscheidungsträger daher bei der Entscheidungsfindung unterstützen.[483]

Der neodynamische Gewinn geht von einem für die Zukunft repräsentativen Ist-Zustand aus. Dazu sind Schätzungen und Wertungen vom Manager notwendig, denn er hat den besten Einblick in das Unternehmen und kann am besten abschätzen, mit wel-

---

478 Vgl. *Schmalenbach* (1988), S. 50.

479 Vgl. *Moxter* (1974), S. 330.

480 Die Richtung der Gewinnveränderung lässt keinen Hinweis auf die Tendenz künftiger Gewinne zu, weil die Bildung und Auflösung stiller Reserven durch vorsichtige Rechnungslegung und das Einzelbewertungsprinzip den Gewinn in seiner Indikatorfunktion nachteilig beeinflussen, vgl. *Moxter* (2005b), S. 1012.

481 Positiv ist dabei die Zukunftsorientierung, vgl. *Moxter* (1974), S. 250-252.

482 Vgl. *Wagner* (1994), S. 1184.

483 Vgl. mit Beispiel *Moxter* (1974), S. 248f. Probleme ergeben sich, wenn Unternehmen einem Wandel unterliegen.

chen Leistungen und Aufwendungen künftig zu rechnen ist. Dadurch leidet aber auch die Zuverlässigkeit des Gewinns. Zudem können Periodenleistung und Periodenaufwand Manipulationen unterliegen, die – je nach Intention des Managements – eine günstige oder ungünstige Entwicklung andeuten. Die Objektivierung der Gewinngröße und damit deren Zuverlässigkeit werden durch notwendige Annahmen über künftige durchschnittliche Leistungen und Aufwendungen unterwandert.[484] Damit besteht ein Zielkonflikt zwischen Objektivierung und Einkommensapproximation.[485]

Der Erfolg der vergangenen Periode interessiert nur insoweit, als er dem Investor die Möglichkeit gibt, die eigenen Dispositionen zu kontrollieren und zu überdenken,[486] und zur Korrektur der Entnahmeerwartungen beiträgt. Die Änderungen in den Aufwands- und Ertragsposten müssen hierzu auf ihre Nachhaltigkeit überprüft werden. Das Abstellen auf einen nachhaltigen Gewinn, der im Ist-Zustand als für die Zukunft repräsentativ identifiziert wird, vernachlässigt jedoch zwangsläufig andere, für die Prognose relevante Informationen.[487] Eine ungeprüfte Extrapolation des neodynamischen Gewinns kann daher falsche Ergebnisse zur Entscheidungsfindung hervorrufen. Der neodynamische Gewinn erlaubt im Zeitablauf den Vergleich zweier zukunftsorientierter Entnahmeströme.[488] Der Eigner erhält daher Informationen über Änderungen erwarteter Zahlungsströme. Soll-Ist-Vergleiche sind aber nur bedingt möglich, weil realisierte Gewinne nur im Hinblick auf ihre Nachhaltigkeit geprüft und ausgewiesen werden. Außerordentliche Gewinne finden keine Berücksichtigung. Die Investitionsentscheidung und der Manager können daher nur in Grenzen vom Eigner kontrolliert werden.

3.1.2.3. Ergebnis

Die Diskussion der verschiedenen Gewinnkonzepte im Hinblick auf Rechenschaft und Entscheidungsnützlichkeit der gelieferten Werte zeigt deutlich das Spannungsverhältnis zwischen Relevanz und Zuverlässigkeit auf. Unternehmensspezifische Werte liefern entscheidungsrelevante Informationen, deren Zuverlässigkeit durch die erheblichen Schätzungen unterminiert wird. Die Entscheidungsnützlichkeit von historischen Kosten ist – entgegen der in der Literatur geübten Kritik der Vergangenheitsorientierung – nicht zu unterschätzen, da sie zuverlässig sind und als Ressourcenbestand zur Generierung künftiger Erträge interpretiert werden können. Sowohl der dynamische als auch der neodynamische Gewinn scheinen prädestiniert für den Zweck der Entscheidungsnützlichkeit. Die Objektivierungserfordernisse und damit ein hoher Grad an Zuverlässigkeit gehen aber zu Lasten der Relevanz. Eine Kontrolle der Investitionsentscheidung und des Managers sind bei einer Rechnungslegung zu historischen Kosten sowie zu Wiederbeschaffungs- und Veräußerungswerten möglich, sofern ein getrenn-

---

484 Die Gewinnermittlung ist daher ermessensbehaftet, vgl. *Moxter* (1983), S. 301f.

485 Vgl. *Moxter* (1974), S. 274-276. Einige immaterielle Vermögenswerte tragen z.B. durch Aktivierung zur Einkommensapproximation bei, die Werte sind aber nicht objektiviert ermittelbar.

486 Vgl. *Leffson* (1966), S. 379f., *Coenenberg* (1968), S. 449.

487 Vgl. dazu bereits Abschnitt 2.2.3.2.

488 Vgl. *Moxter* (1974), S. 251.

ter Ausweis realisierter von unrealisierten Gewinnkomponenten erfolgt. Tabelle 3.1 gibt einen Überblick über die Ergebnisse.

Kriterium / Konzept	Relevanz	Zuverlässigkeit	Kontroll-möglichkeit
Effektivvermögen	++	--	--
Wiederbeschaffungswerte	-	0	0
Veräußerungswerte	-	0	0
Unternehmensspezifische Werte	++	--	-
Historische Kosten	+	++	+
Vorsichtige Rechnungslegung	-	+	0
Dynamik	0	0	+
Neodynamik	+	-	-

Tabelle 3.1: Beurteilung der Gewinnkonzepte für die Zwecke der Rechenschaft und der Entscheidungsnützlichkeit (Legende: ++: sehr gut; +: gut; 0: neutral; -: schlecht; --: sehr schlecht)

3.1.3. Modell von *Ohlson*

3.1.3.1. Darstellung

Mit dem von *Ohlson* 1995 entwickelten Modell wurde eine Bewertungsgleichung für den Wert eines Unternehmens geliefert, die auf dem Buchwert des Eigenkapitals, den Residualgewinnen und sonstiger Information außerhalb der Rechnungslegung zum Bewertungszeitpunkt gründet.[489] Darauf aufbauend teilt ein strukturgleiches Modell die Gewinngröße in zwei verschiedene Komponenten, die als Kern- und transitorische Gewinne bezeichnet werden:[490]

(1.1) $x_t = x_{1,t} + x_{2,t}$

mit x_t = gesamter Gewinn in Periode t;

$x_{1,t}$ = Kerngewinne (*core earnings*) in Periode t;

$x_{2,t}$ = transitorische Gewinne (*transitory earnings*) in Periode t.

Die Analyse fokussiert auf die Frage, unter welchen Bedingungen eine Gewinnkomponente für die Bestimmung des Unternehmenswerts irrelevant ist. Diese Komponente

489 Vgl. *Ohlson* (1995).

490 Vgl. *Ohlson* (1999a), S. 147. Aus Gründen der Vereinheitlichung wurden die Symbole in dieser Arbeit angepasst.

wird unter den Begriff transitorische Gewinne subsumiert und von *Ohlson* definiert als:[491]

(i) nicht prognostizierbare Gewinne (Unvorhersehbarkeit, *unpredictability*);
(ii) Gewinne der aktuellen Periode, die keinen Einfluss auf die Prognose künftiger Gewinne haben (Prognoseirrelevanz, *forecasting irrelevance*);
(iii) Gewinne, die für die Ermittlung des Unternehmenswertes irrelevant sind (Wertirrelevanz, *value irrelevance*).[492]

Ohlson geht von den folgenden Annahmen aus.[493] Erstens folgt die Bewertung dem Dividendendiskontierungsmodell. Danach ergibt sich der Wert eines Unternehmens aus den diskontierten erwarteten Dividenden:

$$(1.2)\quad P_t = \sum_{\tau=1}^{\infty}(1+r)^{-\tau} E_t[\tilde{d}_{t+\tau} | \tilde{z}_t] = \sum_{\tau=1}^{\infty} R^{-\tau} E_t[\tilde{d}_{t+\tau}]$$

mit P_t = Preis (Marktwert) zum Zeitpunkt t;
r = Eigenkapitalkosten;
d_t = Nettodividenden[494], gezahlt zum Zeitpunkt t;
$E_t[\cdot|\tilde{z}_t]$ = Erwartungswert bedingt auf die Information zum Zeitpunkt t mit $\tilde{z}_t \equiv (\tilde{b}_t, b_{t-1}, \tilde{x}_{1,t}, \tilde{x}_{2,t}, \tilde{d}_t)$ und b_t = Buchwert in t.

Zweitens gilt das Kongruenzprinzip:[495]

$$(1.3)\quad x_t = x_{1,t} + x_{2,t} = b_t + d_t - b_{t-1}.$$

Das Rechnungslegungssystem wird als gegeben vorausgesetzt. Es wird angenommen, dass die Zahlung von Dividenden den Buchwert des Eigenkapitals in gleicher Höhe mindert, sich aber auf den Gewinn der Periode nicht auswirkt:[496]

---

491 Vgl. *Ohlson* (1999a), S. 145. Kerngewinne werden damit negativ abgegrenzt als der Gewinnbestandteil, der nicht transitorisch ist. Als Beispiel für transitorische Gewinne nennt *Ohlson* (1999a), S. 146, unrealisierte Gewinne und Verluste bei bestimmten marktgängigen Wertpapieren. Vgl. zu einem Überblick über die Forschung im Bereich transitorischer Gewinne *Kothari* (2001), S. 132-135.

492 Die drei Attribute sind nicht überschneidungsfrei. Z.B. können Gewinne, die nicht prognostizierbar sind, auch nicht in der Ermittlung des Unternehmenswertes berücksichtigt werden.

493 Zu den Annahmen vgl. *Ohlson* (1999a), S. 148.

494 Es handelt sich um die Differenz von Kapitalein- und Kapitalauszahlungen; d_t kann damit positiv oder negativ sein, vgl. *Ohlson* (1999a), S. 147, *Ohlson* (1995), S. 666.

495 Auch im Rahmen des Kongruenzprinzips kann d_t sowohl eine (Netto-)Kapitalauszahlung vom Unternehmen an den Eigner als auch eine (Netto-)Kapitaleinzahlung vom Eigner an das Unternehmen darstellen. Vgl. auch *Deller* (2002), S. 12 Fn. 34.

496 Vgl. *Ohlson* (1999a), S. 148. *Ohlson* verweist öfter darauf, dass das Dividendenirrelevanztheorem, das auf *Modgliani/Miller* (1958) und *Miller/Modigliani* (1967) zurückgeht, im Modell gilt.

$$\frac{\partial b_t}{\partial d_t} = -1; \quad \frac{\partial x_t}{\partial d_t} = 0.$$

Aus den Gleichungen (1.2) und (1.3) lässt sich das Residualgewinnmodell ableiten, wonach sich der Marktwert eines Unternehmens in *t* aus dem Buchwert des Eigenkapitals in *t* und den diskontierten Residualgewinnen künftiger Perioden, die als Geschäfts- oder Firmenwert interpretiert werden können, zusammensetzt:[497]

(1.4) $\tilde{P}_t = b_t + \sum_{\tau=1}^{\infty} R^{-\tau} E_t[\tilde{x}^a_{t+\tau}]$

mit $\tilde{x}^a_t \equiv \tilde{x}_t - rb_{t-1}$ = Residualgewinn in *t*.

Die dritte Annahme modelliert die künftigen Residualgewinne und die künftigen transitorischen Gewinne. Zugrunde gelegt wird die lineare Informationsdynamik:

(1.5) $\tilde{x}^a_{t+1} = \omega_{11} x^a_t + \omega_{12} x_{2,t} + \tilde{\varepsilon}_{1,t+1}$;

(1.6) $\tilde{x}_{2,t+1} = \omega_{22} x_{2,t} + \tilde{\varepsilon}_{2,t+1}$

mit $\omega_{11}, \omega_{12}, \omega_{21}, \omega_{22}$ = Beständigkeitsparameter der jeweiligen Größe;[498]

$\tilde{\varepsilon}_{1,t+1}, \tilde{\varepsilon}_{2,t+1}$ = Störterme mit einem Erwartungswert von Null.[499]

Die Gleichungen (1.5) und (1.6) beschreiben autoregressive Prozesse erster Ordnung zur Bestimmung von Residual- und transitorischen Gewinnen. Der Residualgewinn hängt von dem Residualgewinn und dem transitorischen Gewinn der vergangenen Periode sowie einem Störterm ab. Der transitorische Gewinn ist unabhängig von den Kerngewinnen und dem Buchwert des Eigenkapitals, wird jedoch vom transitorischen Gewinn der vergangenen Periode und einem Störterm beeinflusst.

Unvorhersehbarkeit einer Gewinnkomponente bedingt, dass die Größe rein zufällig ist und nicht von Größen der vergangenen Periode abhängt. Bei den transitorischen Gewinnen ist die Unvorhersehbarkeit dann gegeben, wenn ω_{22}= 0 ist.[500] Damit bestimmt allein der Störterm $\tilde{\varepsilon}_{2,t+1}$ die Höhe des transitorischen Gewinns.

---

497 Als zusätzliche Bedingung, um auf Gleichung (1.4) zu gelangen, muss gelten: $R^{-\tau} E_t[\tilde{b}_{t+\tau}] \rightarrow 0$ für $\tau \rightarrow \infty$. Die Buchwerte wachsen langfristig mit einem Wert kleiner als (1+*r*), so dass der Barwert der Buchwerte gegen Null konvergiert. Wäre diese Bedingung nicht erfüllt, ließe sich kein endlicher Unternehmenswert berechnen. Vgl. *Ohlson* (1995), S. 667, *Prokop* (2003), S. 150.

498 Die Beständigkeitsparameter werden im Modell nicht beschränkt. Analog zu *Ohlson* (1995), S. 668, wird auf einen Wertebereich zwischen 0 und 1 geschlossen. Für Beständigkeitsparameter größer 1 würden die Residualgewinne ins Unermessliche wachsen. Wären die Parameter kleiner 1, hätten sie einen negativen Einfluss auf künftige Residualgewinne. Beides scheint nicht sinnvoll.

499 Über die Störterme wird neben deren Erwartungswert keine weitere Aussage getroffen.

500 Vgl. *Ohlson* (1999a), S. 148.

Für die Prognose der Residualgewinne sind nach Gleichung (1.5) die Residualgewinne der laufenden Periode und die transitorischen Gewinne relevant. Setzt man $\omega_{11}+\omega_{12} = 0$, so ergibt sich für den Erwartungswert des Residualgewinns mit $x^a_{1,t} \equiv x_{1,t} - rb_{t-1}$:[501]

(1.7) $E_t[\tilde{x}^a_{t+1}] = \omega_{11}x^a_t + \omega_{12}x_{2,t} = \omega_{11}(x_{1,t} + x_{2,t} - rb_{t-1}) - \omega_{11}x_{2,t}$;

(1.8) $E_t[\tilde{x}^a_{t+1}] = \omega_{11}(x_{1,t} - rb_{t-1}) = \omega_{11}x^a_{1,t}$.

Für den Erwartungswert des Gesamtgewinns resultiert:

(1.9) $E_t[\tilde{x}_{t+1}] = rb_{t-1} + \omega_{11}(\tilde{x}_{1,t} - rb_{t-1}) = rb_{t-1} + \omega_{11}\tilde{x}^a_{1,t}$;

(1.10) $x_{2,t} - d_t = x_{1,t} + b_t - b_{t-1}$.

Die in den Residualgewinnen enthaltenen transitorischen Gewinne werden damit für die Prognose künftiger (Residual-)Gewinne irrelevant. Transitorische Gewinne haben unter der Bedingung $\omega_{11}+\omega_{12} = 0$ den gleichen Effekt auf die erwarteten Gewinne der nächsten Periode wie „negative" Dividenden:[502]

$$\frac{\partial b_t}{\partial d_t} = -1; \qquad \frac{\partial b_t}{\partial x_{2,t}} = 1; \qquad \frac{\partial E_t[\tilde{x}_{t+1}]}{\partial d_t} = -r; \qquad \frac{\partial E_t[\tilde{x}_{t+1}]}{\partial x_{2,t}} = r.$$

Die transitorischen Gewinne haben dann keine Auswirkungen auf die erwarteten Gewinne, wenn sie als Dividenden ausgeschüttet werden. Werden sie nicht ausgeschüttet, erhöhen sie den Buchwert des Eigenkapitals und fließen so in den Gewinn ein. Die Kenntnis von $(x_{1,t}, b_t, b_{t-1})$ reicht für die Prognose künftiger Gewinne aus. Der Term $(x_{2,t} - d_t)$ kann gemäß Gleichung (1.10) als Restgröße ohne Informationsverlust zusammengefasst werden.

Wertirrelvanz transitorischer Gewinne kann ähnlich wie Prognoseirrelevanz modelliert werden. Als Bewertungsgleichung ergibt sich aus dem Residualgewinnmodell:[503]

---

501 Vgl. *Ohlson* (1999a), S. 149f. *Ohlson* (1999a), S. 149f., unterscheidet vier Fälle, in denen die transitorischen Gewinne unter bestimmten Bedingungen jeweils mit einer weiteren Größe aus z_t ohne Informationsverlust zur Prognose künftiger Gewinne zusammengefasst werden können. Die übrigen Fälle werden ausgeblendet, da sie von untergeordneter Bedeutung für diese Arbeit sind.

502 Vgl. *Ohlson* (1999a), S. 150. „Negative" Dividenden entsprechen einer Kapitaleinzahlung. $x_{1,t}$ und b_t sowie entweder d_t oder $x_{2,t}$ werden konstant gehalten und jeweils $x_{2,t}$ oder d_t variiert. Erhöht man die Dividende um eine Geldeinheit, so reduzieren sich der Buchwert in t um eine Geldeinheit und die erwarteten Gewinne um r Geldeinheiten. Eine zusätzliche Geldeinheit der transitorischen Gewinne erhöht den Buchwert in t um eine Geldeinheit und damit auch die erwarteten Gewinne der Folgeperiode um r Geldeinheiten. Dies ist aus Gleichung (1.9) ersichtlich.

503 Vgl. *Ohlson* (1999a), S. 150f. Die Herleitung von α_1 und α_2 entspricht jener im Modell von *Ohlson* (1995), S. 669, 682.

(1.11) $P_t = b_t + \alpha_1 x_t^a + \alpha_2 x_{2,t}$

mit $\alpha_1 = \frac{\omega_{11}}{R - \omega_{11}}; \alpha_2 = \frac{\omega_{12} R}{(R - \omega_{11})(R - \omega_{22})}$.

Unter der Bedingung $\alpha_1 + \alpha_2 = 0$ liegt Wertirrelevanz transitorischer Gewinne vor:

(1.12) $P_t = b_t + \alpha_1 x_{1,t} - \alpha_1 r b_{t-1} = b_t + \alpha_1 x_{1,t}^a$.

Core abnormal earnings allein bestimmen den Geschäfts- oder Firmenwert und nicht eine Kombination aus *core abnormal earnings* und transitorischen Gewinnen. Transitorische Gewinne können auch hier als „negative“ Dividenden interpretiert werden:

$$\frac{\partial P_t}{\partial d_t} = -1; \quad \frac{\partial P_t}{\partial x_{2,t}} = 1.$$

Damit sind die drei Attribute transitorischer Gewinne formalisiert:[504]

(i)	Unvorhersehbarkeit:	$\omega_{22} = 0$;
(ii)	Prognoseirrelevanz:	$\omega_{11} + \omega_{12} = 0$;
(iii)	Wertirrelevanz:	$\alpha_1 + \alpha_2 = 0$.

Gelten jeweils zwei der drei Bedingungen, so gilt (zwingend) auch die dritte Bedingung. Dies kann leicht durch Einsetzen gezeigt werden. Gilt aber nur eine der drei Bedingungen, impliziert dies nicht die Gültigkeit der beiden anderen Bedingungen.

Im nächsten Schritt wird das Modell um die Möglichkeit erweitert, dass auch andere Informationen außer der Rechnungslegung in die Bestimmung des Marktwertes und in die Prognose künftiger Gewinne einfließen.[505] Diese werden als zusätzliche Variable in den autoregressiven Prozessen berücksichtigt und selbst in einem autoregressiven Prozess modelliert. Die Bewertungsgleichung lautet dann:

(1.13) $P_t = b_t + \alpha_1 x_t^a + \alpha_2 x_{2,t} + \delta v_t$

mit δ = n-dimensionaler Vektor, mit n festen Konstanten;
v_t = andere Information zum Zeitpunkt t.

---

[504] Vgl. hierzu und im Folgenden *Ohlson* (1999a), S. 151.
[505] Vgl. hierzu und im Folgenden ausführlich *Ohlson* (1999a), S. 155-157.

α_1 und α_2 behalten ihre ursprüngliche Gestalt, der Vektor δ hängt von ω_{11}, ω_{12} und ω_{22} sowie weiteren Variablen ab. An den oben aufgeführten Kernaussagen ändert sich im Rahmen des Modells nichts.[506]

3.1.3.2. Würdigung

Ohlson kommt das Verdienst zu, erstmals ein formal robustes Ergebnis für die Wertirrelevanz transitorischer Gewinne herzuleiten.[507] Bisher wurden die im Modell aufgezeigten Zusammenhänge in empirischen Studien angenommen.[508] Daher erweisen sich die Ergebnisse als wenig überraschend. Vorteilhaft ist die Gültigkeit der Dividendenirrelevanz nach *Modigliani/Miller*, weil für die Bewertung des Unternehmens keine Annahmen über die Ausschüttungspolitik zu treffen sind.[509] Durch die Einführung der linearen Informationsdynamik und der autoregressiven Prozesse erster Ordnung sind keine Prognosen über künftige Gewinne sowie künftige Buchwerte des Eigenkapitals und damit über künftige Dividenden erforderlich.[510]

Die Ergebnisse des Modells setzen die Gültigkeit des Dividendendiskontierungsmodells, des Kongruenzprinzips und der linearen Informationsdynamik voraus. Über den Zinssatz r wird keine Aussage getroffen. Das Modell von 1995 legt Risikoneutralität und damit r als risikolosen Zins zugrunde.[511] In der Theorie der Unternehmensbewertung geht man jedoch üblicherweise von Risikoaversion aus. Dazu werden im Modell von 1995 verschiedene Möglichkeiten der Berücksichtigung diskutiert.[512] Ähnliche Überlegungen lassen sich für das vorliegende Modell vornehmen. Der risikolose Zinsfuss r könnte um eine Risikoprämie, die z.B. aus dem CAPM[513] gewonnen wird, erweitert werden.[514] Eine andere Möglichkeit wäre die Anpassung des Zählers auf ein Sicherheitsäquivalent. Beide Möglichkeiten können in das Modell integriert werden. Die Kernaussagen bleiben davon unberührt.[515]

---

506 Eine zweite Erweiterung betrachtet die Entlohnung von Managern bei Existenz von transitorischen Gewinnen. Auf diese soll jedoch nicht näher eingegangen werden, da sie für die hier betrachtete Problemstellung der Wertrelevanz von untergeordneter Bedeutung sind. Vgl. ausführlich *Ohlson* (1999a), S. 157-159.

507 Vgl. *Beaver* (1999), S. 166, zu einer umfassenden Kritik am *Ohlson*-Modell 1995 *Lo/Lys* (2000).

508 Vgl. *Beaver* (1999), S. 164.

509 Die Dividendenirrelevanz ergibt sich dadurch, dass das Modell gleichzeitig die *Modigliani/Miller*-Annahmen der neoklassischen Theorie erfüllt, vgl. *Ohlson* (1999a), S. 146, ähnlich *Lo/Lys* (2000), S. 348f., *Stromann* (2003), S. 39.

510 Damit ist das Dividendenirrelevanztheorem von *Miller/Modigliani* (1967) erfüllt, vgl. *Van Cauwenberge/De Beelde* (2005), S. 19.

511 Vgl. *Ohlson* (1995), S. 664. Eine Erweiterung um stochastische Zinssätze nimmt das Modell von *Feltham/Ohlson* (1999) vor.

512 Vgl. *Ohlson* (1995), S. 679-681.

513 Vgl. zu einem Überblick über das CAPM und dessen Erweiterungen *Rudolph* (1979).

514 Vgl. hierzu und im Folgenden *Ohlson* (1995), S. 680. Es handelt sich um ein marktorientiertes, kein individuelles Sicherheitsäquivalent.

515 Vgl. *Ohlson* (1995), S. 680f., *Stark* (1997), S. 224 Fn. 9. Wahrscheinlich wurde deshalb im Modell von *Ohlson* (1999a) auf eine Spezifizierung der Risikoeinstellung verzichtet.

In der linearen Informationsdynamik liegt der Schlüssel der Bewertung.[516] Sie erklärt die Entwicklung der Residualgewinne und die Faktoren für deren Schätzung. Die Gewinne werden in einem autoregressiven Prozess erster Ordnung modelliert, hängen damit nur von Größen der vergangenen Perioden ab und werden nicht von weiter zurückliegenden Realisationen beeinflusst.[517] Möglicherweise sind aber nicht Gewinne einer, sondern mehrerer Perioden zu berücksichtigen, was die Komplexität des Modells erhöht.[518] Zu prüfen ist auch, ob die Größen in einem linearen Verhältnis zueinander stehen oder andere Zusammenhänge gelten.[519] In empirischen Studien konnte ein linearer Zusammenhang nur begrenzt nachgewiesen werden.[520]

Der Vorteil des geschlossenen Modells mit robusten Ergebnissen geht zu Lasten einer zwar einfachen, aber restriktiven Verarbeitung von Informationen.[521] Für die Bewertung des Unternehmens sind Überlegungen zur zukünftigen Entwicklung nicht nötig. Die vergangenheitsbezogenen Daten werden relativ undifferenziert in das Modell eingeflochten; nur die Gewinnkomponente wird unterteilt. Aussagen über das zugrunde liegende Rechnungslegungssystem werden nicht getroffen. Dies hat den Vorteil, dass das Modell unabhängig vom jeweiligen System gilt, lässt aber umgekehrt nur in Grenzen eine Bewertung von Handlungsalternativen (z.B. *fair values* vs. historische Kosten) zu. Die Beständigkeitsparameter sind in ihrer Höhe fest. Durch sie kann die Bedeutung der jeweiligen Größe berücksichtigt werden.[522] Im Modell findet sich jedoch keine Aussage darüber, wie sie zu ermitteln sind. Eine Anpassung im Zeitablauf, sei es als Korrektur der Parameter aufgrund besserer Schätzungen oder als Folge einer sich ändernden Umwelt, ist nicht vorgesehen.

Die Implikationen des Modells sind vielschichtig. Für die empirische Kapitalmarktforschung kann es als Ausgangspunkt für die Preisbildung an Kapitalmärkten heranzogen werden.[523] Nullhypothesen lassen sich für Unvorhersehbarkeit, Prognoseirrelevanz und Wertirrelevanz formulieren und testen. Dies ermöglicht es zu beurteilen, ob eine Zerlegung in verschiedene Gewinnkomponenten sinnvoll ist oder unterbleiben kann.[524] Für Standardsetter tragen die Ergebnisse des Modells zur Gestaltung einer Gewinn- und Verlustrechnung bei.[525] Können transitorische Gewinne identifiziert werden, sollten die Regelungen eine entsprechende Trennung von den Kerngewinnen vorsehen. Dadurch werden dem Adressaten die Bilanzanalyse und die Beurteilung der Ertragslage des Unternehmens erleichtert.

---

516 Vgl. auch *Ballwieser* (2004b), S. 62.

517 Vgl. z.B. *Franke/Härdle/Hafner* (2001), S. 147.

518 Vgl. z.B. *Stark* (1997), S. 220 Fn. 3.

519 *Biddle/Chen/Zhang* (2000) untersuchen z.B. einen nicht-linearen Zusammenhang von Residualgewinnen.

520 Vgl. z.B. *Dechow/Hutton/Sloan* (1999), *Hand/Landsman* (1999), *Myers* (1999).

521 Vgl. im Zusammenhang mit dem Modell von *Ohlson* (1995) *Prokop* (2003), S. 176.

522 Vgl. *Prokop* (2003), S. 176.

523 Vgl. *Beaver* (1999), S. 166.

524 Für einen Überblick über die Ergebnisse empirischer Studien vgl. Abschnitt 3.1.5.

525 Vgl. *Beaver* (1999), S. 166.

3.1.4. Ergebnisse weiterer Modelle

Stark entwickelt 1997 aufbauend auf *Ohlson*[526] ein Modell, das Bedingungen formuliert, unter denen eine Gewinnkomponente keine Relevanz für die Prognose künftiger Gewinne hat.[527] Im Unterschied zu *Ohlson* (1999a) werden neben den Gewinnkomponenten auch der Buchwert des Eigenkapitals und die Dividenden[528] einem stochastischen Prozess unterworfen. Inhaltlich wird dies damit begründet, dass auch die anderen Rechnungslegungsgrößen dem Zufall unterliegen. Allerdings beschränkt das Kongruenzprinzip die Zusammenhänge der einzelnen Komponenten zueinander.[529] Wie bei *Ohlson* (1999a) ist die Gewinnkomponente nicht prognoserelevant, wenn sie sich in keinem der stochastischen Prozesse als unabhängige Variable wieder findet.[530] Von der Prognoseirrelevanz wird auf die Wertirrelevanz geschlossen. Die transitorische Gewinnkomponente erscheint lediglich als Teil des Buchwerts des Eigenkapitals in den Folgejahren. Im Unterschied zu *Ohlson* (1999a) ist diese Gewinnkomponente aber vorhersehbar, weil ihre Prognose von den Kerngewinnen, dem Buchwert des Eigenkapitals und den Dividenden abhängt.

Pope und *Wang* bauen auf dem Modell von *Stark* auf.[531] Ziel der Untersuchung ist es, den Zusammenhang zwischen Wertirrelevanz und Prognoseirrelevanz herauszuarbeiten.[532] *Pope/Wang* unterscheiden drei Fälle, in denen jeweils zwei Größen aus $z_t \equiv (b_t, b_{t-1}, x_{1t}, x_{2t}, d_t)$ ohne Informationsverlust zusammengefasst werden können.[533] Für den Fall der Zusammenfassung von Dividenden und einer Gewinnkomponente $(d_t - x_{2,t})$ zeigen *Pope/Wang*, dass aus der Prognoseirrelevanz von transitorischen Gewinnen auch deren Wertirrelevanz folgt.[534] Umgekehrt kann aus der Wertirrelevanz der transitorischen Gewinne nicht auf deren Prognoseirrelevanz geschlossen werden, da sie direkt und indirekt (über die Prognose der anderen Größen aus z_t) in die Prognose der Residualgewinne einfließen. Um die Prognoseirrelevanz zu gewährleisten, sind aufgrund der allgemeineren Formulierung des Modells und der mehrperiodigen Betrachtung weitere Restriktionen nötig.[535] Zusätzlich können *Pope/Wang* in ihrem Modell nachweisen, dass die transitorischen Gewinne prognose- und wertirrelevant, zugleich aber – im Unterschied zu *Ohlson* (1999a) – vorhersehbar sind. Grund ist, dass

---

526 Vgl. *Ohlson* (1989).

527 Vgl. *Stark* (1997). Ausgangspunkte sind das Kongruenzprinzip, die lineare Informationsdynamik und die Dividendenirrelevanz von *Miller/Modigliani*, vgl. *Stark* (1997), S. 222.

528 Die Dividenden im Modell von *Stark* (1997), S. 221, sind ebenfalls als Nettogröße aus Kapitalein- und Kapitalauszahlungen definiert.

529 Vgl. *Stark* (1997), S. 222. Auf diese soll hier nicht näher eingegangen werden, da sie für die Argumentation von untergeordneter Bedeutung sind.

530 Vgl. *Stark* (1997), S. 223f.

531 Vgl. *Pope/Wang* (2000). Kern- und transitorische Gewinne, Buchwert des Eigenkapitals und Dividenden werden in einem stochastischen Prozess modelliert, vgl. *Pope/Wang* (2000), S. 4.

532 Vgl. *Pope/Wang* (2000), S. 1f.

533 Vgl. *Pope/Wang* (2000), S. 7-10.

534 Vgl. *Pope/Wang* (2000), S. 16f.

535 Vgl. *Pope/Wang* (2000), S. 17. *Ohlson* (1999a) sichert mehrperiodige Wertirrelevanz der transitorischen Gewinne dadurch, dass diese nicht in die Prognose anderer Größen einfließen.

die Prognose nicht nur von den transitorischen Gewinnen, sondern auch vom Buchwert des Eigenkapitals, den Dividenden und der anderen Gewinnkomponente abhängt.[536]

Die analytischen Arbeiten zeigen die theoretischen Bedingungen für die Wertirrelevanz einer Gewinnkomponente auf, die sich aufgrund der unterschiedlichen Formulierung der autoregressiven Prozesse verschieden gestalten. Insgesamt ist festzustellen, dass Prognose- und Wertirrelevanz eng zusammenhängen. Durch wenige, aber restriktive Bedingungen ist die Reichweite der Modelle eingeschränkt. Da die Wertrelevanz v.a. ein Gebiet der empirischen Kapitalmarktforschung darstellt, können die Modelle als theoretische Grundlage für Hypothesentests herangezogen werden.

3.1.5. Empirische Befunde

Viele Studien im Bereich der Wertrelevanz beschäftigen sich mit dem Zusammenhang zwischen *fair values* von Finanzinstrumenten und Aktienkursen. Sie untersuchen größtenteils, inwiefern *fair values* gegenüber historischen Kosten einen höheren Erklärungsgehalt für den Marktpreis von Unternehmen haben (sog. *incremental information content*[537]). Tabelle 3.2 gibt – ohne Anspruch auf Vollständigkeit – einen chronologischen Überblick über wesentliche Studien und deren Ergebnisse.

Autor(en)	Forschungsfrage	Stichprobe, Zeitraum	Wesentliche Ergebnisse
Barth (1994)	Zusammenhang von Aktienkurs und Offenlegung von *fair values* im Vergleich zu historischen Kosten für *investment securities* und zugehörige Gewinne, Berücksichtigung der Kriterien Relevanz und Zuverlässigkeit, SFAS 107	Alle verfügbaren Abschlüsse (Compustat), 1971-1990	Erklärungskraft für den Marktwert des Eigenkapitals durch zusätzliche Angabe von *fair values* über historische Kosten hinaus; umgekehrt: keine zusätzliche Erklärungskraft für historische Kosten; keine Wertrelevanz zugehöriger Gewinne und Verluste
Ahmed/ Takeda (1995)	Zusammenhang zwischen Marktwert des Eigenkapitals und realisierten und unrealisierten Gewinnen von *investment securities* bei Banken	152 *bank holding companies*, 1986-1991 (Quartalsbetrachtung)	Signifikanter Zusammenhang zwischen Änderungen von *fair values* und Marktpreis des Eigenkapitals
Bernard/ Merton/ Palepu (1995)	Wertrelevanz einer *fair value*-Bilanzierung im Unterschied zu historischen Kosten am Beispiel von Einlagensicherungen bei dänischen Banken	71 börsennotierte Banken, 131 Sparkassen, 1976-1989	Kein Indiz für Manipulationen von *fair values* durch das Management; keine Aussage über Managen des Systems zur Vermeidung staatlicher Eingriffe möglich; *fair values* gegenüber historischen Kosten als zuverlässigere Indikatoren für Marktwerte, aber volatilere Gewinne

536 Vgl. *Pope/Wang* (2000), S. 18.

537 Vgl. zu einer analytischen Untersuchung von *incremental* und *relative information content* und daraus resultierende Implikationen für empirische Studien *Biddle/Seow/Siegel* (1995).

Autor(en)	Forschungsfrage	Stichprobe, Zeitraum	Wesentliche Ergebnisse
Petroni/ Wahlen (1995)	Zusammenhang zwischen Aktienkursen und *fair values* von *equity* sowie *fixed maturity debt securities* bei Sach- und Haftpflichtversicherern	56 Versicherungsunternehmen, 1985-1991	Kein signifikanter Zusammenhang außer für US *treasury securities*
Barth/ Beaver/ Landsman (1996)	Zusammenhang zwischen Marktwert des Eigenkapitals und *fair values*, die nach SFAS 107 offen gelegt werden	136 Banken, 1992-1993	Signifikanter Zusammenhang von *fair values* und Marktwert des Eigenkapitals für *loans*, *securities* und *long-term debt*
Beatty/ Chamberlain/ Magliolo (1996)	Kursreaktionen durch die erstmalige Anwendung von SFAS 115 bei Banken und Versicherungen	195 Banken, 94 Versicherungen, 1990-1993	Unterscheidung zwischen Ansatz oder Anhangsangabe von unrealisierten Gewinnen und Verlusten bei *fair value*-Bilanzierung relevant für Banken, nicht für Versicherungen
Eccher/ Ramesh/ Thiasgarajan (1996)	Zusammenhang zwischen Marktwert des Eigenkapitals und *fair values*, die nach SFAS 107 offen gelegt werden	296 *bank holding companies* in 1992, 328 in 1993	Höherer Erklärungsgehalt des *fair value* nur für *investment securities*, für die übrigen Finanzinstrumente keine Aussage möglich
Nelson (1996)	Zusammenhang zwischen Marktwert des Eigenkapitals und *fair values*, die nach SFAS 107 offen gelegt werden	200 größte *bank holding companies*, 1992-1993	Bei *investment securities* höherer Erklärungsgehalt von *fair values*, für die übrigen Finanzinstrumente keine Aussage möglich
Venkatachalam (1996)	Zusammenhang zwischen dem Marktwert des Eigenkapitals und den Angabepflichten von *fair values* nicht bilanzierter Finanzderivate, SFAS 119	99 Banken, 1993-1994	Erklärungskraft der *fair value*-Angaben für den Marktwert des Eigenkapitals
Wampler/ Posey (1996)	Zusammenhang zwischen *fair values* für *loans* nach SFAS 107 und Marktwert des Eigenkapitals	Banken, 1992-1993	Kein signifikanter Zusammenhang
Park/Park/ Ro (1999)	Zusammenhang zwischen der Differenz von Marktwert und Buchwert des Eigenkapitals und der Differenz von *fair value* und historisch basierten Werten für *available for sale* und *held to maturity investments*	Banken	Für *available for sale* und *held to maturity investments* Erklärungskraft der Differenzen für den Marktwert des Eigenkapitals; bei *available for sale investments* noch aussagekräftiger
Simko (1999)	Zusammenhang zwischen Marktwert des Eigenkapitals und *fair values*, die nach SFAS 107 offen gelegt werden (unter Berücksichtigung von Firmenspezifika und Untersuchungszeitraum)	Unternehmen außerhalb des Finanzsektors, 1992-1995	Signifikanter Zusammenhang von *fair values* und Marktwert des Eigenkapitals für *financial liabilities*, nicht für *financial assets*
Jaggi/ Zhao (2002)	Vergleich des Informationsgehalts von Gewinnen und Gewinnkomponenten (realisiert/nicht realisiert) vor und nach Einführung von SFAS 115 bei *commercial banks*	66 US *commercial banks* (Company Analysis, FT-Da-	Höherer Informationsgehalt der Gewinnkomponenten nach Einführung von SFAS 115

Autor(en)	Forschungsfrage	Stichprobe, Zeitraum	Wesentliche Ergebnisse
		tenbank), 1991-1993, 1994-1996	
Penman/ Zhang (2002)	Zusammenhang zwischen Investitionsentscheidungen und der Qualität von Gewinnen als Indikator für die Ertragslage eines Unternehmens bei vorsichtiger Rechnungslegung	38.540 Beobachtungen für den Grad an Vorsicht, 29.796 Beobachtungen für die Qualität von Gewinnen, 1975-1997	Qualität von Gewinnen auf Basis vorsichtiger Rechnungslegung gering
Seow/Tam (2002)	Wertrelevanz der zusätzlichen Offenlegung von Informationen (*fair values*, realisierte/unrealisierte Gewinne etc.) nach SFAS 105, 107 und 119	35 an der NYSE notierte Banken (EDGAR, Compustat), 1990-1996	Informationsgehalt für zusätzlich veröffentlichte Informationen, die bislang nicht in Gewinnen und im Beta verarbeitet sind; kein Hinweis auf die Notwendigkeit eines separaten Ausweises von Gewinnen aus *fair value*-Änderungen
Graham/ Lefanowicz/Petroni (2003)	Zusammenhang zwischen Aktienkurs und *fair value*-Angaben	172 Geschäftsjahre, 1993-1997	Zusätzlicher Informationsgehalt von *fair values* über Buchwert und Gewinn hinaus
Khurana/ Kim (2003)	Erklärungskraft von *fair values* oder historischen Kosten für den Marktwert des Eigenkapitals, SFAS 107, 115, Berücksichtigung verschiedener Einflussgrößen	302 *bank holding companies*, 1995-1998	Keine höhere Erklärungskraft von *fair values* oder historischen Kosten für den Marktwert des Eigenkapitals; höhere Erklärungskraft von historischen Kosten bei kleinen Unternehmen ohne *information environment*; *fair value* bei *available for sale*-Wertpapieren informativer

Tabelle 3.2: Überblick über Studien zur Wertrelevanz von fair values und deren Ergebnisse

Die empirischen Studien können nicht zeigen, dass dem *fair value* gegenüber historischen Kosten uneingeschränkt ein höherer Erklärungsgehalt für den Marktwert des Eigenkapitals beizumessen ist. Die Ergebnisse sind uneinheitlich. Während die Studien von *Barth* (1994), *Ahmed/Takeda* (1995), *Eccher/Ramesh/Thiasgarajan* (1996) und *Nelson* (1996) beim *fair value* im Vergleich zu historischen Kosten eine höhere Erklärungskraft für den Marktwert des Eigenkapitals bei Anlagepapieren (*investment securities*) konstatieren, kann ein solcher Zusammenhang für die übrigen Finanzinstrumente zumeist nicht nachgewiesen werden. *Khurana/Kim* (2003) können im Gegensatz zu *Graham/Lefanowicz/Petroni* (2003) eine höhere Erklärungskraft des *fair value* für den Marktwert des Eigenkapitals nicht bestätigen. Eine generelle Überlegenheit von *fair values* kann aus empirischer Sicht nicht attestiert werden.[538]

[538] Vgl. auch *Böcking/Lopatta/Rausch* (2005), S. 99.

Neben der Untersuchung des Erklärungsgehalts von *fair values* und historischen Kosten für den Marktwert des Eigenkapitals existiert eine Reihe von Studien, die sich mit der Wertrelevanz verschiedener Gewinngrößen befassen. *Obinata* gibt einen Überblick über Konzept und Relevanz von Gewinnen und beschäftigt sich in einem Abschnitt mit der Wertrelevanz von *net income* und *comprehensive income*.[539] In der vorliegenden Arbeit werden die Studien gebündelt, die die Wertrelevanz verschiedener Gewinngrößen vergleichen. Diese werden bei *Obinata* nur am Rande betrachtet, der vertieft auf die Studien zur Wertrelevanz verschiedener Komponenten des *other comprehensive income* eingeht. Tabelle 3.3 geht daher deutlich über die Darstellung bei *Obinata* hinaus und bündelt die wesentlichen Studien und ihre Ergebnisse chronologisch geordnet.

Autor(en)	**Forschungsfrage**	**Stichprobe, Zeitraum**	**Wesentliche Ergebnisse**
Lipe (1986)	Zusammenhang verschiedener Gewinngrößen und Aktienrenditen; Wertrelevanz verschiedener Gewinnkomponenten über *net income* hinaus	81 Unternehmen (Compustat), 1947-1980	Erklärung von Schwankungen in Aktienrenditen durch zusätzlich offen gelegte Informationen über die Gewinnkomponenten; Gewinnzerlegung sinnvoll
Amir/ Harris/ Venuti (1993)	Vergleich von nach US-GAAP und nicht nach US-GAAP ermittelten Gewinnen in Bezug auf die Wertrelevanz der Differenzen zwischen US-GAAP- und nicht US-GAAP-Gewinnen als Ganzes und in einzelne Komponenten zerlegt	431 Unternehmen aus verschiedenen Ländern, 1981-1991	Nachweis der Wertrelevanz der Differenzen vom Übergang auf US-GAAP-Gewinne; Goodwill, Neubewertungen aus Vermögenswerten und steuerliche Anpassungen als einzelne Komponenten wertrelevant
Cheng/ Cheung/ Gopalakrishnan (1993)	Vergleich der Wertrelevanz von *operating income*, *net income* und *comprehensive income*	Durchschnittlich 922 Unternehmen, 1972-1989	Dominanz von *operating income* und *net income* bzgl. Informationswert; kein Informationswert des *other comprehensive income*
Parkash (1995)	Informationsgehalt von unterwarteten Gewinnkomponenten; Zusammenhang von Aktienrenditen und permanenten sowie transitorischen Gewinnen	1.983 Beobachtungen (Compustat, I/B/E/S, CRSP), 1976-1983	Disaggregation unerwarteter Gewinne sinnvoll; Relevanz von *permanent earnings* im Unterschied zu transitorischen Gewinnen
Ramakrishnan/Thomas (1998)	Disaggregation unerwarteter Gewinne, Untersuchung der Wertrelevanz verschiedener Gewinnkomponenten (permanent, transitorisch, preisirrelevant)	542 Unternehmen (Compustat), 1969-1988	Disaggregation von Gewinnkomponenten sinnvoll; Berücksichtigung der unterschiedlichen Gewichtung der Komponenten möglich
Barth et al. (1999)	Möglichkeit, künftige Residualgewinne neben Residualgewinnen mit Periodenabgrenzungen und Zahlungsströmen zu prognostizieren, Erklärungskraft von Periodenab-	15.405 Beobachtungen (Compustat), 1987-1996	Prognosefähigkeit von Periodenabgrenzungen und Zahlungsströmen für Residualgewinne, Erklärungskraft von Periodenabgrenzungen und Zahlungsströmen für den

[539] Vgl. *Obinata* (2002), S. 11-22. Vgl. zur Definition des *comprehensive income Holzer/Ernst* (1999), S. 354f.

Autor(en)	Forschungsfrage	Stichprobe, Zeitraum	Wesentliche Ergebnisse
	grenzungen und Zahlungsströmen als Gewinnkomponenten für den Marktwert eines Unternehmens in einem Bewertungsmodell, Variation der Beständigkeitsparameter wie im *Ohlson*-Modell (1999a) vorhergesagt		Marktwert eines Unternehmens, Buchwerte und Residualgewinne eingeschlossen, Konsistenz mit dem *Ohlson*-Modell (1999a) bzgl. der Beständigkeitsparamenter
Brief/ Zarowin (1999)	Vergleich der Wertrelevanz von Buchwert des Eigenkapitals und Dividenden mit der Wertrelevanz von Buchwert des Eigenkapitals und Gewinnen	48.920 Beobachtungen mit Dividendenzahlern, 13.491 Beobachtungen insgesamt (Compustat), 1978-1997	Ähnliche Erklärungskraft von Buchwert und Dividenden wie von Buchwert und Gewinnen; vergleichbare Erklärungskraft von Dividenden vs. Buchwert und Gewinnen bei Vorliegen transitorischer Gewinne; höhere Erklärungskraft von Dividenden im Vergleich zu Gewinnen; Überlegenheit der Dividenden bei transitorischen Gewinnen und Buchwerten als schlechte Indikatoren des Unternehmenswertes
Dhaliwal/ Subramanyam/ Trezevant (1999)	Erklärung von Aktienrenditen durch das *net income* und das *comprehensive income* sowie Untersuchung der Erklärung von Aktienrenditen durch *net income* und jeweils eine Komponente des *other comprehensive income*	11.425 Geschäftsjahre (Compustat, CRSP), 1994-1995	Keine Aussage über Vorteilhaftigkeit von *net income* oder *comprehensive income* für die Erklärung von Renditen; höhere Erklärungskraft für Renditen von *net income* und Erträge aus marktgängigen Wertpapieren im Vergleich zu übrigen Kombinationen; *net income* mit dem Marktwert des Eigenkapitals stärker korreliert als das *comprehensive income*; Zusammenhang zwischen operativen *cash flows* und *net income* höher als mit *comprehensive income*
O'Hanlon/ Pope (1999)	Wertrelevanz von Gewinnkomponenten, die vom *ordinary profit* (Ergebnis vor außergewöhnlichen Gewinnen/Verlusten) ausgegrenzt und direkt im Eigenkapital gebucht werden	158 britische Unternehmen, 1972-1992	Wertrelevanz des *ordinary profit*; nur begrenzte Wertrelevanz der übrigen Komponenten
Cahan et al. (2000)	Untersuchung, ob disaggregierte Informationen zu verschiedenen Komponenten des *comprehensive income* über das aggregierte *comprehensive income* hinaus wertrelevant sind; Untersuchung, ob die Offenlegung des *other comprehensive income* im Eigenkapitalspiegel statt in Fußnoten zu einer Änderung der Wertrelevanz im Vergleich zum *net income*	48 neuseeländische Unternehmen, 1992-1997	Wertrelevanz von Buchwert des Eigenkapitals und Dividenden; Korrelation von *net income* und Neubewertungsrücklage mit Marktwert; keine wertrelevante Informationen von einzelnen Komponenten des *other comprehensive income* über das *comprehensive income* hinaus; Wertrelevanz des *comprehensive income* im Unterschied zu *net inco-*

Autor(en)	Forschungsfrage	Stichprobe, Zeitraum	Wesentliche Ergebnisse
	führt; basiert auf den Modellen von *Stark* (1997) und *Pope/Wang* (2000)		*me*; kein zusätzlicher Informationswert des *comprehensive income* im Eigenkapitalspiegel statt im Anhang
Garrod/ Giner/ Larran (2000)	Vergleich der Wertrelevanz von *operating profit*, *operating cash flows* und *accruals*	Britische Unternehmen, 6.760 Beobachtungen, 1992-1996	Wertrelevanz von Bewertungsmodellen auf Basis von Zahlungsströmen im Unterschied zu Gewinnmodellen; Relevanz von disaggregierten im Gegensatz zu aggregierten Zahlungsströmen
Bradshaw/ Sloan (2002)	Vergleich der Wertrelevanz von Gewinnen nach US-GAAP und *pro forma*-Gewinnen (bereinigte und vom Management veröffentlichte Gewinne)	98.647 Beobachtungen (I/B/E/S, Compustat, CSRP), 1985-1997	Vermehrte Offenlegung von *pro forma*-Gewinnen; Wertrelevanz von *pro forma*-Gewinnen höher als von Gewinnen nach US-GAAP
Biddle/ Choi (2003)	Prüfung von 16 verschiedenen Gewinngrößen auf Informationsgehalt, Prognosefähigkeit und Managerentlohnung	23.539 Beobachtungen (Copustat), 1994-1998	Informationsgehalt des *comprehensive income* nach SFAS 130 am höchsten; keine Dominanz einer Gewinngröße bzgl. der Prognosefähigkeit; *net income* als Basis für Managerentlohnung am besten
Brown/ Sivakumar (2003)	Vergleich zwischen von Managern und Analysten veröffentlicht *operating earnings* und GAAP-Gewinnen bzgl. Prognosefähigkeit, Bewertung und Informationsgehalt	9.819-22.092 Beobachtungen, 1989-1997	In allen drei Fällen: Relevanz der *operating earnings*, da weniger transitorische Gewinne in der Größe enthalten

Tabelle 3.3: Überblick über Studien zur Wertrelevanz verschiedener Gewinngrößen und deren Ergebnisse

Die empirischen Studien unterstreichen die Aussagen der im Rahmen der konzeptionellen und modellthereotischen Analyse gewonnenen Ergebnisse, dass keiner Gewinngröße uneingeschränkt ein höherer Erklärungsgehalt für den Marktwert des Eigenkapitals oder für Renditen beigemessen werden kann. Tendenziell weisen – wie z.B. *Bradshaw/Sloan* (2002), *Brown/Sivakumar* (2003) und *Cheng/Cheung/Gopalakrishnan* (1993) zeigen – bereinigte Größen eine hohe Relevanz auf, was für einen getrennten Ausweis der Gewinnkomponenten entweder innerhalb eines Statements oder in zwei getrennten Statements spricht. *Biddle/Choi* (2003) hingegen finden im Rahmen ihrer Untersuchung im *comprehensive income* den höchsten Informationsgehalt, während für die Prognosefähigkeit keine Gewinngröße dominiert. In den Studien von *Lipe* (1986), *Parkash* (1995), *Ramakrishnan/Thomas* (1998) und *Garrod/Giner/ Larran* (2000) kann die These nicht verworfen werden, wonach eine Disaggregation von unerwarteten Gewinne und von Zahlungsströmen sinnvoll ist. Die Relevanz einzelner Komponenten des *other comprehensive income* für den Marktwert eines Unternehmens kann – so die Befunde von *Dhaliwal/Subramanyam/Trezevant* (1999) und *Cahan* et al. (2000) – nicht bestätigt werden.

Die Wertrelevanz einzelner Komponenten des *other comprehensive income* ist Gegenstand vieler weiterer empirischer Studien. Die Studien lassen möglicherweise Rückschlüsse über die Beschaffenheit des *net income* zu. Erweisen sich Komponenten des *other comprehensive income* als wertrelevant, so sollten sie mit den übrigen wertrelevanten Komponenten zusammen ausgewiesen werden, um den Adressaten eine aussagefähige Gewinngröße zu liefern. Wertänderungen bei Wertpapieren sind in Tabelle 3.2 bereits aufgearbeitet. Bei direkt im Eigenkapital erfassten Wertänderungen (i) aus Währungsumrechnungen, (ii) bei der nach SFAS 87 im Rahmen der Pensionsrückstellungen zu bildenden *additional minimum liability*, (iii) des materiellen Anlagevermögens und (iv) des Geschäfts- oder Firmenwerts sind die empirischen Befunde sehr heterogen.[540] Lediglich bei der *additional minimum liability* ist keine Wertrelevanz nachweisbar. Damit lässt sich die These, dass im *other comprehensive income* erfasste Erträge und Aufwendungen nicht wertrelevant sind, empirisch weder stützen noch verwerfen.

Die Befunde der empirischen Studien erweisen sich als uneinheitlich und teilweise widersprüchlich.[541] Sie sind vom spezifischen Untersuchungsdesign, von der Konkretisierung der Variablen, vom Untersuchungszeitraum und von der Stichprobe getragen, die die Reichweite der Ergebnisse und deren Vergleichbarkeit einschränken.[542] Als problematisch erweist sich die Validität einiger Studien, die nur ungenaue Angaben über Theorie und Methodik machen oder kritische Annahmen treffen und so zu zweifelhaften Ergebnissen führen.[543] Lerneffekte bleiben meist unberücksichtigt, da insb. die Wertrelevanzstudien kurze Zeitfenster zugrunde legen.[544] Die empirischen Studien können zudem nicht die Fülle anderer Informationen einfangen, die z.B. in Aktienkursen enthalten sind.[545] Ebenso vernachlässigt werden nicht direkt informationsbasierte Handlungen (*noise trading*), so dass der Markt u.U. selbst keinen guten Repräsentanten für den tatsächlichen Marktwert des Unternehmens darstellt.

3.1.6. Implikationen

Die Analyse der Eignung verschiedener Gewinnkonzepte, modelltheoretischer Lösungen und empirischer Befunde für die Zwecke von Rechenschaft und Entscheidungsnützlichkeit erfolgte mit dem Ziel, Implikationen für die Gewinnermittlung und Gewinndarstellung abzuleiten. Grundsätzlich scheint eine Rechnungslegung auf Basis unternehmensspezifischer Werte für die Entscheidungsrelevanz des Gewinns überlegen. Sie leidet jedoch unter mangelnder Nachprüfbarkeit und Objektivierung und torpediert daher auch die Rechenschaft. Eine Rechnungslegung auf Basis historischer Kosten zeigt trotz der oft bemängelten (angeblichen) Vergangenheitsorientierung insofern einen Zukunftsbezug auf, als die vorhandenen Ressourcen zur Erzielung künftiger

---

540 Vgl. *Obinata* (2002), S. 18-22, m.w.N.

541 Die folgenden Aussagen gelten für die in Abschnitt 3.2.5. betrachteten Studien analog.

542 Vgl. *Witte* (1974), Sp. 1275, *Szyperski/Müller-Böling* (1981), S. 159-188.

543 Vgl. so schon *Holthausen/Watts* (2001), S. 21.

544 Vgl. *Mujkanovic* (2002), S. 232f.

545 Vgl. *Wagenhofer/Ewert* (2003), S. 132-134.

Gewinne beitragen und somit als Indikator verwendet werden können. Zudem werden – im Gegensatz zu einer Bilanz auf Basis von Veräußerungswerten – zukünftige Auszahlungen antizipiert, so dass der Adressat neben künftigen Erfolgspotenzialen auch Einblick in künftige Belastungen erhält. Die im Abschluss vermittelten Größen werden als zuverlässiger eingestuft. Ergebnisse empirischer Studien zur Relevanz von *fair values* und historischen Kosten fallen sehr uneinheitlich aus, so dass die Frage nach dem für die Zwecke von Rechenschaft und Entscheidungsrelevanz geeigneten Gewinnkonzept nicht abschließend beantwortet werden kann.[546]

Aus modelltheoretischer Sicht scheint eine Trennung der Gewinnkomponenten für den Zweck der Wertrelevanz geeignet. Der Ausweis nachhaltiger Gewinne deckt sich mit dem Konzept des neodynamischen Gewinns, wobei letzteres an der Gewinnermittlung und nicht an der Gewinndarstellung ansetzt. Können transitorische Gewinne identifiziert werden, sollten die Regelungen eine entsprechende Trennung der Komponenten vorsehen und dadurch dem Adressaten die Bilanzanalyse und die Beurteilung des Unternehmens erleichtern.[547] Als problematisch dürfte sich die Identifikation von transitorischen Gewinnen erweisen. Diese hängen z.B. von der Branche, dem Umfeld des Unternehmens und der Unternehmensstruktur ab. Daher können sie von Unternehmen zu Unternehmen unterschiedlich ausfallen.[548]

Auf Basis der modelltheoretischen Ergebnisse wäre es nahe liegend, die unrealisierten Gewinne aus einer *fair value*-Bewertung als transitorisch einzustufen[549] und in einer Neubewertungsrücklage, z.B. als Elemente des *other comprehensive income*, aufzufangen oder getrennt in der Gewinn- und Verlustrechnung auszuweisen.[550] Allerdings können auch bei einer Bewertung zu historischen Kosten einmalige oder außergewöhnliche Gewinne auftreten, die für die Bestimmung des Unternehmenswertes irrelevant sind.[551] Es scheint schwer, eine allgemeine Regelung für die Identifikation und

---

546 *Ronen/Sorter* (1972) schlagen vor, in der Bilanz in vier Spalten historische Kosten, Veräußerungswerte, spezifische Vorteile individueller Vermögenswerte und Schulden sowie ökonomische Werte auszuweisen. Die Gewinn- und Verlustrechnung enthält neben historischen auch ökonomische Gewinne, die jeweils in erwartete und unerwartete Komponenten aufgeteilt werden. Der Vorschlag scheint verlockend aufgrund der umfassenden Informationen, die geliefert werden; zu befürchten sind jedoch mangelnde Übersichtlichkeit und Verständlichkeit.

547 Für die Anwendung des Modells von *Ohlson* (1999a) durch den Nutzer eines Abschlusses müssen dazu die in Abschnitt 3.1.3.1. genannten Annahmen erfüllt sein und die Residualgewinne einem autoregressiven Prozess folgen. Inwiefern letzteres in praxi erfüllt ist, muss anhand empirischer Studien überprüft werden.

548 Vgl. *Stark* (1997), S. 225.

549 Diese Unterstellung findet sich in der Literatur. So nennt *Ohlson* (1999a), S. 146, als Beispiele für transitorische Gewinne unrealisierte Wertänderungen aus Fremdwährungsumrechnungen oder aus bestimmten marktgängigen Wertpapieren. Vgl. z.B. auch *Streim/Bieker/Esser* (2005), S. 105.

550 Damit würde man dem Vorschlag von *Barth/Landsman* (1995) folgen, vgl. Abschnitt 3.1.2.1.

551 Vgl. ähnlich *Gaber* (2005), S. 292. Ebenso können *fair value*-Änderungen zu den Kerngewinnen zählen, vgl. *Maines/McDaniel* (2000), S. 180. Insofern ist die Aussage von *Streim/Bieker/Esser* (2005), S. 105, wonach *fair value*-Änderungen in keinem Zusammenhang mit künftigen Erfolgen stehen und daher erfolgsneutral zu erfassen sind, zu relativieren, da unrealisierte Erfolge als Indikatoren für künftige Erfolge dienen können.

Darstellung von transitorischen Gewinnen zu finden.[552] Wird dies den Unternehmen überlassen, sind Manipulationen durch den Manager möglich.[553] Zudem wird die Vergleichbarkeit der Gewinngrößen zwischen Unternehmen untergraben, da jedes Unternehmen in der Ergebnisgröße andere Vorgänge bündelt. Werden die Regelungen aber zu strikt vorgegeben, werden womöglich Kerngewinne und transitorische Gewinne bei Unternehmen vermengt und der Sinn einer Zerlegung verfehlt.

Die Ergebnisse des Modells von *Ohlson* (1999a) bieten eine Erklärung für die derzeit in einigen Rechnungslegungssystemen vorliegenden Regelungen, nach denen bestimmte Geschäftsvorfälle direkt im Eigenkapital zu buchen sind (sog. *dirty surplus accounting*).[554] Die Elemente des *other comprehensive income* könnten als transitorische Gewinne interpretiert werden,[555] das *net income* als Kerngewinn und letzteres damit Grundlage für Unternehmensbewertungen bilden.[556] Wenn aber die Gewinnkomponente nicht wert- und insoweit nicht entscheidungsrelevant ist, dann ist sie überflüssig und braucht – streng genommen – nicht im Abschluss berücksichtigt zu werden.[557] Damit wird zwar gegen die Forderung nach Vollständigkeit verstoßen, die aber bereits durch das Weglassen oder die Aggregation unwesentlicher Elemente durchbrochen wird. Schwerer wiegt der Verstoß gegen das Kongruenzprinzip, wenn bestimmte Gewinnkomponenten nicht in die Gewinn- und Verlustrechnung einbezogen würden, die zu Ein- und Auszahlungen führen.

Ergebnisse empirischer Studien deuten darauf hin, dass eine bereinigte Gewinngröße wertrelevant ist.[558] Insofern können die Ergebnisse des Modells von *Ohlson* (1999a) nicht verworfen werden. Dabei zeigen empirische Studien auf, dass insbesondere sog. *pro forma*-Gewinngrößen aufgrund ihrer Nachhaltigkeit Wertrelevanz zukommt.[559] Das legt zwei Möglichkeiten nahe. Es könnte eine Disaggregation des *net income* mit dem verpflichtenden Ausweis bestimmter Zwischensummen erwogen werden. Alternativ könnte die Zusammensetzung des *net income* neu überdacht werden, um mit dem *net income* den Investoren eine wertrelevante Größe zu liefern.

Ein unbestreitbares Ziel von Rechnungslegung ist die Rechenschaft über die Verwendung des anvertrauten Kapitals. Unter diesem Zweck ist *fair values* eine Absage zu

---

552 Vgl. zu Empfehlungen *Arbeitskreis DVFA/Schmalenbach-Gesellschaft* (2003), S. 1914-1917.

553 Vgl. ähnlich *Ruhnke* (2005), S. 249.

554 Vgl. auch *Van Cauwenberge/De Beelde* (2005), S. 16-18, die das *Ohlson*-Modell (1999a) um ein *dirty surplus accounting* erweitern.

555 So argumentiert z.B. *Skinner* (1999), S. 107, dass die Komponenten des *other comprehensive income* transitorische Gewinne darstellen.

556 Dagegen spricht allerdings, dass auch eine Bewertung zu historischen Kosten nicht zwingend Kerngewinne liefert. Insofern ist die Schlussfolgerung zu kurz gegriffen.

557 Das würde der Ermittlung eines neodynamischen Gewinns gleichkommen.

558 Vgl. Tabelle 3.3.

559 *Pro forma*-Gewinngrößen sind nicht zwingend mit transitorischen Gewinnen im Modell von *Ohlson* (1999a) gleich zu setzen. Vgl. zu möglichen Definitionen von *pro forma*-Gewinnen z.B. *Kley/Vater* (2003), S. 45, *Küting/Heiden* (2003), zum Unterschied zwischen einem nach US-GAAP berechneten *net income* und *pro forma*-Gewinnen z.B. *Bradshaw/Sloan* (2002), S. 42f.

erteilen, da sie dem Eigner die Kontrolle der Investitionsentscheidung und des Managers durch den hohen Grad an Subjektivität erschweren. Vor dem Hintergrund der eigenen Zielsetzung des *IASB*, mit Rechnungslegungsinformationen dem Zweck der Rechenschaft gerecht zu werden (F.14, IAS 1.7), sind Ansatz und Bewertung verschiedener Posten zu *fair values* daher nicht eindeutig zu stützen. Offensichtlich werden die Zwecke der Entscheidungsrelevanz und Rechenschaft unterschiedlich gewichtet, indem der Entscheidungsnützlichkeit der Vorzug gegeben wird,[560] da *fair values* oft mit höherer Relevanz begründet werden.[561] Die Relevanz von *fair values* ist jedoch sowohl aus theoretischer als auch empirischer Sicht zweifelhaft.

Für beide Zwecke ist zu empfehlen, in der Gewinn- und Verlustrechnung eine Einteilung in regelmäßige und wiederkehrende Gewinne einerseits sowie einmalige und vorübergehende Gewinnkomponenten andererseits vorzunehmen.[562] Dies erleichtert dem Investor die Extrapolation der Gewinnziffer in die Zukunft. Als Kriterium für die Regelmäßigkeit der Gewinnkomponente könnte das Abstellen auf konstante Umweltbedingungen und Unternehmensressourcen dienen, so dass die Einteilung der Gewinnkomponenten objektiviert erfolgt. Nachteilig ist dann, dass die Entwicklung des Unternehmens nur begrenzt berücksichtigt werden kann. Für den Zweck der Rechenschaft scheint der getrennte Ausweis realisierter Gewinnkomponenten unabdingbar, um Kontrollmöglichkeiten zu bieten.

3.2. Zweck der Ausschüttungsbemessung

3.2.1. Eigner-Gläubiger-Konflikte als Bezugsrahmen

Eigner und Gläubiger sind an der Befriedigung von Konsumbedürfnissen interessiert, wobei Eignern zur Bedürfnisbefriedigung u.a. Ausschüttungen aus dem Unternehmen zur Verfügung stehen. Demgegenüber gilt das Interesse der Gläubiger primär der fristgerechten Bedienung der Verbindlichkeit. An Ausschüttungen sind sie nur bei Gefährdung ihrer Ansprüche durch Insolvenz des Unternehmens interessiert.[563] Da die Eigner bei Insolvenz nicht verpflichtet sind, die Gläubigeransprüche zu befriedigen, verlagern sich Verlustrisiken von den Eignern auf die Gläubiger.[564] Informationsasymmetrien liegen vor, wenn der Gläubiger nicht beobachten kann, wofür der Eigner oder der Manager das Kapital verwendet.[565] Dann sind Reichtumsverlagerungen von den Gläubigern zu den Eignern möglich.

Der in der Rechnungslegung ermittelte Gewinn kann der Ausschüttungsbemessung dienen. Ziel ist zum einen die Ermittlung eines ausschüttungsoffenen Betrags, d.h., es soll derjenige Betrag festgelegt werden, der im Interesse des Gläubigerschutzes höchs-

---

560 So auch *Cairns* (1995), S. 78, *Ballwieser* (2003), S. 341f.
561 Vgl. z.B. *Barrett* et al. (1991), S. 93.
562 Vgl. hierzu und im Folgenden auch *Hollmann* (2003), S. 126f.
563 Vgl. *Egner* (1974), S. 57f.
564 Dazu muss das Fremdkapital ausfallbedroht sein, vgl. *Jensen/Meckling* (1976), S. 342 Fn. 55.
565 Vgl. *Hartmann-Wendels* (1991), S. 270. Konflikte zwischen Alt- und Neugläubigern werden vernachlässigt, vgl. dazu modelltheoretisch z.B. *Pfaff* (1989), S. 129-149.

tens an die Eigner ausgeschüttet werden darf (Eigner-Gläubiger-Konflikt).[566] Zum anderen sollen die Ansprüche der Eigner auf Ausschüttung gesichert werden (Eigner-Manager-Konflikt).[567] Dazu sind die Kompetenzen, wer in welchem Umfang über die Verwendung des ausschüttungsoffenen Betrags entscheiden darf, festzulegen. Die folgenden Ausführungen fokussieren auf den Eigner-Gläubiger-Konflikt. In der Literatur wird typischerweise der Eigner-Manager-Konflikt durch die Annahme ausgeblendet, dass entweder der Eigner gleichzeitig Manager ist oder der Manager durch geeignete Anreizsetzung im Interesse des Eigners handelt.[568]

Im Rahmen der Prinzipal-Agenten-Theorie werden Ausschüttungsbegrenzung, Investitionspolitik und der Marktwert des Gesamtkapitals eines Unternehmens miteinander verknüpft.[569] Das schafft eine Verbindung zwischen der Ausschüttungsbegrenzung und dem Marktwert der Gläubigeransprüche, die in der Bilanztheorie fehlt.[570] Allerdings ist zwischen der Verringerung von Agency-Problemen und dem Gläubigerschutz zu trennen, da sich der Gläubigerschutz am Marktwert der Gläubigeransprüche orientieren müsste, was jedoch nicht zwingend zu einer Maximierung des Marktwerts des Gesamtkapitals führt.[571] Die Agency-Theorie betrachtet die Investitionspolitik der Eigner und konzentriert sich auf die Reduzierung von Agency-Problemen sowie auf die Steigerung des Marktwertes nicht primär zum Zweck des Gläubigerschutzes. Ein gesetzlicher Gläubigerschutz ist ökonomisch nur dann zu rechtfertigen, wenn (i) dieser Schutz billiger und wirksamer als der Selbstschutz, (ii) ein Versagen der Kreditmärkte oder der privaten Vereinbarungen zu befürchten ist oder (iii) gesamtwirtschaftliche Überlegungen dafür sprechen.

Eigner-Gläubiger-Konflikte sind durch Reichtumsverlagerungen von Gläubigern zu Eignern gekennzeichnet und werden als fremdfinanzierungsbedingte Agency-Probleme bezeichnet.[572] Die Theorie fremdfinanzierungsbedingter Agency-Probleme ver-

---

566 Vgl. *Moxter* (1976), S. 51-55, *Ewert* (1986), S. 5.

567 Vgl. *Moxter* (1976), S. 56f., *Ewert* (1986), S. 5, *Schildbach* (1986), S.72-74, zu beiden Konflikten auch *Bieker* (2006), S. 51-53.

568 Vgl. z.B. *Smith/Warner* (1979), S. 118, *Ewert* (1984), S. 825. Diese Annahme ist problematisch, vgl. ausführlich *Rammert* (2000), S. 75-77, der „eine gewisse Interessenkongruenz zwischen Managern und Gläubigern hinsichtlich der Risikopolitik" (S. 76) sieht, aber zugleich (S. 226) unterschiedliche Anreize aufzeigt. Abschnitt 3.3.1. legt eher Interessenkongruenz zwischen Managern und Eignern hinsichtlich der Reichtumsverlagerungen nahe, weil im Eigner-Manager- und im Eigner-Gläubiger-Konflikt Anreize gesetzt werden sollen, die den Agenten zu einer unternehmenswertmaximierenden Politik verleitet. Im Unterschied zu den Eignern partizipieren Manager anteilig am Gewinn und erhalten nicht das Residuum. Zudem weisen Eigner einen anderen, flexibleren Planungshorizont als Manager auf, weil sie nicht vertraglich gebunden sind.

569 Der Marktwert des Gesamtkapitals eines Unternehmens setzt sich aus dem Marktwert des Eigenkapitals und dem Marktwert des Fremdkapitals zusammen.

570 Vgl. *Leuz* (1996), S. 89. Eine vorsichtige Gewinnermittlung z.B. führt nicht zwingend zu einer Verbesserung der Gläubigerposition, weil sie sich an der nominell vorhandenen Haftungsmasse orientiert, die Anreize auf die Investitionspolitik aber vernachlässigt.

571 Vgl. hierzu und im Folgenden ausführlich *Leuz* (1996), S. 89-91, ähnlich *Barnea/Haugen/Senbet* (1985), S. 35-38.

572 Vgl. *Wagenhofer/Ewert* (2003), S. 151.

sucht Maßnahmen zu identifizieren, mit denen diese Reichtumsverlagerungen vorgenommen werden können, und Mechanismen zu analysieren, mit denen sich diese verhindern lassen. Angenommen wird, dass die optimale Unternehmenspolitik in der Maximierung des Marktwertes des Gesamtkapitals liegt. Von dieser wird jedoch abgewichen,[573] weil die Entscheidungen der Eigner vom Marktwert des Eigenkapitals und vom Vermögenstransfer abhängen.[574] Die Haftungsbeschränkung von Eignern kann Agency-Probleme erst verursachen oder bereits vorhandene verstärken.[575] Reichtumsverlagerungen zugunsten der Eigner können in jeder der folgenden Konstellationen stattfinden:[576]

(i) bei *Überinvestition*: Dem Unternehmen steht nur eine begrenzte Anzahl an Investitionsmöglichkeiten mit positivem Kapitalwert zur Verfügung.[577] Sind die Eigner gezwungen, in zusätzliche Investitionsprojekte zu investieren, so sind Projekte mit negativem Kapitalwert durchzuführen. Diese sind für die Eigner dann vorteilhaft, wenn die Auszahlungen von den Gläubigern zu tragen sind,[578] während die Eigner von den Einzahlungen profitieren.

(ii) bei *Unterinvestition*: Für die Eigner eines Unternehmens kann es bei risikobehaftetem Fremdkapital unvorteilhaft werden, eine den Marktwert des Gesamtkapitals maximierende neue Investition durchzuführen. Dies gilt, wenn sie bei Eigenfinanzierung die Finanzierungslasten tragen, aber ein Großteil der künftigen Überschüsse den Gläubigern zugute kommt.[579]

(iii) bei *liquidationsfinanzierten Ausschüttungen*: Das bisherige Investitionsprogramm wird liquidiert. Der Liquidationserlös wird an die Eigner ausgeschüttet. Dies kann für die Eigner lohnend sein, wenn der Liquidationserlös größer als ihr Anteil am Marktwert des Gesamtkapitals ist. Die Gläubiger gehen leer aus.[580]

(iv) bei *fremdfinanzierten Ausschüttungen*: Fremdkapital wird zusätzlich aufgenommen, das sofort an die Eigner ausgeschüttet wird. Dadurch verringert sich der Wert oder erhöht sich das Risiko der Ansprüche der bisherigen Gläubiger.[581] Die Position der bisherigen Gläubiger wird verwässert.[582]

(v) bei *Risikoanreizproblemen*: Für die Eigner kann es lohnenswert sein, nach Fremdkapitalaufnahme das Risiko des Investitionsprogramms zu erhöhen.

---

573 Vgl. *Ewert* (1986), S. 19.

574 Vgl. auch *Leuz* (1986), S. 67.

575 Vgl. ausführlich *Wagenhofer* (1993).

576 Vgl. zu einer ähnlichen Übersicht auch ausführlich *Ewert* (1986), S. 10-23.

577 Vgl. *Kalay* (1982), S. 213, *John/Kalay* (1982), S. 459, kritisch *Ewert* (1986), S. 180-183.

578 Vgl. *Wagenhofer/Ewert* (2003), S. 156.

579 Vgl. ausführlich *Myers* (1977), S. 149-155, *Barnea/Haugen/Senbet* (1985), S. 35-37.

580 Vgl. *Myers* (1977), S. 162f., *Rudolph* (1984), S. 34f.

581 Vgl. *Smith/Warner* (1979), S. 118, *Kalay* (1982), S. 212, *Hartmann-Wendels* (1986), S. 210, *Schildbach* (1986), S. 62.

582 Vgl. *Wagenhofer* (1993), S. 248. Für eine Kreditvergabe sind daher liquidations- und fremdfinanzierte Ausschüttungen elementar, vgl. *Rammert* (2004), S. 581.

Grund ist, dass Nachteile der Risikoerhöhung von den Gläubigern zu tragen sind, während allein die Eigner von den Vorteilen profitieren.[583]

Ein aus der Investitionspolitik resultierender Vermögenstransfer hängt in Richtung und Ausmaß von der Struktur der Zahlungsüberschüsse des bisherigen Investitionsprogramms und von neuen Investitionsprojekten in den verschiedenen Umweltzuständen ab.[584] Reichen die Einzahlungsüberschüsse bestehender Investitionsprojekte nicht aus, um die Gläubigeransprüche zu befriedigen, so erfolgt bei neuen Investitionsprojekten ein Vermögenstransfer zugunsten der Gläubiger, weil deren Ansprüche durch die zusätzlichen Einzahlungsüberschüsse der neuen Investitionsprojekte zuerst zu befriedigen sind.[585] Daher sind nur die nach Befriedigung der Gläubigeransprüche zur Verfügung stehenden Zahlungsströme für die Eigner relevant.

Finanzierungsmöglichkeiten bilden einen weiteren Diskussionspunkt bei fremdfinanzierungsbedingten Agency-Problemen. Neben der Eigenfinanzierung ist im komplexen Finanzierungsszenario[586] eine Fremdkapitalaufnahme zugelassen.[587] Verschiedene Anreizprobleme können gleichzeitig auftreten und sich gegenseitig abschwächen oder verstärken. Allgemeine Aussagen sind nicht möglich, da eine optimale Ausschüttungspolitik von den konkreten Investitions- und Finanzierungsmöglichkeiten abhängt.

Liegen zum Zeitpunkt der Kreditaufnahme rationale Erwartungen vor, so können Investoren korrekte Schätzungen über die Unternehmenspolitik treffen.[588] Sie antizipieren das Verhalten der Eigner und berücksichtigen dies in ihrer Kalkulation. Die Eigner haben dann alle Kapitalwertminderungen zu tragen. Folglich liegt es in ihrem Interesse, möglichst kostengünstigen Gläubigerschutz zu installieren.

---

583 Vgl. *Gordon* (1971), S. 349, *Jensen/Meckling* (1976), S. 334-337, *Gavish/Kalay* (1983).

584 Vgl. *Leuz* (1996), S. 67.

585 Es kommt zu einer „faktischen ‚Nachbesicherung' der risikobehafteten Gläubigerposition" *Kahle* (2002), S. 129.

586 Das üblicherweise unterstellte einfache Finanzierungsszenario geht von der Prämisse aus, dass neue Investitionen ausschließlich mit Eigenkapital finanziert werden können und Desinvestitionen ausgeschlossen sind. Dadurch können keine liquidations- oder fremdfinanzierte Ausschüttungen, sondern nur Unterinvestitionsprobleme auftreten. Für die Aufnahme von Fremdkapital stellen Ausschüttungsrestriktionen in diesem Fall keine notwendige Bedingung dar. Ausschüttungsbegrenzungen können jedoch Unterinvestitionsprobleme mildern. Vgl. ausführlich *Ewert* (1986), S. 167-180, 156, *Leuz* (1996), S. 69, 77-79.

587 Vgl. ausführlich *Leuz* (1996), S. 69f.

588 Vgl. *Ewert* (1986), S. 53-64, *Ewert* (1989), S. 289-292.

Die Restriktion von Ausschüttungen[589] als eine Möglichkeit führt zu einer Einschränkung des Aktionsraums der Eigner.[590] Es besteht folgender Zusammenhang:

(2.1) $A_t + AI_t + Z_t = Z\ddot{U}_t + FK_t + EK_t + L_t$

mit A_t = (unbegrenzte) Ausschüttungen;[591]
AI_t = Auszahlungen für Investitionen;
Z_t = Zins-/Tilgungszahlungen;
$Z\ddot{U}_t$ = Zahlungsüberschuss aus dem Umsatzprozess[592];
FK_t = Einzahlungen aus der Aufnahme von (gleichberechtigtem) Fremdkapital;
EK_t = Einzahlungen aus der Aufnahme von Eigenkapital;
L_t = Einzahlungen aus der Liquidation von Vermögenswerten;
t = Zeitindex.

Aus Gleichung (2.1) ist ersichtlich, dass eine Ausschüttungsbegrenzung einerseits die Zahlungen an die Eigner einschränkt, andererseits eine (Mindest-)Investitionsverpflichtung darstellen kann.[593] Liegt eine direkte Ausschüttungsbeschränkung vor, so wird die Ausschüttung z.B. auf einen Teil des Umsatzes begrenzt:[594]

(2.2) $A_t \leq \max\{0, \alpha \cdot Z\ddot{U}_t\}$

mit α = Ausschüttungsquote.

Die bilanzielle Gewinnermittlung kann zur Lösung der Eigner-Gläubiger-Konflikte beitragen, da nicht nur Zahlungsströme betrachtet, sondern diese periodisiert werden.[595] Der zeitlichen Verlagerung von Zahlungsströmen wird durch deren Periodisie-

---

589 Ausschüttungsbeschränkungen sind notwendige Bedingung zur Erlangung von Fremdkapital, vgl. ausführlich *Ewert* (1986), S. 66.

590 Des Weiteren können Eigner über das Unternehmensvermögen nicht verfügen oder den Eignern werden durch Mechanismen Anreize gesetzt, Reichtumsverlagerungen nicht durchzuführen, vgl. *Ewert* (1986), S. 49. *Smith/Warner* (1979), S. 125-146, unterscheiden zwischen Restriktion der Investitionspolitik, Ausschüttungsbegrenzung, Restriktionen bei der Finanzierung und *bonding covenants*.

591 Die Ausschüttungen umfassen alle Zahlungen an die Eigner.

592 Aus Vereinfachungsgründen wird an dieser Stelle der Umsatz mit dem Zahlungsüberschuss aus dem Umsatzprozess gleich gesetzt.

593 Vgl. *Myers* (1977), S. 159-161, *Smith/Warner* (1979), S. 132f., *Kalay* (1982), S. 214-216.

594 Vgl. *Leuz* (1996), S. 73. Indirekte Ausschüttungsrestriktionen beschränken die Ausschüttungen nur mittelbar, indem die übrigen Größen aus Gleichung (2.1) begrenzt werden, vgl. z.B. *Ewert* (1986), S. 115-118. Sie können auch zur Einhaltung einer bestimmten Relation, z.B. Bilanzkennzahlen, verpflichten, vgl. modelltheoretisch *Ewert* (1984). Eine Ausschüttungsbegrenzung kann daher an der Ausschüttungsquote oder an der Bemessungsgrundlage ansetzen, vgl. *Leuz* (1996), S. 102f. In der agency-theoretischen Literatur finden sich kaum Arbeiten zu indirekten Ausschüttungsbeschränkungen, vgl. *Leuz* (1996), S. 76.

595 Vgl. *Rammert* (2000), S. 246f. Für die Lösung der Eigner-Gläubiger-Konflikte gibt es in Kreditverträgen auch andere Bedingungen, die ausgehandelt werden können, vgl. z.B. *Smith/Warner* (1979), S. 125-146, *Swoboda* (1991), S. 176-179. Sie werden hier nicht betrachtet.

rung mittels Erträgen und Aufwendungen vorgebeugt.[596] Damit wird auch der Anreiz abgeschwächt, Auszahlungen in die ferne Zukunft zu verschieben und Einzahlungen vorzuziehen.[597] Eine kurzfristige Erhöhung der Ausschüttungsbemessungsgrundlage wird erschwert. Zudem ist bei Einzelbewertung von Vermögenswerten und Schulden eine feinere Steuerung des ausschüttungsfähigen Betrags über verschiedene Regeln für unterschiedliche (Bilanz-)Posten möglich.[598] Weil der bilanziell ermittelte Gewinn eine asymmetrische, direkte, kumulative und gestaffelte Ausschüttungsrestriktion darstellt,[599] sind zeitliche Interdependenzen zwischen Entscheidungen in einzelnen Perioden zu berücksichtigen.[600]

Der Zusammenhang zwischen einer an Zahlungsströmen anknüpfenden und einer am Gewinn orientierten Restriktion lässt sich wie folgt herstellen.[601] Der Gewinn wird durch Gegenüberstellung von Zahlungsüberschüssen der Investitionsprogramme und Periodenabgrenzungen ermittelt:

(2.3) $x_t = Z\ddot{U}_t - PA_t$

mit x_t = gesamter Gewinn in Periode t;
PA_t = Periodenabgrenzungen.

Damit ergibt sich als Restriktion für die Ausschüttungsbemessung:

(2.4) $A_t \le \max\{0, Z\ddot{U}_t - PA_t\}$ oder $A_t \le \max\{0, x_t\}$.

Die Periodenabgrenzungen stellen, sofern sie positiv sind, ein Einbehaltungserfordernis und damit eine Investitionsverpflichtung dar:

---

596 Auch die bilanzielle Gewinnermittlung räumt Wahlrechte und Spielräume ein, die von den Eignern zu Reichtumsverlagerungen genutzt werden können.

597 Beispiele sind (i) die intensivere Nutzung von Anlagegüter in Anfangsperioden, um Einzahlungen vorzuverlagern, obwohl dies eigentlich unwirtschaftlich ist; (ii) die Verschiebung von Auszahlungen für Arbeitnehmer in die Zukunft durch Vereinbarung von Pensionszusagen; (iii) die Verwendung von umweltschädigenden Produktionsverfahren, so dass Umweltlasten zeitlich nach hinten verlagert werden; (iv) bei Dauerrechtsverhältnissen möglichst frühzeitige Einzahlungen, so dass zu Beginn hohe Ausschüttungen möglich werden. Vgl. *Rammert* (2000), S. 238f.

598 Vgl. *Leuz* (1996), S. 144-200, *Leuz* (1998).

599 Vgl. zu den Begriffen *Ewert* (1986), S. 108-131. Asymmetrisch heißt, dass nur Zahlungsströme vom Unternehmen an die Eigner gezahlt werden. Kumulativ bedeutet, dass Ausschüttungsmöglichkeiten nicht verfallen, sofern sie nicht wahrgenommen werden, sondern auf spätere Zeitpunkte verschoben werden können, vgl. auch *Kalay* (1982), S. 213. Eine gestaffelte Ausschüttungsrestriktion impliziert, dass ein gebundenes Ausschüttungspotenzial besteht, welches z.B. nur mit Zustimmung der Gläubiger oder bei Leistung von Sicherheiten ausgeschüttet werden darf.

600 Vgl. *Hartmann-Wendels* (1991), S. 326, 329. Z.B. stehen thesaurierte Gewinne in späteren Zeitpunkten zur Ausschüttung zur Verfügung. Werden umfangreich Vermögenswerte angesetzt, so dass im Zugangszeitpunkt der Gewinn nicht geschmälert wird, sind später entsprechende Abschreibungen vorzunehmen, die den Gewinn mindern.

601 Vgl. hierzu und im Folgenden *Smith/Warner* (1979), S. 132-133, *Ewert* (1986), S. 135, *Leuz* (1996), S. 92.

(2.5) $AI_t \geq \min\{PA_t, ZÜ_t\} + FK_t$.

Neue Investitionsprojekte sind daher teilweise mit operativen Zahlungsüberschüssen zu finanzieren.[602] Bei negativen Periodenabgrenzungen sind zusätzliche Ausschüttungen möglich. Dies ist z.B. dann der Fall, wenn bei einer Bewertung zu *fair values* eine erfolgswirksame Neubewertung von Vermögenswerten erfolgt.[603]

Die folgenden Ausführungen bauen auf den Überlegungen von *Leuz*[604] und *Rammert*[605] auf, die erstmals die Anreize von Reichtumsverlagerungen für Eigner anhand der Steuerung des zeitlichen Anfalls von Zahlungen und eine vollständige Systematik solcher Verlagerungsstrategien in einem agency-theoretischen Rahmen aufgezeigt und damit die bilanzielle Gewinnermittlung zur Lösung des Eigner-Gläubiger-Konflikts diskutiert haben. Neu ist die Übertragung und Diskussion der von *Leuz* und *Rammert* gewonnenen Ergebnisse auf die Anreizwirkung verschiedener Gewinnkonzepte. Für die Beurteilung der Anreizwirkungen eines Gewinnkonzeptes ist ein Referenzpunkt nötig, der von den Investitions- und Finanzierungsmöglichkeiten des Unternehmens abhängt. Da von diesen abstrahiert, mithin kein konkretes Unternehmen mit genau umrissenen Investitions- und Finanzierungsmöglichkeiten betrachtet wird, bleiben die Aussagen allgemein. Auf die Nachprüfbarkeit und Zuverlässigkeit der Werte wird – um Redundanzen zu vermeiden – nicht separat eingegangen.[606]

3.2.2. Gewinnkonzepte

3.2.2.1. Statik

Der Eigner eines Unternehmens bevorzugt bei zumindest teilweise riskanter Fremdfinanzierung und einer rein zahlungsorientierten Ausschüttung Auszahlungsüberschüsse in den Zeitpunkten, in denen Schulden fällig sind,[607] da er in diesen Zeitpunkten keine oder geringe Ausschüttungen zu erwarten hat. Der Unternehmenswert aus Sicht des Eigners weicht im Vergleich zum Marktwert des Gesamtkapitals ab, weil Auszahlungsüberschüsse, die in Insolvenzzuständen auftreten oder eine Insolvenz auslösen, im Kapitalwertkalkül des Eigners nicht berücksichtigt werden.[608] Insofern werden Investitionsalternativen aus Sicht des Eigners anders beurteilt, als wenn eine Maximierung des Gesamtkapitals verfolgt wird. Eine Begrenzung der Ausschüttung auf den

602 Vgl. *Leuz* (1998), S. 583.

603 Vgl. ausführlich *Leuz* (1996), S. 93f.

604 Vgl. *Leuz* (1996, 1998).

605 Vgl. *Rammert* (2000).

606 Vgl. Abschnitt 2.2., 3.1.2.

607 Vgl. hierzu und im Folgenden *Rammert* (2000), S. 253. Vereinfachend wird im Folgenden von einem Zero-Bond oder einem Kredit mit 0% Zinsen ausgegangen. Der Fälligkeitszeitpunkt der Schulden eines Unternehmens bestimmt die Unterscheidung in kurzfristig und langfristig. Zudem wird vereinfachend von einem Eigner und einem Gläubiger ausgegangen.

608 Aufgrund der Haftungsbeschränkung ist er nicht verpflichtet, die Auszahlungsüberschüsse auszugleichen, indem er Kapital in das Unternehmen investiert. Allerdings ist der Eigner auch an einer Erhaltung des Unternehmens interessiert, soweit er sonst seine Kapitaleinlage verliert.

bilanziellen Gewinn erfordert eine Festlegung von Rechnungslegungsregeln, die die Ermittlung des Gewinns determinieren.

Entscheidend für die Wirkung einer Ausschüttungsbegrenzung ist die Konstellation künftiger Zahlungsüberschüsse aus bestehenden Investitions- und Finanzierungsprogrammen und aus künftigen Investitions- und Finanzierungsmöglichkeiten im Zeitpunkt der Festlegung der Ausschüttungsbegrenzung.[609] Um ein optimales Ausschüttungsniveau in jedem Zeitpunkt, in dem ein Kreditvertrag geschlossen wird, bestimmen zu können, sind Informationen über künftige Investitions- und Finanzierungsmaßnahmen und Zielvorstellungen der Investoren nötig.[610] Die Rechnungslegung sollte daher grundsätzlich zukunftsorientiert sein, eine rein vergangenheitsorientierte Rechnung ist wenig geeignet.

Das Effektivvermögen und der daraus resultierende ökonomische Gewinn berücksichtigen künftige Investitions- und Finanzierungsmaßnahmen sowie die Zielvorstellungen des Eigners. Allerdings unterstellt der ökonomische Gewinn wegen des vollständigen Kapitalmarktes die Irrelevanz von Verschuldungs- und Ausschüttungspolitik,[611] so dass die Bestimmung eines optimalen Ausschüttungsniveaus überflüssig wird.[612] Er ist daher zur Lösung des Eigner-Gläubiger-Konflikts kaum geeignet.[613]

Im Unterschied zu einer Gesamtbewertung impliziert eine Einzelbewertung von Vermögenswerten und Schulden, dass diese isoliert voneinander bewertet werden.[614] Der Gewinn wird zwar – wie bei einer Gesamtbewertung – als einwertiger und aggregierter ausschüttungsfähiger Betrag ermittelt, was notwendigerweise zu einer einwertigen Abbildung von Geschäftsvorfällen führt.[615] Die Zusammensetzung des Gewinns kann aber über verschiedene Abbildungsregeln für Sachverhalte gesteuert und in Ausschüttungskonsequenzen umgesetzt werden. Durch eine Einzelbewertung von Vermögenswerten und Schulden kann die Ausschüttungsbegrenzung vor der Aggregation anset-

---

609 Vgl. *Leuz* (1996), S. 181.

610 Vgl. hierzu und im Folgenden *Ewert* (1986), S. 75.

611 Vgl. *Modigliani/Miller* (1958).

612 Vgl. *Drukarczyk* (1973), S. 184, *Wagner* (1978), S. 215f., *Ewert* (1986), S. 75f. Darüber hinaus erweist sich der ökonomische Gewinn bei unvollkommener Information als wenig praktikabel, vgl. bereits Abschnitt 2.2.2.1.

613 Aus bilanztheoretischer Sicht kann der ökonomische Gewinn bei konstanten oder sinkenden künftigen Nettozahlungen grundsätzlich als Ausschüttungsbemessungsgrundlage dienen. Sofern jedoch von Unternehmenswachstum ausgegangen wird, führt die Ausschüttung in Höhe des ökonomischen Gewinns zum Entzug von liquiden Mitteln, die nicht durch künftige Einzahlungsüberschüsse gedeckt sind. Vgl. ausführlich mit Beispielen *Honko* (1965), S. 627-629. *Schneider* (1968) fordert deshalb eine Gegenüberstellung von ökonomischem und buchhalterischem Gewinn. Der niedrigere von beiden soll unter Beachtung von Unternehmenserhaltung und Ausschüttungssperrvorschriften als Ausschüttungsbemessungsgrundlage herangezogen werden.

614 Vgl. *Moxter* (1982), S. 90f., 98. Eine Einzelbewertung i.w.S. verfolgt die Annäherung an den Unternehmensgesamtwert. Eine Einzelbewertung i.e.S. hingegen erfolgt gesamtwertunabhängig.

615 Vgl. *Ordelheide* (1988a), S. 296f., *Leuz* (1996), S. 187.

zen und ermöglicht damit die Feinsteuerung des ausschüttungsfähigen Betrags.[616] Eine Gesamtbewertung erlaubt eine derartige Feinsteuerung nicht, da künftige Zahlungsströme nicht über unterschiedliche Abbildungsregeln differenziert in die Bewertung einfließen.[617]

Die Einhaltung des Kongruenzprinzips ist ebenfalls nützlich für die Steuerung des ausschüttungsfähigen Betrags. Sämtliche Periodisierungen und Wertansätze können über die Totalperiode betrachtet auf Zahlungsströme zurückgeführt werden. Dies gilt sowohl für das Unternehmen insgesamt als auch für abgeschlossene Investitionsprojekte und Geschäftsvorfälle.[618] Problematisch ist, dass die Einhaltung des Kongruenzprinzips erst mit Beendigung des Vorgangs geprüft werden kann. Der Totalerfolg eines Unternehmens oder eines Investitionsprojektes steht erst bei Liquidation oder bei Beendigung fest; die Höhe eines ausschüttungsfähigen Betrags in den einzelnen Perioden hängt aber vom Bewertungssystem ab. Da das Kongruenzprinzip nicht zwingend zu einer Bewertung zu historischen Kosten führt, sondern auch bei Neubewertungen über die Anschaffungs- oder Herstellungskosten hinaus gelten kann, können Gewinne durch Ausnutzen von Spielräumen bei Wertansätzen oder durch eine Neubewertung der Vermögenswerte zeitlich verlagert werden. Die Kontinuität von Wertansätzen und die doppelte Buchführung sorgen aber dafür, dass sämtliche Ressourcenbewegungen kontrolliert und nachvollzogen werden können.

Der Zugang von Vermögenswerten ist – sofern sie aktivierungsfähig sind – grundsätzlich erfolgsneutral.[619] Ist der Vermögenswert nicht aktivierungsfähig, so mindert sein Zugang den ausschüttungsfähigen Betrag in voller Höhe.[620] Für den Eigner besteht dadurch kein Anreiz, in diese Werte zu investieren, so dass Unterinvestitionsprobleme ausgelöst werden können. Problematisch ist insbesondere die Aktivierungsfähigkeit immaterieller Werte,[621] da ein künftiger Nutzenzufluss nicht immer nachgewiesen oder überprüft werden kann.[622] In einer Wiederbeschaffungswertbilanz dürfen immaterielle Werte umfassend aktiviert werden,[623] wodurch Anreize zur Investition geschaffen und Unterinvestitionsprobleme vermieden werden. Allerdings werden dem Eigner Spiel-

---

616 Vgl. dazu ausführlich *Leuz* (1996), insb. S. 186-189, und *Leuz* (1998). Eine mehrwertige Abbildung des Gewinns erfolgt aber auch bei einer Einzelbewertung nicht.

617 Vgl. *Ordelheide* (1988a), S. 292, *Leuz* (1996), S. 188. Eine Begrenzung der Ausschüttung erfolgt erst nach Aggregation zum Reinvermögen des Unternehmens.

618 Vgl. hierzu und im Folgenden *Leuz* (1996), S. 192-194.

619 Bei Herstellung eines Vermögenswertes können nicht zwingend alle bei der Herstellung angefallenen Kosten aktiviert werden.

620 Vgl. *Leuz* (1996), S. 206.

621 Eine Ungleichbehandlung von materiellen und (nicht entgeltlich erworbenen) immateriellen Vermögenswerten ist gerechtfertigt, da immaterielle Werte stärker von Unterinvestitionsproblemen aufgrund von versunkenen Kosten bedroht sind. Unterschiedliche Abschreibungsverfahren für materielle und immaterielle Vermögenswerte können sinnvoll sein. Vgl. ausführlich *Leuz* (1998), S. 206f.

622 Vgl. *Schneider* (1994), S. 175-178, *Leuz* (1996), S. 205.

623 Vgl. *Moxter* (1982), S. 106f., kritisch *Blaufus* (2005), S. 202.

räume für die Aktivierung und Zugangsbewertung der Vermögenswerte eröffnet.[624] Dies drängt das Vereinfachungs- und Objektivierungsprinzip zurück.[625] Für den Gläubiger sind die Werte kaum nachprüfbar. Der Gewinn kann vom Eigner – zumindest in Grenzen – gesteuert werden und ist daher als Ausschüttungsbemessungsgrundlage wenig geeignet.

In den Folgeperioden werden die Vermögenswerte zu Wiederbeschaffungswerten angesetzt.[626] Mit einem unrealisierten Vermögenszuwachs ist weder ein Liquiditätszufluss verbunden noch entstehen Einzahlungen oder Einzahlungsansprüche.[627] Werden die aus den Wertzuwächsen entstandenen Gewinne ausgeschüttet, entsteht für den Eigner der Anreiz, in Vermögenswerte, für die Wertsteigerungen erwartet werden, zu investieren. Dadurch können Unterinvestitionsprobleme vermieden werden. Zusätzlich werden – das gilt auch für die übrigen Gewinnermittlungskonzepte – durch die Ausschüttung von liquiden Mitteln Überinvestitionsprobleme vermieden, sofern dem Unternehmen nicht ausreichend Investitionsprojekte mit positivem Kapitalwert zur Verfügung stehen oder der Eigner Zugang zu vorteilhafteren Investitionsprojekten hat.[628] Umgekehrt können Unterinvestitionsprobleme verstärkt werden, wenn ohnehin zu wenig investiert wird und durch die Ausschüttung an sich vorteilhafte Investitionsprojekte nicht durchgeführt werden.

Die Antizipation von Einzahlungen und deren Ausschüttung erweist sich auch dann als nachteilig, wenn die Einzahlungen später nicht realisiert werden. Eine Abschreibung des Vermögenswertes in den Folgeperioden auf einen niedrigeren Wert führt zwar zu einer Minderung des ausschüttungsfähigen Betrags. Sofern die Abschreibung jedoch zu einem Verlust in dieser Periode führt, ist der Eigner nicht zum Ausgleich verpflichtet. Dem Unternehmen werden durch die Ausschüttung in früheren Perioden liquide Mittel entzogen, die für die Begleichung von Schulden in späteren Zeitpunkten nicht mehr zur Verfügung stehen.[629]

Wird der Vermögenszuwachs nicht erfolgswirksam und damit gewinnerhöhend, sondern erfolgsneutral in einer ausschüttungsgesperrten Neubewertungsrücklage aufgefangen,[630] so kann er nicht ausgeschüttet werden. Aus Anreizgesichtspunkten ist dies einerseits sinnvoll, da Unterinvestitionsprobleme gemildert werden können. Andererseits

---

[624] Vermögenswerte können dann nahezu beliebig definiert werden, und die zugehörigen Werte müssen, sofern kein aktiver Markt vorhanden ist, in Form der aufzuwendenden Kosten für einen Nachbau geschätzt werden.

[625] Vgl. *Moxter* (1984), S. 71.

[626] Vgl. *Schmidt* (1979), S. 44.

[627] Vgl. *Moxter* (1982), S. 114.

[628] Vgl. ähnlich bereits *Moxter* (1962a), S. 99f. Möglich wäre auch, die Schuld zumindest teilweise zurückzuzahlen, was die Überinvestitionsprobleme vermindert. Allerdings können dadurch weitere Unterinvestitionsprobleme induziert werden, da die Eigner die Projekte nicht in ihrem Kalkül berücksichtigen.

[629] Sofern die Eigner an einer Erhaltung des Unternehmens interessiert sind, sind sie aber möglicherweise bereit, die notwendigen Mittel nachzuschießen.

[630] So ist es von *Edwards/Bell* (1961), S. 73f., und *Schmidt* (1979), S. 71, vorgesehen.

seits werden Überinvestitionsprobleme möglicherweise verstärkt, da die nicht ausgeschütteten Mittel investiert werden müssen.[631] Zu fragen ist, ob eine Bewertung zu Wiederbeschaffungswerten im Rahmen der Gewinnermittlung zu Ausschüttungszwecken sinnvoll ist, wenn Wertänderungen nur teilweise im Gewinn berücksichtigt werden.[632] Der Gesamtgewinn umfasst neben dem ausschüttungsfähigen Gewinn auch unrealisierte Erträge und Aufwendungen. Zwar werden dadurch liquide Mittel im Unternehmen einbehalten, so dass Unterinvestitionsprobleme vermieden werden. Der unrealisierte Gewinn kann jedoch allenfalls als Indikator für künftige Ausschüttungen herangezogen werden. Der Eigner ist an den Ausschüttungen interessiert, so dass im Unternehmen verbleibende Ressourcen nur für die Investitionsplanung relevant sind. Der Gläubiger ist an der Begleichung der Schuld im Fälligkeitszeitpunkt interessiert, so dass die Neubewertungsrücklage von nachrangigem Interesse ist.

Da die Aufnahme von Fremdkapital im Zugangszeitpunkt ebenfalls erfolgsneutral ist, sind fremdfinanzierte Ausschüttungen grundsätzlich nicht möglich.[633] Dadurch kann sich der Eigner nicht bereichern, indem z.B. eine Anzahlung mit Kunden vereinbart, diese dann ausgeschüttet wird und sich der Eigner der Leistungsverpflichtung durch Insolvenz entledigt.[634] Fremdfinanzierte Ausschüttungen sind möglich, wenn unrealisierte Vermögenszuwächse ausgeschüttet werden dürfen, weil negative Periodenabgrenzungen vorliegen, die den Gewinn erhöhen.[635]

Liquidationsfinanzierte Ausschüttungen hängen vom Liquidationserlös und vom Buchwert des Vermögenswertes ab.[636] Der Buchwert legt in diesem Fall die Ausschüttungssperre fest und schränkt so für den Eigner den Spielraum ein, über eine Liquidation von Vermögenswerten die Ausschüttungen zu erhöhen. Der Buchwert des Vermögenswertes hängt von dem zugrunde liegenden Rechnungslegungssystem und der Aktivierungsfähigkeit des Vermögenswertes ab. Wurde der Vermögenswert aktiviert, ist eine Ausschüttung nur möglich, wenn die Liquidationseinzahlung über dem Buchwert liegt, der wiederum vom Bewertungssystem abhängt. Der einzubehaltende Teil ist wiederum zu investieren, so dass Überinvestitionsprobleme oder Risikoanreizprobleme resultieren können.[637] War eine Aktivierung des Vermögenswertes hingegen nicht möglich, so ist die Einzahlung bei dessen Abgang vollständig erfolgswirksam und damit auch ausschüttungsfähig.

Der ausschüttungsfähige Betrag wird bei aktivierungsfähigen Vermögenswerten auf die Differenz zwischen Liquidationserlös und Wiederbeschaffungswert begrenzt. Liegt

---

631 Vgl. ähnlich *Kuhner* (2005b), S. 769-771.

632 Eine Wiederbeschaffungswertbilanz kann z.B. zu Informationszwecken sinnvoll sein. Dann ist jedoch der Zweck der Rechnungslegung ein anderer als der hier untersuchte.

633 Vgl. ausführlich *Leuz* (1996), S. 202.

634 Vgl. *Rammert* (2000), S. 260.

635 Vgl. *Moxter* (1984), S. 69, *Leuz* (1996), S. 205 Fn. 14, zum formalen Zusammenhang Gleichung (2.4). Zuschreibungen bei Vermögenswerten wurden des Öfteren bereits genutzt, um Ausschüttungen zu legitimieren, vgl. *Leuz/Deller/Stubenrath* (1998), S. 114.

636 Vgl. *Leuz* (1996), S. 204f.

637 Vgl. *Schildbach* (1986), S. 64.

der Buchwert über dem Liquidationserlös, entsteht durch Liquidation ein Verlust. Der Eigner wird in diesem Fall von einer Liquidation absehen, so dass eine Neubewertung von Vermögenswerten den Anreiz zu liquidationsfinanzierten Ausschüttungen mindern kann. Durch eine Wiederbeschaffungswertbilanz soll die gegenwärtige Situation oder der Reproduktionswert des Unternehmens dargestellt werden.[638] Dies lässt kaum Aussagen über die Möglichkeit der Generierung künftiger Einzahlungsüberschüsse und der Schuldendeckung im (künftigen) Fälligkeitszeitpunkt zu.

In einer Bilanz auf Basis von Veräußerungswerten werden Ausgaben für immaterielle Werte wie Forschung und Entwicklung nicht aktiviert, sondern sofort aufwandswirksam erfasst.[639] Für den Eigner des Unternehmens besteht dadurch kein Anreiz, Forschung und Entwicklung zu betreiben.[640] Anreize zur Investition in nicht aktivierungsfähige immaterielle Werte bestehen möglicherweise in Perioden, in denen ein Verlust entsteht, weil dann keine Ausschüttungen möglich sind und eine Nachschusspflicht nicht besteht. Der Verlust muss in den Folgeperioden durch entstehende Gewinne wieder ausgeglichen werden,[641] so dass die Maximierung des Verlustes in einer Periode nicht unbedingt vorteilhaft ist.[642] Für die Bewertung und Wertänderungen in einer Veräußerungswertbilanz gelten die Ausführungen zu den Wiederbeschaffungswertbilanzen analog.

In einer Veräußerungswertbilanz werden künftige Auszahlungen, wie Kulanzverpflichtungen, Garantieleistungen oder Pensionsverpflichtungen, nicht antizipiert. [643] Für den Eigner besteht dadurch ein Anreiz, z.B. ein niedriges Gehalt verbunden mit einer Pensionszusage zu vereinbaren, da der Gewinn dadurch höher ausfällt als wenn ein hohes Gehalt ohne Pensionszusage gezahlt wird.[644] Künftige Belastungen fallen möglicherweise in Perioden, in denen Insolvenzen auftreten. Müssen hingegen Rückstellungen für künftige Verpflichtungen gebildet werden, wäre es für den Eigner – sofern die Belastungen korrekt antizipiert werden – irrelevant, welches Entlohnungsmodell verwendet wird.

Eine liquidationsfinanzierte Ausschüttung ist nicht möglich, wenn der Vermögenswert mit seinem erwarteten Veräußerungserlös bilanziert wird[645] und dieser richtig ge-

---

638 Vgl. *Moxter* (1982), S. 105.

639 Vgl. *Moxter* (1982), S. 128f.

640 Langfristig schaden sich die Eigner dadurch jedoch möglicherweise selbst, so dass Anreize zu Forschung und Entwicklung bestehen und sie daher bereit sein können, auf Ausschüttungen heute zugunsten hoher Ausschüttungen in späteren Perioden zu verzichten.

641 Es liegt eine gestaffelte Ausschüttungsbegrenzung vor. Wenn der Verlust einer Periode das gebundene Ausschüttungspotential unterschreitet, sind Ausschüttungen erst dann wieder möglich, wenn das gebundene Ausschüttungspotential aufgefüllt ist.

642 Sofern in den Folgeperioden frühzeitig Einzahlungen zum Verlustausgleich entstehen und die Einzahlungen in Perioden fallen, in denen keine Schulden fällig sind, kann dieses Vorgehen vorteilhaft sein. Vernachlässigt werden dabei jedoch die Zeitpräferenzen der Eigner.

643 Vgl. *Moxter* (1982), S. 129.

644 Vgl. *Rammert* (2000), S. 238.

645 Vgl. *Leuz* (1996), S. 205.

schätzt wurde. Sofern die Einzahlungen den ursprünglichen Auszahlungen entsprechen, sind zwischenzeitlich c.p. keine Ausschüttungen an den Eigner erfolgt. Liegt der Buchwert aufgrund hoher Abschreibungen erheblich unter dem Liquidationserlös, so konnte zwischenzeitlich c.p. wenig ausgeschüttet werden.[646] Im Zeitpunkt der Veräußerung kehrt sich dies um, so dass sich die Ausschüttungen zeitlich nach hinten verlagern. Nachteilig ist das nur dann, wenn die einbehaltenen Mittel zu einer Überinvestition führen.

Für den Zukunftsbezug der Bilanz lassen sich ähnliche Aussagen treffen wie bei einer Wiederbeschaffungswertbilanz. Der Gläubiger erhält in einer Veräußerungswertbilanz Informationen darüber, inwieweit die Schulden am Stichtag durch Vermögenswerte gedeckt sind.[647] Sofern von einer Unternehmensfortführung auszugehen ist und die Schuld zu einem späteren Zeitpunkt fällig wird, fehlt der Zukunftsbezug, und die Informationen sind für den Gläubiger wenig interessant.[648] Erfolgt eine Bewertung jedoch zu künftig erwarteten Veräußerungswerten, kann der Gläubiger die Schuldendeckung im Vergleich zu am Stichtag geltenden Veräußerungswerten besser abschätzen. Problematisch ist (i) die Bewertung von Vermögenswerten, die nicht zum Verkauf bestimmt sind; hier muss fiktiv ein Verkauf angenommen werden, und (ii) die Subjektivität der Schätzung. Behilft man sich über am Bilanzstichtag geltende Veräußerungspreise als beste Schätzer für künftige Preise, ergibt sich das oben beschriebene Problem.

Bei einer Rechnungslegung auf Basis unternehmensspezifischer Werte entsteht bereits im Zugangszeitpunkt des Vermögenswertes ein Gewinn, wenn dem Kapitalwert-Kriterium gefolgt wird.[649] In den Folgeperioden verringert sich der unternehmensspezifische Wert um die jeweils realisierten Ein- und Auszahlungen.[650] Bei korrekter Antizipation der Zahlungsströme wird der Gewinn in die Periode des Zugangs verlagert.[651] Überinvestitionsprobleme können – zumindest im Zugangszeitpunkt – gemildert werden, weil Investitionsprojekte mit negativen Kapitalwerten in der Bilanz ausgewiesen werden und damit für den Gläubiger erkennbar sind. Das könnte den Eigner – sofern negative Konsequenzen daraus resultieren – davon abhalten, in solche Projekte zu investieren. Möglicherweise kann der Eigner jedoch durch geeignete Aggregation von Geschäftsvorfällen oder durch Manipulation des Barwertes Projekte mit negativem Kapitalwert verschleiern. Als problematisch erweist sich die Wertsteigerung eines Vermögenswertes aufgrund künftig erwarteter Einzahlungen, die sich später nicht realisieren. Der Gewinn erhöht sich durch die Steigerung des unternehmensspezifischen Wertes und führt zu Ausschüttungen. Die ausbleibenden späteren Einzahlungen oder

---

646 Vgl. *Leuz* (1996), S. 205.

647 Vgl. hierzu und im Folgenden ähnlich *Euler* (1996), S. 132f.

648 Vgl. *Krümmel* (1962), S. 144, 147f., *Coenenberg* (1968), S. 453.

649 Der unternehmensspezifische Wert übersteigt die Anschaffungs- oder Herstellungskosten des Vermögenswertes.

650 Zeiteffekte werden in diesem Fall vernachlässigt. Es wird ein Zinssatz von 0% angenommen.

651 Die Ein- und Auszahlungen aus dem Vermögenswert werden durch die (erfolgswirksamen) Abschreibungen des Vermögenswertes genau kompensiert.

höheren Auszahlungen können dazu führen, dass nicht mehr ausreichend Mittel zur Schuldentilgung vorhanden sind.

Künftige Belastungen finden umfassend Berücksichtigung, weil Schulden mit dem Barwert ihrer zukünftigen erwarteten Auszahlungen angesetzt werden. Dem Eigner werden dadurch Anreize genommen, heute niedrigere Löhne zugunsten späterer Pensionszahlungen zu vereinbaren oder höhere Kaufpreise verbunden mit einer Garantiezusage durchzusetzen, während die späteren Auszahlungen in Insolvenzzustände des Unternehmens fallen. Die Antizipation der Auszahlungen mindert den ausschüttungsfähigen Betrag und stellt ex ante Gleichheit zwischen den Alternativen her. Allerdings resultiert für die Folgebewertung von Verpflichtungen ein kontraintuitives Ergebnis.[652] Eine Verschlechterung der Bonität des Schuldners schlägt sich in steigenden Zinssätzen nieder. Ein steigender Zinssatz führt c.p. zu einem niedrigeren Barwert, so dass c.p. ein Gewinn entsteht. Die – scheinbar – sinkende Fremdkapitalbelastung kann einen falschen Eindruck der Finanzlage zur Folge haben.

Vorteilhaft ist die Zukunftsorientierung unternehmensspezifischer Werte. Durch die Diskontierung von Zahlungsströmen werden künftige Ein- und Auszahlungen gegenübergestellt. Damit ist erkennbar, inwieweit die Barwerte von Vermögenswerten die Barwerte der Schulden übersteigen.[653] Im Unterschied zum Effektivvermögen werden die Zielvorstellungen des Eigners aber nicht berücksichtigt.[654] Die Subjektivität der Wertermittlung gibt dem Eigner ein Instrument in die Hand, Gewinne (nahezu) beliebig in die Perioden zu verlagern, in denen er hohe ausschüttungsfähige Beträge wünscht. Die Gläubigeransprüche können dadurch ausgehöhlt werden.

Der Zugang von Vermögenswerten ist in einem System auf Basis historischer Kosten erfolgsneutral. Angesetzt werden diejenigen Vermögenswerte, bei denen Ausgaben vorliegen und die zu künftigen Umsätzen führen; Gewinn entsteht durch Lieferung und Leistung, wenn also Einnahmen oder Einnahmenansprüche entstanden sind, so dass alle übrigen Ausgaben erfolgsneutral zu behandeln sind.[655] Nicht entgeltlich erworbene immaterielle Vermögenswerte dürfen nicht aktiviert werden, weil ihr künftiger Beitrag zur Umsatzerzielung unsicher ist, was zu Unterinvestitionsproblemen führen kann. Auf der Passivseite werden nach dem Bilanzstichtag anfallende künftige Ausgaben antizipiert.[656] Diese können einerseits in Zusammenhang mit Aktiven stehen, z.B. Gelddarlehen, andererseits auch aus realisierten Einzahlungen resultieren, z.B. Garantieverpflichtungen. Durch deren Ansatz wird der Anreiz vermieden, Auszahlungen in die ferne Zukunft zu verschieben. Es können aber Überinvestitionsprob-

---

[652] Vgl. hierzu und im Folgenden ausführlich *Rockel* (2004), S. 170-184, m.w.N.

[653] Um die Deckung der Schulden durch Einzahlungen aus Investitionsprojekten sehen zu können, wäre ein Finanzplan notwendig. Vgl. zu diesem Ansatz *Moxter* (1966), S. 51-57.

[654] Vgl. *Ewert* (1986), S. 75.

[655] Vgl. *Moxter* (1982), S. 159f.

[656] Vgl. *Moxter* (1982), S. 164f.

leme auftreten, wenn aufgrund einer umfassenden Passivierung eine hohe Mindestinvestitionsverpflichtung entsteht.[657]

Abschreibungen bei abnutzbaren Vermögenswerten sollen den realisierten Umsätzen die für die abgesetzten Güter benötigten anteiligen Anschaffungs- und Herstellungskosten zuordnen.[658] Dadurch reduziert sich für den Eigner der Anreiz, Einzahlungen durch übermäßige Nutzung der Vermögenswerte in Perioden zu verschieben, in denen keine Schulden fällig sind.[659] Dazu ist eine Abschreibung in Abhängigkeit der Nutzung des Vermögenswertes notwendig.[660] Eine lineare Abschreibung kann den Anreiz der Einzahlungsverlagerung nur dann mindern, wenn die Nutzung des Vermögenswertes gleichmäßig über die Perioden erfolgt.

Auf der Passivseite sind künftige Auszahlungen, z.B. über Rückstellungen, zu antizipieren.[661] Treten künftige Auszahlungen in Insolvenzzuständen auf, d.h. reichen die Einzahlungen nicht aus oder fallen keine Einzahlungen an, um die Gläubigeransprüche zu befriedigen, subventioniert der Gläubiger die Investitionen des Eigners. Durch eine Antizipation der Auszahlungen können aus gesamtwertmaximaler Sicht verzerrte Investitionsentscheidungen korrigiert werden.[662] Ansatzkriterium für den antizipativen Posten ist der Barwert der in Insolvenzzuständen erwarteten Auszahlungsüberschüsse aus einer Investition.[663] Eine lineare Bildung der Rückstellung ist nicht unbedingt zu befürworten, da für den Eigner der Anreiz induziert wird, das Nutzenpotenzial des Objekts zügig auszubeuten, um Einzahlungen zugunsten hoher Ausschüttungen zeitlich vor zu verlagern.[664] Empfehlenswert ist eine Bewertung zum bedingten Erwartungswert und Abzinsung auf den Barwert. Dieser sollte im Zeitablauf in Abhängigkeit der Einzahlungen zugeschrieben werden.

Gewinne entstehen durch Lieferung und Leistung.[665] Im Vergleich zu einer Bewertung auf Basis unternehmensspezifischer Werte werden die Ausschüttungen zeitlich nach

657 Eine Ausschüttung wäre dann sinnvoll, wenn der Eigner Zugang zu vorteilhafteren Investitionsprojekten als das Unternehmen hat. Eine Aufhebung der Haftungsbeschränkung der Eigner könnte daher als Alternative zur Ausschüttungsbegrenzung diskutiert werden. Vgl. auch *Rammert* (2000), S. 259.

658 Vgl. *Moxter* (1982), S. 168.

659 Vgl. *Rammert* (2000), S. 238.

660 Die Nutzung kann z.B. von der Zeit oder der Umsatzmenge abhängig sein, vgl. *Moxter* (1982), S. 167-175.

661 Vgl. mit Beispiel *Rammert* (2000), S. 249-252.

662 Vgl. hierzu und im Folgenden *Rammert* (2000), S. 253-255.

663 Der Barwert besteht aus den Komponenten Eintrittswahrscheinlichkeit, Höhe und zeitlicher Anfall der Auszahlungsüberschüsse. Grenzwerte für die Komponenten sind schwer festzulegen. Um das Anreizproblem vollständig zu beseitigen, ist ein antizipativer Posten bereits dann zu bilden, wenn bei mehrwertiger Projektion der Zahlungsströme Auszahlungen in Zuständen erwartet werden, in denen das Unternehmen insolvent wäre.

664 Vgl. hierzu und im Folgenden *Rammert* (2000), S. 282-288.

665 Möglich wäre auch, den Realisationszeitpunkt auf den Eingang der Zahlung festzusetzen.

hinten verlagert[666] und an konkrete Transaktionen und Ereignisse gekoppelt, wodurch die Gewinnermittlung und damit die Ausschüttung objektivierter und nachprüfbarer ist. Zudem ist eine feine Steuerung des ausschüttungsfähigen Betrages möglich.[667]

Fremdfinanzierte Ausschüttungen sind im Zugangszeitpunkt der Schuld auch in einem System historischer Kosten möglich. Durch eine Bewertung zu Anschaffungs- oder Herstellungskosten und planmäßige Abschreibung können sich stille Reserven bilden, wenn der Buchwert im Vergleich zum Marktpreis zu niedrig bewertet ist. Dieser Effekt kehrt sich – bei Einhaltung des Kongruenzprinzips – im Zeitablauf um, so dass der Gewinn durch die Auflösung stiller Reserven steigt. Fremdfinanzierte Ausschüttungen werden möglich, wenn im Zeitpunkt der Fremdkapitalaufnahme durch die Auflösung der stillen Reserven ein ausschüttungsfähiger Betrag entsteht.

Eine Liquidation von Vermögenswerten führt nur dann zu einer Ausschüttung, wenn der Liquidationswert den Buchwert des Vermögenswertes übersteigt. Insofern wird durch die aufwandswirksame Verrechnung des Restbuchwerts mit dem Liquidationswert einer Liquidation von Potentialfaktoren vorgebeugt.[668] Die Anschaffungs- oder Herstellungskosten bilden die Obergrenze für die Bewertung und dienen als Ausschüttungssperre.[669] Eine liquidationsfinanzierte Ausschüttung ist daher nur möglich, wenn der Buchwert unter dem Liquidationserlös liegt.

Der Vorwurf, dass eine Rechnungslegung auf Basis historischer Kosten vergangenheitsorientiert sei, ist nur bedingt haltbar. Zwar werden keine Zukunftserfolgswerte wie bei einer Bewertung zu unternehmensspezifischen Werten angesetzt, jedoch besteht ein Zusammenhang zwischen angeschafften Vermögenswerten und künftigen Erfolgen.[670] Zahlungsüberschüsse hängen vom bestehenden Investitionsprogramm ab, welches somit als Indikator für künftige Zahlungsüberschüsse dienen kann.[671] Zudem werden über die Passivierung von Verbindlichkeiten und Rückstellungen künftige Auszahlungen antizipiert, die als Indikator für künftige Belastungen herangezogen werden können.

Der im Vergleich zur *fair value*-Bilanzierung relativ spät gewählte Realisationszeitpunkt dient der Objektivierung der Gewinnermittlung. Manipulationsräume werden

---

666 Als mögliches Kriterium für die Wahl eines Gewinnkonzeptes kommen daher auch Zeit- und Konsumpräferenzen der Eigner in Frage.

667 *Leuz* (1996), S. 150-168, propagiert daher eine Gewinnermittlung aufgrund von transaktions- und ereignisbezogenen Abbildungsregeln. Vgl. dem zustimmend *Ballwieser* (1996), S. 519. Grundsätzlich stellt auch eine Wertsteigerung am ruhenden Vermögen ein Ereignis dar. Allerdings müssen die Transaktionen und Ereignisse tatsächlich stattgefunden haben und verifizierbar dokumentiert sein, z.B. in Form von Belegen, so dass eine Marktpreisänderung allein nicht ausreicht. Vgl. *Leuz* (1996), S. 148, zu den Definitionen auch *Amershi/Cheng* (1989), S. 6.

668 Vgl. *Rammert* (2000), S. 247.

669 Vgl. *Schildbach* (1986), S. 65f., *Leuz* (1996), S. 204f.

670 Vgl. *Leuz* (1998), S. 586f., Abschnitt 3.1.2.1.

671 Vgl. *Beaver* (1991), S. 123-125, ausführlich *Leuz* (1996), S. 181-186.

eingeschränkt, da konkrete Ereignisse und Transaktionen den Umsatzakt auslösen.[672] Da der Umsatzakt vor dem Zahlungseingang liegen kann, ist die Gewinnermittlung im Vergleich zu einer reinen Zahlungsrechnung weniger restriktiv.[673] Der Gewinn gilt als quasi-sicher; es entstehen Einzahlungsansprüche. Die Antizipation von Einzahlungen kann dadurch dazu beitragen, Unterinvestitionsprobleme zu lösen.[674] In früheren Perioden aufgestellte Bilanzen und damit getätigte Ausschüttungen sind nicht revidierbar. Antizipierte Gewinne sollten daher nicht zu Ausschüttungen führen, was bei einer Bilanzierung zu historischen Kosten erfüllt ist.[675]

Konsequenz einer vorsichtigen Gewinnermittlung ist zusätzlich – neben den Anreizwirkungen einer Rechnungslegung zu historischen Kosten – ein hohes Einbehaltungserfordernis, da die Gewinne durch außerplanmäßige Abschreibungen gemindert werden. Dies kann zu Überinvestitionsproblemen, wenn nicht ausreichend Projekte mit positivem Kapitalwert zur Verfügung stehen, oder zu Risikoanreizproblemen führen, wenn die Mittel in sehr riskante Projekte investiert werden.[676] Die Bildung stiller Reserven bei einer vorsichtigen Rechnungslegung ist dem Gläubiger gleichgültig, solange Gewinne erzielt werden.[677] Werden aber stille Reserven in Verlustjahren still aufgelöst, wird der Gläubiger getäuscht und gibt womöglich Kredite. Zudem kann eine vorsichtige Gewinnermittlung die Spanne zwischen Liquidationswert und Buchwert erhöhen und damit im Zeitpunkt der Liquidation zu liquidationsfinanzierten Ausschüttungen führen. Liegt der Buchwert aufgrund hoher Abschreibungen erheblich unter dem Liquidationserlös, wird durch die große Spanne der Anreiz induziert, die Vermögenswerte zu liquidieren und die Differenz auszuschütten. Eine vorsichtige Gewinnermittlung kann daher auch gläubigerschädigend wirken.[678]

3.2.2.2. Dynamik

Der Zugang von Vermögenswerten in einer dynamischen Bilanz nach *Schmalenbach* ist darauf hin zu prüfen, ob der Zugang im Jahr der Anschaffung Aufwand darstellt oder eine Aufwandsverteilung aufgrund der Nutzung des Vermögenswertes über meh-

---

672 Vgl. *Leuz* (1996), S. 212.

673 *Leuz* (1996), S. 213, spricht daher in diesem Zusammenhang von einer weniger vorsichtigen Rechnungslegung. *Schneider* (1971), S. 616, sieht deshalb eine Herausrechnung der „unrealisierten Gewinne [...], die [...] auf der Vorverlegung des Realisationszeitpunktes vor dem Zeitpunkt des Einnahmenzuflusses bei Forderungen zurückzuführen sind", vor.

674 *Leuz* (1996), S. 216f., kommt zu dem Ergebnis, dass eine Rechnungslegung auf Basis historischer Kosten mit dem von ihm entwickelten System einer transaktions- und ereignisorientierten Feinsteuerung des ausschüttungsfähigen Betrags vereinbar ist.

675 Vgl. ähnlich *Albach* (1965), S. 28.

676 Eine vorsichtige Rechnungslegung kann daher zu einer Verstärkung von Agency-Problemen verbunden mit einer Verschlechterung der Gläubigerposition führen. „Dieses Ergebnis ist bei einer bilanziellen Ausschüttungsrestriktion gleichbedeutend mit dem Resultat, daß mehr Kapitalerhaltung auch zum Schaden der Gläubiger sein kann." *Ewert* (1986), S. 386, unterstrichen im Original.

677 Vgl. *Schneider* (1987), S. 412, auch *Leffson* (1987), S. 87, m.w.N.

678 Vgl. *Ewert* (1989), S. 300f., *Leuz* (1996), S. 218.

rere Perioden geboten ist.[679] Grundsätzlich sollen die Vermögenswerte aktiviert werden, die zu künftigen Erträgen oder Einnahmen beitragen.[680] Dazu zählen z.B. Forschungsausgaben.[681] Allerdings dürfen nicht – wie diese Kriterien vermuten lassen – aufgrund von Vergleichbarkeit, Willkürfreiheit und Nachprüfbarkeit beliebig immaterielle Werte angesetzt werden.[682] Insofern wird durch die Aktivierung von z.B. Forschungsausgaben ein Anreiz zur Investition in Forschung induziert. Das Aktivierungsverbot von z.B. Organisationskosten für die Einstellung von Mitarbeitern oder die Akquisition von Kunden hat eine Gewinnkürzung zur Folge, die den Eigner von solchen Investitionen abhält.[683]

Abschreibungen in den Folgeperioden sind von der Nutzungsdauer des Vermögenswertes und dem Nutzungsverlauf abhängig und daher schwer zu festzulegen.[684] Die von *Schmalenbach* eher zu hoch bemessenen Abschreibungen[685] führen zu einem niedrigen Gewinn und damit hohen Einbehaltungserfordernis. Dadurch können Unterinvestitionsprobleme induziert werden, weil bei Aktivierung des Vermögenswertes und späteren hohen Abschreibungen kein Anreiz zur Investition in diesen Vermögenswert besteht. Zugleich können Überinvestitionsprobleme und Risikoanreizprobleme entstehen, wenn aufgrund des hohen Einbehaltungserfordernisses Investitionsprojekte mit negativem Kapitalwert oder riskante Investitionsprojekte mit stark schwankenden Zahlungsströmen durchgeführt werden (müssen).

Bei Abgang eines Vermögenswertes des Anlagevermögens stellt die Differenz zwischen Liquidationserlös und Buchwert außerordentlicher Ertrag dar.[686] Eine große Differenz zwischen Erlös und Buchwert kann auf zu hohe Abschreibungen zurückgeführt werden, die durch die Ausbuchung korrigiert werden. Die nach *Schmalenbach* tendenziell hohen Abschreibungen führen dazu, dass im Abgangszeitpunkt liquidationsfinanzierte Ausschüttungen möglich sind. Die große Differenz zwischen Erlös und Buchwert schafft den Anreiz zu liquidationsfinanzierten Ausschüttungen.

Auf der Passivseite sind diejenigen Schulden anzusetzen, die künftige Lasten darstellen.[687] Dazu zählt auch die Bildung von Rückstellungen für „spezielle Wagnisse" im

[679] Vgl. *Schmalenbach* (1988), S. 102. Für die Aktivierung müssen ein künftiger „Nutzwert" und ein „Verteilungsbedürfnis" vorhanden sowie Kosten und Nutzen ermittelbar sein, vgl. *Schmalenbach* (1988), S. 146.

[680] Vgl. *Schmalenbach* (1988), S. 66-70. Die Ertragswirksamkeit wird jedoch nicht weiter konkretisiert. Es handelt sich um sog. „schwebende Vorleistungen".

[681] Vgl. *Schmalenbach* (1988), S. 68.

[682] Vgl. *Schmalenbach* (1988), S. 143, 147.

[683] Vgl. *Schmalenbach* (1988), S. 105.

[684] Vgl. *Moxter* (1984), S. 40, 99.

[685] Vgl. *Schmalenbach* (1988), S. 142. Sonderabschreibungen aufgrund zu niedrig bemessener Abschreibungen sind zu vermeiden.

[686] Vgl. *Schmalenbach* (1988), S. 104f.

[687] Vgl. *Schmalenbach* (1988), S. 70f., die von *Schmalenbach* auch als „schwebende Nachleistungen" bezeichnet werden.

Verursachungsjahr, nicht jedoch für das „allgemeine Wagnis".[688] Die Antizipation künftiger Ausgaben verhindert eine Vorverlagerung von Gewinnen und sichert eine periodengerechte Aufwandszuordnung. Dadurch können Reichtumsverlagerungen zugunsten des Eigners reduziert werden.

Aus Gründen der Vergleichbarkeit könnte man bei langfristiger Fertigung eine Verteilung von Aufwand und Ertrag auf die betroffenen Perioden vermuten. Hier schlägt jedoch das Vorsichtsprinzip durch, so dass Gewinne erst bei Fertigstellung realisiert sind. Ein Gewinn sollte lieber zu niedrig als zu hoch ausgewiesen werden.[689] Dies führt unter Anreizgesichtspunkten jedoch zu dem Problem, dass durch vorsichtige Rechnungslegung Mittel im Unternehmen verbleiben, die angelegt werden müssen. Überinvestitions- und Risikoanreizprobleme sind die Folge.

Der neodynamische Gewinn nach *Moxter* soll anzeigen, wie viel jetzt ausgeschüttet werden kann, um gleich hohe Ausschüttungen in den Folgeperioden nicht zu gefährden.[690] Aus Gründen der Objektivierung sollen Auszahlungen nur dann aktiviert werden, wenn sie auf spätere Perioden zu übertragen sind und selbständig am Rechtsverkehr teilnehmen können.[691] Allerdings führen Auszahlungen z.B. für Belegschaftsausbildung, Forschung und Entwicklung nicht unbedingt zu selbständig verkehrsfähigen Vermögenswerten. Ein Verzicht auf solche Investitionen resultiert c.p. in einem höheren Gewinn der laufenden Periode und in sinkenden Gewinnen der Folgeperioden. Der Zielkonflikt zwischen Einkommensapproximation und Objektivierung wird von *Moxter* nicht gelöst. Er kommt zu dem Schluss „entweder Verzicht auf die Einkommensapproximation oder Verzicht auf die Objektivierung"[692]. Insofern lassen sich unter Anreizgesichtspunkten keine Aussagen treffen.

Abschreibungen sollen anzeigen, mit welchen Abschreibungen auch künftig bei gleicher erwarteter Periodenleistung zu rechnen ist.[693] Sie sollen eine gleichmäßige jährliche Belastung anzeigen, die alle Nutzungsauszahlungen berücksichtigt und nur bei eindeutigen Datenänderungen angepasst werden.[694] Das Gegenüberstellen von durchschnittlich zu erwartenden Periodenleistungen und durchschnittlichen Abschreibungen führt zu durchschnittlich erwarteten Gewinnen und damit durchschnittlich erwarteten Ausschüttungen sowie Einbehaltungserfordernissen. Dies ist einerseits sinnvoll, da bei gleich bleibenden Rahmenbedingungen eine gewisse Planungssicherheit für Eigner und Gläubiger entsteht. Andererseits werden besonders positive oder negative Ausreißer nicht berücksichtigt, so dass Anreize entstehen können, in riskante Projekte zu investieren (Risikoanreizproblem), ohne dass dies vom Gläubiger nachprüfbar wäre.

---

688 Vgl. *Schmalenbach* (1988), S. 169-176.
689 Vgl. *Schmalenbach* (1988), S. 99.
690 Vgl. *Moxter* (1982), S. 142f.
691 Vgl. *Moxter* (1974), S. 274f.
692 *Moxter* (1974), S. 276.
693 „Gesucht sind die durchschnittlichen Auszahlungen, die insgesamt durch die Anlagenutzung zu erwarten sind." *Moxter* (1974), S. 279.
694 Vgl. *Moxter* (1974), S. 299.

Künftige erwartete Belastungen werden in Form von Rückstellungen antizipiert.[695] Überinvestitionsprobleme können dadurch vermieden werden. Ebenso sind fremdfinanzierte Ausschüttungen aufgrund des erfolgsneutralen Zugangs von Verbindlichkeiten nicht möglich. Mit Hilfe der Liquidationsfiktion sollen künftige Belastungen und drohende Verluste aus schwebenden Geschäften festgestellt und in der Gewinnermittlung berücksichtigt werden.

3.2.2.3. Ergebnis

Zusammenfassend ist festzuhalten, dass die verschiedenen Gewinnkonzepte fremdfinanzierungsbedingte Agency-Probleme mildern können, gleichzeitig aber auch neue Agency-Probleme induzieren oder bereits vorhandene verstärken können. Unternehmensspezifische Werte antizipieren Ein- und Auszahlungen gleichermaßen. Dadurch werden einerseits Anreize zur Investition geschaffen und andererseits künftige Belastungen erfasst, so dass der Durchführung von Projekten mit negativem Kapitalwert vorgebeugt wird. Eine Rechnungslegung auf Basis historischer Kosten verhindert eine Ausschüttung von unrealisierten Gewinnen, weil mit der Gewinnrealisierung Einzahlungsansprüche entstehen, die Rückflüsse also quasi-sicher sind. Die Bildung von Rückstellungen verhindert zudem günstige Vertragsvereinbarungen heute zu Lasten späterer Belastungen. Eine vorsichtige Rechnungslegung beugt zu hohen Ausschüttungen bei erwarteten Verlusten heute vor, kann durch das hohe Einbehaltungserfordernis jedoch Überinvestitions- und Risikoanreizprobleme auslösen. Tabelle 3.4 zeigt im Überblick, wie die Gewinnkonzepte zur Milderung der verschiedenen Eigner-Gläubiger-Konflikte beitragen können.

Kriterium / Konzept	Überinvestition	Unterinvestition	Fremdfinanzierte Ausschüttungen	Liquidationsfinanzierte Ausschüttungen	Risikoanreizproblem
Effektivvermögen	nicht anwendbar				
Wiederbeschaffungswerte	+	+/-	++	+	+
Veräußerungswerte	-	-	+	+	-
Unternehmensspezifische Werte	+	+	+	++	+
Historische Kosten	0	0	+	+	0
Vorsichtige Rechnungslegung	-	0	+	-	-
Dynamik	0	-	+	-	-
Neodynamik	0	0	+	0	-

Tabelle 3.4: Beurteilung der Gewinnkonzepte für den Zweck der Ausschüttungsbemessung bzgl. ihrer Milderung von Gläubiger-Eigner-Konflikten (Legende: ++: sehr gut; +: gut; 0: neutral; -: schlecht; --: sehr schlecht)

[695] Vgl. *Moxter* (1974), S. 271.

3.2.3. Modell von *Gjesdal/Antle*

3.2.3.1. Darstellung

Gjesdal/Antle analysieren modelltheoretisch optimale Ausschüttungsrestriktionen in unvollständigen Märkten. Der Fokus liegt auf dem Zusammenhang zwischen einer optimalen zahlungsorientierten und gewinnbasierten Ausschüttungsbegrenzung.[696] Um Ausschüttungen in Zwischenperioden zu untersuchen, gehen die Verfasser von einem zweiperiodigen Modell aus. Als Motiv für die Vergabe von Fremdkapital durch den Gläubiger wird angeführt, dass der Schuldner Mittel zu einem höheren Zins als der Gläubiger anlegen kann und im Unterschied zum Gläubiger Zugang zu Investitionsprojekten hat, die einen (unsicheren) Zahlungsstrom generieren.[697] Der Eigner nimmt Fremdkapital auf, weil ihm möglicherweise nicht ausreichend Mittel zur Durchführung des Projektes zur Verfügung stehen und er Steuerersparnisse realisieren kann.[698] Ein Kreditvertrag zwischen Eigner und Gläubiger regelt einen unbedingten Plan für die Rückzahlung der Verbindlichkeit. Insolvenz tritt dann ein, wenn nicht ausreichend Mittel zur Begleichung der Schuld vorhanden sind. Insolvenzkosten[699] umfassen den Eigentumstransfer, den abrupten Wechsel des Managements sowie die Verifizierung der Zahlungsströme und sind in ihrer Höhe fix.[700] Zusätzlich kann das Unternehmen nicht zweimal insolvent werden.

Zahlungen aus dem Unternehmen kann der Eigner ausschließlich durch Ausschüttungen erhalten, da Verfügungsmacht und Eigentum getrennt sind.[701] Im Unternehmen verbleibende Mittel können für künftige Ausschüttungen oder für die Rückzahlung der Schuld verwendet werden. Neuinvestitionen sowie die Aufnahme von Fremdkapital in der Zwischenperiode sind ausgeschlossen. Der Gläubiger wird auf eine Ausschüttungsbeschränkung bestehen, weil sonst möglicherweise nur ein Teil der Schuld beglichen wird und er ggf. die Insolvenzkosten tragen muss. Eine Ausschüttungsbegrenzung durch Teilrückzahlung der Schuld in der Zwischenperiode führt zu steigenden erwarteten Insolvenzkosten. Alternativ können sämtliche Ausschüttungen verboten werden, so dass die gesamten Mittel im Unternehmen verbleiben. Dies ist dann vorteilhaft, wenn das Unternehmen einbehaltene Mittel zu einem höheren (risikolosen) Zinssatz anlegen kann als der Eigner. Im umgekehrten Fall ist eine Ausschüttung der Mittel vorteilhaft.

Eine Vereinbarung (*covenant*) zwischen Eigner und Gläubiger wird als eine vertraglich bestimmte Entscheidungsregel auf Basis gemeinsam beobachtbarer Information definiert. Es wird angenommen, dass Ausschüttungen beobachtbar und verifizierbar

---

[696] Vgl. hierzu und im Folgenden *Gjesdal/Antle* (2001), S. 53.

[697] Gründe für unterschiedliche Zinssätze sind z.B. nicht marktfähige Investitionsprojekte, vgl. *Gjesdal/Antle* (2001), S. 55.

[698] Vgl. *Gjesdal/Antle* (2001), S. 55f.

[699] Die Ursache der Insolvenzkosten wird nicht modelliert, vgl. *Gjesdal/Antle* (2001), S. 53f.

[700] Vgl. *Gjesdal/Antle* (2001), S. 56. Für den Gläubiger ist es nicht sinnvoll, den Eigner in die Insolvenz zu treiben.

[701] Vgl. hierzu und im Folgenden *Gjesdal/Antle* (2001), S. 54 sowie Fn. 4.

sind. Der Eigner strebt die Maximierung der Ausschüttung in der Zwischenperiode an.[702] Die von ihm zu treffende Ausschüttungsentscheidung wird durch die Vereinbarung mit dem Gläubiger und auf die vorhandenen liquiden Mittel begrenzt. Der Eigner schlägt die Höhe des geliehenen Betrags, den Zahlungsplan und die Ausschüttungsrestriktion vor.[703] Nachverhandlungen und negative Ausschüttungen sind ausgeschlossen.[704]

Der risikoneutrale Eigner mit Vermögen *W* hat Zugang zu einem zweiperiodigen Investitionsprojekt mit der Auszahlung *K* und einem unsicheren Rückfluss von $\widetilde{X}$, der aus den unsicheren Zahlungsströmen $\widetilde{X}_1$ und $\widetilde{X}_2$ besteht ($\widetilde{X} = \widetilde{X}_1 + \widetilde{X}_2$).[705] Der Zinssatz des Eigners beträgt *r*, der des Gläubigers 0%. In $t = 0$ wird der Kreditvertrag geschlossen, in dem die vom Gläubiger geliehenen Mittel *M*, die Rückzahlungsbeträge an den Gläubiger P_1 und P_2 und die Menge möglicher Ausschüttungen Δ festgelegt werden.[706] Δ hängt vom (unsicheren) Zahlungsstrom $\widetilde{X}_1$ ab, sofern $\widetilde{X}_1$ beobachtbar ist. Kann der Eigner die Zahlungen an den Gläubiger nicht leisten, entstehen Insolvenzkosten in Höhe von $\widetilde{C}_t$ ($\widetilde{C} = \widetilde{C}_1 + \widetilde{C}_2$, mit $\widetilde{C}_1 \geq \widetilde{C}_2$).[707]

Bleibt das Unternehmen in $t = 1$ solvent ($\widetilde{X}_1 > P_1$), erhält der Gläubiger P_1 und der Eigner tätigt eine Ausschüttung in Höhe von d_1; der Rest verbleibt im Unternehmen. Reichen die Rückflüsse aus dem Projekt in $t = 1$ nicht aus, um die Rückzahlung an den Gläubiger zu leisten, so treten Insolvenzkosten von C_1 auf. Dem Gläubiger fließt die Differenz aus Rückfluss und Insolvenzkosten zu, während der Eigner leer ausgeht. In $t = 2$ wird das Unternehmen liquidiert. Blieb das Unternehmen in $t = 1$ solvent und übersteigen die Rückflüsse aus dem Projekt abzüglich der Rückzahlung an den Gläubiger und der Ausschüttung an den Eigner in $t = 1$ den Rückzahlungsbetrag in $t = 2$ an den Gläubiger ($X_2 + X_1 - P_1 - d_1 \geq P_2$), wird der Betrag P_2 an den Gläubiger gezahlt und der Eigner bekommt den Rest. Wird das Unternehmen jedoch insolvent, so erhält der Gläubiger die verbleibende Differenz, der Eigner geht in $t = 2$ leer aus. Wurde das Unternehmen in $t = 1$ insolvent, kann das Unternehmen in $t = 2$ – laut Annahme – nicht nochmals insolvent werden. Fallen die Rückflüsse aus dem Projekt abzüglich der Rückzahlung an den Gläubiger und der Insolvenzkosten in $t = 1$ höher aus als der Rückzahlungsbetrag in $t = 2$ ($X_2 + X_1 - P_1 - C_1 \geq P_2$), fließt dem Gläubiger der geschuldete Betrag und eine Erstattung der Insolvenzkosten und dem Eigner der Rest zu.

---

702 Vgl. *Gjesdal/Antle* (2001), S. 56.

703 Vgl. *Gjesdal/Antle* (2001), S. 57.

704 Ein sofortiger Verkauf des Investitionsprojekts scheidet als mögliche Lösung aus, vgl. *Gjesdal/ Antle* (2001), S. 56.

705 Vgl. *Gjesdal/Antle* (2001), S. 55-57. Angaben zum Gläubiger, z.B. über dessen Risikoeinstellung oder Kapitalausstattung, erfolgen nicht.

706 Vgl. *Gjesdal/Antle* (2001), S. 57f.

707 Insolvenz liegt vor, wenn der Eigner die Forderung des Gläubigers nicht begleichen kann. Sie entstehen durch den Eigentumstransfer, den plötzlichen Wechsel des Managements und die Verifizierung der Zahlungsströme. Es wird angenommen, dass der Eigner bei Zahlungsunfähigkeit das Unternehmen verlässt und der Gläubiger die Insolvenzkosten zu tragen hat. Wird das Unternehmen in t_1 insolvent, erfolgt ein Eigentümerwechsel und der neue Eigner übernimmt Teile der alten Schuld. Vgl. *Gjesdal/Antle* (2001), S. 56.

Im umgekehrten Fall erhält der Gläubiger den Rückfluss aus der Investition in $t = 2$, der Eigner geht leer aus. Abbildung 3.1 gibt den Zustandsbaum wieder.

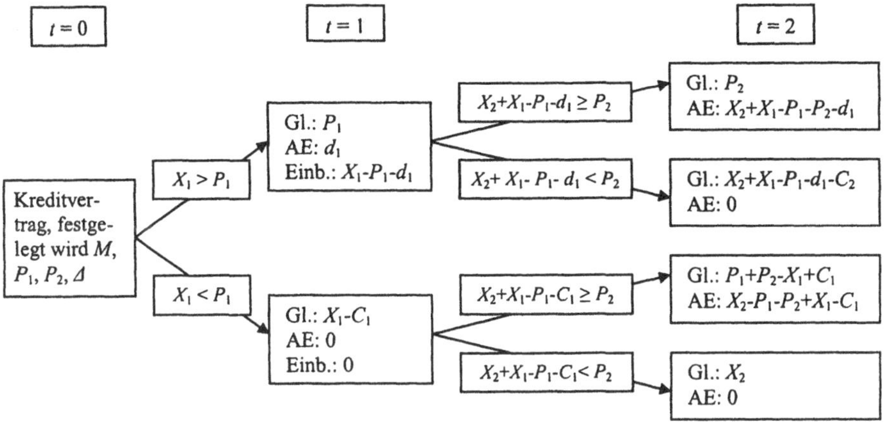

Abbildung 3.1: Zustandsbaum im Modell von Gjesdal/Antle[708]
(AE = Anteilseigner, Gl. = Gläubiger, Einb. = einbehaltene Mittel)

Ziel des Eigners ist die Maximierung des Endvermögens in $t = 2$ unter drei Nebenbedingungen:[709]

$$(2.6)\qquad \max_{\{\Delta, d_1(X_1), P_1, P_2, M\}} E[(1+r)\tilde{d}_1 + \tilde{d}_2 + (1+r)^2(W - K + M)]$$

$$\text{u.d.N. } d_1(X_1) = \underset{\{d_1 \in \Delta \cap [0, X_1 - P_1]\}}{\arg\max} E[(1+r)d_1 + \tilde{d}_2]$$

$$E[\tilde{P}_1 + \tilde{P}_2 - \tilde{C}] \geq M$$

$$\tilde{X} = \tilde{X}_1 + \tilde{X}_2 = \tilde{P}_1 + \tilde{P}_2 + \tilde{d}_1 + \tilde{d}_2 .$$

Die erste Nebenbedingung spiegelt die Ausschüttungsentscheidung des Eigners in den vorgegebenen Grenzen wider. Die zweite Nebenbedingung sichert die Rückzahlung P_t an den Gläubiger. Die Rechnungslegungsidentität spezifiziert, dass Mittelverwendung gleich Mittelherkunft ist. Obwohl die Ausschüttung d_1 beobachtbar ist, liegt ein Fall von *hidden information* vor, da der Zahlungsstrom $\tilde{X}_1$ nicht beobachtbar ist. Durch die Nutzung der zweiten und dritten Nebenbedingung kann das Maximierungsproblem vereinfacht werden:[710]

---

[708] Vgl. *Gjesdal/Antle* (2001), S. 57.
[709] Vgl. *Gjesdal/Antle* (2001), S. 58.
[710] Die zweite Nebenbedingung wird zur Gleichung im Optimum. Wäre sie in jedem Zustand eine Ungleichung, so könnte der geliehene Betrag erhöht werden, und der Erwartungswert des Eigners würde steigen, vgl. *Gjesdal/Antle* (2001), S. 58.

$$(2.7)\quad \max_{\{\Delta, d_1(X_1), P_1, P_2\}} L = E(\tilde{X}) + (1+r)^2 (W-K) + rE(\tilde{d}_1) + ((1+r)^2 - 1)E(\tilde{P}_1 + \tilde{P}_2) - (1+r)^2 E(\tilde{C})$$

u.d.N. $d_1 = \max\{\Delta \cap [X_1 - P_1]\}$.

Zunächst wird angenommen, dass der realisierte Rückzahlungsstrom X_1 beobachtbar ist. Da negative Ausschüttungen ausgeschlossen sind, ist zu prüfen, ob es eine Obergrenze für die Ausschüttungen gibt und ob diese von Null verschieden ist. Die Obergrenze für Ausschüttungen kann auch als Untergrenze für einzubehaltende Mittel $D(X_1)$ interpretiert werden. Die Ausschüttungsbegrenzung lautet:[711]

$$(2.8)\quad d_1 \in [0, X_1 - D(X_1)].$$

Da der Eigner die Ausschüttungen maximieren möchte, ergibt sich:

$$(2.9)\quad d_1 = X_1 - D(X_1).$$

Die Beobachtung und Verifizierung von X_1 ist nur nötig, wenn tatsächlich ausgeschüttet wird, wenn also $X_1 > D(X_1)$ ist. Im Optimum ergibt sich:[712]

(i) Es existiert ein D^*, so dass $d_1 = \max\{X_1 - D^*, 0\}$ gilt;
(ii) es erfolgt keine Teilrückzahlung der Schuld in $t = 1$ ($P_1^* = 0$);
(iii) das optimale Einbehaltungserfordernis ist größer als Null, aber kleiner als der optimale Rückzahlungsbetrag in $t = 2$ ($0 < D^* < P_2^* < \infty$);
(iv) die optimale Ausschüttungsvereinbarung (*dividend covenant*) in (i) dominiert alle übrigen Vereinbarungen, die nicht von X_1 abhängen.

In den ersten Ableitungen von L nach D und P_2 (Gleichung (2.7)) wird der Zielkonflikt zwischen den Kapital- und den Insolvenzkosten deutlich:[713]

$$(2.10)\quad (1 - F_1(D))[-r - F_2(P_2 - D) + (1+r)^2 F_2(P_2 - D) + (1+r)^2 c_2 f_2(P_2 - D)] = 0$$

$$(2.11)\quad ((1+r)^2 - 1)(1 - F_2(P_2)) - (1+r)^2 c_2 f_2(P_2) = 0$$

mit f_t, F_t = Verteilungs- und Dichtefunktion von $\tilde{X}_t$.

Wird die Ausschüttungsbeschränkung um eine Einheit erhöht, so reduziert sich einerseits für den Eigner gemäß Gleichung (2.10) die Ausschüttung um eine Einheit; er verliert r sicher. Mit einer Wahrscheinlichkeit von $F_2\,(P_2 - D)$ wird das Unternehmen insolvent; dann ist die Einheit ganz verloren. Andererseits kann diese Einheit bei Insolvenz des Unternehmens an den Gläubiger ausgezahlt werden, und die Insolvenzwahrscheinlichkeit sinkt. Gleichermaßen zeigt sich in Gleichung (2.11) bei einer Erhöhung von P_2 eine erhöhte Rückzahlungswahrscheinlichkeit, was zu einer höheren Kredit-

[711] Vgl. *Gjesdal/Antle* (2001), S. 59.
[712] Vgl. *Gjesdal/Antle* (2001), S. 59 sowie Appendix 2 für den Beweis.
[713] Vgl. *Gjesdal/Antle* (2001), S. 60.

summe führt. Allerdings steigt dadurch die Insolvenzwahrscheinlichkeit, was eine Reduzierung von P_2 zur Folge hat. Ein Verzicht auf Teilrückzahlung der Schuld lässt sich dadurch erklären, dass die einbehaltenen Mittel für die Begleichung der Schuld in $t = 2$ herangezogen werden können und die Opportunitätskosten des Gläubigers „verdienen".[714] Wird $P_1 > 0$ gesetzt, erhöht sich die Insolvenzwahrscheinlichkeit, ohne zusätzlichen erwarteten Nutzen für den Gläubiger zu stiften.

Im nächsten Schritt wird der Bezug zu einem bilanziell ermittelten Gewinn hergestellt. *Gjesdal/Antle* betrachten sog. *negative covenants*, d.h., die Ausschüttungen werden auf die kumulativen Gewinne begrenzt:[715]

(2.12) $M_D = (\alpha \cdot Net\ Earnings) + \zeta = (\alpha \cdot (X_1 - PA_1)) + \zeta$

mit M_D = maximale Ausschüttung;
PA_1 = Periodenabgrenzungen;
α, ξ = Parameter des Vertrags, sog. „*dip*".

Die Periodenabgrenzungen PA_1 umfassen im Modell angefallene Zinsen (*accrued interest*) und Abschreibungen.[716] Es wird angenommen, dass der Gewinn vor Abschreibungen und Zinsen dem Zahlungsstrom X_1 entspricht. α und ξ sind Null, so dass PA_1 und D direkt miteinander verglichen werden können. *Gjesdal/Antle* unterscheiden drei Fälle:[717]

(i) Sicherheit: Per Annahme gilt $M = K = P = X_1 + X_2$. Daraus folgt, dass $D = X_1$ ist und damit keine Ausschüttung in $t = 1$ erfolgt. Alle Einzahlungen verbleiben im Unternehmen und werden in $t = 2$ an den Gläubiger gezahlt. Da kein Risiko besteht, ist der Zins Null. Abschreibungen entsprechen daher dem Zahlungsstrom ($D = X_1$). D kann als Abschreibung interpretiert werden.

(ii) X_1 ist sicher, X_2 ist unsicher: Auch hier folgt $D = X_1$. D kann wiederum als Abschreibung interpretiert werden. Allerdings ist der Zinssatz nicht Null ($i = P - M > 0$), da die Insolvenzwahrscheinlichkeit positiv ist. Dennoch wird keine Zinsabgrenzung in $t = 1$ vorgenommen.

(iii) X_1 ist unsicher, X_2 ist sicher: Aus der ersten Ableitung (Gleichung (2.10)) folgt $D = P - X_2$. D kann wiederum als Periodenabgrenzung interpretiert werden und setzt sich aus der Abschreibung ($M - X_2$) und den angefallenen Zinsen i zusammen:

(2.13) $M_D = X_1 - D = X_1 - (P_2 - X_2) = X_1 + X_2 - M - i = X_1 - (M - X_2) - i$.

---

714 Vgl. *Gjesdal/Antle* (2001), S. 61.

715 Vgl. *Gjesdal/Antle* (2001), S. 62f. *Negative covenants* können den Aktionsraum auch auf die liquiden Mittel begrenzen. Von den *negative covenants* sind *affirmative covenants* zu unterscheiden, die Entscheidungen vom Eigner auf den Gläubiger übertragen.

716 Vgl. *Gjesdal/Antle* (2001), S. 63.

717 Vgl. ausführlich *Gjesdal/Antle* (2001), S. 64.

Die Fälle (i)-(iii) zeigen, dass es Parallelen zwischen einer zahlungs- und einer gewinnbasierten Ausschüttungsrestriktion gibt.[718] Der Zins spiegelt nicht die Zeitpräferenzen, sondern das Insolvenzrisiko wieder. Je größer die Unsicherheit über das Insolvenzrisiko ist, desto höher fallen die Zinsabgrenzungen aus. Die einzubehaltenden Mittel D sind im Regelfall kleiner als der Rückzahlungsbetrag P_2, so dass D als Teil von P_2 in der ersten Periode abgegrenzt wird. P_2 kann in M und i aufgeteilt werden. Da die Aufteilung von D in den Fällen (i)-(iii) ähnlich ist, kann eine Verbindung zwischen der Verbindlichkeit und den Periodenabgrenzungen hergestellt werden. Bei einer Verallgemeinerung der Beispiele ist eine eindeutige Zerlegung von D in M und i aber nicht länger möglich, wodurch sich ein grundsätzlicher Konflikt zwischen der gewinn- und dem zahlungsbasierten Restriktion offenbart: Im Abschluss erfolgt insgesamt eine Abschreibung des Vermögenswertes in Höhe der Investition K. Eine explizite Verbindung von Abgrenzungen und Verbindlichkeit fehlt, was mit der Annahme der Unternehmensfortführung begründbar ist.[719] Eine eindeutige Zuordnung von Verbindlichkeiten und Investitionen kann dann nicht hergestellt werden.

Schließlich stellen *Gjesdal/Antle* den Bezug zum Vorsichtsprinzip her.[720] Das Vorsichtsprinzip schlägt sich in den Periodenabgrenzungen PA_1 nieder. *Gjesdal/Antle* formulieren eine sehr strenge Bedingung, indem sie den Gewinn dann als vorsichtig definieren, wenn die Zinsen dieser Periode zugerechnet werden und die Abschreibung den erwarteten Zahlungsstrom übersteigt, wenn für D also gilt:

(2.14) $D = E[\widetilde{X}_1] + (P_2 - M)$.

Gjesdal/Antle zeigen, dass D dann als vorsichtig interpretiert werden kann, wenn die Kosten der Insolvenz gegen Null gehen.[721] Das Ergebnis ist einleuchtend: Je geringer die Insolvenzkosten werden, umso mehr Mittel müssen im Unternehmen einbehalten werden, weil der Gläubiger c.p. die Kreditsumme senkt. Der Eigner wägt die Zahlungsströme verschiedener Perioden gegeneinander ab. Wird D um eine Einheit gesenkt, so steigen die erwarteten Gewinne des Eigners um $r + ½ = ½\ (2r + 1)$. Der Gläubiger hingegen wird den Kredit um $½\ (1 + r)^2$ mindern, wenn die Insolvenzkosten sinken. Dadurch reduziert sich der erwartete Gewinn für den Eigner um $½\ (1 + r)^2 > ½\ (2r + 1)$. Der Eigner wägt daher künftige (erlaubte) Ausschüttungen gegen den erhaltenen Betrag heute ab.

3.2.3.2. Würdigung

Gjesdal/Antle untersuchen den Zusammenhang zwischen einer zahlungsorientierten und einer gewinnbasierten Ausschüttungsbeschränkung. Dabei zeigt sich bereits in

---

718 Vgl. hierzu und im Folgenden *Gjesdal/Antle* (2001), S. 64f.
719 Indirekt besteht ein Zusammenhang über Zinsabgrenzungen.
720 Vgl. hierzu und im Folgenden *Gjesdal/Antle* (2001), S. 65f.
721 Vgl. hierzu und im Folgenden *Gjesdal/Antle* (2001), S. 65-67.

einem relativ einfachen Szenario,[722] wie komplex sich die Analyse gestaltet und wie schwer allgemeine Regeln abgeleitet werden können. Betrachtet werden lediglich ein Investitionsprojekt und ein Kreditvertrag. Durch die Betrachtung von zwei Perioden mit drei Zeitpunkten sind nur Ausschüttungen in der Zwischenperiode zu diskutieren. Am Ende der zweiten Periode wird das Unternehmen liquidiert. Diese Annahme ist – so auch *Gjesdal/Antle*[723] – unrealistisch. Eine Unternehmensfortführung sowie mehrere Investitionsprojekte würden die Komplexität des Modells erheblich erhöhen. Die Abhängigkeit der Ausschüttungsrestriktion von der Investitions- und Finanzierungspolitik zeigt sich aber bereits in diesem einfachen Szenario.

Die Analyse selbst blendet die Investitionsmöglichkeiten allerdings nahezu vollkommen aus. Die Rückflüsse aus dem Investitionsprojekt sind exogen gegeben, und einbehaltene Mittel müssen risikolos angelegt werden.[724] Neuinvestitionen sind nicht erlaubt, so dass Überinvestitionsprobleme nicht entstehen können. Es liegt ein einfaches Finanzierungsszenario vor. Abhängig von den unsicheren Zahlungsströmen und dem Rückzahlungsbetrag kann eine optimale Ausschüttungsrestriktion und ein optimales Einbehaltungserfordernis formuliert werden. Die Konzentration auf ein Investitionsprojekt vernachlässigt aber eine Diskussion fremdfinanzierungsbedingter Agency-Probleme, weil der Eigner nicht durch Wahl eines aus mehreren möglichen Investitionsprojekten Reichtumsverlagerungen vom Gläubiger zum Eigner induziert. Auch das Risikoanreizproblem wird nicht – zumindest nicht explizit – betrachtet, da der Eigner nach Kreditvereinbarung kein riskanteres Investitionsprojekt durchführt. Insofern trägt es kaum zur Lösung der betrachteten Eigner-Gläubiger-Konflikte bei.

Der Eigner-Manager-Konflikt wird im Modell ausgeblendet. Damit folgen *Gjesdal/ Antle* der fremdfinanzierungsbedingten Agency-Literatur, die sich auf den Eigner-Gläubiger-Konflikt konzentriert. Allerdings wird explizit unterstellt, dass Eigentum und Verfügungsmacht im Unternehmen getrennt sind, weil der Eigner nur durch Ausschüttungen Zahlungen aus dem Unternehmen erhalten kann.[725] Das Verhalten eines Managers und mögliche Konflikte zwischen Eigner und Manager werden ignoriert. Es findet sich nicht die in der Literatur übliche, aber angreifbare Annahme[726], dass der Manager durch geeignete Anreizsetzung im Sinne des Eigners handelt.

Der Vergleich zwischen zahlungs- und gewinnbasierter Ausschüttungsbegrenzungen wird von den Autoren anhand von drei Fällen schlaglichtartig beleuchtet. Hier zeigt sich, dass ein Mindesteinbehaltungserfordernis als Periodenabgrenzung interpretiert werden kann. Insofern wird die Verbindung einer zahlungs- und einer gewinnbasierten Ausschüttungsbemessung – wie sie auch in den Gleichungen (2.3) und (2.4) hergeleitet wurde – offen gelegt. Unklar ist, wie die Disaggregation der Periodenabgrenzungen

---

[722] Das wird von den Autoren auch betont, vgl. *Gjesdal/Antle* (2001), S. 67. Das relativ einfache Szenario begrenzt gleichzeitig die Reichweite des Modells.

[723] Vgl. *Gjesdal/Antle* (2001), S. 65, 67.

[724] Vgl. *Wagenhofer/Ewert* (2003), S. 179 Fn. 66.

[725] Vgl. *Gjesdal/Antle* (2001), S. 54.

[726] Vgl. *Rammert* (2000), S. 75-77.

erfolgen soll und inwieweit eine Ausweitung der Periodenabgrenzungen auf z.B. Umsatzrealisation und Vorratsbewertung zusätzliche Probleme aufwirft.

Eine vorsichtige Rechnungslegung kann als ein (Spezial-)Fall modelliert werden. Als (unrealistische) Bedingung muss gelten, dass die Insolvenzkosten niedrig sind. Von den Autoren wird die Verbindung zwischen dem Investitionsprojekt und der Verbindlichkeit für das Einbehaltungserfordernis betont und bemängelt, dass dieser Zusammenhang in der Rechnungslegung zu wenig Berücksichtigung findet. Da aber die unterschiedlichen Investitionen eines Unternehmens nur in wenigen Fällen bestimmten Verbindlichkeiten zugeordnet werden können, ist es kaum möglich, Periodenabgrenzungen auf Basis von Verbindlichkeiten zu formulieren. Möglicherweise stellt dies jedoch einen interessanten Ansatzpunkt für die Lösung fremdfinanzierungsbedingter Agency-Probleme dar.

Als Grundlage einer empirischen Studie scheint das Modell wenig geeignet, da die Annahmen sehr restriktiv sind. Für den Standardsetter ist das Modell ebenso kaum ergiebig. Da die Ausschüttungsrestriktionen von den Investitions- und Finanzierungsmöglichkeiten abhängen, allgemeine Regeln für die Gewinnermittlung daher kaum abgeleitet werden können, kann eine gesetzliche Vorgabe von Gewinnermittlungsregeln nur mit Plausibilitätsüberlegungen, Information, Nachprüfbarkeit und Senkung von Transaktionskosten begründet werden. Darauf aufbauend können in privaten Verträgen zusätzlich Regelungen vereinbart werden, die die unternehmensindividuellen Investitions- und Finanzierungsmöglichkeiten berücksichtigen.

3.2.4. Ergebnisse weiterer Modelle

Anders als *Gjesdal/Antle* fokussieren andere Modelle auf die Reduzierung von fremdfinanzierungsbedingten Agency-Problemen durch zahlungsbasierte Ausschüttungsrestriktionen, ohne immer einen expliziten Bezug zur Rechnungslegung herzustellen. So untersuchen *John/Kalay* in einem mehrperiodigen Modell die Wirkung von von Eignern sich selbst auferlegten Ausschüttungsbegrenzungen.[727] Diese werden endogen aus dem Modell abgeleitet und berücksichtigen divergierende Ziele von Eignern und Gläubigern. Die Gläubiger verfügen über Informationen bezüglich der beobachteten Zahlungsströme, während die Eigner zusätzlich über den eingetretenen Umweltzustand informiert sind.[728] Das Problem liegt in der Formulierung einer optimalen Ausschüttungsrestriktion, da die Restriktion in einem Umweltzustand zu Über-, in einem anderen Umweltzustand zu Unterinvestition führen kann. Im Ergebnis zeigt sich, dass außer in Zuständen mit extrem schlechten Zukunftsaussichten die optimalen Restriktionen sehr flexibel gestaltet werden können.[729] Die Mindestinvestitionsverpflichtung ist niedrig. Der Eigner hat jedoch den Anreiz, mehr als das Erforderliche zu investieren, wodurch Reserven aufgebaut werden. Die Reserven sollten bei Unternehmen mit nied-

---

[727] Vgl. *John/Kalay* (1982), S. 457. Die Eigner tragen die Agency-Kosten und sind daher an einer optimalen Restriktion interessiert, um die resultierenden Kosten zu senken.
[728] Vgl. *John/Kalay* (1982), S. 458.
[729] Vgl. hierzu und im Folgenden *John/Kalay* (1982), S. 468f.

rigerem Verschuldungsgrad höher ausfallen, da Unternehmen mit hohem Fremdkapitalanteil die Mittel eher ausschütten. Bei schlechten Zukunftsaussichten erweisen sich die Restriktionen als bindend und restriktiv.

Auf diesem Modell aufbauend untersuchen *John/Kalay* Bedingungen für eine optimale Ausschüttungsbegrenzung als zuverlässiges Signal.[730] Die Erhöhung von Ausschüttungen geht einerseits mit positiven Kursreaktionen einher, während im Vergleich zum Vorjahr niedrigere Ausschüttungen eine negative Reaktion hervorrufen. Andererseits kann die Reduzierung von Ausschüttungen auch ein Signal für den Zugang zu guten Investitionsmöglichkeiten sein und ist somit als positiv zu werten.[731] Beide Perspektiven werden im zweiperiodigen Modell miteinander vereinbart. Die Eigner erlegen sich selbst eine Ausschüttungssperre auf, um Unterinvestitionsprobleme zu vermeiden. Die optimale Verpflichtung eines „guten" Unternehmens führt zu einer größeren Mindestinvestitionsverpflichtung[732] als diejenige eines „schlechten" Unternehmens. Letzteres wird daher die Mindestinvestitionsverpflichtung erhöhen, was zu Überinvestition führt. Die daraus resultierenden Kosten stellen Kosten des falschen Signals dar. Sind die Kosten groß genug, existiert ein separates Signalgleichgewicht. Die von den Eignern gewählten optimalen Ausschüttungsbeschränkungen können den Typ des Unternehmens korrekt signalisieren.[733] Das Signalgleichgewicht impliziert, dass Unternehmen mit guten Investitionsmöglichkeiten eine strenge Ausschüttungsbegrenzung wählen. Die erwarteten niedrigeren Ausschüttungen dienen als gutes Signal. Fallen die realisierten Zahlungsströme höher aus als erwartet, wird die Differenz ausgeschüttet.

In einem zweiperiodigen Modell betrachtet *Chang* einen Eigner, der für die Durchführung eines Investitionsprojektes externe Investoren sucht.[734] Da die Überprüfung der Zahlungsströme kostspielig ist, werden für das Unternehmen Anreize induziert, die Zahlungsströme verfälscht darzustellen.[735] Insolvenzkosten werden als Kosten aus der Verifizierung der Zahlungsströme definiert. Ausschüttungen an den Eigner können erst geleistet werden, wenn alle Zahlungen an die Investoren erfolgt sind. Eigner und Gläubiger weisen identische Kapitalkosten auf, so dass keine Nachfrage nach Ausschüttungen besteht.[736] Eine spätere Fremdkapitalaufnahme ist nicht möglich. Im Unterschied zu *Gjesdal/Antle* zeigt sich, dass es unter bestimmten Annahmen optimal sein kann, in der Zwischenperiode Zahlungen an den Gläubiger zu leisten, weil dadurch die erwarteten Insolvenzkosten sinken.[737]

---

730 Vgl. *John/Kalay* (1985), S. 133.

731 Vgl. hierzu und im Folgenden *John/Kalay* (1985), S. 135f.

732 Eine geringere Ausschüttung ist daher als gutes Signal zu werten. Werden die Ausschüttungen in den Folgeperioden bei Realisation der Zahlungsströme aufgrund guter Umweltzustände erhöht, so ist dies ebenfalls ein gutes Signal. Vgl. *John/Kalay* (1985), S. 136f.

733 Vgl. *John/Kalay* (1985), S. 154.

734 Vgl. *Chang* (1990).

735 Vgl. *Chang* (1990), S. 69.

736 Vgl. hierzu und im Folgenden*Chang* (1990), S. 71f.

737 Vgl. *Chang* (1990), S. 70, 79-81.

Gavish/Kalay beschäftigen sich mit dem Risikoanreizproblem. Für eine bestimmte Zahl an Investitionsmöglichkeiten wählt das Unternehmen eher Projekte mit negativem Kapitalwert, wenn der Verschuldungsgrad des Unternehmens höher ist.[738] *Gavish/Kalay* zeigen, dass Gewinne aus unerwarteten Wertzuwächsen durch riskantere Investitionen nicht monoton mit dem Verschuldungsgrad eines Unternehmens steigen.[739] Für eine bestimmte Zahl an Investitionsmöglichkeiten steigen die Agency-Kosten des Risikoanreizproblems also nicht monoton mit dem Verschuldungsgrad.

Ewert prüft modelltheoretisch die Wirkung von Ausschüttungsrestriktionen in verschiedenen Investitions- und Finanzierungsszenarien.[740] Er konzentriert sich auf das Einbehaltungserfordernis und direkte wie indirekte Ausschüttungsbeschränkungen. Im einfachen Finanzierungsszenario ergibt sich, dass nur Unterinvestitionsprobleme auftreten, die mittels einer Investitionsuntergrenze gelöst werden können.[741] Eine Unterscheidung in direkte und indirekte Ausschüttungsrestriktionen ist nicht von Bedeutung. Mehr Kapitalerhaltung führt im einfachen Finanzierungsszenario zu mehr Gläubigerschutz. Im komplexen Finanzierungsszenario treten verschiedene Arten fremdfinanzierungsbedingter Agency-Probleme gleichzeitig auf.[742] Dadurch werden die Restriktionen umfangreicher als im einfachen Szenario. Neben einer Investitionsuntergrenze werden Finanzierungsrestriktionen relevant. Eine direkte Ausschüttungsbegrenzung kann als Kombination von Investitionsuntergrenze und Finanzierungsrestriktion und damit als Spezialfall einer indirekten Ausschüttungsrestriktion gedeutet werden.[743] Evident wird, dass mehr Kapitalerhaltung auch gläubigerschädigend sein kann. Als Fazit kann festgehalten werden, dass im komplexen Finanzierungsszenario die direkte Ausschüttungsrestriktion sehr „komplex und in ihren Konsequenzen [als] nur schwer abschätzbar angesehen werden“[744] muss.

Insgesamt werden in den Modellen der fremdfinanzierungsbedingten Agency-Theorie zwar optimale Ausschüttungsrestriktionen unter bestimmten Bedingungen untersucht, eine Verbindung zum bilanziell ermittelten Gewinn unterbleibt jedoch überwiegend. Dies verwundert insofern, als der Gewinn oft als Ausschüttungsbemessungsgrundlage herangezogen wird.[745] Dadurch sind die Ergebnisse der Modelle für die hier untersuchte Fragestellung nur bedingt ergiebig. Hervorzuheben ist die detaillierte und umfangreiche Analyse von *Ewert*, die aufgrund ihrer überraschenden Ergebnisse zeigt, dass ein Festhalten an dem Konzept der Kapitalerhaltung nicht zwingend mit einer Verbesserung der Gläubigerposition einhergeht.

---

738 Vgl. *Gavish/Kalay* (1983), S. 22.
739 Vgl. *Gavish/Kalay* (1983), S. 29.
740 Vgl. *Ewert* (1986).
741 Vgl. *Ewert* (1986), S. 148-194.
742 Vgl. *Ewert* (1986), S. 195-254.
743 Vgl. *Ewert* (1986), S. 254-272.
744 *Ewert* (1986), S. 388.
745 In Deutschland erfolgt die bilanzielle Gewinnermittlung zum Zweck des Gläubigerschutzes und der Ausschüttungsbemessung, vgl. z.B. *Wagenhofer* (2005b), S. 233. In den USA wird der nach den US-GAAP ermittelte Gewinn als Ausgangspunkt (ggf. modifiziert) für eine Ausschüttung in privaten Verträgen zugrunde gelegt, vgl. Abschnitt 3.2.5.

3.2.5. Empirische Befunde

Empirische Studien zur Ausschüttungsbemessung liegen v.a. für den US-amerikanischen und den britischen Bereich vor. Dabei werden überwiegend *covenants* und die Modifizierung eines Bilanzgewinns untersucht. Tabelle 3.5 gibt – ohne Anspruch auf Vollständigkeit – einen Überblick über empirische Studien zu Ausschüttungsrestriktionen chronologisch geordnet.

Autor(en)	**Forschungsfrage**	**Stichprobe, Zeitraum**	**Wesentliche Ergebnisse**
Smith/ Warner (1979)	Art der Restriktionen bei Kreditverträgen	*Commentaries*, 87 *SEC*-registrierte, veröffentlichte Kreditverträge (USA), 1974-1975	91% der Kreditverträge mit Restriktionen für zusätzliche Kreditaufnahme, 23% der Verträge mit Restriktionen für Ausschüttungen, 39% der Verträge mit Restriktionen für Unternehmenskäufe, 36% der Verträge mit Restriktionen für Verkäufe von Vermögenswerten
Kalay (1982)	Untersuchung der Art der direkten Ausschüttungsrestriktionen im Hinblick auf Reichtumsverlagerungen von Gläubigern zu den Eignern	150 zufällig ausgesuchte Unternehmen (*Moody's Industrial Manual*), 1956-1975	Direkte Ausschüttungsbegrenzung bei 135 Unternehmen; keine Restriktion für eigenkapitalfinanzierte Ausschüttungen; keine Begrenzung der *net earnings* (106 Unternehmen); im Durchschnitt für die Ausschüttung verfügbaren Mittel etwas höher als *net earnings*; ca. 68% des Buchwerts der Verbindlichkeiten im Durchschnitt nicht ausschüttbar; ca. 12% des Marktwerts im Durchschnitt einbehalten (100 Unternehmen)
Leftwich (1983)	Untersuchung der Rechnungslegungsregeln in *private debt agreements*	*Commentaries*, 10 Kreditvereinbarungen (USA)	Systematische Differenz zwischen den US-GAAP und den in Kreditverträgen vereinbarten Regeln; teilweise Akzeptanz von US-GAAP, z.T. Anpassung der US-GAAP, z.T. zusätzliche Regeln
El-Gazzar/ Lilien/ Pastena (1989)	Untersuchung, inwiefern *off balance sheet*-Finanzierung (OBSF) zur Umgehung von *covenant*-Restriktionen beiträgt	43 Leasingverträge (USA), 1958-1976	Bei 69% von 26 Verträgen mit Ausschüttungsbegrenzung Anpassung des Gewinns; bei 41% von 22 Verträgen Anpassung des Eigenkapitals; in beiden Fällen keine Anpassung bzgl. OBSF
Frost/ Bernard (1989)	Untersuchung der Folgen auf den Aktienkurs einer von der *SEC* erlassenen und verpflichtend anzuwendenden Rechnungslegungsregel durch die Auswirkungen auf Verträge (*public* und *private loan agreements*)	18 US-amerikanische Unternehmen aus der Öl- und Gasbranche, 24 Vereinbarungen, März-Juni 1986	Bei 83% der Unternehmen mindestens eine *covenant* basierend auf US-GAAP oder modifizierten US-GAAP; indirekte Ausschüttungsbegrenzungen v.a. in *private debt contracts*, direkte in *public debt contracts*; kein Nachweis von Folgen für den Aktienkurs aus Vertragsverletzungen durch *SEC*-Entscheidung

Autor(en)	Forschungsfrage	Stichprobe, Zeitraum	Wesentliche Ergebnisse
Duke/ Hunt (1990)	Prüfung der Eignung des Verschuldungsgrads als Variable zur Messung des Erreichens der Ausschüttungsrestriktion durch Untersuchung des Verhältnisses von Verschuldungsgrad und *covenant*; Zusammenhang zwischen sieben Varianten des Verschuldungsgrads und *covenant*	187 zufällig ausgewählte Verträge (*Moody's*), 1985	Positiver Zusammenhang zwischen den sieben Varianten von Verschuldungsgrad und der Existenz und Strenge der Restriktion der einbehaltenen Gewinne; positiver Zusammenhang zwischen den sieben Varianten und der Existenz von *working capital-* und *net tangible asset*-Restriktionen
El-Gazzar/ Pastena (1990)	Untersuchung, wie private Vertragsvereinbarung einen nach US-GAAP ermittelten Gewinn als Ausgangspunkt für die Ausschüttungsrestriktion verwendet und ggf. anpasst und inwiefern Anpassungen von den Charakteristika der Vertragsparteien abhängen	74 Verträge mit rechnungslegungsbasierten *covenants* (USA), 1969-1983	Bei 43% der Verträge Anpassung des nach US-GAAP ermittelten Gewinns; bei 64% Anpassung der Definition von *liabilities* und *net worth*; bei 69% Anpassung des Eigenkapitals; mehr Anpassungen bei Versicherungen im Vergleich zu Banken; andere Anpassungen bei z.B. Laufzeit, Begrenzung des Handlungsspielraums der Manager
Healy/ Palepu (1990)	Zusammenhang zwischen einer Änderung von Rechnungslegungsmethoden und der vereinbarten Restriktion, wenn die vereinbarte Restriktion fast verletzt wird	126 Unternehmen (Compustat), 1979-1986	Keine signifikanten Änderungen der Rechnungslegungsmethoden bei Näherung an die vereinbarte Restriktion; vielmehr: in dem Jahr, in dem Grenze fast erreicht wird, erhöhte Ausschüttungsrestriktion über mehrere Folgeperioden; gewinnbasierte Ausschüttungsrestriktion als effektive Maßnahme für Gläubiger zur Begrenzung der Dividendenpolitik
Press/ Weintrop (1990)	Identifizierung von Restriktionen bei *public* und *private debt agreements*; Maße für die Restriktionen auf Basis der Rechnungslegung bei *SEC*-registrierten Kreditvereinbarungen; Beurteilung der Eignung des Verschuldungsgrads als Surrogat für das Erreichen der Restriktion	111 Verträge aus 83 zufällig ausgewählten, nicht regulierten Unternehmen (*SEC filings*, Jahresabschluss, *Moody's*), 1985	Informationen über Restriktionen in *SEC filings* ausführlicher als bei *Moody's* und in Jahresabschlüssen; signifikante Unterschiede im Verschuldungsgrad bei Unternehmen mit rechnungslegungsbasierten Restriktionen im Vergleich zu solchen ohne; Verschuldungsgrad als Maß für zusätzliche Restriktion
El-Gazzar/ Pastena (1991)	Untersuchung von *private lending agreements*, um die Zahl der (indirekten) Restriktionen des Handlungsraums von Managern und die Strenge der Restriktion im Vertragszeitpunkt herauszufinden	73 Verträge mit rechnungslegungsbasierten *covenants* (USA), 1958-1982	Bei 74% der Verträge Verbot zusätzlicher Ausschüttungen; bei 78% Verbot zusätzlicher Fremdkapitalaufnahme; Vertragsvariationen in Zahl und Strenge der Restriktionen größtenteils durch rechnungslegungsbasierte Kennzahlen erklärbar; mehr und strengere Restriktionen bei höher verschuldeten Unternehmen; Zahl der Restriktionen

Autor(en)	Forschungsfrage	Stichprobe, Zeitraum	Wesentliche Ergebnisse
			abhängig von Laufzeit, Höhe des Kredits und Verschuldungsgrad
Citron (1992)	Zusammenhang von indirekten Ausschüttungsrestriktionen (Einhaltung von Finanzkennzahlen) in Kreditverträgen und der Definition von in den Verträgen verwendeten Rechnungslegungsdaten	25 Verträge von 22 unterschiedlichen Quellen und 13 standardisierte Verträge als Vergleich (UK)	22 Verträge mit indirekten Restriktionen auf Basis von Finanzkennzahlen und Rechnungslegungsdaten; alle Rechnungslegungsdaten auf GAAP basierend mit teilweiser Anpassung, um Einflussmöglichkeiten des Managements zu mindern
Hall (1994)	Zusammenhang zwischen der vereinbarten Ausschüttungsrestriktion und einer Änderung von Rechnungslegungsmethoden, insb. Änderungen mit starken Gewinnwirkungen	46 Unternehmen (Compustat), 1980-1988	Keine signifikanten Änderungen der Rechnungslegungsmethoden, wenn sich das Unternehmen der vereinbarten Restriktion nähert
Citron (1995)	Zusammenhang zwischen rechnungslegungsbasierten *covenants* und Charakteristika des Unternehmens	108 Verträge (*Extel's Record of Takeovers, Offers and New Issues*) (UK), 1987-1990	32 Verträge mit rechnungslegungsbasierten Vereinbarungen (*covenants*), 57% davon mit indirekten Restriktionen, kein Zusammenhang zwischen Verschuldungsgrad und *covenant*, Zusammenhang zwischen *covenant* und verbriefter Schuld abhängig von Art der Verbriefung
Mohrmann (1996)	Untersuchung, inwiefern Kreditverträge auf *fixed* GAAP basieren (vereinbarte *covenants* beruhen auf bestimmten GAAP, die Veränderungen von Rechnungslegungsregeln sind für *covenants* irrelevant)	228 Verträge in 24 Branchen (USA), 1963-1990	54 Verträge ohne *covenants* auf Basis von Rechnungslegungsdaten, 90 (54% der) Verträge mit *fixed* GAAP-Vereinbarungen, 84 Verträge ohne Maßnahmen für Änderungen der GAAP; die meisten *covenants* mit Begrenzung von Fremdkapital (54%); direkte Ausschüttungsbegrenzung bei 50%; verschiedene indirekte Ausschüttungsbegrenzungen (je nach Typ der Restriktion zwischen 53% und 75% der Verträge)
Lang/Ofek/ Stulz (1996)	Zusammenhang zwischen Verschuldungsgrad und Wachstumsmöglichkeiten von Unternehmen durch Investitionen	640 Unternehmen (Compustat), 1970-1989	Negativer Zusammenhang zwischen Verschuldungsgrad und Wachstumsmöglichkeiten; Verschuldung kein Hindernis für Unternehmen mit guten Investitions- und Wachstumsmöglichkeiten
Leuz/ Deller/ Stubenrath (1998)	Vergleich verschiedener empirischer Studien bzgl. gesetzlicher und vertraglicher Ausschüttungsbegrenzung in D, USA und UK, sowie eigene empirische Erhebung für D	Empirische Studien aus den USA, UK und Befragung	<u>USA:</u> rechnungslegungsbasierte *covenants* meist basierend auf geprüften Konzernabschlüssen, teilweise Anpassungen; <u>UK:</u> *covenants* meist standardisiert, Ausschüttung ist ge-

Autor(en)	Forschungsfrage	Stichprobe, Zeitraum	Wesentliche Ergebnisse
		von verschiedenen Banken (5 deutsche Banken und 3 in D operierende US-Banken) und Stichprobe von 19 öffentlichen Kreditverträgen	setzlich begrenzt und ergänzt durch *covenants*, sofern gesetzliche Vorschriften als inadäquat angesehen werden; D: Ausschüttung gesetzlich begrenzt, daher keine direkten Ausschüttungsrestriktionen mit Banken, aber teilweise indirekte Ausschüttungsrestriktionen, gesetzliche Vorgaben als ausreichend erachtet, zudem oft Repräsentanz in Aufsichtsräten etc., so dass kein großer Bedarf nach *covenants*
Ahmed/ Billings/ Morton/ Stanford-Harris (2002)	Mehr vorsichtige Rechnungslegung bei Unternehmen mit größeren Eigner-Gläubiger-Konflikten bzgl. Ausschüttungen; geringere Fremdkapitalkosten bei Unternehmen mit mehr vorsichtiger Rechnungslegung	568 Unternehmen, 1993-1998, 484 Unternehmen (Annual Industrial Compustat File), 1987-1992	Reduktion von Eigner-Gläubiger-Konflikten durch vorsichtige Rechnungslegung und Senkung von Fremdkapitalkosten; mehr vorsichtige Rechnungslegung bei Unternehmen mit mehr Eigner-Gläubiger-Konflikten; bessere Fremdkapitalratings und damit geringere Fremdkapitalkosten bei Unternehmen mit vorsichtigerer Rechnungslegung
Beatty/ Ramesh/ Weber (2002)	Auswirkungen auf den vereinbarten Zinssatz bei Ausschluss von freiwilligen oder gesetzlichen Rechnungslegungsänderungen	206 *loan agreements* (Lexis-Nexis, Loan Pricing Corporation Database), 1994-1996	Bereitschaft der Schuldner zu Zahlung eines höheren Zinssatzes, wenn dafür Flexibilität beibehalten werden kann; dadurch gleichzeitig Schutz der Gläubiger; Kosten von Nachverhandlungen geringer, wenn keine Rechnungslegungsänderungen erwartet werden
Aivazian/ Ge/Qiu (2005a)	Zusammenhang zwischen dem Verschuldungsgrad eines Unternehmens und Investitionen (Über- und Unterinvestitionsprobleme)	863 Unternehmen (Compustat) (Kanada), 1982-1999	Negativer Einfluss des Verschuldungsgrads auf Investitionspolitik; Einfluss stärker bei Unternehmen mit geringem Wachstumspotenzial
Aivazian/ Ge/Qiu (2005b)	Zusammenhang zwischen Investitionen und Fälligkeit der Schuld	9.974-20.650 Beobachtungen (Compustat), 1982-2002	Zusammenhang zwischen späterem Fälligkeitszeitpunkt und weniger Investitionen für Unternehmen mit hohem Wachstumspotenzial (Unterinvestitionsproblem); kein Zusammenhang von Fälligkeit der Schuld und Unternehmen mit wenig Wachstumspotenzial

Tabelle 3.5: Übersicht über empirische Studien zu Ausschüttungsrestriktionen

Es zeigt sich, dass in Kreditverträgen auf den bilanziell ermittelten Gewinn für die Ausschüttungsbegrenzung zurückgegriffen wird. Während v.a. der nach US-GAAP ermittelte Gewinn oft im Sinne einer vorsichtigen Rechnungslegung modifiziert wird,[746] zeigt die Befragung durch *Leuz/Deller/Stubenrath*, dass ein nach HGB ermittelter Gewinn kaum weiterer Veränderungen durch die Vertragspartner bedarf.[747] Betrachtet man gleichzeitig die gesetzlichen Vorschriften sowie die in Kreditverträgen vereinbarten Restriktionen zu den Ausschüttungen, ergibt sich ein sehr ähnliches Bild: Es liegen direkte Ausschüttungsbegrenzungen vor, deren Ausgestaltung sich in den verschiedenen Ländern gleicht. Unterschiede ergeben sich v.a. im Ansatzpunkt der Restriktion. Während in den USA die Restriktion hauptsächlich in Kreditverträgen festgelegt wird, erfolgt dies in Deutschland und in UK gesetzlich.[748] Indirekte Ausschüttungsrestriktionen dienen als Warnsignal und Auslöser für Nachverhandlungen. Direkte und indirekte Ausschüttungsbegrenzungen werden je nach zugrunde liegendem Rechnungslegungssystem um weitere Regelungen ergänzt.

Die Ergebnisse dürfen nicht überschätzt werden. Einerseits wird für die Vereinbarung von *covenants* oft nicht auf Rechnungslegungsdaten zurückgegriffen.[749] Andererseits stehen den Unternehmen und Fremdkapitalgebern andere Instrumente zur Verfügung, auf die zum Schutz der Gläubigeransprüche zurückgegriffen werden kann.[750] Da der Restriktions- und der Finanzierungskontext für die Vereinbarungen in Kreditverträgen maßgeblich sind, sind Rechnungslegungsregeln allein nicht ausreichend.[751] Interessant sind in diesem Zusammenhang auch empirische Studien, die sich mit den Motiven der Manager zur Ausschüttungspolitik befassen. Es zeigt sich, dass rechtliche Regelungen für die Festlegung der Ausschüttungshöhe eher nachrangig sind.[752] Entscheidend für Manager sind v.a. Dividendenkontinuität und Signaling-Aspekte.[753] Die Ausschüttungspolitik und Ausschüttungshöhe hängt daher von weiteren Faktoren ab, die nicht durch den Eigner-Gläubiger-Konflikt erklärbar sind.

3.2.6. Implikationen

Die Analyse optimaler Ausschüttungsrestriktionen auf Basis des bilanziell ermittelten Gewinns im Eigner-Gläubiger-Konflikt zeigt, dass allgemeine Regeln kaum abgeleitet werden können.[754] Die optimale Ausschüttungsbegrenzung muss unternehmensindividuell in Abhängigkeit der Investitions- und Finanzierungsmöglichkeiten festgelegt

---

[746] Vgl. auch *Watts/Zimmerman* (1986), S. 214.

[747] Vgl. hierzu und im Folgenden ausführlich *Leuz/Deller/Stubenrath* (1998), S. 122-124.

[748] Vgl. *Leuz/Deller/Stubenrath* (1998), S. 125.

[749] Z.B. findet *McDaniel* (1986), S. 426, nur bei 32 von 92 Unternehmen eine Ausschüttungsrestriktion, *El-Gazzar/Pastena* (1990), S. 383, bei 74 von 300 Unternehmen. Die Vereinbarung direkter Ausschüttungsrestriktionen schwankt zwischen 23% und 90% bei der Stichprobe verschiedener empirischer Studien im Beitrag von *Leuz/Deller/Stubenrath* (1998), S. 116.

[750] Vgl. zu einer Untersuchung ausführlich z.B. *McDaniel* (1986).

[751] Vgl. *Ewert/Wagenhofer* (2003), S. 611.

[752] Vgl. dazu für die USA die Studien von *Lintner* (1956), *Baker/Farrelly/Edelman* (1985), *Abrutyn/Turner* (1990), *Pruitt/Gitman* (1991), *Baker/Powell/Veit* (2002), *Brav* et al. (2003), sowie für Deutschland *Pellens/Gassen/Richard* (2003).

[753] Wobei kleine Unternehmen die Interessen der Fremdkapitalgeber stärker betonen als große Unternehmen, vgl. *Pellens/Gassen/Richard* (2003), S. 328.

[754] Vgl. auch *Rammert* (2000), S. 257.

werden.[755] Das Abstellen auf eine möglichst große Haftungsmasse des Unternehmens ist nicht zwingend gläubigerschützend. Eine erhöhte Haftungsmasse bedeutet zusätzliche einbehaltene Mittel, die investiert werden müssen. Dies kann zu Überinvestitions- oder Risikoanreizproblemen führen.

Der Standardsetter steht aufgrund der ernüchternden Ergebnisse vor dem Problem, ein Gewinnkonzept für die bilanzielle Ermittlung sowie eine geeignete Darstellung des Gewinns festzulegen, sofern er sich den Gläubigerschutz als Zweck der Rechnungslegung gesetzt hat. Eine Periodisierung von Zahlungsströmen im Rahmen der bilanziellen Gewinnermittlung hat den Vorteil, dass der zeitlichen Verlagerung von Zahlungsströmen durch das Management vorgebeugt wird und dadurch fremdfinanzierungsbedingte Agency-Probleme gemildert werden. Andererseits können auch Agency-Probleme geschaffen werden, und die Wahl des Gewinnkonzeptes eröffnet unterschiedliche Spielräume für die Steuerung des ausschüttungsfähigen Betrags. Eine Einzelbewertung von Vermögenswerten und Schulden ermöglicht eine feine Steuerung des ausschüttungsfähigen Betrags, so dass eine Bilanzierung zum Effektivvermögen abzulehnen ist. Aufgrund der unternehmensindividuellen optimalen Ausschüttungen könnte auf eine Regulierung ganz verzichtet werden. Dadurch sind die bilanziell ermittelten Gewinne verschiedener Unternehmen jedoch nicht vergleichbar, die Kosten würden durch das Aushandeln von Regeln steigen.

Eine Vereinheitlichung kann dazu beitragen, Transaktionskosten zu senken, da auf zu veröffentlichende Informationen abgestellt und aufgebaut werden kann.[756] Wie sich in Abschnitt 3.2.5. zeigte, nähern sich privat vereinbarte Ausschüttungsrestriktionen einer vorsichtigen Gewinnermittlung. Bei einer Rechnungslegung nach HGB werden oftmals keine zusätzlichen Ausschüttungsvereinbarungen getroffen. Für den Standardsetter kann das ein Hinweis dafür sein, die Gewinnermittlung für Ausschüttungszwecke auf Basis historischer Kosten vorzuschreiben und damit direkte Publizitätskosten zu senken. Zudem liefert sie zu vergleichsweise geringen Kosten nachprüfbare Werte, so dass die Größe, von der die Ausschüttung abhängig sein kann, anhand von Belegen dokumentiert und damit überprüfbar ist.[757] Überprüfbarkeit ist bei Wiederbeschaffungs- und Veräußerungswerten nur bei beobachtbaren Marktpreisen, bei unternehmensspezifischen Werten gar nicht gegeben.

Für den Standardsetter bestehen zwei Möglichkeiten. Er kann den Abschluss als Informationsinstrument ansehen, der möglichst zutreffend über die Lage des Unterneh-

---

[755] *Ewert/Wagenhofer* (2003), S. 607, sprechen von einem „unternehmensspezifisch optimale[n] Maß an Gläubigerschutz". *Wagenhofer* (2005b), S. 246, betont die Bedeutung der Informationsstruktur.

[756] *Kuhner* (2005b), S. 761-764, nennt als zusätzliche Gründe die Nichtexistenz von vertraglichen Beziehungen zum Gläubiger, eine monopolähnliche Marktmacht der Schuldner gegenüber den Gläubigern und Probleme kollektiver Koordination.

[757] *Bieker* (2006), S. 59, sieht die historischen Kosten für Ausschüttungszwecke aus diesem Grund als überlegen an.

mens berichten soll.[758] Davon ausgehend können die beteiligten Parteien in einem Vertrag weitere Regelungen für die Ausschüttungsbemessung festlegen. Diese Lösung böte den Parteien ausreichend Flexibilität, die Ausschüttungsbegrenzung an die unternehmensindividuelle Situation anzupassen. Die zweite Möglichkeit ist, aus Gründen der Vergleichbarkeit, Nachprüfbarkeit und Senkung von Transaktionskosten ein verbindliches Gewinnkonzept für Ausschüttungszwecke zugrunde zu legen. Leicht vorzuziehen ist dann eine Gewinnermittlung auf Basis historischer Kosten. Anreize für Investitionen können durch eine umfassende Aktivierung von immateriellen Werten geschaffen werden. Der Gewinn enthält durch Lieferung und Leistung realisierte Zahlungen. Die beteiligten Parteien können ggf. noch weitere Restriktionen oder die Offenlegung zusätzlicher Informationen vereinbaren. Zudem kann der Gläubiger auf weitere Instrumente zum Schutz seiner Ansprüche zurückgreifen.

3.3. Zweck der Anreizsetzung

3.3.1. Eigner-Manager-Konflikte als Bezugsrahmen

Rechnungslegung zum Zweck der Rechenschaft dient einerseits der Information von Rechenschaftsempfängern über die Verwendung der anvertrauten Mittel und andererseits der Anreizkontrolle von Managern.[759] Unter zweitem Aspekt lässt sich die Verhaltenssteuerung des Managers durch Wahl eines Rechnungslegungssystems und der Beteiligung am Gewinn fassen. Dadurch resultieren Überschneidungen zwischen Rechenschaft und interner Steuerung. Die folgende Analyse widmet sich diesem Aspekt und trägt zur Diskussion um eine Harmonisierung von internem und externem Rechnungswesen bei.[760]

Die Trennung von Eigentum und Verfügungsmacht durch Delegierung von Tätigkeiten an Manager kann sog. Prinzipal-Agenten-Probleme[761] induzieren.[762] Prinzipal-Agenten-Beziehungen bezeichnen Auftragnehmer-Auftraggeber-Verhältnisse aus Vertragsbeziehungen, wobei der Prinzipal einen Agenten mit der Durchführung bestimmter Aufgaben betraut.[763] Der Agent verfügt über spezifisches Wissen, das bei der Auf-

---

[758] Vgl. dazu die Ausführungen in Abschnitt 3.1. dieser Arbeit. Als Alternative zur bilanziellen Kapitalerhaltung kämen sog. Solvenztests in Frage, wie sie z.B. in den USA genutzt werden, vgl. zu einem Überblick, einem Vergleich zwischen deutschem und US-amerikanischem Abschluss und einer Würdigung *Pellens/Jödicke/Richard* (2005), *Knobloch* (2005).

[759] Vgl. auch Abschnitt 2.1.2. sowie die dort angegebene Literatur.

[760] Vgl. *Küting/Lorson* (1998), S. 492, *Troßmann/Baumeister* (2005), S. 636. Eine vollständige Harmonisierung von internem und externem Rechnungswesen ist allerdings zu bezweifeln, vgl. *Küting/Lorson* (1998), S. 490. Insofern wird auf eine partielle Harmonisierung rekurriert. Vgl. zu Diskussionen um eine Harmonisierung des internen und externen Rechnungswesens z.B. *Ziegler* (1994), *Coenenberg* (1995), *Küpper* (1998a, 1998b, 1999), zur Harmonisierung auf Basis der IFRS z.B. *Klein* (1999), *Wussow* (2004).

[761] Vgl. zu den Grundlagen der Prinzipal-Agenten-Theorie z.B. *Ross* (1973), *Arrow* (1985), *Spremann* (1989).

[762] Vgl. *Berle/Means* (1932), S. 119-125, zu einem Überblick über Interessenkonflikte *Kuhner* (2005a).

[763] Vgl. *Jensen/Meckling* (1976), S. 308.

gabenerfüllung nützlich ist;[764] die Folgen seiner Handlungen sind vom Prinzipal zu tragen.[765] Der Erfolg der Aufgabendurchführung hängt in Agency-Modellen annahmegemäß vom Arbeitseinsatz des Agenten und einer Zufallskomponente ab, die nicht seiner Kontrolle unterliegt.[766] Ein vermehrter Arbeitseinsatz des Agenten führt c.p. zu einem besseren Ergebnis,[767] jedoch auch zu größerem Disnutzen.[768] Der Eigner als Prinzipal und der Manager als Agent sind bei Gültigkeit des Rationalitätspostulats an der Maximierung ihres erwarteten zukünftigen Nutzens interessiert. Bei der Analyse von Prinzipal-Agenten-Beziehungen sind Annahmen über unterschiedliche Zielvorstellungen und asymmetrisch verteilte Informationen zentral.[769]

Informationsasymmetrien können vor Vertragsabschluss in Form sog. *hidden characteristics* auftreten.[770] Der Prinzipal kann die Eigenschaften des Managers nicht beobachten. Da der Eigner zwischen gutem und schlechtem Agenten nicht zu unterscheiden vermag, ist er nur zur Zahlung eines durchschnittlichen Gehaltes bereit. Folge ist das Ausscheiden hoch qualifizierter Manager am Markt (*adverse selection*). Im Extremfall bricht der Markt zusammen, da sich nur noch schlechte Agenten anbieten.[771] *Hidden action* und *hidden information* können nach Vertragsabschluss vorliegen.[772] *Hidden action* droht, wenn der Prinzipal nur das Ergebnis, nicht aber die Handlungen des Agenten und den eingetretenen Umweltzustand beobachten kann.[773] Der Manager kann die Anstrengungen reduzieren, weil ein schlechtes Ergebnis mit dem Hinweis auf eine ungünstige Umweltsituation begründet werden kann, ohne dass dies vom Eigner nachprüfbar wäre.[774] *Hidden information* besteht, wenn der Eigner die Aktionen des Managers beobachten kann, der Manager jedoch über zusätzliche Informationen verfügt, die ihn bei der Aufgabendurchführung unterstützen. Da der Prinzipal die Verwendung der Information nicht zu beobachten vermag, kann er die Qualität der Leistung des Agenten nicht beurteilen.

---

[764] Dieses Wissen führt gerade zur Delegierung der Aufgaben, vgl. *Jensen/Smith* (1985), S. 101.

[765] Vgl. *Pratt/Zeckhauser* (1985), S. 3

[766] Vgl. z.B. *Ng* (1978), S. 911, *Hartmann-Wendels* (1989), S. 716, *Wagenhofer* (1992), S. 321.

[767] Vgl. *Wagenhofer* (1992), S. 322. Es wird angenommen, dass ein hoher Arbeitseinsatz zu einer Verschiebung der Wahrscheinlichkeitsverteilung des Erfolgs zum Nutzen des Eigners führt.

[768] Der Disnutzen des Agenten wird oft als Arbeitsleid oder Opportunitätskosten der Freizeit interpretiert, vgl. z.B. *Wagenhofer* (2001), S. 443. Er kann aber auch als Nutzen verstanden werden, wenn der Manager durch erhöhten Arbeitseinsatz z.B. Reisen unternimmt, die ihm höheres Ansehen verschaffen, vgl. *Hartmann-Wendels* (1991), S. 146. Im Weiteren wird von Disnutzen der Anstrengung ausgegangen.

[769] Bei symmetrischer Informationsverteilung entsteht kein Konflikt, da der Eigner den Manager aufgrund des gleichen Informationsstandes kontrollieren und sanktionieren kann. Vgl. ausführlich *Kiener* (1990), S. 49-62, *Jost* (2001), S. 20.

[770] Vgl. *Jost* (2001), S. 27-30.

[771] Vgl. grundlegend *Akerlof* (1970). Dieser Fall wird im Folgenden nicht weiter betrachtet.

[772] *Hidden action* kann sog. *moral hazard* induzieren, vgl. *Jost* (2001), S. 25-27.

[773] Vgl. *Arrow* (1985), S. 44.

[774] Vgl. hierzu und im Folgenden *Arrow* (1985), S. 38f.

Der Prinzipal ist an einer bestmöglichen Durchführung der Aufgabe durch den Agenten interessiert, die sich im Erfolg des Projektes niederschlägt.[775] Zur Leistungsbeurteilung des Managers sind Informationen über die Entwicklung des Unternehmens nötig.[776] Rechnungslegungsinformationen dienen dem Eigner als eine Informationsquelle und können Informationsasymmetrien zwischen Eigner und Manager vermindern,[777] weil sich dort das Verhalten des Managers in Bezug auf von ihm getroffene Entscheidungen niederschlägt.[778] Durch eine Erfolgsbeteiligung[779] sollen dem Agenten Anreize gesetzt werden,[780] im Interesse des Prinzipals zu handeln.[781] Die Zielfunktion des Prinzipals liegt in der Maximierung seines Erfolgsanteils, d.h. einem bestmöglichen Ergebnis aus der Aufgabendurchführung durch den Agenten abzüglich einer möglichst geringen Ent-

---

775 Als Ziel wird im Folgenden die Maximierung des Unternehmenswertes unterstellt, vgl. zugleich kritisch *Hebertinger* (2002), S. 9-16. Vgl. zur Notwendigkeit der Formulierung eines Unternehmensziels zur Messung von Leistungsfähigkeit *Moxter* (1964), S. 18-30, 33. *Gjesdal* (1982) zeigt formal, dass eine Information zur Kontrolle dezentraler Entscheidungen dienen kann, wenn die Wahrscheinlichkeiten des aus dem Informationssystem erhaltenen Signals durch die Wahl des Entscheiders beeinflusst werden.

776 Vgl. zur Notwendigkeit der Offenlegung von Informationen zur Beurteilung des Managers *Birnberg* (1980), S. 76, m.w.N. Werden die Informationen vom Manager gestellt, ist dies einerseits sinnvoll, weil er über mehr und genauere Informationen verfügt als der Eigner. Andererseits ist fraglich, ob der Manager wahrheitsgemäß berichtet. Wird zur Überprüfung eine dritte Partei, z.B. Wirtschaftsprüfer, eingeschaltet, können neue Agency-Probleme induziert werden, vgl. *Watts* (1977), S. 63, *Ballwieser* (1987b), *Kiener* (1990), S. 30. *Holmström* (1984), *Myerson* (1982) und *Hartmann-Wendels* (1989) weisen nach, dass Anreizverträge existieren, die den Agenten veranlassen i.S.d. Prinzipals zu handeln und zugleich korrekt zu informieren. Obwohl Manager durch entsprechende Maßnahmen zur Offenlegung subjektiver Gewinnerwartungen angereizt werden können (vgl. *Hartle* (1984), S. 99-207), sind weiterhin Objektivierungen nötig, vgl. *Ordelheide* (1988b), S. 286f., m.w.N.

777 Vgl. bereits *Moxter* (1962a), S. 86-97, *Krönert* (2001), S. 16. Andere Informationsquellen werden im Folgenden ausgeblendet. Zu Prinzipal-Agenten-Modellen in der Rechnungslegung vgl. *Wagenhofer* (2001), S. 441-445.

778 Vgl. *Prakash/Rappaport* (1977), S. 35, *Schneider* (1987), S. 28. *Holmström/Milgrom* (1987) weisen modelltheoretisch nach, dass aggregierte Rechnungslegungsinformationen als Grundlage der Entlohnung unter bestimmten Umständen optimal sind.

779 Die Beteiligung kann z.B. auf Basis des Gewinns erfolgen. Dazu sollte er möglichst aufschlussreich über die Tätigkeit des Managers informieren, zumindest teilweise der Kontrolle des Managers unterliegen und sensibel auf die Handlungen des Managers reagieren, vgl. *Hartmann-Wendels* (1991), S. 141f. *Kuhn* (1966), S. 565, z.B. bescheinigt dem Bilanzerfolg, dass „dieser Einflußfaktoren und deren Interdependenzen berücksichtigt“. Empirisch zeigt sich, dass der bilanzielle Gewinn oft als Entlohnungsgrundlage des Managers herangezogen wird, vgl. z.B. *Antle/Smith* (1985), *Healy* (1985), *Lambert/Larcker* (1987), *Jensen/Murphy* (1990), *Sloan* (1993). Vgl. zu möglichen Bemessungsgrundlagen der Entlohnung z.B. *Ewert/Wagenhofer* (2000), S. 7-43, *Schaffer* (2005), S. 12-31, m.w.N., kritisch *Weißenberger* (2003), S. 137-144. Für die Bemessung der Entlohnung ist eine reine Zahlungsrechnung ungeeignet, vgl. *Pfeiffer* (2003), S. 52.

780 Vgl. *Hax* (1989), S. 163, *Laux* (2006), S. 89f.

781 Alternativ zur Erfolgsbeteiligung können z.B. Aufsichtsgremien, Finanzanalysten und Ratingagenturen zur Aufdeckung von Missbrauch der Unternehmensressourcen durch den Manager dienen, vgl. *Healy/Palepu* (2001), S. 410. Vgl. jüngst die empirische Studie von *Arora/Alam* (2005), die zu dem Ergebnis kommen, dass eine anreizkompatible Entlohnung des Managers allen am Unternehmen Beteiligten zugute kommt.

lohnung des Agenten.[782] Der Agent maximiert seine Entlohnung abzüglich der Kosten, die ihm durch die Anstrengung entstehen.

Dabei sollte das Belohnungssystem anreizkompatibel und pareto-effizient gestaltet sein. Anreizkompatibilität bedeutet, dass ein Manager nur dann einen Vorteil aus seinen Handlungen zieht, wenn er Entscheidungen zum Nutzen des Eigners trifft.[783] Eine pareto-effiziente Risikoteilung verlangt eine vorteilhafte Aufteilung der Risiken auf Eigner und Manager in Abhängigkeit der Risikoeinstellung beider Parteien.[784] Dabei besteht ein Zielkonflikt zwischen pareto-effizienter Risikoteilung und der Motivation eines risikoaversen Managers: Für einen risikoneutralen Eigner ist es pareto-effizient, das gesamte Risiko zu tragen und dem Manager ein festes Gehalt zu bezahlen. Dadurch wird aber für den Manager kein Anreiz induziert, seine Anstrengung zu erhöhen, so dass er den niedrigsten Arbeitseinsatz wählt.[785] Bei einer linearen Entlohnungsfunktion, die anreizkompatibel ist, liegt gleichzeitig eine pareto-effiziente Risikoteilung vor.[786] Im Folgenden wird daher von einer linearen Entlohnungsfunktion mit einem festen und einem variablen Bestandteil ausgegangen.[787] Die variable Entlohnung erfolgt linear zum Periodengewinn[788]; der Manager muss auch anteilig Verluste tragen. Es gilt zu diskutieren, wie der Gewinn als Bemessungsgrundlage für den variablen Bestandteil gestaltet sein sollte, um aus Eignersicht vorteilhafte Entscheidungen des Managers herbeizuführen.[789]

Der Fokus auf den Gewinn als Entlohnungsgrundlage vernachlässigt Eigenkapitalkosten und kann daher zu Überinvestition führen, wodurch sich eine Entlohnung auf Basis

---

[782] Vgl. *Jost* (2001), S. 17f.

[783] Vgl. *Laux* (1995), S. 75, 110.

[784] Vgl. *Laux* (2006), S. 29f.

[785] Vgl. *Laux* (1995), S. 42, 156.

[786] Vgl. mit Beweis *Laux* (1995), S. 129.

[787] Die Festlegung der Entlohnungsfunktion wird ausgeblendet.

[788] Empirische Studien zeigen auf, dass der bilanzielle Gewinn im Zeitablauf tendenziell immer weniger und andere Größen immer mehr Verwendung bei der Entlohnung finden, vgl. z.B. *Bushman* et al. (1998), im Überblick *Bushman/Smith* (2001), S. 242f. So finden sich z.B. verschiedene Kennzahlen oder Kombinationen aus Gewinn und Aktienoptionen, vgl. z.B. *Dechow/Sloan* (1991), S. 51f., *Bushman/Indjejikian* (1993), insb. S. 765-767, 779f., *Indjejikian* (1999), S. 149f., m.w.N. Da das Ziel von Eignern in der Maximierung des Unternehmenswertes liegt, sollte eine aktienkursbasierte Entlohnung vorteilhaft sein, vgl. *Sloan* (1993), S. 56, modelltheoretisch *Dutta/Reichelstein* (2005), *Christensen/Feltham/Şabac* (2005). Aber z.B. *Gibbons/Murphy* (1992), S. 109, kommen in ihrer Studie zu dem Ergebnis, dass eine gewinn- einer aktienkursbasierten Entlohnung vorgezogen wird, weil der Aktienkurs durch viele andere Faktoren außerhalb der Kontrolle des Managers beeinflusst wird. Die Diskussion wird in dieser Arbeit nicht vertieft, da der Fokus auf der Gewinnermittlung liegt.

[789] Überlässt man dem Manager die Wahl des Systems, wird er sich für ein System entscheiden, welches seine Leistung übertreibt und wenig Informationen an den Eigner liefert. Die gesetzliche Vorgabe und Durchsetzung eines Systems ist daher aus informationsökonomischer Sicht sinnvoll. Vgl. ausführlich *Ng* (1978). Zu einem ähnlichen Ergebnis gelangen auch *Stocken/Verrecchia* (2004), die zeigen, dass sich ein Manager für ein ungenaues Berichtssystem entscheidet, um Kosten der Berichterstattung durch Manipulation zu reduzieren.

des Residualgewinns als vorteilhaft erweist.[790] Der Ermittlung von Residualgewinnen ist jedoch die Gewinnermittlung vorgelagert.[791] Daher wird die Verwendung von Residualgewinnen zur Anreizsetzung im Rahmen dieser Arbeit als nachrangig eingestuft und von der Diskussion ausgeblendet.[792] Vielmehr wird auf die bilanzielle Gewinnermittlung fokussiert, wobei der in der externen Rechnungslegung ermittelte Gewinn als Anknüpfungspunkt für Verträge zwischen Eigner und Manager dienen und um den Abzug von Eigenkapitalkosten ergänzt werden kann.

Weil verschiedene Gewinnkonzepte unterschiedliche Anreizwirkungen entfalten, sind die Gewinnkonzepte im Folgenden anhand der Kriterien Entscheidungsverbundenheit und Zuverlässigkeit zu diskutieren.[793] Entscheidungsverbundenheit impliziert, dass der ermittelte Gewinn in Zusammenhang und zeitlicher Nähe zu den vom Manager getroffenen Entscheidungen steht.[794] Die Kontrollmöglichkeit durch den Eigner erfordert die intersubjektive Nachprüfbarkeit und Manipulationsfreiheit und damit Zuverlässigkeit des Gewinns.[795] Das bedingt eine objektivierte Gewinnermittlung,[796] weil sonst Kontroll- und Erhebungskosten entstehen, die den Nutzen der erfolgsabhängigen Entlohnung womöglich übersteigen. Die Ermittlung sollte mit vertretbarem Aufwand erfolgen und mit den Zielen des Prinzipals in Einklang stehen.[797] Die Zielvereinbarung muss überprüfbar sein, da sonst die Abweichung vom Ziel nicht messbar ist.[798] Entwickelt der Prinzipal ein effizientes Anreizsystem, in dem der Agent den optimalen Arbeitseinsatz wählt, können Abweichungen auf Umweltzustände zurückgeführt werden. Eine Manipulation des Gewinns durch den Manager sollte möglichst ausgeschlossen sein, da er sonst als Entlohnungsgrundlage wenig geeignet ist.[799] Die Gültigkeit des Kongruenzprinzips grenzt dabei den Spielraum des Managers ein und sichert über die Totalperiode unabhängig von gewählten Rechnungslegungsregeln ex post den gleichen Gesamtgewinn.[800]

---

790 Vgl. *Ewert/Wagenhofer* (2005b), S. 517, 545-547, auch *Baldenius/Fuhrmann/Reichelstein* (1999), S. 61, kritisch *Küpper* (1998b), S. 528-530, *Pfaff/Bärtl* (1999), S. 107-112. Vgl. zur Definition des Residualgewinns Abschnitt 3.1.3.1.

791 Vgl. *Ewert/Wagenhofer* (2005b), S. 477, 546.

792 Vgl. zu einem Vergleich verschiedener Konzepte vor und nach Berücksichtigung von Kapitalkosten *Laux* (2006), S. 111-142. *Terstege* (2005), S. 593f., formuliert (schwache) Bedingungen, unter denen eine Erfolgsrechnung in eine Residualerfolgsrechnung überführt werden kann.

793 Vgl. zu weiteren möglichen Kriterien *Hebertinger* (2002), S. 36-41.

794 Vgl. *Hax* (1989), S. 162.

795 Vgl. *Laux* (1995), S. 74, 156.

796 Vgl. *Baetge* (1970), S. 21, *Moxter* (1982), S. 222, *Schmalenbach* (1988), S. 55.

797 Vgl. *Elschen* (1991), S. 1009.

798 Vgl. hierzu und im Folgenden ausführlich *Wagenhofer* (1992).

799 Normen sollten daher eindeutig vorgegeben und Wahlrechte nicht gewährt werden, vgl. z.B. *Schipper* (1989), *Healy/Wahlen* (1999), S. 386, *Pfaff/Pfeiffer* (2001), S. 366, *Pfaff/Stefani* (2003), S. 65-68, jüngst *Ewert/Wagenhofer* (2005a), die gleichzeitig Nachteile einer strengeren Normierung aufzeigen. Vgl. aber z.B. *Liang* (2004), *Hofmann* (2004), die Bedingungen ableiten, unter denen bilanzpolitische Spielräume zu einer Unternehmenswertsteigerung führen.

800 Vgl. *Wagenhofer* (1996b), S. 1052f.

Um Redundanzen zu Abschnitt 3.1. zu vermeiden, wird auf das Kriterium der Zuverlässigkeit jeweils nur kurz eingegangen.[801] Die optimale Vertragsgestaltung hängt letztlich von unternehmensindividuellen Gegebenheiten und dem ab, was Eigner und Manager zu welchen Kosten beobachten können.[802] Da von konkreten Situationen aber abstrahiert wird, bleiben die Aussagen – wie in Abschnitt 3.2. – allgemein. Neben einer Diskussion der Eignung verschiedener Gewinnkonzepte sollen die kritische Analyse des Modells von *Dutta/Zhang* und Ergebnisse weiterer Modelle Aussagen zur Beschaffenheit der Gewinngröße zum Zweck der Anreizsetzung ermöglichen.

3.3.2. Gewinnkonzepte

3.3.2.1. Statik

Der ökonomische Gewinn hat den Vorteil, dass Erfolge von Maßnahmen, die der Manager in der zurückliegenden Periode ergriffen hat, bereits bei ihrer Verursachung erfasst werden.[803] Gerade Investitionsentscheidungen schlagen sich oft spät in Einzahlungen nieder. Würde man für die Entlohnung des Managers warten, bis der Gewinn durch Lieferung und Leistung realisiert ist, ist der Manager womöglich nicht mehr im Unternehmen beschäftigt. Wird der ökonomische Gewinn der Entlohnung zugrunde gelegt, werden die künftigen Gewinne antizipiert und dadurch beim Manager der Anreiz geschaffen, in das Projekt zu investieren.[804] Der ökonomische Gewinn weist eine hohe zeitliche Nähe zu den vom Manager getroffenen Entscheidungen auf und erfüllt in idealer Weise das Prinzip der Entscheidungsverbundenheit.[805]

Allerdings scheidet der ökonomische Gewinn aufgrund seiner mangelnden Nachprüfbarkeit als Entlohnungsgrundlage des Managers aus.[806] Der Manager kann den ökonomischen Gewinn durch die notwendigen Schätzungen zugunsten seiner Nutzenmaximierung beeinflussen.[807] Wird der Manager auf Basis antizipierter Entwicklungen entlohnt, ist auch nicht gewährleistet, dass er die avisierten Maßnahmen mit einem entsprechenden Anstrengungsniveau tatsächlich umsetzt.[808] Aufgrund der fehlenden Kontrollmöglichkeit ist der ökonomische Gewinn daher unbrauchbar.

Bei einer Einzelbewertung hängen die Aktivierung von Vermögenswerten und die Passivierung von Schulden vom zugrunde liegenden Gewinnkonzept ab. Nicht aktivierungsfähige Vermögenswerte mindern bei ihrem Zugang den Gewinn als Aufwand in voller Höhe.[809] Dadurch entsteht für den Manager nur dann ein Anreiz zur Investition

---

[801] Vgl. die Ausführungen in Abschnitt 3.1.2.

[802] Vgl. *Magee* (1978), S. 146, *Weißenberger* (2003), S. 137. Daher sind individuelle Lösungen zu vereinbaren, vgl. *Ewert/Wagenhofer* (2000), S. 46.

[803] Vgl. *Hartmann-Wendels* (1991), S. 214-216.

[804] Der rechnerische Ansatz des ökonomischen Gewinns und der Investitionsrechnung stimmt überein, da beide auf das Kapitalwertkalkül zurückgreifen, vgl. *Hax* (1989), S. 163.

[805] Vgl. auch *Laux* (1995), S. 163f., *Küpper* (1998b), S. 531.

[806] Vgl. *Baetge* (1970), S. 26.

[807] Vgl. mit Bezug zu *cheap talk*-Modellen *Dobler* (2004), S. 93-107.

[808] Vgl. *Laux* (1994), S. 1262. Möglicherweise wird er dann zu hoch entlohnt.

[809] Vgl. *Leuz* (1996), S. 205.

in diese Vermögenswerte, wenn sich die zugehörigen Zahlungsüberschüsse vor Ende seiner Vertragslaufzeit im Gewinn niederschlagen.[810] In einer Wiederbeschaffungswertbilanz ist eine umfassende Aktivierung von materiellen und immateriellen Vermögenswerten und Schulden möglich.[811] Dieser umfassende Ansatz führt dazu, dass Manager Investitionen in immaterielle Werte mit künftig zu erwartenden Einzahlungen tätigen, da sie in der Bilanz aktiviert und nicht sofort aufwandswirksam erfasst werden.[812] Abschreibungen von Vermögenswerten in Folgeperioden mindern zwar den Gewinn, diesen stehen aber möglicherweise bereits Einzahlungen aus der Investition gegenüber, so dass die Aufwendungen überkompensiert werden.[813] Allerdings fehlt in einer Wiederbeschaffungswertbilanz ein expliziter Zukunftsbezug.[814] Da künftige Entwicklungen daher kaum Berücksichtigung im Gewinn finden, ist fraglich, ob der Manager in künftig vorteilhafte Projekte investiert.

Eine Bewertung zu Wiederbeschaffungswerten greift soweit wie möglich auf Marktpreise zurück. Marktpreise unterliegen jedoch meist nicht der Kontrolle des Managers,[815] sondern einer Vielzahl an Einflüssen, z.B. Konjunktur, Konkurrenz, Angebot und Nachfrage.[816] Dadurch wird der geforderte Zusammenhang zwischen den getroffenen Entscheidungen und der Gewinngröße unterminiert. Gemäß dem *controllability*- oder *responsibility*-Prinzip sollte ein Manager für Wertänderungen nicht verantwortlich gemacht werden, die nicht seiner Kontrolle unterliegen.[817] Durch eine Entlohnung auf Basis von Wiederbeschaffungspreisen können daher Fehlanreize induziert werden. Der Manager investiert z.B. in Vermögenswerte, von denen er sich auf dem Wiederbeschaffungsmarkt Wertsteigerungen erwartet, ohne dass diese Investition für das Unternehmen vorteilhaft wäre.

Werden allerdings vom Manager nicht kontrollierbare Einflussgrößen bei der Entlohnung nicht berücksichtigt, wird für den Manager kein Anreiz induziert, solche Informationen für die Vorbereitung seiner Aktionswahl zu beschaffen.[818] Eine erwartete Preissteigerung kann daher auch die Durchführung vorteilhafter Investitionen bewirken. Sie kann als Kostenersparnis durch Kauf in früheren Perioden interpretiert und der Manager durch ein c.p. höheres Gehalt belohnt werden.[819] Umgekehrt können Preisminderungen auf ungünstige Investitionsentscheidungen des Managers hinweisen, was sich c.p. in einem geringeren Gehalt niederschlägt.

---

810 Es wird angenommen, dass es für den Manager grundsätzlich irrelevant ist, wann die Gewinne während seiner Vertragslaufzeit anfallen.

811 Vgl. *Moxter* (1982), S. 106f.

812 Vgl. *Hax* (1989), S. 166.

813 Vgl. zu einer optimalen Allokationsregel von Aufbaukosten *Mohnen* (2005), S. 285f.

814 Vgl. *Sieben* (1963), S. 32, *Schmidt* (1979), S. 62f.

815 Vgl. *Diedrich/Rohde* (2005), S. 713. Eine Ausnahme gilt für Unternehmen, die eine Monopolstellung auf Märkten haben.

816 Vgl. z.B. *Riegler* (2000), S. 163f.

817 Vgl. ausführlich *Choudhury* (1986), S. 189f.

818 Vgl. mit Beispielen *Wagenhofer* (1999), S. 189, *Riegler* (2000), S. 164.

819 Vgl. *Edwards/Bell* (1961), S. 111, auch *Baldenius/Fuhrmann/Reichelstein* (1999), die die Vorteilhaftigkeit einer Entlohnung auf Basis von Verkehrswerten zeigen.

Wertänderungen können statt erfolgswirksam auch erfolgsneutral in einer Neubewertungsrücklage aufgefangen werden. Eine Entlohnung auf Basis des Leistungsgewinns[820] ist nur bedingt zeitnah, weil Gewinne aus Investitionen im Vergleich z.B. zum ökonomischen Gewinn relativ spät berücksichtigt werden. Die Entscheidung liegt möglicherweise lange zurück, die Güte der Entscheidung kann jedoch ex post gut eingeschätzt werden. Weil aber der Gewinn den getroffenen Entscheidungen nur bedingt zugeordnet werden kann, ist das Prinzip der Entscheidungsverbundenheit kaum erfüllt. Durch die Ausschaltung von nicht vom Manager beeinflussbarer Komponenten spiegelt der Leistungsgewinn die Leistungsfähigkeit des Managers besser wider und ist daher als Entlohnungsgrundlage eher geeignet als Leistungs- und Dispositionsgewinn zusammen. Der Dispositionsgewinn kann aber als zusätzliche Informationsquelle für die Leistungsbeurteilung des Managers dienen.[821]

Nachprüfbarkeit und Manipulationsfreiheit sind nur bei beobachtbaren Marktpreisen gegeben.[822] Die Werte sind mit geringem Aufwand und objektiviert am Markt feststellbar. Sind Schätzungen notwendig, können sie vom Manager zwar genauer als von Außenstehenden durchgeführt werden, weil der Manager über die Kostenstruktur und das Umfeld des Unternehmens besser informiert ist. Da die Werte aber kaum nachprüfbar sind, sind sie für den Eigner als Entlohnungsgrundlage nicht brauchbar.

Für den Manager werden bei einer Rechnungslegung auf Basis von Veräußerungswerten Anreize zur Investition in Vermögenswerte induziert, die bei fiktiver Liquidation werthaltig sind. Da immaterielle Vermögenswerte wie z.B. Forschungs- und Entwicklungsergebnisse bei Liquidation oft nicht werthaltig sind, mindern sie als Aufwand den Periodengewinn.[823] Die später resultierenden, u.U. hohen Gewinne aus dieser Tätigkeit fallen womöglich erst nach der Vertragslaufzeit des Managers an, so dass er – selbst bei langfristigem Planungshorizont und Erwartung späterer Gewinne – nicht in immaterielle Werte investiert. Vermögenswerte, die nur für das Unternehmen nützlich sind oder für die kein Markt vorhanden ist, weisen einen geringen oder gar keinen Veräußerungswert auf.[824] Ein Ansatz mit Null würde keinen Anreiz für den Manager induzieren, Investitionen in diese Werte zu tätigen, da sie sofort den Gewinn mindern. Als Lösung böte sich der Ansatz dieser Vermögenswerte mit ihren Anschaffungskosten an, was jedoch zu einer Vermischung von Wertansätzen führen und Kriterien für die Einteilung der Vermögenswerte voraussetzen würde. Wenn Wertsteigerungen von Vermögenswerten über die Anschaffungs- oder Herstellungskosten hinaus erfolgswirksam

---

820 Vgl. *Edwards/Bell* (1961), S. 121f. Der Leistungsgewinn umfasst den durch Lieferung und Leistung realisierten Gewinn; zufällige Preisschwankungen am Markt werden in der Entlohnung nicht berücksichtigt.

821 Vgl. ausführlich *Antle/Demski* (1988), *Ewert* (2005), Folie 18, *Ewert* (2006), S. 199-201. Die Zusatzinformation kann Rückschlüsse auf den eingetretenen Umweltzustand zulassen und dadurch c.p. eine bessere Beurteilung der Arbeitsleistung des Managers ermöglichen.

822 Vgl. auch *Isaac* (1924), S. 262f.

823 Vgl. *Ballwieser* (2002c), Rn. 29. *Wagenhofer/Riegler* (1999), S. 79-86, zeigen modelltheoretisch, dass eine Ungleichbehandlung von Sachinvestitionen, Investitionen in Forschung und Entwicklung sowie in Humanressourcen unter Anreizgesichtspunkten nicht sinnvoll ist.

824 Vgl. *Moxter* (1982), S. 129f.

erfasst werden, besteht wie bei einer Bilanzierung zu Wiederbeschaffungswerten die Gefahr zur Durchführung von Investitionen, die kurzfristig hohe Gewinne generieren, das Unternehmen langfristig aber schädigen.[825]

Die Lage des Unternehmens wird unter Annahme der Veräußerung der Vermögenswerte und Schulden dargestellt.[826] Dadurch fehlt der explizite Zukunftsbezug. In vergangenen Perioden getroffene Entscheidungen können nicht im Hinblick auf dazugehörige erwartete Erträge beurteilt werden, da diese Informationen im Abschluss fehlen. Zudem fließen in den Gewinn zufällige Schwankungen der Marktpreise ein, die nicht der Kontrolle des Managers unterliegen. Die Leistungsbeurteilung für den Eigner wird erschwert. Der Ansatz von erwarteten Veräußerungspreisen im Zeitpunkt des Verkaufs löst das Problem des fehlenden Zukunftsbezugs. Allerdings sind hierzu erhebliche Schätzungen notwendig, was die Nachprüfbarkeit unterminiert.

Auf der Passivseite werden nur Schulden erfasst, die Teil des Liquidationsvermögens sind.[827] Künftige Auszahlungen, z.B. für Pensionsverpflichtungen oder Garantieleistungen, werden nicht antizipiert. Dadurch wird für den Manager der Anreiz geschaffen, z.B. hohe Verkaufpreise mit Garantiezusagen zu verknüpfen und damit den Gewinn zu steigern. Für den Manager ist das besonders dann vorteilhaft, wenn die Auszahlungen für Garantieleistungen in die Zeit nach seiner Beschäftigung fallen.[828]

Veräußerungswerte sind dann nachprüfbar und manipulationsfrei, wenn Marktpreise beobachtbar sind. Sonst müssen die Werte geschätzt werden. Zudem sind Annahmen notwendig, welche Vermögenswerte bei Veräußerung werthaltig sind.[829] Dadurch wird dem Manager ein Spielraum für die Bilanzierung und Bewertung von Vermögenswerten und Schulden eröffnet, was deren Brauchbarkeit als Entlohnungsgrundlage einschränkt.

Eine Rechnungslegung zu unternehmensspezifischen Werten weist den Erfolg der Investitionen in der Periode der Verursachung aus[830] und zeigt für den Eigner die Barwerte von Vermögenswerten und Schulden an, wobei wegen der Einzelbewertung Verbundeffekte vernachlässigt werden.[831] Daher erhält der Eigner Informationen über Zukunftserfolgswerte der Vermögenswerte und Schulden. Der Gewinn enthält neben realisierten auch nicht realisierte Erträge und Aufwendungen.[832] Für den Manager werden dadurch Anreize geschaffen, auch über seinen Beschäftigungszeitraum hinausgehende Projekte durchzuführen. Eine Entlohnung auf Basis unternehmensspezi-

---

825 Vgl. ähnlich *Feltham/Xie* (1994), S. 443-447, *Diedrich/Rohde* (2005), S. 714.

826 Vgl. auch *Förster* (1992), S. 86-88.

827 Vgl. *Moxter* (1982), S. 129.

828 Vgl. *Rammert* (2000), S. 238f.

829 Vgl. ähnlich *Moxter* (1982), S. 134f.

830 Vgl. *Hartmann-Wendels* (1991), S. 215f.

831 Vgl. auch *Hartmann-Wendels* (1991), S. 215-221, der den Nachteil ökonomischer Werte erkennt, die Analyse aber unter dem Aspekt der Schätzgenauigkeit von Zahlungen vornimmt.

832 Vgl. *Leffson* (1966), S. 382. Dazu muss sich der Nutzen auch auf die Güter verteilen lassen.

fischer Werte ist daher anreizkompatibel. Der Gewinn, der sich bei einer Bewertung zu unternehmensspezifischen Werten ergibt, steht in unmittelbarem Zusammenhang zu den vom Manager getroffenen Entscheidungen.[833]

Der Eigner steht jedoch zwei Problemen gegenüber: (i) Die der Bewertung zugrunde gelegte Entwicklung tritt nicht zwingend ein, was sich über eine Korrektur der Gewinnziffer in späteren Jahren auffangen lässt; (ii) die gelieferten Werte sind nur bedingt zuverlässig. Wird der Manager entlohnt, bevor der Gewinn realisiert ist, hat er keinen Anreiz mehr, die Maßnahmen tatsächlich zu ergreifen.[834] Je mehr die Zahlen vom Manager beeinflussbar sind, umso weniger wird der Eigner die Entlohnung davon abhängig machen.[835]

Eine Gewinnermittlung auf Basis historischer Kosten[836] ist primär vergangenheitsorientiert und kann daher nur begrenzt als Indikator für künftige Gewinne dienen.[837] Das wirtschaftliche Umfeld und die Zukunftsaussichten sehen am Bilanzstichtag oft anders aus, als es der Abschluss zu sich kaum verändernden historischen Kosten wiedergibt,[838] da das Unternehmen z.B. in einem sehr dynamischen Umfeld agiert, Vermögenswerte lange im Unternehmen verweilen oder Marktpreise stark schwanken.[839] Daher ist es für den Prinzipal schwer, die Leistung des Managers entsprechend zu messen, weil sich Erfolge von Investitionen erst später niederschlagen.[840]

Allerdings kann das Vermögen zum Bilanzstichtag als Ressourcenbestand zur Generierung künftiger Gewinne interpretiert werden.[841] In der Vergangenheit getroffene Entscheidungen führen zu Auszahlungen, z.B. für Forschung oder für das Anlagevermögen, die den Handlungsraum des Managers einschränken.[842] Viele Investitionsprojekte sind zum Bilanzstichtag noch nicht abgeschlossen und insofern „schwebende Investitionen", weil ihre Rückflüsse in spätere Perioden fallen.[843] Sie wurden vom Manager zur Erzielung künftiger Zahlungsüberschüssen getätigt und können als Einzahlungsantizipation und damit zukunftsorientiert in dem Sinn verstanden werden, dass Rückflüsse aus der Investition in Höhe der Anschaffungskosten berücksichtigt

---

833 Vgl. ähnlich *Watts* (2003), S. 211, *Diedrich/Rohde* (2005), S. 714.

834 Vgl. *Dutta/Zhang* (2002), S. 68, 77.

835 Vgl. *Birnberg* (1980), S. 76, *Laux* (2006), S. 432-434, *Böcking/Wesner* (2004), S. S101. „Rechenschaft erhält man aber nicht dadurch, daß die zur Rechenschaft Verpflichteten selbst wählen können, was sie aktivieren und passivieren und wie sie bewerten." *Schneider* (1971), S. 611.

836 Diese werden zum Zweck der Rechenschaft oft als überlegen gegenüber Zeitwerten betrachtet, vgl. *Rosenfield* (1974), S. 124, m.w.N.

837 Die historischen Kosten entsprechen lediglich im Erwerbszeitpunkt dem *fair value*, vgl. *Mujkanovic* (2002), S. 192f., *Barlev/Haddad* (2003), S. 386f.

838 Vgl. *Moxter* (1982), S. 221.

839 Vgl. *Paton/Littleton* (1967), S. 123, *Schneider* (1981), S. 261.

840 Es kann so zu Bewertungsfehlern kommen, vgl. *Magee* (1978), S. 146.

841 Vgl. *Ijiri* (1975), S. 62, *Leuz* (1996), S. 183.

842 Vgl. *Leuz* (1996), S. 183. *Mohnen* (2005), S. 285-291, zeigt modelltheoretisch, dass eine starke Zielkongruenz durch die Aktivierung von Forderungen und Aufbaukosten sowie die Passivierung von Rückstellungen unter bestimmten Bedingungen erreicht werden kann.

843 Vgl. *Ordelheide* (1988b), S. 274, *Schmalenbach* (1988), S. 62f.

werden.[844] Weil aber Gewinne nicht antizipiert werden und sich erst später niederschlagen,[845] können sie vom Eigner nicht in der Entlohnung berücksichtigt werden. Der Manager hat daher keinen Anreiz, über seinen Beschäftigungszeitraum hinausgehende Aktionen durchzuführen, die für den Eigner vorteilhaft wären.[846] Umgekehrt bietet sich für den Agenten der Vorteil, dass er sich auf den Erfolgen vergangener Investitionsentscheidungen ausruhen kann.[847] Weil er die Auswirkungen bereits durchgeführter Investitionen am besten einschätzen kann, verzichtet er bei erwarteten positiven Entwicklungen und baldigem Vertragsende womöglich auf neue Investitionen.

Der Zusammenhang zwischen der getroffenen Entscheidung und der Erfassung im Gewinn ist zeitlich verschoben, so dass das Prinzip der Entscheidungsverbundenheit verletzt ist.[848] Allerdings werden im Gewinn nur durch Lieferung und Leistung realisierte Erfolge ausgewiesen. Der Manager wird daher nicht für Wertsteigerungen von Vermögenswerten, die sich später bei Verkauf nicht realisieren lassen, und damit (ggf.) nicht zu hoch entlohnt.[849] Der realisierte Gewinn als Entlohnungsgrundlage bietet zudem den Vorteil, dass die Einzahlungen (nahezu) sicher und ihre tatsächliche Höhe bekannt sind.[850] Eine Leistungsbeurteilung wird dadurch erleichtert.

Vorteilhaft ist die Wirtschaftlichkeit der Wertermittlung.[851] Anschaffungs- oder Herstellungskosten werden in der Periode in der Buchhaltung erfasst und können am Periodenende schnell und ohne großen Aufwand aggregiert werden. Da die Erfassung vergangener Ereignisse weitgehend gewiss ist und im Abschluss Ergebnisse abgewickelter Geschäfte gezeigt werden,[852] sind kaum Schätzungen notwendig. Der Manager verfügt nur über einen begrenzten Spielraum, die Zahlen in seinem Interesse zu färben,[853] weil die Werte für den Prinzipal (oder dessen Helfer) relativ leicht zu überprüfen

---

844 Vgl. *Ordelheide* (1988b), S. 279f. Die mit Anschaffungskosten geführten Posten können auch als Zukunftserfolgswerte interpretiert werden, vgl. *Ordelheide* (1988a), S. 292. Allerdings enthalten die Anschaffungskosten i.A. keine Gewinnanteile und bilden daher eher eine Wertuntergrenze für erwartete Rückflüsse. Vgl. zur Kritik auch *Mujkanovic* (2002), S. 193 Fn. 580.

845 Vgl. *Gjesdal* (1981), S. 210.

846 Vgl. z.B. *Gampenrieder* (2003), S. 126, zu den unterschiedlichen Zeithorizonten als Konfliktursache *Jensen/Smith* (1985), S. 103, kritisch auch *Ballwieser* (1997), S. 34. Vgl. zu einer Literaturübersicht zu Zeitpräferenzen und Zeithorizont des Managers auch *Pfeiffer* (2003), S. 47-49.

847 Vgl. hierzu und im Folgenden *Diedrich* (2004), S. 696.

848 Vgl. *Diedrich/Rohde* (2005), S. 714.

849 Vgl. *Küpper* (1998b), S. 532, auch *Moxter* (1984), S. 72-79.

850 Liegt die Gewinnrealisation vor der Einzahlung, muss bei Zahlungsunfähigkeit des Schuldners die Forderung abgewertet werden. Eine in diesem Sinn „vorzeitige“ Gewinnvereinnahmung ist im Vergleich zu einer Gewinnermittlung auf Basis von *fair values* weniger risikobehaftet. Vgl. zu Risiken einer Investition im Zeitablauf übersichtlich *Blaufus* (2005), S. 320.

851 Vgl. *Schneider* (1981), S. 261.

852 Vgl. *Leffson* (1966), S. 381, 383.

853 Dazu zählen z.B. die Höhe der Abschreibungen, die Schätzungen von Nutzungsdauern und Restwerten oder der vorgezogene oder hinausgezögerte Verkauf von Vermögenswerten, vgl. *Barlev/Haddad* (2003), S. 384, 398, *Dutta/Reichelstein* (2002), die modelltheoretisch optimale Abschreibungsregeln für die Entlohnungsgrundlage ableiten.

sind.[854] Die geringe Manipulierbarkeit und die intersubjektive Nachprüfbarkeit der offen gelegten Informationen liefern dem Prinzipal ein zuverlässiges Instrument zur Kontrolle des Managers und zur Überprüfung von Entscheidungen.[855]

Bei einer vorsichtigen Rechnungslegung wird kein Anreiz geschaffen, in langfristige Projekte zu investieren,[856] weil nur Verluste, aber keine Gewinne antizipiert werden und der Gewinn dadurch tendenziell niedriger als bei symmetrischer Behandlung von Gewinnen und Verlusten ausfällt.[857] Bei Einhaltung des Kongruenzprinzips resultiert in späteren Perioden ein umso höherer Gewinn, der aber möglicherweise in Perioden nach der Vertragslaufzeit des Managers fällt, so dass der Manager nicht mehr davon profitieren kann. Durch eine Prämie für in vergangenen Perioden getroffene Entscheidungen, die nach der Vertragslaufzeit gezahlt wird, könnte dieses Problem behoben werden.[858] Eine Zuordnung von Gewinnen zu den getroffenen Entscheidungen ist für den Prinzipal aber oft nur schwer möglich, so dass entsprechende Prämienzahlungen für den vorherigen und derzeitigen Manager nur in Grenzen möglich sind.

Eine Entlohnung auf Basis eines vorsichtig bemessenen Gewinns beugt einer zu hohen Entlohnung des Managers vor. Eine Überkompensierung des Managers führt – auch wenn man den zusätzlich geschaffenen Wert berücksichtigt – zu einer Verminderung des Unternehmenswerts aus Eignersicht. Eine Rückforderung der Entlohnung ist nicht möglich.[859] Durch die Antizipation von Verlusten und der außerplanmäßigen Abschreibungen auf niedrige Zeitwerte wird der Anreiz induziert, Vermögenswerte, die an Wert verlieren und von denen künftig weitere Wertverluste erwartet werden, zu verkaufen.[860] Zudem sieht der Manager von Investitionen mit negativem Kapitalwert ab, weil er die Verluste aus der Investition anteilig selbst durch eine niedrigere Entlohnung tragen muss.[861] Darüber hinaus wird der Anreiz zu einem hohen Anstrengungsniveau geschaffen, weil nur dann Gewinne entstehen.[862]

Das Prinzip der Entscheidungsverbundenheit wird bei einer vorsichtigen Rechnungslegung durchbrochen. Eine zeitnahe Entlohnung erfolgt nicht, weil sich die Erträge der Investitionsprojekte oft erst später im Gewinn niederschlagen. Daher ist auch ein Zu-

---

[854] Der Ansatz historischer Kosten erleichtert dem Manager auch den Nachweis über die Verwendung der anvertrauten Ressourcen, vgl. *Ijiri* (1975), S. 86.

[855] Vgl. auch die Aussage von *Ordelheide/Leuz* (1996), S. 272: „The assets and liabilities that are under the control of the enterprise can be audited; future cash flows cannot." Allerdings bestehen z.B. bei Rückstellungen Unsicherheiten hinsichtlich Existenz, Höhe und Fälligkeit, so dass eine Prüfung nur schwer möglich ist.

[856] Vgl. *Smith/Watts* (1982), S. 146.

[857] Vgl. ähnlich *Watts* (2003), S. 217.

[858] Die Vereinbarung von Bonuszahlungen nach Vertragsende ist empirisch beobachtbar, vgl. *Smith/Watts* (1982), S. 145f.

[859] Vgl. *Watts* (2003), S. 213.

[860] Vgl. auch *Dutta/Zhang* (2002), S. 78f.

[861] Vgl. *Ball/Shivakumar* (2003). Der Manager kann Verluste nicht in Perioden nach seiner Vertragslaufzeit hinausschieben.

[862] Vgl. *Kwon* (2004), S. 17, 20f.

sammenhang zwischen realisierten Erträgen und zugehörigen Investitionsentscheidungen nur schwer herzustellen. Da Investitionsauszahlungen – sofern sie nicht aktivierungsfähig sind – den Gewinn sofort mindern, die zugehörigen Einzahlungen aber erst später in Gewinn einfließen, stellt der Gewinn keinen guten Indikator für die Leistungsfähigkeit des Managers dar.[863]

Der ermittelte Gewinn ist relativ leicht nachprüfbar und kaum manipulierbar. Dadurch eignet er sich als Bemessungsgrundlage für die Entlohnung. Allerdings entsteht durch die Prüfung der Vermögenswerte (Schulden) auf einen im Vergleich zum Buchwert niedrigeren (höheren) Zeitwert zusätzlicher Aufwand im Vergleich zu einer Bilanzierung zu historischen Kosten. Sofern Marktpreise als Vergleichsmaßstab herangezogen werden können, gestaltet sich der Vergleich einfach. Sind jedoch Schätzungen nötig, eröffnen sich einerseits dem Manager Spielräume bei der Wertermittlung,[864] andererseits fallen Kosten an.

3.3.2.2. Dynamik

Die Idee des dynamischen Gewinns ist das Signalisieren einer guten Lage des Unternehmens durch einen hohen, eine schlechte Lage durch einen niedrigen Gewinn.[865] Daher wäre der dynamische Gewinn für die Entlohnungsbemessung des Managers geeignet. Allerdings sollen Durchbrechungen der Stetigkeit vermieden werden, was zu einer vorsichtigen Bilanzierung führt. So erfolgt eine Aktivierung von Vermögenswerten dann, wenn die Vermögenswerte zu künftigen Einzahlungen führen.[866] Da unter diese Definition z.B. Forschungsausgaben fallen und damit aktivierungsfähig sind,[867] wird für die Manager ein Anreiz zu Forschung geschaffen. Z.B. sind aber Ausgaben für eine zufällige Erfindung nicht aktivierungsfähig.[868] Daher werden – wie bei einer vorsichtigen Rechnungslegung – kaum Anreize induziert, Investitionen mit langfristig hohen Erträgen zu tätigen.

Gewinn entsteht mit dem Zahlungseingang bei Barzahlung oder dem Rechnungsausgang bei Zahlung auf Kredit.[869] Der Realisationszeitpunkt ist wie bei einer Rechnungslegung auf Basis historischer Kosten relativ spät gewählt. Dadurch stehen der Gewinn und vom Manager getroffene Entscheidungen nicht in unmittelbarem Zusammen-

---

863 Vgl. *Penman/Zhang* (2002), S. 237, 262.

864 Vgl. ähnlich *Moxter* (1982), S. 134f.

865 Vgl. *Schmalenbach* (1988), S. 54.

866 Vgl. *Schmalenbach* (1988), S. 66-70. Die Ertragswirksamkeit wird nicht weiter konkretisiert. Es handelt sich um sog. „schwebende Vorleistungen". Die Erwartung späterer Erträge führt aber nicht zwingend zu einer Aktivierung, vgl. *Schmalenbach* (1988), S. 68, *Moxter* (1984), S.33.

867 Vgl. *Schmalenbach* (1988), S. 68.

868 Vgl. *Schmalenbach* (1988), S. 143-147. Als Beispiel führt *Schmalenbach* eine zufällige Erfindung durch ein nicht gereinigtes Reagenzglas auf. Er knüpft die Aktivierung an drei Voraussetzungen (Nutzwert auch für kommende Jahre, Verteilungsbedürfnis und Feststellbarkeit von Kosten und Nutzen), ohne diese weiter zu konkretisieren. Vgl. auch *Moxter* (1984), S. 34.

869 Vgl. *Schmalenbach* (1988), S. 76f.

hang.[870] Das Prinzip der Entscheidungsverbundenheit ist daher nicht erfüllt. Die Wahl des Realisationszeitpunktes ermöglicht aber eine nachprüfbare und weitgehend manipulationsfreie Gewinnermittlung. Zahlungsströme sind vergleichsweise sicher.[871] Für Erträge sind daher kaum Schätzungen notwendig. Allerdings liegt die Ermittlung des Aufwands zumindest teilweise im Ermessen des Managers, da z.B. Abschreibungen festzulegen sind, die laut *Schmalenbach* besser hoch als niedrig sein sollten. Zusätzlich sind für außerplanmäßige Abschreibungen Zeitwerte – sofern keine Marktpreise vorhanden sind – zu schätzen.[872] Die Aufteilung des Totalerfolgs auf einzelne Perioden ist zudem ermessensabhängig und weist nach *Schmalenbach* zwangsläufig Fehler auf.[873]

Der neodynamische Gewinn nach *Moxter* ergibt sich durch Gegenüberstellung von Periodenleistung und Periodenaufwand und soll das erste Glied einer uniformen Ausschüttungsreihe sein. Für den Eigner ist dies vorteilhaft, weil ein nachhaltiger Gewinn ermittelt wird und somit die langfristige Leistung des Managers anzeigt.[874] Dadurch werden für den Manager Anreize geschaffen, langfristig zu planen, weil seine Leistung entsprechend vergütet wird. Für die Ermittlung des Periodengewinns ist auf durchschnittliche, geschätzte Erträge und Aufwendungen abzustellen.[875] Besonders positive oder besonders negative einmalige Entwicklungen werden ausgeklammert. Bei negativen Entwicklungen mag dies für den Manager positiv sein, da er damit für ungünstige Investitionsentscheidungen nicht bestraft wird. Umgekehrt wird er bei besonders guter Entwicklung auch nicht belohnt. Für den Eigner ist dieses Vorgehen nachteilig, weil gerade positive und negative Wirkungen auf den Unternehmenswert für die Beurteilung der Managementleistung relevant sind.[876]

Für die Berechnung der Periodenleistungen und Periodenaufwendungen sind Schätzungen notwendig.[877] Der Gewinn kann daher vom Manager beeinflusst werden. Er wird künftig erwartete Aufwendungen eher zu niedrig, künftig erwartete Erträge eher zu hoch ausweisen, um eine hohe Entlohnung zu erhalten. Zudem ist die Ermittlung der künftigen Periodenleistungen vergleichsweise aufwendig, da Schätzungen auf die Perioden herunter zu brechen und auf ihre Nachhaltigkeit zu prüfen sind.

---

870 Vgl. *Moxter* (1984), S. 55. Erträge aus der Investition werden oft viel später im Gewinn berücksichtigt.
871 Die Solvenz des Schuldners vorausgesetzt.
872 Vgl. *Moxter* (1984), S. 41.
873 Vgl. *Münstermann* (1981), Sp. 274, *Schmalenbach* (1988), S. 54.
874 *Moxters* Gewinnkonzept ist mit der Ermittlung eines nachhaltigen Gewinns vergleichbar, vgl. *Wagner* (1994), S. 1194, Abschnitt 2.2.3.2.
875 Abschreibungen sind z.B. so anzusetzen, dass die insgesamt für die Nutzung der Anlage zu erwartenden Auszahlungen erfasst werden, vgl. *Moxter* (1974), S. 279.
876 Vgl. *Streim/Bieker/Esser* (2005), S. 104.
877 Vgl. *Moxter* (1974), S. 274-276.

3.3.2.3. Ergebnis

Zusammenfassend ist festzuhalten, dass ein Zielkonflikt zwischen Entscheidungsverbundenheit und Zuverlässigkeit besteht.[878] Während der ökonomische Gewinn und ein auf Basis unternehmensspezifischer Werte ermittelter Gewinn einen hohen Grad an Anreizkompatibilität und Entscheidungsverbundenheit aufweisen, sind die Werte nur schwer nachprüfbar, was ihre Nützlichkeit für den Eigner torpediert. Im Unterschied dazu sind Werte bei einer Rechnungslegung auf Basis historischer Kosten und einer vorsichtige Rechnungslegung nachprüfbar, die zugehörigen Gewinne leiden aber unter mangelnder Entscheidungsverbundenheit und Anreizkompatibilität. Eine vorsichtige Rechnungslegung ist jedoch insofern vorteilhaft, da der Manager für nachteilige Investitionen frühzeitig bestraft wird und ein hohes Anstrengungsniveau induziert wird. Beim dynamischen Gewinn wird die Lage des Unternehmens durch das Abstellen auf das Realisationsprinzip tendenziell zu spät erfasst. Der neodynamische Gewinn berücksichtigt keine Ausreißer nach oben oder unten, so dass der Manager für besondere Leistungen nicht belohnt oder bestraft wird. Durch das Abstellen auf einen nachhaltigen Gewinn wird er jedoch zu langfristiger Planung angereizt. Insgesamt erweist sich kein Gewinnkonzept als eindeutig überlegen. Tabelle 3.6 fasst die wesentlichen Ergebnisse zusammen.

Kriterium / Konzept	Entscheidungs-verbundenheit	Zuverlässigkeit
Effektivvermögen	++	--
Wiederbeschaffungswerte	-	0
Veräußerungswerte	0	0
Unternehmensspezifische Werte	++	--
Historische Kosten	-	++
Vorsichtige Rechnungslegung	--	+
Dynamik	0	0
Neodynamik	+	-

Tabelle 3.6: Beurteilung der Gewinnkonzepte für den Zweck der Anreizsetzung (Legende: ++: sehr gut; +: gut; 0: neutral; -: schlecht; --: sehr schlecht)

3.3.3. Modell von *Dutta/Zhang*
3.3.3.1. Darstellung

Dutta/Zhang vergleichen in einem mehrperiodigen Agency-Modell, welche Anreizwirkungen eine Entlohnung des Managers auf Basis eines nach historischen Kosten und nach *fair values* ermittelten Gewinns auf das Verhalten des Managers hat.[879] Betrachtet wird ein Unternehmen, dessen Geschäftstätigkeit den Kauf von Rohstoffen, die Weiterverarbeitung und den Verkauf fertiger Güter umfasst.[880] Ein Produk-

[878] Vgl. auch *Hax* (1989), S. 162f.
[879] Vgl. *Dutta/Zhang* (2002), S. 67f.
[880] Vgl. zu den Annahmen *Dutta/Zhang* (2002), S. 70-72.

tionszyklus beginnt jede Periode mit dem Kauf von Rohstoffen. In Periode t produzierte Güter werden zunächst ohne Einflussmöglichkeit des Managers in der Folgeperiode t+1 verkauft. Der Manager ist für die operativen Tätigkeiten zuständig. Er trifft jede Periode basierend auf einer Analyse des Unternehmensumfeldes die Produktionsentscheidung q_{t+1} für die Folgeperiode. Vor der Entscheidung erhält er ein Signal über die Realisation des stochastischen Schocks $\tilde{\theta}_{t+1}$.[881] Durch seine Anstrengung e_t kann der Manager die Produktionskosten reduzieren. Der Auszahlungsstrom $c_{1,t}$ erfolgt in bar und beträgt in t:[882]

(3.1) $\tilde{c}_{1,t} = \frac{1}{2}(\tilde{\theta}_{t+1} \cdot q_{t+1})^2 - \varpi_t \cdot e_t + \tilde{\varepsilon}_t$

mit ϖ_t = Produktivität der Anstrengung des Managers in t;
$\tilde{\varepsilon}_t$ = Störterm, normalverteilt mit $[0; \sigma^2_{1,t}]$.

Erträge gelten als realisiert, wenn die zugehörigen Einzahlungen objektiv und zuverlässig gemessen werden können.[883] Der Einzahlungsstrom $c_{2,t+1}$ in t+1 aus dem Verkauf von Produkten ergibt sich als:

(3.2) $\tilde{c}_{2,t+1} = p_{t+1} \cdot \tilde{\theta}_{t+1} \cdot q_{t+1} + \tilde{\eta}_{t+1}$

mit p_{t+1} = Einkommensparameter, zum Zeitpunkt 0 bekannt;
$\tilde{\eta}_{t+1}$ = Störterm, realisiert in t+1, normalverteilt mit $[0; \sigma^2_{2,t}]$.[884]

Der Nettozahlungsstrom jede Periode beträgt:

(3.3) $\tilde{c}_t = \tilde{c}_{2,t} - \tilde{c}_{1,t}$.

Abbildung 3.2 zeigt den zeitlichen Verlauf aus Managersicht.

---

[881] Über das Signal, das der Manager durch die stochastische Variable $\tilde{\theta}_{t+1}$ erhält, wird keine weitere Aussage getroffen. Unklar ist, wie eine Entscheidung auf Basis von Variablen der nächsten Periode aufgebaut sein kann. Möglich wäre ein Signal z.B. über die erwartete Nachfrage basierend auf einer Marktstudie.

[882] Die Auszahlung erfolgt aus Vereinfachungsgründen in bar.

[883] Vgl. *Dutta/Zhang* (2002), S. 68 Fn. 1.

[884] Die Störterme sind unabhängig voneinander.

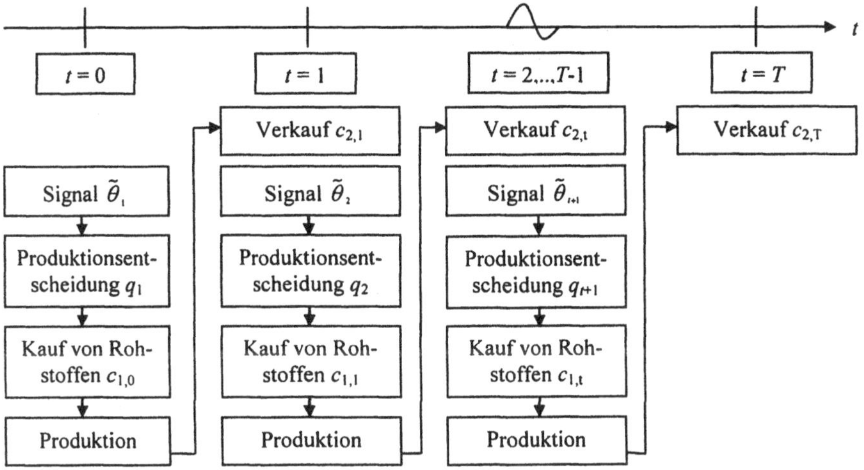

Abbildung 3.2: Zeitlicher Verlauf aus Managersicht im Modell von Dutta/Zhang

Es wird von unendlicher Unternehmensfortführung ausgegangen. Ein Manager wird aber nur für einen begrenzten Zeitraum (t = 0, …, T) eingestellt. Ein mit ihm in t = 0 geschlossener Vertrag regelt die Entlohnung während der gesamten Beschäftigungszeit.[885] Verfügbare Informationen I_t zum Zeitpunkt t umfassen aktuelle und vergangene Informationen:

(3.4) $I_t = I_{t-1} \cup \{c_{1,t}, c_{2,t}\}$.

Die Entlohnung s_t des Managers erfolgt linear zu den in t verfügbaren Informationen:

(3.5) $s_t = \lambda_t - \beta_{1,t}^t \cdot c_{1,t} + \beta_{2,t}^t \cdot c_{2,t} - ... - \beta_{1,1}^t \cdot c_{1,1} + \beta_{2,1}^t \cdot c_{2,1}$ für $1 \leq t \leq T$

mit λ_t = fester Entlohnungsbestandteil;

$\beta_{1,t}^t, \beta_{2,t}^t$ = Entlohnungskoeffizienten.

Der risikoneutrale Eigner will den Barwert des künftig erwarteten Nettozahlungsstroms abzüglich der Entlohnung des Managers maximieren:

(3.6) $\sum_{t=1}^{T} E[(1+r)^{-t}(\tilde{c}_t - \tilde{s}_t)] = \sum_{t=1}^{T} E[\gamma^t(\tilde{c}_t - \tilde{s}_t)]$

mit r = Kapitalkosten des Eigners.

[885] Manager und Eigner können den Vertrag erfüllen, vgl. *Dutta/Zhang* (2002), S. 71.

Der Manager ist risiko- und arbeitsscheu. Seine Präferenzen über Entlohnung und Anstrengung werden über eine negativ exponentielle wertadditive Nutzenfunktion U dargestellt:

$$(3.7)\quad U_0 = -\sum_{t=1}^{\infty} \gamma^t \cdot \exp[-\rho(h_t - \frac{1}{2} \cdot e_t^2)]$$

mit ρ = Grad der Risikoaversion des Managers;
h_t = Konsum des Managers in Periode t.

Das Anfangsvermögen des Managers ist Null. Eine alternative Beschäftigungsmöglichkeit existiert nicht.[886] Der Manager kann den Konsum durch Kreditaufnahme oder Anlage am Markt zum Zinssatz r glätten. Der Konsum beträgt

$$(3.8)\quad h_t = s_t + (1+r) \cdot k_{t-1} - k_t$$

mit k_t = Ersparnisse des Managers in Periode t.

Als Referenzpunkt dient der optimale Vertrag auf Basis disaggregierter Informationen.[887] Die *first best*-Lösung bei *Informationssymmetrie* liefert für die optimale Produktionsentscheidung:[888]

$$(3.9)\quad q_{t+1}^{*} = \frac{\gamma \cdot p_{t+1}}{\theta_{t+1}}.$$

Liegt *Informationsasymmetrie*[889] zwischen Manager und Eigner vor und erhält der Manager ein festes Gehalt, so kann angenommen werden, dass er das Ziel des Eigners maximiert.[890] Allerdings hat er keine Anreize, sich anzustrengen. Dem Eigner entstehen dadurch Kosten. Für die optimale Produktionsentscheidung aus Sicht des Managers ergibt sich in Periode t:[891]

$$(3.10)\quad q_{t+1} = \frac{\gamma \cdot g_{t+1} \cdot p_{t+1}}{\theta_{t+1}}$$

mit $g_t \equiv \dfrac{\beta_{2,t}}{\beta_{1,t-1}}$;

$\beta_{j,t} \equiv \beta_{j,t}^{t} + \gamma \cdot \beta_{j,t}^{t+1} + \ldots + \gamma^{T-t} \cdot \beta_{j,t}^{T}$ mit $j = 1, 2$.

---

[886] Der sog. Reservationsnutzen beträgt Null. Vgl. zum Reservationsnutzen *Kiener* (1990), S. 37.

[887] Die Disaggregation der Informationen bezieht sich darauf, dass die Entlohnung auf Basis der einzelnen (beobachtbaren) Zahlungsströme erfolgt.

[888] Vgl. *Dutta/Zhang* (2002), S. 72. Die Anstrengung des Managers im Optimum beträgt $e_t^{*} = \varpi_t$.

[889] Informationsasymmetrie entsteht dadurch, dass der Eigner die entscheidungsrelevante Information $\tilde{\theta}_{t+1}$ nicht beobachten kann, vgl. *Dutta/Zhang* (2002), S. 72.

[890] Vgl. *Dutta/Zhang* (2002), S. 72.

[891] Vgl. *Dutta/Zhang* (2002), S. 72f., 80f.

Die Parameter $\beta_{1,t}$ und $\beta_{2,t}$ können als effektive Entlohnungskoeffizienten für die Zahlungsströme $c_{1,t}$ und $c_{2,t}$ interpretiert werden, da sie den Barwert künftiger Bonuszahlungen für jede Einheit der Ein- und Auszahlungen zum Zeitpunkt t angeben.[892] Der Manager ist indifferent bzgl. des zeitlichen Anfalls der Entlohnung. Weil Eigner und Manager nur an den effektiven Entlohnungskoeffizienten interessiert sind, reduziert sich der Entlohnungsvertrag, von dem im Folgenden ausgegangen wird, ohne Beschränkung der Allgemeinheit auf

(3.11) $s_t = \lambda_t - \beta_{1,t} \cdot c_{1,t} + \beta_{2,t} \cdot c_{2,t}$.

Ein Vergleich der Gleichungen (3.9) und (3.10) zeigt, dass der Manager nach der *first best*-Lösung produziert, wenn $g_{t+1} = 1$ für jedes t gesetzt wird. Für den optimalen Vertrag bei disaggregierter Information ergibt sich jedoch:[893]

(3.12) $$\beta^*_{1,t} = \frac{\varpi_t^2}{\varpi_t^2 + \rho \cdot (1-\gamma) \cdot (\sigma_t^2 + \gamma \cdot g^{*2}_{t+1} \cdot \mu^2_{t+1})};$$

(3.13) $$g^*_{t+1} = \frac{\gamma \cdot p^2_{t+1}}{\gamma \cdot p^2_{t+1} + \rho \cdot (1-\gamma) \cdot \beta^{*2}_{1,t} \cdot \mu^2_{t+1}}.$$

Im Optimum ist g_{t+1} aber kleiner als 1, so dass im Vergleich zur *first best*-Lösung Unterbeschäftigung vorliegt.[894] Die Differenz zwischen der optimalen Produktion bei Informationssymmetrie und der optimalen Produktion bei Informationsasymmetrie kann als Agency-Kosten (*residual loss*) interpretiert werden.[895] Durch Wahl von $g_{t+1} = 1$ (optimale Produktion) würde das gesamte Risiko des Einzahlungsstroms $c_{2,t}$ dem risikoaversen Manager auferlegt. Wollte man den Manager vom Risiko befreien, wäre g_{t+1} Null zu setzen, was zu einer noch stärkeren Unterbeschäftigung führt. Der Eigner sieht sich damit einem Zielkonflikt zwischen den Opportunitätskosten der Unterbeschäftigung und den Kosten der Risikoprämie gegenüber, die dem Manager als Ausgleich für das übernommene Risiko gezahlt werden muss.[896]

Damit wurden optimale Verträge auf Basis disaggregierter Informationen charakterisiert. Im Folgenden wird untersucht, ob auch auf Basis aggregierter Rechnungslegungsinformationen optimale Verträge existieren. Aggregiert werden soll der Informationsvektor I_t, ohne dass anreizrelevante Informationen verloren gehen.[897] Es gilt das Kongruenzprinzip in t, wobei sich der Gewinn als Differenz zwischen *operating inco-*

---

892 Vgl. *Dutta/Zhang* (2002), S. 73.

893 Vgl. zur Herleitung *Dutta/Zhang* (2002), S. 73f.

894 Vgl. *Dutta/Zhang* (2002), S. 74.

895 Vgl. *Hartmann-Wendels* (1991), S. 152.

896 Bei Informationssymmetrie würde der Agent ein festes Gehalt beziehen und der Prinzipal das ganze Risiko tragen, vgl. *Hartmann-Wendels* (1991), S. 151.

897 Vgl. *Dutta/Zhang* (2002), S. 75.

me und der Entlohnung des Managers und die Nettodividende an den Eigner als Differenz zwischen Nettozahlungsstrom und der Entlohnung des Managers ergibt:[898]

(3.14) $b_t = b_{t-1} + (Inc_t - s_t) - (c_t - s_t)$

mit Inc_t = *operating income* vor Entlohnung des Managers.[899]

Der Entlohnung des Managers wird das *operating income* zugrunde gelegt. Zunächst werden Ansatz- und Bewertungsvorschriften auf Basis historischer Kosten betrachtet.[900] Gewinne gelten dann als realisiert, wenn geleistet wurde und die Einzahlungen zuverlässig gemessen werden können.[901] Aufwendungen werden daher erst in späteren Perioden zusammen mit den zugehörigen realisierten Erträgen erfasst. Damit betragen die Buchwerte zum Periodenende $c_{1,t}$. Das *operating income* ergibt sich als:

(3.15) $Inc_t = c_{2,t} - c_{1,t-1}$.

Bei einer Entlohnung auf Basis eines Vertrags der Form $\{s_t = \lambda_t + \beta_t \cdot Inc_t\}$, mit $\beta_t \geq 0$, wird der Manager seine Produktionsentscheidung durch Maximierung von $E[\tilde{c}_{2,t} - \tilde{c}_{1,t-1} | \theta_t]$ treffen. Dies führt im Vergleich zur *second best*-Lösung aus Gleichung (3.13) zu Überbeschäftigung, da $E[\tilde{c}_{2,t} - \tilde{c}_{1,t-1} | \theta_t]$ den undiskontierten Wert künftiger Zahlungsströme repräsentiert, während der Eigner die diskontierten Zahlungsströme $E[\gamma \cdot \tilde{c}_{2,t} - \tilde{c}_{1,t-1} | \theta_t]$ maximieren will.[902] Ausgelöst wird die Überbeschäftigung durch die Vernachlässigung der Kapitalkosten des Eigners beim Manager. Um diesem Problem vorzubeugen, ist das *operating income* für die Kapitalnutzung entsprechend anzupassen. Der Residualgewinn RI_t, definiert als *operating income* abzgl. Zins auf den Buchwert der Vermögenswerte zu Beginn der Periode, berücksichtigt die Kapitalkosten des Eigners und errechnet sich als:

(3.16) $\widetilde{RI}_t = \tilde{c}_{2,t} - (1 + r_t) \cdot \tilde{c}_{1,t-1}$.

Basiert die Berechnung des Residualgewinns auf der Basisvergütung r_b

(3.17) $r^*_{b,t} = \dfrac{r + (1 - g^*_t)}{g^*_t} > r$,

[898] Aus Vereinfachungsgründen nehmen *Dutta/Zhang* (2002), S. 75, an, dass der Eigner die Zahlungsüberschüsse in jeder Periode erhält.

[899] Eigentlich umfasst das *operating income* Inc_t das Ergebnis aus der gewöhnlichen Geschäftstätigkeit, vgl. z.B. *Hendriksen/van Breda* (1992), S. 325f. Im Rahmen des Modells entspricht dies aufgrund des Kongruenzprinzips dem Gewinn vor Entlohnung des Managers.

[900] Vgl. *Dutta/Zhang* (2002), S. 75.

[901] Vgl. *Dutta/Zhang* (2002), S. 68 Fn. 1, 75.

[902] Vgl. hierzu und im Folgenden *Dutta/Zhang* (2002), S. 75f.

werden optimale Produktionsentscheidungen wie bei der *second best*-Lösung aus Gleichung (3.13) induziert.[903] Das heißt, dass jeder lineare Entlohnungsvertrag, bei dem die Entlohnung mit einem Anstieg des Residualgewinns steigt, optimale Entscheidungen beim Manager auslöst.

Alternativ kann auch ein Rechnungslegungssystem auf Basis von *fair values* zugrunde gelegt werden. *Fair values* werden im Modell von *Dutta/Zhang* als diskontierte erwartete Veräußerungserlöse (*net realizable values*) definiert:

(3.18) $\gamma \cdot E[p_t \cdot q_t(\tilde{\theta}_t) \cdot \tilde{\theta}_t | I_{t-1}]$.

Zukünftig erwartete Erträge werden mit Aufwendungen der laufenden Periode verrechnet. *Dutta/Zhang* zeigen, dass kein Entlohnungssystem existiert, das optimale Anreize schafft.[904] Der Grund liegt darin, dass bei einer *fair value*-Bewertung die antizipierten Gewinne als Basis für die Entlohnung dienen. Dies führt jedoch nicht zwingend zu den gewünschten Produktionsentscheidungen des Managers. Es kommt vielmehr darauf an, dass der Eigner Abweichungen zwischen antizipierten und realisierten Gewinnen entdecken und bestrafen kann. Ein zweiter Grund liegt darin, dass bei einer *fair value*-Bewertung zukünftig erwartete Veräußerungswerte mit den Kapitalkosten diskontiert werden, während für die Lösung des Agency-Problems ein anderer Zins zu wählen wäre.[905]

In einem weiteren Schritt wird die Annahme eines vorgegebenen Verkaufszeitpunktes aufgehoben. Für diesen ist der Manager verantwortlich.[906] Zusätzlich wird angenommen, dass die Güter an Wert verlieren, wenn sie nicht sofort verkauft werden. Wird der Manager auf einem nach historischen Kosten ermittelten Residualgewinn entlohnt, so wird er die Vermögenswerte im Unternehmen halten, wenn ein Verlust in einer Periode erfolgt, um die zugehörigen Aufwendungen in die Zukunft zu verschieben.[907] Legt der Eigner der Entlohnung hingegen eine *lower of cost or market*-Regelung[908] zugrunde, entfällt der Anreiz, den Verkauf in die Zukunft zu verschieben, weil der Manager Verluste anteilig tragen muss.[909] Vielmehr wird er die Produkte sofort verkaufen.

---

903 Vgl. hierzu und im Folgenden *Dutta/Zhang* (2002), S. 76f.

904 Vgl. *Dutta/Zhang* (2002), S. 76f., 81f. Eine Möglichkeit gibt es, wenn die effektiven Entlohnungskoeffizienten bei disaggregierter Information für jedes t gleich sind $(\beta^*_{1,t} = \beta^*_{2,t})$. Dieser Fall wird jedoch ausgeschlossen, vgl. *Dutta/Zhang* (2002), S. 77 Fn. 9, 82.

905 Vgl. *Dutta/Zhang* (2002), S. 68.

906 Vgl. *Dutta/Zhang* (2002), S. 77-79.

907 Die Vermögenswerte werden bis zu ihrem Ausscheiden mit Anschaffungskosten bewertet.

908 Das entspricht einer außerplanmäßigen Abschreibung auf den niedrigeren Zeitwert.

909 Vgl. *Dutta/Zhang* (2002), S. 78f., 82f.

3.3.3.2. Würdigung

Dutta/Zhang kommt das Verdienst zu, erstmals in einem mehrperiodigen Modell die Vorteilhaftigkeit einer Entlohnung des Managers auf Basis eines mittels historischer Kosten gegenüber *fair values* berechneten Residualgewinns nachzuweisen, um optimale Anreize aus Sicht des Eigners zu induzieren. Damit wird das Argument gestützt, dass der Manager anhand von realisierten (auf Basis historischer Kosten ermittelten) und nicht von antizipierten (auf Basis von *fair values* ermittelten) Gewinnen entlohnt werden sollte. Eine Vergütung auf Basis künftiger Gewinne induziert nicht die optimale Anstrengung des Managers, da dies den Manager nicht zur tatsächlichen Durchführung der geplanten Maßnahmen anreizt. Dabei berücksichtigt das Modell das Problem von *hidden action* und *hidden information*. Die Wahl des Agenten wird nicht behandelt, damit spielen *hidden characteristics* keine Rolle, sondern werden als gelöst betrachtet.[910]

Im Modell wurde die mangelnde Objektivierbarkeit der *fair values* nicht problematisiert.[911] *Fair values* werden gemäß Gleichung (3.18) als erwartete, auf den Zeitpunkt t diskontierte Veräußerungswerte definiert. Unsicherheit besteht über die vom Eigner nicht beobachtbare Produktionsentscheidung q_t und die nur dem Manager bekannte Größe $\tilde{\theta}_t$. Der Eigner hat keine Möglichkeit, die vom Manager berichteten Werte zu überprüfen. Die mangelnde Nachprüfbarkeit ist – abseits der von *Dutta/Zhang* gelieferten Erklärung – ein weiterer Grund für die Vorteilhaftigkeit von historischen Kosten gegenüber *fair values*.

Die Annahmen des Modells sind – gezwungenermaßen – stark vereinfachend und daher angreifbar. Sie sind zur Behandlung des Problems notwendig, schränken aber die Reichweite des Modells ein.[912] Probleme der Beschaffung bestehen ebenso wenig wie Absatzprobleme. Der Manager trifft in jeder Periode eine Produktions- und Verkaufsentscheidung. Realistischer wäre eine Ausweitung auf mehrere Aktionen, z.B. verschiedene Produkte, Qualität der Produkte, Wartung von Anlagen.[913] Die Möglichkeit von Bilanzpolitik wird ausgeblendet. Die abgeleiteten Ergebnisse gelten für lineare Entlohnungsschemata, die oft in der Realität anzutreffen sind.[914] Sie lassen sich theoretisch begründen, wenn der Aktionsraum des Agenten erweitert wird und Kosten für zusätzliche Informationen über die Teilergebnisse so hoch sind, dass sich deren Be-

---

910 Nicht berücksichtigt wird daher die Anstrengung des Managers, sich gut zu verkaufen, vgl. dazu z.B. *Watts/Zimmerman* (1986), S. 185f.

911 Zur mangelnden Objektivierbarkeit von *fair values* vgl. *Moxter* (1982), S. 222, *Darrough/Mattessich* (1984), S. 177, *Hartmann-Wendels* (1991), S. 344f.

912 Auf die grundlegende Kritik an Agency-Modellen wird nicht eingegangen, vgl. dazu *Schneider* (1989), *Müller* (1995), *Ballwieser* (1996b), S. 524, *Gedenk* (1998), S. 24f., *Meinhövel* (1999), S. 107-170; zum Problem der Vermögensbeteiligung *Ballwieser/Schmidt* (1981), S. 666-671.

913 Vgl. zu Modellen mit mehreren Aktionen z.B. *Holmström/Milgrom* (1991), *Feltham/Xie* (1994), *Wagenhofer* (1996a). Eine andere Produktions- und Verkaufsfunktion würde an den qualitativen Aussagen des Modells nichts ändern, vgl. *Dutta/Zhang* (2002), S. 79.

914 Vgl. *Wagenhofer/Ewert* (1993), S. 379.

obachtung nicht auszahlt.[915] Die Erweiterung des Aktionsraums ließe das Modell zu, so dass die Annahme linearer Entlohnungsschemata haltbar ist. Zudem stellen *Dutta/Zhang* fest, dass die Ergebnisse so robust sind, dass sie auch für nicht-lineare Entlohnungsschemata bestehen bleiben.[916]

Die Annahmen über die Risikoeinstellung der Akteure sind plausibel. Der Prinzipal ist risikoneutral, was sich durch die Möglichkeit der Diversifizierung der Investitionen erklären lässt.[917] Die Risikoaversion des Managers ist durch die fehlende Möglichkeit der Diversifikation seines Arbeitseinsatzes begründbar. Streng erscheint die Annahme eines Reservationsnutzens von Null, die die Verfasser aus Vereinfachungsgründen gewählt haben. Diesen mit einem positiven Wert anzusetzen dürfte jedoch nichts an den Kernaussagen des Modells ändern.

Nicht betrachtet werden Probleme der Finanzierung und der Dividendenpolitik. Unterstellt wird scheinbar eine vollständige Eigenfinanzierung des Unternehmens. Begründet werden kann dies mit der Konzentration auf den Manager-Eigner-Konflikt. Eine Fremdkapitalaufnahme würde neue Agency-Probleme induzieren, die an dieser Stelle nicht interessieren, aber die Komplexität des Modells erhöhen. Die Ergebnisse gelten womöglich nicht mehr, wenn Finanzierungsaktivitäten[918] im Modell berücksichtigt werden oder Insolvenzrisiko besteht. Eine eigenständige Dividendenpolitik ist aufgrund der Annahme, dass alle Zahlungsüberschüsse ausgeschüttet werden, weder vom Manager noch vom Eigner festzulegen. Inwiefern sich die Ergebnisse ändern oder unter welchen Bedingungen die Ergebnisse Bestand haben, ist offen.[919]

Kritisch ist die Annahme, dass die Güter sofort veralten, so dass eine *lower of cost or market*-Regelung optimal wird. Agiert das Unternehmen in einem sehr dynamischen Umfeld, ist diese Annahme zwar plausibel.[920] In einigen Fällen kann eine Lagerung den Wert des Gutes jedoch steigern. Für Eigner und Manager lohnt sich dann eine Verschiebung des Verkaufszeitpunkts der Güter, so dass eine *lower of cost or market*-Regelung aus Sicht des Eigners nicht länger optimale Anreize schafft. Vielmehr ist ein Entlohnungsschema festzulegen, welches den Manager dazu anregt, den Verkauf in die Zukunft – auch über seine Vertragslaufzeit hinaus – zu verschieben. Möglicherweise erweisen sich *fair values* gegenüber historischen Kosten als Grundlage der Entlohnung als überlegen, da sie die künftige Wertentwicklung ins Kalkül einschließen. Nicht gewährleistet ist damit aber weiterhin, dass der Manager die avisierten Aktionen zum Nutzen des Eigners auch durchführt.

---

915 Vgl. *Wagenhofer/Ewert* (1993), S. 382-384.
916 Vgl. *Dutta/Zhang* (2002), S. 79.
917 Vgl. *Eisenhardt* (1989), S. 60f.
918 Diese werden z.B. im Modell von *Dutta/Reichelstein* (1999) berücksichtigt.
919 *Ohlson* (1999b) untersucht explizit Bedingungen, unter denen Dividendenirrelevanz in einem agency-theoretischen Modell gilt.
920 *Kohler* (1963), S. 37, hält den Wertverlust für den Regelfall.

Der Prinzipal erhält im Fall von aggregierten Informationen nur die Daten des Rechnungswesens (*operating income* und Eigenkapital), die er der Entlohnung zugrunde legt.[921] Ausgeblendet wird damit die Möglichkeit, Informationen auch aus anderen Quellen zu beziehen, die Rückschlüsse auf die Handlung des Managers zulassen.[922] Zudem entstehen dem Eigner keine Kosten[923] aus der Überwachung des Managers. Inwiefern sich die Aussagen bei deren Berücksichtigung ändern, bleibt zu prüfen.

Im Modell werden ein Eigner und ein Manager betrachtet. Die Aufteilung des Erfolgs auf Eigner und Manager wird bilateral zwischen beiden Parteien vereinbart. Eine Übertragung auf mehrere Eigner ist problematisch. Werden mehrere Eigner mit heterogenen Interessen berücksichtigt, lässt sich eine optimale Produktionsentscheidung bereits bei disaggregierter Information nur schwer finden.[924] Die Annahme nur eines Managers ist hingegen gerechtfertigt, da dieser für die operativen Tätigkeiten zuständig ist und damit die Verantwortung trägt.[925]

Trotz der begrenzten Reichweite des Modells und der weiteren Kritikpunkte dürfen die grundlegenden Erkenntnisse und Implikationen nicht übersehen werden. Für Eigner, die einen Manager mit der Führung der Geschäfte betrauen wollen, kann das Modell bei der Wahl des zugrunde zu legenden Entlohnungsschemas Anhaltspunkte liefern. Es ist zwar im Einzelfall zu prüfen, wie die genaue Ausgestaltung aussehen soll. Das Modell illustriert aber die Konsequenzen verschiedener Entlohnungsgrundlagen auf das Verhalten des Managers zugunsten oder zu Lasten des Eigners. Als Grundlage für empirische Studien scheint das Modell wenig geeignet, da i.A. die Nutzenfunktionen von Eigner und Manager sowie die Entlohnungsfunktion nicht bekannt sind. Für den Standardsetter kann das Modell eine Argumentationsgrundlage zur Ausgestaltung des Rechnungslegungssystems sein. Zwar ist die Entscheidung über die Entlohnung des Managers Gegenstand bilateraler Verhandlungen. Aber als Bemessungsgrundlage für die Entlohnung kann auf den Gewinn zurückgegriffen werden, sofern er aus Eignersicht als geeignet für die Anreizschaffung beim Manager eingestuft wird. Für die Unternehmen ist dann eine Harmonisierung von internem und externem Rechnungswesen möglich, wodurch Kosten gesenkt werden können.

3.3.4. Ergebnisse weiterer Modelle

Neben dem Modell von *Dutta/Zhang* gibt es weitere Agency-Modelle, die sich mit der Wahl eines geeigneten Anreizsystems im Rahmen der Rechnungslegung auseinandersetzen. In einem einperiodigen Kontext kommt *Magee* zu dem Ergebnis, dass der Manager in einem System historischer Kosten im Vergleich zu einem System auf Basis von *fair values* mehr Anstrengung auf Aktivitäten legt, die sich auf die laufenden Ak-

921 Vgl. *Dutta/Zhang* (2002), S. 75f., sowie S. 128f. dieser Arbeit.
922 Vgl. *Arrow* (1985), S. 45.
923 Vgl. dazu *Jensen/Meckling* (1976), S. 308, *Watts/Zimmerman* (1986), S. 185f.
924 Gleichung (3.6) fiele für jeden Eigner unterschiedlich aus.
925 Vgl. zu mehreren Geschäftsführern *Laux* (1972), S. 803.

tivitäten beziehen, und weniger auf Aktivitäten, die künftige Perioden betreffen.[926] Zusätzlich zeigt sich, dass ein System auf Basis von *fair values* im Gegensatz zu historischen Kosten zu insgesamt höherer Anstrengung führt. Letztlich ist die Wahl des Entlohnungssystems situations- und unternehmensspezifisch.[927]

Zu einem ähnlichen Ergebnis gelangt *Kirschenheiter* in einem zweiperiodigen Agency-Modell, wobei sich die Anstrengung des Managers auf die Wahl des Vermögenswertes und nicht auf operative Tätigkeiten bezieht.[928] Er vergleicht eine gewinnbasierte Entlohnung auf Basis von Marktwerten und historischen Kosten sowie zwei verschiedene Marktstrukturen für Vermögenswerte.[929] Eine Entlohnung basierend auf Marktwerten ist dann geeignet, wenn die Ermessensspielräume des Managers bekannt sind und der Veräußerungspreis in jedem Zeitpunkt dem unternehmensspezifischen Wert entspricht, weil mehr anreizrelevante Informationen offen gelegt werden.[930] Das Ergebnis gilt nicht mehr, wenn eine der Annahmen gelockert wird.

Eine Reihe von Modellen beschäftigt sich mit dem Vergleich zwischen einer Entlohnung auf Basis periodisierter und realisierter Zahlungsströme und optimalen Allokationsregeln bei Investitionsentscheidungen. So zeigt z.B. *Kwon*, dass eine Entlohnung anhand periodisierter Zahlungsströme nützlicher für die Motivation des Managers und für die Risikoteilung ist als eine Entlohnung anhand realisierter Zahlungsströme, weil eine Periodisierung von Zahlungsströmen die Auswirkungen der Handlungen des Managers auf künftige Zahlungsströme besser wiedergibt.[931]

Auch *Rogerson* greift die Periodisierung von Zahlungsströmen auf und betrachtet Investitionsentscheidungen des Managers in einem Agency-Modell.[932] Unterinvestitionsprobleme können entstehen, weil der Manager aufgrund anderer Kapitalkosten oder eines anderen Zeithorizonts ungeduldig ist. Damit in jeder Periode aus Sicht des Eigners effiziente Investitionsentscheidungen vom Manager getroffen werden, sind zwei Voraussetzungen zu erfüllen: (i) Die gesamten Investitionsauszahlungen sind proportional zur relativen Produktivität des Vermögenswertes in der jeweiligen Periode aufzuteilen (relatives Beitragsverfahren);[933] (ii) die mit den Kapitalkosten des Eigners dis-

---

[926] Vgl. *Magee* (1978), S. 149f.

[927] Vgl. *Magee* (1978), S. 156.

[928] Vgl. *Kirschenheiter* (1999).

[929] Entspricht der erwartete Veräußerungswert dem unternehmensspezifischen Wert, so resultiert unabhängig vom Verkaufszeitpunkt der gleiche Gewinn. Übersteigt der erwartete Veräußerungswert den unternehmensspezifischen Wert, ist ein Verkauf gegenüber der internen Nutzung vorteilhaft. Nur bei einer Bilanzierung zu historischen Kosten werden die Wertänderungen realisiert. Vgl. *Kirschenheiter* (1999), S. 247, 254f.

[930] Vgl. *Kirschenheiter* (1999), S. 255-260, mit Beispiel S. 260-265.

[931] Vgl. *Kwon* (1989), S. 270-276, 278.

[932] Vgl. hierzu und im Folgenden *Rogerson* (1997), S. 770f. Der Manager verfügt über bessere Informationen als der Eigner und die Anstrengung des Managers ist vom Eigner nicht beobachtbar.

[933] Vgl. *Rogerson* (1997), S. 780-787.

kontierte Summe der aufgeteilten Kosten muss den gesamten Investitionsauszahlungen entsprechen.[934]

Ähnlich wie *Rogerson* untersucht auch *Reichelstein* eine Abschreibungsregel, die optimale Anreize beim Manager, im Sinne des Eigners zu handeln, induziert.[935] Im Unterschied zu *Rogerson* untersucht *Reichelstein* Anreize für Investitionen, wenn *moral hazard* vorliegt, so dass das Modell von *Reichelstein* den Vergleich zweier Entlohnungssysteme zulässt.[936] Durch eine Entlohnung auf Basis des Residualsgewinns, der Abschreibungen gemäß dem relativen Beitragsverfahren berücksichtigt, werden aus Sicht des Eigners optimale Investitionsanreize induziert. Der Residualgewinn spiegelt den vom Manager geschaffenen Wert der Periode wider.[937]

Pfaff beschäftigt sich in einem zweiperiodigen Agency-Modell ebenfalls mit der Periodisierung von Zahlungsströmen zur Verhaltenssteuerung, allerdings in einem spezielleren Szenario als *Rogerson*.[938] Auch *Pfaff* kann die Vorteilhaftigkeit einer Entlohnung anhand des Residualgewinns nachweisen, wenn der Residualgewinn mit Hilfe des relativen Beitragsverfahrens ermittelt wird.[939] Zusätzlich betrachtet er Folgekosten aus der Investition, die von den realisierten Zahlungsströmen abhängen und am Ende der Investition anfallen. Durch die verursachungsgerechte Bildung von Rückstellungen werden beim Manager aus Eignersicht optimale Investitionsanreize induziert.[940]

Dutta/Reichelstein betrachten einen Manager, dessen Anstrengungen die Zahlungsströme eines Unternehmens beeinflussen. Zusätzlich werden Finanzierungsaktivitäten zur Unterstützung der gewöhnlichen Geschäftstätigkeit betrieben.[941] Die Finanzierungsaktivitäten haben einen Barwert von Null, die zeitliche Verteilung ist jedoch zufällig.[942] Um den Manager vom Risiko der Finanzierungsaktivitäten zu entlasten, erweist sich eine Bewertung der Finanzierungsaktivitäten zu *fair values* und eine Entlohnung des Managers auf Basis von Residualgewinnen gegenüber einer Entlohnung auf Basis realisierter Zahlungsströme als überlegen.[943] Können die disaggregierten Zahlungsströme einer Periode vom Prinzipal beobachtet werden, induziert eine Entlohnung auf Basis

---

[934] Vgl. *Rogerson* (1997), S. 793f., zu einem ähnlichen Ergebnis auch *Reichelstein* (1997).

[935] Vgl. *Reichelstein* (2000).

[936] Vgl. *Reichelstein* (2000), S. 245. Verglichen wird eine Entlohnung auf Basis von realisierten Zahlungsströmen und von Residualgewinnen, wobei der Residualgewinn gemäß dem relativen Beitragsverfahren berechnet wird, vgl. *Reichelstein* (2000), S. 243f., 253. Die Abschreibungen berücksichtigen die Nutzungsdauer des Vermögenswertes und die intertemporale Verteilung der Zahlungsströme, die durch den Vermögenswert generiert werden.

[937] Vgl. *Reichelstein* (2000), insb. S. 258, 261.

[938] Vgl. *Pfaff* (1998), S. 509

[939] Vgl. *Pfaff* (1998), S. 498-509.

[940] Vgl. *Pfaff* (1998), S. 509-512.

[941] Vgl. *Dutta/Reichelstein* (1999), S. 235.

[942] Vgl. *Dutta/Reichelstein* (1999), S. 237f.

[943] Vgl. *Dutta/Reichelstein* (1999), S. 241, 244f., 249. Wie im Modell von *Reichelstein* spiegeln die Residualgewinne die Leistung des Managers wider, vgl. *Dutta/Reichelstein* (1999), S. 240.

von Residualgewinnen, die eine geeignete Zurechnung von Aufwendungen zu Erträgen berücksichtigt, optimale Anreize beim Manager.[944]

Eine weitere Reihe von Modellen setzt sich mit dem Vorsichtsprinzip auseinander. *Wagenhofer* betrachtet ein zweiperiodiges Agency-Modell mit zwei Aktionen. Der Manager wird auf Basis des bilanziellen Ergebnisses entlohnt, wobei das Rechnungslegungssystem vom Eigner gestaltbar und nicht durch den Manager manipulierbar ist.[945] Der tatsächlich realisierte Gewinn ist erst am Ende von Periode 2 sicher; eine Entlohnung des Managers muss jedoch auch in der Zwischenperiode erfolgen. Die Teilergebnisse der einzelnen Aktionen fließen linear mit einem Gewichtungsfaktor ein.[946] Dieser Faktor hängt vom Risikoaversionsgrad des Managers ab, so dass dasjenige Teilergebnis mit einem größeren Gewicht in den Gewinn eingeht, das eine geringere Varianz als das andere Teilergebnis aufweist. Dadurch verringert sich das Risiko der Entlohnung für den Manager und induziert einen produktiven Effekt, weil die Aktion mit dem weniger riskanten Teilergebnis erhöht wird.[947]

Ebenso untersuchen *Arya/Glover/Liang* in einem zweiperiodigen Agency-Modell den Unterschied zwischen zwei möglichen Ergebnisgrößen, die für die Entlohnung herangezogen werden können.[948] Die Ergebnisse der Handlungen des Managers können entweder am Ende der jeweiligen Periode oder als Summe am Ende der zweiten Periode gemessen werden. Im Unterschied zu *Wagenhofer* kommen *Arya/Glover/Liang* zu dem Schluss, dass eine zeitnahe Veröffentlichung von Informationen zu hohen Anreizkosten führen kann. Eine intertemporale Aggregation von Informationen hingegen führt zwar zu einer Verzögerung in der Veröffentlichung der Information, ist aber für die Leistungsmessung des Agenten optimal,[949] weil sich die mit den Aktionen verbundenen Risiken durch die Aggregation reduzieren können.[950]

Kwon/Newman/Suh betrachten ein Modell, in dem das Rechnungslegungssystem nicht der Kontrolle des Managers unterliegt und ein Signal sendet, das über das Anstrengungsniveau des Managers informiert.[951] Der Prinzipal legt das Informationssystem fest und kann sich für eine neutrale, vorsichtige oder „liberale" Rechnungslegung entscheiden.[952] Sofern der Agent nur begrenzt sanktionierbar ist, entscheidet sich der

944 Vgl. *Dutta/Reichelstein* (1999), S. 248f.

945 Vgl. *Wagenhofer* (1996b), S. 1053, 1055f., 1059.

946 Sofern der Gewichtungsfaktor kleiner als eins ist, liegt eine vorsichtige Rechnungslegung vor, vgl. *Wagenhofer* (1996b), S. 1060.

947 Vgl. *Wagenhofer* (1996b), S. 1060-1063.

948 Vgl. *Arya/Glover/Liang* (2004), S. 643-647.

949 Vgl. *Arya/Glover/Liang* (2004), insb. S. 653.

950 *Arya/Glover/Liang* (2004), S. 648, sprechen auch von Diversifikation. Sie argumentieren, dass die Summe der (isoliert betrachteten) Risiken der einzelnen Aktionen höher sein kann als die Summe der Risiken aller Aktionen.

951 Vgl. *Kwon/Newman/Suh* (2001), S. 30.

952 „Liberal" bezieht sich auf die Wahrscheinlichkeit, günstige und ungünstige Ergebnisse zu identifizieren, vgl. *Kwon/Newman/Suh* (2001), S. 30.

Prinzipal immer für eine vorsichtige Rechnungslegung.[953] Kann der Agent beliebig mit Sanktionen belegt werden, hängt die Ausgestaltung des Rechnungslegungssystems von der konkreten Situation ab.[954]

Auch *Kwon* betrachtet den Zusammenhang zwischen vorsichtiger Rechnungslegung und Anreizwirkungen für den Manager.[955] Im Unterschied zu *Kwon/Newman/Suh* sind die Agency-Kosten aber nicht durch eine begrenzte Sanktionierbarkeit des Agenten, sondern durch suboptimale Entscheidungen verursacht.[956] *Kwon* zeigt, dass der Prinzipal den Agenten umso mehr zu einer Annäherung an die *first best*-Lösung motivieren kann, je vorsichtiger der Gewinn ermittelt wird.[957]

Baldenius/Reichelstein setzen sich mit dem Problem von Lagerhaltung und Anreizwirkung auseinander. Sie weisen nach, dass obwohl Eigner letztlich an Zahlungsströmen interessiert sind, eine periodengerechte Erfolgsermittlung für die Zielkongruenz von Eignern und Managern sinnvoll ist.[958] Im Unterschied zu *Dutta/Zhang* zeigen *Baldenius/Reichelstein*, dass eine Rechnungslegung zu historischen Kosten auch dann zu einer effizienten Aufgabendelegierung führen kann, wenn der Verkaufszeitpunkt der Kontrolle des Managers unterliegt und beliebige Planungszeiträume gegeben sind.[959] Der Residualgewinn basierend auf historischen Kosten erweist sich für die Entlohnung als geeignet.[960] Haben die Produkte kurze Lebenszyklen, ist die *lower of cost or market*-Regelung als Basis für den Residualgewinn optimal.

Liang untersucht zwei komplementäre Informationsquellen.[961] Eine Quelle legt glaubwürdig Teile der privaten Information des Agenten durch Rechnungslegung offen. Bei der zweiten Quelle handelt es sich um einen unverifizierten (Eigen-)Bericht des Agenten. Er kommt zu dem Ergebnis, dass die Signale aus der Rechnungslegung als Kontrolle für den Wahrheitsgehalt des Eigenberichts dienen und ein später Realisationszeitpunkt optimal wird.[962] Für die Entlohnung des Managers oder generell als Grundlage für Verträge ist die Rechnungslegungsinformation geeignet.

Die Modelle zeigen, dass eine Entlohnung auf Basis periodisierter gegenüber realisierten Zahlungsströmen vorteilhaft ist, um beim Manager aus Eignersicht optimale Investitionsentscheidungen zu induzieren.[963] Der Residualgewinn liefert eine optimale Entlohnungsgrundlage, da er die Kapitalkosten des Eigners berücksichtigt.[964] Zusätzlich

[953] Vgl. *Kwon/Newman/Suh* (2001), S. 35-39.
[954] Vgl. *Kwon/Newman/Suh* (2001), S. 41-43.
[955] Vgl. *Kwon* (2004), S. 3-6.
[956] Vgl. *Kwon* (2004), S. 5f.
[957] Vgl. *Kwon* (2004), S. 14-18.
[958] Vgl. *Baldenius/Reichelstein* (2005), S. 1035.
[959] Vgl. *Baldenius/Reichelstein* (2005), S. 1033, 1039-1041.
[960] Vgl. *Baldenius/Reichelstein* (2005), S. 1042.
[961] Vgl. *Liang* (2000), S. 460.
[962] Vgl. *Liang* (2000), S. 472f.
[963] Vgl. auch *Pfeiffer* (2003), S. 48f., 52.
[964] Vgl. zugleich kritisch *Hebertinger* (2000), S. 138-159.

sollten Abschreibungen nach dem relativen Beitragsverfahren erfolgen.[965] Die Ergebnisse der Modelle deuten einen Konflikt zwischen einer vergangenheits- und einer zukunftsgerichteten Perspektive an, wobei allein *Dutta/Zhang* explizit verschiedene Bewertungsregeln in einem mehrperiodigen Kontext vergleichen. Ein Vergleich mit dem Modell von *Dutta/Zhang* sowie zwischen den Anreizwirkungen von historischen Kosten und *fair values* ist daher nur in Grenzen möglich. Einige Modelle stützen die Forderung nach einer vorsichtigen Rechnungslegung.[966] Die Vorteilhaftigkeit von *fair values* über historische Kosten für die Managerentlohnung ist damit analytisch nicht nachgewiesen. Vielmehr deuten die Ergebnisse darauf hin, dass zum Zweck der Anreizsetzung einer Rechnungslegung auf Basis historischer Kosten mit Abschreibungen auf den niedrigeren Zeitwert der Vorzug zu geben ist.

3.3.5. Implikationen

Die Anreizsetzung eines Managers kann über eine variable Beteiligung am Gewinn erfolgen. Dazu sollte der Gewinn anreizkompatibel und entscheidungsverbunden, nachprüfbar und manipulationsfrei sein. Die Diskussion verschiedener Gewinnkonzepte zeigt, dass zukunftsorientierte Konzepte wie der ökonomische Gewinn oder unternehmensspezifische Werte zwar anreizkompatibel, aber manipulationsanfällig sind. Zusätzlich belohnt ein auf Basis von Effektivvermögen oder unternehmensspezifischen Werten ermittelter Gewinn den Manager für getroffene Investitionsentscheidungen, indem künftige Erträge antizipiert werden. Das Eintreten der prognostizierten Zahlungsströme und die tatsächliche Durchführung der Investitionsprojekte sind aber aufgrund der fehlenden Kontrollmöglichkeit und damit fehlender Sanktionierbarkeit des Managers nicht gewährleistet. Historische Kosten und eine vorsichtige Rechnungslegung berücksichtigen realisierte Gewinne in der Entlohnung. Gewinne werden nicht antizipiert, so dass der Manager nicht für getroffene Investitionsentscheidungen belohnt wird. Bei einer vorsichtigen Rechnungslegung wird der Manager aber bereits bestraft, sobald sich Risiken und Verluste abzeichnen, so dass Investitionen in ungünstige Projekte für ihn nachteilig sind. Zudem wird er angereizt, seine Anstrengungen zu erhöhen, damit hohe Gewinne resultieren. Die Größen sind nachprüfbar und weitgehend objektiviert. Der Manager wird nicht anhand antizipierter und damit nicht sicher eintretender, sondern auf Basis tatsächlich realisierter Gewinne entlohnt. Die Nachteile einer vorsichtigen Rechnungslegung können durch die Entlohnung auf Basis einer zweiten Größe, wie z.B. dem Aktienkurs oder Aktienrenditen, gemildert werden. Der dynamische Gewinn soll die Ertragslage des Unternehmens wiedergeben, was gleichzeitig eine Beurteilung der Managerleistung erlaubt. Allerdings wird durch das Festhalten an Realisations- und Vorsichtsprinzip die Entscheidungsverbundenheit des Gewinns unterminiert. Der neodynamische Gewinn zeigt einen nachhaltigen Gewinn, so dass langfristige Planungen des Managers belohnt werden, allerdings besonders gute oder schlechte Ergebnisse folgenlos bleiben.

---

[965] Vgl. die Modelle von *Rogerson* (1997), *Reichelstein* (1997, 2000), auch *Ewert/Wagenhofer* (2005b), S. 549f. *Wagenhofer/Riegler* (1999), S. 76-79, können eine optimale Abschreibungsregel für kurzfristige Verträge formulieren, die Anreize zu langfristigen Investitionen schaffen soll.

[966] Vgl. z.B. *Wagenhofer* (1996b), *Kwon/Newman/Suh* (2001), *Baldenius/Reichelstein* (2005).

Modelltheoretisch erweist sich eine Entlohnung auf Basis periodisierter gegenüber realisierten Zahlungsströmen als vorteilhaft. Zudem legen *Dutta/Zhang* und weitere Modelle nahe, dass eine vorsichtige Rechnungslegung gegenüber anderen Rechnungslegungssystemen den Unternehmenswert steigern kann und Anreize zum Nutzen des Eigners induziert. Damit kommt auch Eignern eine vorsichtige Rechnungslegung zugute. Eine Abschreibung der Vermögenswerte auf Basis des relativen Beitragsverfahrens wird von mehreren Modellen als vorteilhaft identifiziert. Die restriktiven Annahmen der Modelle schränken aber deren Aussagekraft und Reichweite ein.

Zum Zweck der Anreizsetzung sollte daher vom Standardsetter eine Rechnungslegung auf Basis historischer Kosten mit einer Abschreibung nach dem relativen Beitragsverfahren oder eine vorsichtige Rechnungslegung erwogen werden. Das schafft für Eigner und Manager die Möglichkeit, in bilateralen Verträgen auf Rechnungslegungsgrößen zurückzugreifen. Dadurch kann eine – zumindest partielle – Harmonisierung von internem und externem Rechnungswesen erreicht werden. Die externe Rechnungslegung als Anknüpfungspunkt für die interne Steuerung kann Kosten senken, weil für die Entlohnung auf offen gelegte Daten aufgebaut werden kann. Zusätzliche Anpassungen, wie z.B. der Abzug von Eigenkapitalkosten, um eine Entlohnung auf Basis des Residualgewinns zu vereinbaren, sind möglich.

Die Gewinndarstellung gestaltet sich in Abhängigkeit des gewählten Rechnungslegungssystems unterschiedlich. Eine Rechnungslegung mit historischen Kosten, wobei die Abschreibungen nach dem relativen Beitragsverfahren berechnet werden, weist realisierte Erträge und Aufwendungen und damit einen zuverlässig ermittelten Gewinn aus, auf den die Vertragsparteien zurückgreifen können. Weil aus Anreizgesichtspunkten eine vorsichtige Rechnungslegung als sinnvoll identifiziert wurde, um den Manager zu motivieren, im Interesse des Eigners zu handeln, empfiehlt sich der Ausweis einer vorsichtig ermittelten Gewinngröße zumindest als Zwischengröße.

Entscheidet sich der Standardsetter für ein Gewinnkonzept auf Basis von *fair values*, ist eine erkennbare Trennung zwischen realisierten und unrealisierten Gewinnbestandteilen zu befürworten. Dadurch kann der Eigner die Gewinnziffer in Bezug auf realisierte Gewinne kontrollieren. Zudem erhält der Eigner zusätzliche Informationen über Preis- und Wertänderungen, die als Hinweise auf künftige Gewinne oder eingetretene Umweltzustände dienen können. Darüber hinaus können der Eigner und der Manager vertraglich individuell festlegen, welche Gewinnkomponenten der Entlohnung zugrunde gelegt werden sollen. Der Standardsetter sollte in diesem Fall umfassende Informationen verlangen, die nach bestimmten Regeln zu ordnen sind, um den Vertragsparteien damit einen Anknüpfungspunkt für Entlohnungsverträge zu liefern.

Aus Gründen der Vergleichbarkeit zu anderen Unternehmen und zur Leistung deren Manager sollte der Standardsetter ein einheitliches Schema der Gewinn- und Verlustrechnung vorgeben. Dadurch werden der Spielraum des Managers eingeengt und dem Adressaten Regeln für das Zustandekommen des Gewinns und dessen Darstellung an die Hand gegeben. Die Überprüfung durch einen Dritten, wie den Wirtschaftsprüfer, kann die sachgerechte Zuordnung der Zahlen bestätigen und damit für den Eigner ein zuverlässiges Instrument für die Kontrolle und Entlohnung des Managers schaffen. Die Einschaltung einer dritten Partei kann aber neue Agency-Probleme induzieren.

3.4. Notwendigkeit einer Zusammenschau

Die Ableitung von Gewinnermittlungsregeln hat sich am Zweck der Ermittlung zu orientieren. Daher wurden verschiedene Gewinnkonzepte im Hinblick auf ihre Eignung für die Zwecke Rechenschaft und Entscheidungsnützlichkeit, Ausschüttungsbemessung sowie Anreizsetzung diskutiert. Die Erweiterung um modelltheoretische Analysen ergänzt die konzeptionelle Diskussion. Eine vorschnelle Übernahme der modelltheoretischen Resultate verbietet sich jedoch aufgrund der teilweise restriktiven Annahmen.[967] Eine kritische Analyse, Ergebnisse weiterer Modelle und die Ergänzung um empirische Studien tragen zur Ausgewogenheit der Analyse bei.

Die konzeptionelle, modelltheoretische und empirische Analyse der zweckadäquaten Gewinnmittlungsregeln zeigt ein gemischtes Bild. Zum Zweck der Rechenschaft und der Entscheidungsnützlichkeit wird in der Literatur oft *fair values* der Vorzug gegeben: „The FASB's major argument for fair value is that the accounting valuations should, ideally, recognize the amount of asset cash flows and their timing and expectations of changes therein, the time value of money, the price of risk inherent in assets and other factors."[968] Und: „Caught between the rock of imperfect and incomplete markets and the hard place of the irrelevance of past costs for decision-making and as an indicator of current values, it is not surprising that accountants have argued about their relative merits for decades without reaching agreement. [...] But conceptually the superiority of financial reports based on current values is so self-evident, at least on the relevance dimension, that we cannot defend the maintenance of historical cost as the primary basis for measurement."[969]

Zwar finden sich aus theoretischer Sicht Argumente, die für den unternehmensspezifischen Wert als Bewertungsmaßstab für Vermögenswerte und Schulden sprechen. Allerdings unterliegen unternehmensspezifische Werte erheblichen Schätzungen, die die Zuverlässigkeit und damit Relevanz unterminieren. Marktpreise als beste Schätzer künftiger Werte können aus theoretischer Sicht nur bedingt überzeugen, weil sie vielen Einflussfaktoren unterliegen und auf die Situation am Stichtag rekurrieren, ohne zwingend einen expliziten Zukunftsbezug aufzuweisen. Auch empirisch kann die Hypothese der Überlegenheit von *fair values* nicht gestützt werden. Vielmehr zeigt sich in den Studien, dass gerade für Vermögenswerte, für die kein Marktpreis vorhanden ist, der *fair value* aufgrund der mangelnden Zuverlässigkeit nicht wertrelevant ist.

---

967 Vgl. auch *Wagenhofer* (2004) zu Vor- und Nachteilen von Modellen in der Rechnungslegung.
968 *Bromwich* (2004), S. 41f. Vgl. auch SFAC 7.24.
969 *Barrett* et al. (1991), S. 94.

Der Vorwurf, dass eine Rechnungslegung auf Basis historischer Kosten vergangenheitsorientiert und damit irrelevant sei, ist zu relativieren. Interpretiert man die Vermögenswerte und Schulden als Ressourcenbestand zur Erzielung künftiger Gewinne, liegt ein Zukunftsbezug vor. Zudem wird mit dem realisierten Gewinn eine verlässliche Größe geliefert, die der Investor für die Kontrolle der Investitionsentscheidung heranziehen kann. Ein Soll-Ist-Vergleich ist bei *fair values* nicht möglich, weil Abweichungen lediglich Hinweise auf Änderungen künftig erwarteter Rückflüsse geben. Insofern bestätigt die Analyse bisherige kritische Untersuchungen zum *fair value*: „Erwartungsnutzen vermag der *fair value* paradoxerweise nur dann zu stiften, wenn er [...] auf der Ebene des *marking to model* private Informationen der Unternehmensleitung inkorporiert." Zudem können „beobachtbare Marktpreise allenfalls verzerrte Indikatoren der zu Grunde liegenden Konsens-Erwartungen darstellen."[970]

Modelltheoretisch und empirisch ist eine Unterteilung der Gewinngröße in einzelne Komponenten sinnvoll, weil Kerngewinne oder nachhaltige Gewinne eines Unternehmens als wertrelevant erachtet werden. Die Trennung in nachhaltige und nicht nachhaltige Gewinnkomponenten ist bereits aus der Bilanzanalyse[971] und im Rahmen der Gewinnermittlung als neodynamischer Gewinn aus der Bilanztheorie bekannt.[972] Durch die modelltheoretischen Ergebnisse konnten der Zusammenhang zwischen Kern- oder nachhaltigen Gewinnen und Unternehmenswert erhärtet und gleichzeitig Bedingungen formuliert werden, unter denen dieser Zusammenhang gilt. Damit wird für empirische Studien eine theoretische und testbare Grundlage geschaffen. Die umfassende Auswertung empirischer Studien zur Wertrelevanz verschiedener Gewinngrößen stützt insofern die modelltheoretischen Ergebnisse, als die These, dass eine – wie auch immer – bereinigte Gewinnziffer wertrelevant ist, nicht verworfen werden kann. Allerdings kann empirisch keine Ergebnisgröße eindeutig als überlegen identifiziert werden.

Für den Zweck der Ausschüttungsbemessung sind die Ergebnisse besonders ernüchternd. In der bilanztheoretischen Diskussion wird zum Schutz der Gläubiger eine vorsichtige Rechnungslegung als überlegen erachtet: „Aus der Konkursvorsorgefunktion der Ausschüttungssperrbilanz folgt ein allgemeines Vorsichtsprinzip [...]."[973] Daher sei eine „objektivierungsgeprägte Zerschlagungsbilanz"[974] zu empfehlen. Darüber hinaus wird konstatiert, „daß eine moderat vorsichtige Gewinnermittlung eine sinnvolle Typisierung des ohne Gefährdung des Gesellschaftszwecks entziehbaren Betrags bildet und daß sich eine solche Typisierung streitvermeidend auswirkt; Fehlinformatio-

[970] Beide Zitate *Hitz* (2005a), S. 326, 327 (kursiv im Original), der eine umfassende Analyse des *fair value* im Hinblick auf Konzeption und Entscheidungsnützlichkeit liefert.

[971] Vgl. z.B. *Küting/Weber* (2004), S. 218-246, *Penman* (2004), S. 382-425, *Coenenberg* (2005), S. 1046-1080.

[972] Vgl. Abschnitt 2.2.3.2.

[973] *Moxter* (1984), S. 97.

[974] So der Vorschlag von *Moxter* (1984), S. 93-97, insb. 96.

nen über den ohne Anwendung des Vorsichtsprinzips erzielten Gewinn lassen sich zudem durch entsprechende Zusatzangaben mindestens wesentlich einschränken."[975]

Diese Aussage suggeriert, dass eine vorsichtige Rechnungslegung aus Objektivierungsgründen und damit zur Vermeidung von Manipulationsmöglichkeiten für eine Ausschüttungsbemessung vorteilhaft sei. Informationsnachteile einer vorsichtigen Rechnungslegung sollten durch Zusatzinformationen gemindert werden. Dabei wird allerdings vernachlässigt, dass eine optimale Ausschüttungsrestriktion von unternehmensindividuellen Investitions- und Finanzierungsmöglichkeiten abhängt. Eine vorsichtige Rechnungslegung zum Schutz von Gläubigern, die auf der Nominalkapitalerhaltung aufbaut, scheint aufgrund der daraus resultierenden hohen Haftungsmasse zwar vorteilhaft, übersieht jedoch, dass Überinvestitions- und Risikoanreizprobleme die Folge sein können. Zudem wird die künftige Entwicklung nur durch Erfassung von Risiken, nicht aber von Chancen berücksichtigt. Weil aber Gläubiger an der Rückzahlung der Schuld in künftigen Zeitpunkten interessiert sind, ist für sie die künftige Zahlungsfähigkeit relevant.[976]

Auf die Nachteile einer vorsichtigen Rechnungslegung für Ausschüttungszwecke finden sich vielfach Hinweise in der Literatur.[977] In einem agency-theoretischen Kontext konnte *Ewert* erstmals die These erhärten, dass eine vorsichtige Rechnungslegung auch gläubigerschädigend sein kann.[978] Das Ergebnis im Modell von *Gjesdal/Antle* unterstreicht die Aussage, weil dort die Vorteilhaftigkeit einer vorsichtigen Rechnungslegung nur als ein Spezialfall unter restriktiven Bedingungen gezeigt werden kann.[979] *Leuz* und *Rammert* diskutieren – ebenfalls in einem agency-theoretischen Kontext – die Periodisierung von Zahlungsströmen zur Lösung von Eigner-Gläubiger-Konflikten.[980] Die Diskussion verschiedener Gewinnkonzepte zur Lösung von Eigner-Gläubiger-Konflikten baut auf den Arbeiten von *Leuz* und *Rammert* auf. Neu ist die Identifikation von Anreizwirkungen verschiedener Konzepte. Im Ergebnis gelangt man – wie die vorherigen Arbeiten – jedoch zu dem Schluss, dass letztlich kein Gewinnkonzept überzeugen kann, weil die verschiedenen Konzepte je nach Situation des Unternehmens unterschiedliche Anreize entfalten und daher durch die Vorgabe einheitlicher und von der Situation einzelner Unternehmen abstrahierender Rechnungslegungsregeln nicht gelöst werden können.

Empirisch ist die Begrenzung der Ausschüttung auf einen vorsichtig ermittelten Gewinn beobachtbar. Das zeigen auch die Ergebnisse von *Leuz/Deller/Stubenrath*, die eine umfassende Auswertung empirischer Studien und eine eigene Befragung zur bilanziellen Ausschüttungsbegrenzung durchgeführt haben.[981] Weil aber nur ein Teil der

---

975 *Moxter* (2003), S. 4.
976 Vgl. *Leffson* (1987), S. 88.
977 Vgl. z.B. *Schneider* (1997), S. 314-324, *Leffson* (1987), S. 87f.
978 Vgl. *Ewert* (1986).
979 Vgl. *Gjesdal/Antle* (2001), S. 65-67.
980 Vgl. *Leuz* (1996, 1998), *Rammert* (2000).
981 Vgl. auch die Ergebnisse von *Leuz/Deller/Stubenrath* (1998), S. 124-128.

Vereinbarungen auf einer bilanziellen Ausschüttungsbemessung fußt und oft andere Instrumente zum Schutz der Gläubigeransprüche herangezogen werden, verbietet sich eine generalisierende Aussage.[982]

Rechenschaft kann im Sinne einer Anreizkontrolle verstanden werden, weil der Manager seine Entscheidungen auch im Hinblick auf die Abbildung im Abschluss trifft. Wird der Manager zusätzlich am Gewinn beteiligt, ist es dem Eigner möglich, das Verhalten des Managers in seinem Sinn zu beeinflussen. Modelltheoretisch ergibt sich, dass eine vorsichtige Rechnungslegung auch aus Sicht des Eigners vorteilhaft für die Verhaltensbeeinflussung sein kann.

Das scheint auf den ersten Blick kontraintuitiv. Gerade für den Zweck der Rechenschaft und für die Leistungsbeurteilung des Managers wird im Schrifttum die Meinung vertreten, dass die Bildung und Auflösung stiller Reserven schädlich ist: „Wegen des dadurch unzutreffenden Bildes der wirtschaftlichen Lage kann eine derartige Anwendung des Vorsichtsprinzips dem Rechenschaftszweck nicht gerecht werden."[983] Durch eine vorsichtige Bilanzierung werde die Lage des Unternehmens verschleiert dargestellt, was zu Fehleinschätzungen durch den Eigner führen kann.[984] Chancen und Risiken sollten stattdessen gleichgewichtig in die Bewertung eingehen, um möglichst genau und objektiviert über die Lage des Unternehmens zu informieren: „Der Jahresabschluß wird der Rechenschaftsaufgabe des in der Unternehmung Entscheidenden nur dann gerecht, wenn er den Kapitalgebern objektive Informationen über die Unternehmung liefert."[985] Und: „Ein Gewinn ist zur Abschätzung der Managementleistung und damit als Performancemaß dann geeignet, wenn er alle positiven und negativen Wirkungen der Managemententscheidungen des abgelaufenen Geschäftsjahres widerspiegelt."[986] Zur Leistungsbeurteilung und Verhaltenssteuerung des Managers scheint es angebracht, künftige Rückflüsse zu berücksichtigen, weil sich Einzahlungen aus Investitionen oft in späteren Perioden niederschlagen.[987]

Dennoch liegen Argumente für die Vorteilhaftigkeit einer vorsichtigen Rechnungslegung vor, die durch die modelltheoretischen Ergebnisse erhärtet werden. So bestraft die Antizipation von Verlusten den Manager frühzeitig für unvorteilhafte Investitionen. Zudem wird c.p. ein höheres Anstrengungsniveau beim Manager induziert. Damit ist eine vorsichtige Rechnungslegung für Eigner nicht zwingend schädigend, sondern kann von diesen bewusst herbeigeführt werden.[988]

Konzeptionell erweist sich kein Gewinnkonzept als eindeutig überlegen. Die frühzeitige Erfassung von Gewinnen z.B. bei einer Bilanzierung zum Effektivvermögen oder

---

982 So auch *Ewert/Wagenhofer* (2003), S. 609-611.
983 *Baetge/Kirsch/Thiele* (2005), S. 138 (im Original z.T. fett).
984 Vgl. insb. *Leffson* (1987), S. 84-88.
985 *Baetge* (1970), S. 21, vgl. ders., S. 21-28.
986 *Streim/Bieker/Esser* (2003), S. 475.
987 Vgl. *Moxter* (1984), S. 139-148.
988 Vgl. z.B. *Wagenhofer* (1996b), S. 1069.

zu *fair values* berücksichtigt Entscheidungen des Managers frühzeitig in der Entlohnung und induziert dadurch Anreize, aus Eignersicht vorteilhafte Investitionen durchzuführen. Allerdings torpedieren mangelnde Nachprüfbarkeit und Zuverlässigkeit der Gewinngrößen ihre Eignung als Entlohnungsgrundlage. Historische Kosten sind demgegenüber zuverlässiger, erfassen Gewinne aus Investitionen aber c.p. später. Durch eine Abschreibung auf Basis des relativen Beitragsverfahrens und eine Entlohnung zum Residualgewinn wird das Problem des unterschiedlichen Zeithorizonts von Eignern und Managern gelöst; beim Manager werden Anreize induziert, aus Sicht der Eigner vorteilhafte Investitionen durchzuführen.

Der Rechenschaftszweck verstanden als Anreizkontrolle stellt den Bezug zur internen Steuerung her. Durch die Wahl eines geeigneten Gewinnkonzepts und die Gewinndarstellung kann daher eine – zumindest partielle – Harmonisierung von internem und externem Rechnungswesen erreicht werden, wenn für die Entlohnung auf extern verfügbare und von Dritten geprüfte Größen zurückgegriffen werden kann. Die externe Rechnungslegung als Anknüpfungspunkt für die interne Steuerung vermag Kosten zu senken, weil für die Entlohnung nur eine Rechnung erstellt werden muss. Der Gewinn kann als Ausgangspunkt dienen und z.B. um Eigenkapitalkosten bereinigt werden, um für eine geeignete Anreizsetzung eine Entlohnung auf Basis des Residualgewinns zu vereinbaren. Zugleich werden Manipulationsspielräume eingeschränkt, weil die offen gelegten Zahlen durch Dritte geprüft werden.[989]

Die vorangegangene Analyse verdeutlicht, dass zum Zweck der Rechenschaft und der Entscheidungsnützlichkeit, der Ausschüttungsbemessung sowie der Anreizsetzung verschiedene Regeln notwendig sind.[990] Für die Gewinndarstellung ist ein separater Ausweis realisierter und unrealisierter Gewinnkomponenten zu empfehlen, um den Risikograd der Erträge und Aufwendungen zu verdeutlichen. Dies ermöglicht es dem Adressaten, zwischen tatsächlich am Markt erzielten Gewinnen und Gewinnen aus Wertänderungen (beim Ansatz von *fair values*) zu differenzieren. Zudem erscheint es sinnvoll, regelmäßige und unregelmäßige Gewinnkomponenten zu trennen, um dem Adressaten eine Extrapolation der Gewinngröße (für den jeweiligen Zweck) zu erleichtern. Hierzu sind vom Standardsetter möglichst eindeutige Regeln vorzugeben, nach denen die Einteilung erfolgt, um Manipulationsspielräume gering zu halten. Die Vorgabe von Regeln zur Gewinndarstellung erleichtert zudem die Vergleichbarkeit mit anderen Unternehmen, die sich für die Einschätzung der Leistungsfähigkeit eines Unternehmens anbietet.

---

[989] Die Einschaltung eines Dritten, z.B. Wirtschaftsprüfer, kann aber neue Agency-Probleme schaffen.
[990] Das zeigt sich auch bei Gegenüberstellung der Tabellen 3.1, 3.4 und 3.6.

4. Projekt *performance reporting* des *IASB*

4.1. Derzeitige Regelungen zur Gewinnermittlung und Gewinndarstellung nach IFRS

4.1.1. Ziele eines IFRS-Abschlusses und Definitionen grundlegender Begriffe

Das Ziel eines IFRS-Abschlusses liegt in der Vermittlung entscheidungsnützlicher Informationen über die Vermögens-, Finanz- und Ertragslage eines Unternehmens (F.12, IAS 1.7).[991] Als weiteres Ziel wird die Rechenschaft genannt (F.14). Die mit dem Abschluss vermittelten Informationen sollen den Nutzer in die Lage versetzen, die Leistung des Managers zu beurteilen. Die Rechenschaftsfunktion wird jedoch als nachrangig erachtet[992] und ist „als besondere Ausprägung der Informationsfunktion"[993] zu sehen. Das Rahmenkonzept listet Adressaten eines IFRS-Abschlusses und deren Interessen auf (F.9). Der Kreis der Adressaten ist sehr weit gezogen. Allerdings legt sich das *IASB* auf den Eigenkapitalgeber als repräsentativen Adressaten fest und unterstellt, die Informationen, die der Investor benötige, würden auch den übrigen Informationsinteressen gerecht (F.10).[994] Ein Abschluss nach IFRS besteht aus Bilanz, Gewinn- und Verlustrechnung, Eigenkapitalspiegel, Kapitalflussrechnung und Anhang (IAS 1.8, .104). Werden Aktien oder schuldrechtliche Wertpapiere eines Unternehmens öffentlich gehandelt oder ist der Handel beantragt, ist zusätzlich ein Segmentbericht nach IAS 14 zu erstellen (IAS 14.3). Die verschiedenen Bestandteile des Abschlusses sind miteinander verknüpft, da sie jeweils verschiedene Aspekte der gleichen Ereignisse und Transaktionen darstellen (F.20).

Im Rahmenkonzept der IFRS werden die Vermögens-, Finanz- und Ertragslage gleichermaßen betont. Die verschiedenen Instrumente eines Abschlusses stehen gleichwertig nebeneinander. Insofern kann aus den Zwecken des IFRS-Abschlusses und der Gleichgewichtung der Abschlussinstrumente allein nicht auf eine die IFRS prägende Bilanztheorie geschlossen werden. Die Aussage von *Baetge/Beermann*, dass sich „die

---

991 Das *IASB* spricht von „financial position, performance and changes in financial position" (F.12) und von „financial position, financial performance and cash flows" (IAS 1.7). Worin der Unterschied zwischen *performance* und *changes in financial position* liegt, wird nicht erläutert.

992 Vgl. *Cairns* (2003), S. 81, *Ballwieser* (2003), S. 341f., *Pellens/Fülbier/Gassen* (2006), S. 106.

993 *Adler/Düring/Schmaltz* (2005), Abschnitt 1, Rz. 43. Der Zweck der Rechenschaft wird künftig noch weiter in den Hintergrund gedrängt. Bei der Überarbeitung des Rahmenkonzepts in einem gemeinsamen Projekt von *IASB* und *FASB* sind beide Boards der Auffassung, dass *stewardship* oder *accountability* kein gesondertes Ziel des Abschlusses sein wird. *Stewardship* soll klar definiert werden und umfasst die Verantwortung des Managers für die anvertrauten Mittel und deren effiziente und profitable Nutzung. Eine Rechnungslegung zu Informationszwecken ist – so die Boards – zugleich nützlich für die Beurteilung des Managements im Rahmen der Rechenschaft. Vgl. *IASB* (2005f), S. 2. Für die Übernahme der IFRS in europäisches Recht verlangt die EU-Verordnung (EG) Nr. 1606/2002, Art. 3 Abs. 2, dass die Informationen verständlich, erheblich, verlässlich und vergleichbar sein müssen, „um wirtschaftliche Entscheidungen und die Bewertung der Leistung einer Unternehmensleitung zu ermöglichen."

994 Diese Annahme ist problematisch, vgl. dazu bereits Abschnitt 3.1.1. Insofern verengt das *IASB* zusammen mit dem britischen Regulierer den Kreis der Adressaten am stärksten, vgl. *Ballwieser* (2003), S. 341. *Lorson* (2005), S. 10, sieht Pragmatismus und die Bedeutung des Investors für die Ressourcenallokation als Gründe.

oberste Zwecksetzung der Dynamischen Bilanz *Schmalenbachs* und die übergeordnete Zwecksetzung der IAS-Rechnungslegung"[995] überschneiden, ist daher einseitig, weil sowohl Überschneidungen mit der statischen als auch mit der dynamischen Bilanztheorie vorliegen.[996]

Die Vermögens- und Finanzlage eines Unternehmens wird nach F.16 durch die wirtschaftlichen Ressourcen, über die das Unternehmen verfügt, die Vermögens- und Finanzstruktur, die Liquidität und die Solvenz eines Unternehmens determiniert. Informationen über die Vermögens- und Finanzlage sollen dem Adressaten nutzen, die Fähigkeit des Unternehmens zur Änderung des Ressourcenbestands in der Vergangenheit zu beurteilen und damit eine Prognose der künftigen Entwicklung zu ermöglichen.[997] Elemente der Darstellung der Vermögens- und Finanzlage sind Vermögenswerte, Schulden und Eigenkapital.[998] Für den Ansatz von Vermögenswerten und Schulden in der Bilanz müssen die definitorischen Voraussetzungen für das Vorliegen eines Vermögenswerts oder einer Schuld und die Ansatzkriterien erfüllt sein.[999]

Ein Vermögenswert (*asset*) ist definiert als „eine in der Verfügungsmacht des Unternehmens stehende Ressource, die ein Ergebnis von Ereignissen der Vergangenheit darstellt, [!] und von der erwartet wird, dass dem Unternehmen aus ihr künftiger wirtschaftlicher Nutzen zufließt." (R.49(a)) Dabei stellt der künftige Nutzenzufluss der Ressource das Potenzial dar, direkt oder indirekt einen Beitrag zum Zufluss von Zahlungsmitteln oder Zahlungsmitteläquivalenten zu leisten (F.53).[1000] Die Definition eines Vermögenswertes ist nicht an die physische Form (F.56) oder an das rechtliche Eigentum gebunden (F.57).[1001] Künftig erwartete Transaktionen oder Ereignisse begründen nicht das Vorliegen eines Vermögenswertes; ebenso wenig muss zwingend eine Auszahlung getätigt worden sein, so dass z.B. auch unentgeltlich erworbene Werte die Voraussetzungen für das Vorliegen eines Vermögenswerts erfüllen (F.58, .59).

---

995 *Baetge/Beermann* (1998), S. 155 (kursiv im Original).

996 Die Gleichrangigkeit der Abschlussbestandteile erwähnen *Baetge/Beermann* (1998), S. 160. Sie kommen jedoch zu dem Schluss, dass die Ergebnisermittlung wichtigste Aufgabe der IFRS-Rechnungslegung ist, weil die Anteilseigner primärer Adressat der Rechnungslegung sind und sich diese hauptsächlich für die Ergebnisse interessieren. Diese Schlussfolgerung ist nicht unproblematisch. Zudem lässt sie sich nur schwer mit einer derzeit zu beobachtenden Hinwendung zur Statik vereinbaren, vgl. dazu *Wüstemann/Kierzek* (2005a), S. 429.

997 Informationen über die vergangene Entwicklung sind daher auch aus Sicht des *IASB* nützlich für die Prognose der künftigen Entwicklung, da aufgezeigt wird, wie das Unternehmen die Ressourcen genutzt hat und wie effizient diese Nutzung war. Das *IASB* bescheinigt insofern Informationen über die vergangene Entwicklung ebenfalls Informationsgehalt.

998 Vgl. hierzu und im Folgenden F.49-.68.

999 *Adler/Düring/Schmaltz* (2005), Abschnitt 1, Rz. 142, sprechen von abstrakter und konkreter Bilanzierbarkeit, *Heuser/Theile* (2005), Rz. 181, 187, 192, 195, von abstrakter und konkreter Bilanzierungsfähigkeit.

1000 Vgl. zu Beispielen F.55.

1001 Das wirtschaftliche Eigentum ist gemäß wirtschaftlicher Betrachtungsweise entscheidend (F.35). Ausnahme bildet die Vereinnahmung von Dividenden nach IAS 18.30(c), die auf das Entstehen eines Rechtsanspruchs und nicht auf das wirtschaftliche Entstehen abstellt.

In der Bilanz darf ein Vermögenswert nur angesetzt werden, wenn der künftige Nutzenzufluss wahrscheinlich ist und der Wert zuverlässig ermittelbar ist (F.89).[1002]

Eine Schuld (*liability*) stellt nach F.49(b) „eine gegenwärtige Verpflichtung des Unternehmens aus Ereignissen der Vergangenheit [dar], von deren Erfüllung erwartet wird, dass aus dem Unternehmen Ressourcen abfließen, die wirtschaftlichen Nutzen verkörpern." Die Verpflichtung kann rechtlicher oder faktischer Natur sein (F.60). Für das Vorliegen einer Schuld muss grundsätzlich eine unwiderrufliche Verpflichtung bestehen, eine reine Absichtserklärung reicht nicht aus (F.61).[1003] Ansatzvoraussetzungen einer Schuld sind, dass ein Nutzenabfluss wahrscheinlich und der Wert der Schuld verlässlich zu ermitteln ist (F.91).

Das Eigenkapital (*equity*) ergibt sich als Residualgröße aus der Differenz von Vermögenswerten und Schulden (F.49(c)). Eine Gliederung des Eigenkapitals kann in Abhängigkeit der Rechtsform unterschiedlich ausfallen und ist an den Informationsinteressen der Adressaten – vorbehaltlich etwaiger Einzelregelungen[1004] – auszurichten (F.65, .66, IAS 1.66). Die Bemessung des Eigenkapitals hängt von der Bewertung der Vermögenswerte und Schulden ab und stimmt in der Regel nicht mit der Börsenkapitalisierung oder dem Unternehmenspreis bei Verkauf überein (F.67).

Informationen über die Ertragslage (*performance*) sollen dazu dienen, die Fähigkeit des Unternehmens, künftige Zahlungsströme durch den Ressourcenbestand zu generieren, und die Effektivität, mit der zusätzliche Ressourcen genutzt werden, zu beurteilen (F.17). *Performance* wird in den IFRS nicht näher definiert,[1005] vielmehr heißt es: „Der Gewinn wird häufig herangezogen als Maßstab für die Ertragskraft oder als Grundlage für andere Berechnungen [...]." (R.69) Eine direkte Verbindung zum Gewinn (*profit*) weisen Erträge (*income*) und Aufwendungen (*expenses*) auf, deren Ansatz und Bewertung teilweise vom zugrunde liegenden Kapitalerhaltungskonzept abhängen (F.69).[1006] Erträge sind nach F.70(a) eine Zunahme wirtschaftlichen Nutzens durch Zuflüsse oder Erhöhungen von Vermögenswerten oder die Abnahme von Schulden, die das Eigenkapital erhöhen.[1007] Spiegelbildlich stellen Aufwendungen nach F.70(b) eine Abnahme

[1002] Vgl. auch *Cairns* (2003), S. 91f., *Achleitner* et al. (2005), Rz. 39-44, *Adler/Düring/Schmaltz* (2005), Abschnitt 1, Rz. 149-157.

[1003] Unklar ist, ob Schulden auch Innenverpflichtungen umfassen. Dies wird von *Adler/Düring/Schmaltz* (2005), Abschnitt 1, Rz. 161, eindeutig verneint; *Achleitner* et al. (2005), Rz. 22, halten dies für „vom Wortlaut [...] vertretbar", räumen aber ein, dass sich die Beispielfälle ausschließlich auf Außenverpflichtungen beziehen. Vgl. ebenfalls verneinend *Lüdenbach/Hoffmann* (2005). Restrukturierungsrückstellungen sind zwingend zu bilden (IAS 37.70-.83), außer die Bedingungen nach IFRS 3.43 sind erfüllt.

[1004] So verlangen z.B. IAS 16.39 und IAS 38.85 den separaten Ausweis von Wertsteigerungen in einer Neubewertungsrücklage im Eigenkapital. Vgl. auch *Cairns* (2003), S. 90.

[1005] Der Begriff *performance* wird in den Standards auch nicht einheitlich gebraucht, vgl. *Wüstemann/Kierzek* (2005c), S. 78f.

[1006] F.105 definiert Gewinn als Vermögensänderung und als Differenz zwischen Erträgen und Aufwendungen.

[1007] Transaktionen mit Eignern, die zu einer Erhöhung des Eigenkapitals führen, stellen jedoch keine Erträge dar (F.70(a)).

wirtschaftlichen Nutzens durch Abflüsse oder Verminderungen von Vermögenswerten oder eine Zunahme von Schulden dar, die zu einer Eigenkapitalminderung führen.[1008]

Erträge (*income*) setzen sich aus Erlösen (*revenues*) und anderen Erträgen (*gains*) zusammen. Erlöse entstehen durch die gewöhnliche Tätigkeit des Unternehmens.[1009] Andere Erträge können (müssen aber nicht) im Rahmen der gewöhnlichen Tätigkeit entstehen und stellen Zunahme wirtschaftlichen Nutzens dar.[1010] Die anderen Erträge können in der Gewinn- und Verlustrechnung separat ausgewiesen werden, um die Entscheidungsfindung zu unterstützen. Ein Ausweis der anderen Erträge erfolgt oft als Nettogröße nach Abzug der zugehörigen Aufwendungen (F.76). Aufwendungen (*expenses*) bestehen aus Aufwendungen der gewöhnlichen Geschäftstätigkeit (*expenses that arise in the course of the ordinary activities of the entity*) und anderen Aufwendungen (*losses*) (F.78).[1011] Andere Aufwendungen erfüllen die Definition von Aufwendungen und können auch im Rahmen der gewöhnlichen Tätigkeit anfallen (F.79).[1012] Andere Aufwendungen können nach F.80, sofern sie in der Gewinn- und Verlustrechnung erfasst werden, separat und abzüglich der zugehörigen Erträge als Nettoposition ausgewiesen werden.[1013]

Eine Neubewertung von Vermögenswerten und Schulden kann zu einer Erhöhung oder Verminderung des Eigenkapitals führen und entspricht damit den Definitionen von Erträgen und Aufwendungen. Bei Wahl bestimmter Kapitalerhaltungskonzepte werden sie nicht in der Gewinn- und Verlustrechnung, sondern direkt im Eigenkapital erfasst (F.81).[1014] Die Darstellung von Erträgen und Aufwendungen in der Gewinn- und Verlustrechnung kann aus Informationsgesichtspunkten unterschiedlich erfolgen.[1015] Üblich ist z.B. eine unternehmensabhängige Trennung in Erträge und Aufwendungen, die aus der gewöhnlichen Geschäftstätigkeit, und solche, die nicht aus der gewöhnlichen Geschäftstätigkeit resultieren.[1016] Das Unternehmen kann die Unterscheidung zwischen Aufwands- und Ertragsposten, deren Strukturierung sowie den Ausweis zusätzlicher Zwischenergebnisse selbst festlegen.

[1008] Die Eigenkapitalminderung darf nicht auf Transaktionen mit Eignern zurückgehen (F.70(b)).

[1009] Sie umfassen z.B. Umsatzerlöse, Dienstleistungsentgelte, Zinsen, Mieten, Dividenden (F.74).

[1010] Darunter fallen z.B. Erträge aus der Veräußerung von langfristigen Vermögenswerten oder Erträge aus Neubewertungen (F.75, .76).

[1011] Zu Aufwendungen aus der gewöhnlichen Tätigkeit zählen z.B. Umsatzkosten, Löhne, Gehälter und Abschreibungen (F.78).

[1012] Dazu zählen z.B. Aufwendungen aus Naturkatastrophen, Aufwendungen aus der Veräußerung langfristiger Vermögenswerte und unrealisierte Aufwendungen.

[1013] Vermögenswerte und Schulden sowie Erträge und Aufwendungen dürfen nach IAS 1.32 grundsätzlich nicht saldiert werden. Einzelne Standards können jedoch eine Saldierung fordern oder erlauben, vgl. z.B. IAS 18, IAS 37.

[1014] Vgl. auch *Cairns* (2003), S. 90f.

[1015] Vgl. hierzu und im Folgenden F.72.

[1016] Das Rahmenkonzept spricht von „items of income and expenses that arise in the course of the ordinary activities of an entity and those that do not" (F.72), übersetzt in der autorisierten deutschen Fassung mit „Ertrags- und Aufwandsposten [...], die aus der gewöhnlichen Tätigkeit des Unternehmens entstehen, und jenen, bei denen dies nicht der Fall ist" (R.72).

Neben den definitorischen Voraussetzungen sind für den Ausweis von Erträgen und Aufwendungen im Abschluss die Ansatzkriterien zu erfüllen. Erträge (Aufwendungen) sind dann zu erfassen, wenn die Zunahme (Abnahme) wirtschaftlichen Nutzens wahrscheinlich ist und verlässlich bewertet werden kann (F.83, .92, .94).[1017] Sie werden nach F.95 den zugehörigen Erträgen zugeordnet, sofern diese aus dem gleichen Geschäftsvorfall resultieren (*matching principle*[1018]). Wird ein Vermögenswert über mehrere Perioden genutzt und kann kein direkter Zusammenhang zu Erträgen hergestellt werden, sind die Aufwendungen nach F.96 in der Gewinn- und Verlustrechnung auf Basis systematischer und vernünftiger Verteilungsverfahren zu erfassen.[1019]

Die Folgebewertung von Vermögenswerten und Schulden ist im Rahmenkonzept nicht konkret geregelt. Das Rahmenkonzept nennt verschiedene Bewertungsmaßstäbe, die in unterschiedlichem Maße und unterschiedlich kombiniert angewendet werden. Dazu zählen nach F.100 historische Kosten (*historical cost*), Tageswert (*current cost*), Veräußerungswert (*realisable value*) und Barwert (*present value*). Laut Auffassung des *IASB* überwiegt die Anwendung historischer Kosten, die mit anderen Wertansätzen kombiniert werden (F.101).[1020]

Das Rahmenkonzept kennt verschiedene Kapitalerhaltungskonzepte. Explizit genannt werden die finanzwirtschaftliche und die leistungswirtschaftliche Kapitalerhaltung (F.104).[1021] Das *IASB* überlässt die Wahl eines Kapitalerhaltungskonzepts den Unternehmen, wobei die Wahl des Konzeptes von dem verwendeten Rechnungslegungsmodell abhängig ist.[1022] Das Management ist verpflichtet, den unterschiedlichen Grad an

---

[1017] Die Wahrscheinlichkeit des Nutzenzuflusses stellt dabei auf die Zunahme der Vermögenswerte und Abnahme der Schulden und damit nur indirekt auf die Erträge selbst ab, vgl. auch *Adler/Düring/Schmaltz* (2005), Abschnitt 1, Rz. 192. Gleiches gilt für Aufwendungen.

[1018] Das *matching principle* ist der Definition von Vermögenswerten und Schulden untergeordnet, vgl. F.95, auch *Cairns* (2003), S. 94f. (mit Ausnahmen), *Achleitner* et al. (2005), Rz. 54. Es findet sich z.B. in IAS 2.34, wo der Buchwert der Vorräte Aufwand bei der Ertragsrealisierung darstellt. Interessanterweise wurde der explizite Bezug zum *matching principle* im Rahmen des *Improvements Project* 2003 gestrichen (IAS 2.IN14). Darüber hinaus ist das *matching principle* z.B. in IAS 20.12 und IAS 11.25 (noch) verankert, wobei nach IAS 11 die Erträge den Kosten zuzuordnen sind („*revenue is matched with the contract costs incurred*"). *Zülch* (2005), S. 25, schreibt dem „*matching principle* eine herausragende Bedeutung in der internationalen Rechnungslegung" (kursiv im Original) zu. Er begründet dies mit einer weit gefassten Definition von Vermögenswerten und engen Definition von Schulden. Vgl. auch *Heuser/Theile* (2005), Rz. 118.

[1019] Dies gilt z.B. für planmäßige Abschreibungen.

[1020] Die Anwendung von historischen Kosten als zentralem Wertmaßstab scheint mittlerweile überkommen. Vgl. Abschnitt 4.1.2. zu den in den IFRS verwendeten Wertmaßstäben. Da das *IASB* das Rahmenkonzept, welches aus dem Jahr 1989 stammt, überarbeitet, kann mit einer Änderung dieser Auffassung gerechnet werden. Vgl. zum aktuellen Stand des Projektes *FASB/IASB* (2006a).

[1021] Die finanzwirtschaftliche Kapitalerhaltung umfasst nominale und reale Kapitalerhaltung, die leistungswirtschaftliche Kapitalerhaltung sieht eine Erhaltung der physischen Produktionskapazität vor. *Günther/Schiemann* (2005), S. 607, unterstellen ohne weitere Begründung, dass der Abschluss nach IFRS auf dem Prinzip der Nominalkapitalerhaltung beruht.

[1022] Eine Ausnahme ist die Rechnungslegung in Hochinflationsländern (F.110, IAS 29). Da das Rahmenkonzept gegenüber den IFRS nachrangig ist (F.2), ist die Festlegung eines Kapitalerhaltungskonzepts bedeutungslos, vgl. *Hossfeld* (2005), S. 160 Fn. 19.

Relevanz und Verlässlichkeit der Rechnungslegungsmodelle auszugleichen. Das *IASB* hat nicht die Absicht, ein bestimmtes Modell vorzuschreiben, behält es sich jedoch vor, dies ggf. zu ändern (F.110).[1023]

Die Definitionen und Ansatzkriterien von Vermögenswerten und Schulden stimmen grundsätzlich mit denen der dynamischen Bilanz nach *Schmalenbach* überein. So werden nach IFRS wie auch in der dynamischen Bilanz Vermögenswerte erfasst, die Auszahlungen, aber noch keinen Aufwand darstellen und aus denen künftiger wirtschaftlicher Nutzen zufließt.[1024] Die Definitionen von Erträgen und Aufwendungen sind jedoch eher der statischen Bilanztheorie entlehnt.[1025] Erträge und Aufwendungen werden im Rahmenkonzept als (Wert-)Änderungen bei Vermögenswerten und Schulden und nicht eigenständig definiert, z.B. als Periodenleistung eines Unternehmens, wie es der dynamischen Bilanz entsprechen würde.[1026]

4.1.2. Gewinnrealisierung nach IFRS

Ansatz und Bewertung von Vermögenswerten und Schulden sind in verschiedenen Standards zu finden, die die allgemeinen Kriterien des Rahmenkonzeptes konkretisieren. Die Zugangsbewertung ist zumeist unproblematisch,[1027] da Vermögenswerte mit ihren Anschaffungs- oder Herstellungskosten, die im Zugangszeitpunkt dem *fair value* entsprechen, und Verbindlichkeiten mit ihrem (abgezinsten) Rückzahlungsbetrag angesetzt werden.[1028] Die Folgebewertung ist aber uneinheitlich. Die IFRS kennen eine Vielzahl von Bewertungsmaßstäben, die nur teilweise im Rahmenkonzept zu finden sind und durch Wertmaßstäbe in den einzelnen Standards ergänzt werden.[1029] Sie sind in der folgenden, bislang im Schrifttum nicht in vergleichbarer Form und Breite zu

---

[1023] Dies wurde im Projekt *conceptual framework* bislang nicht diskutiert, vgl. *FASB/IASB* (2006a), wird aber im Diskussionspapier zur Zugangsbewertung erwähnt, vgl. *IASCF* (2005c), S. 25.

[1024] Vgl. auch *Baetge/Beermann* (1998), S. 162f. Dabei wird die dynamische Bilanzauffassung bei Vermögenswerten und Schulden nicht konsequent zu Ende geführt, da für den Ansatz von Vermögenswerten und Schulden zusätzliche Kriterien zu erfüllen sind, vgl. *Streim* (1998), S. 335.

[1025] Vgl. auch *Bullen/Crook* (2005), S. 7.

[1026] Vgl. auch *Wüstemann/Kierzek* (2005c), S. 78.

[1027] Vgl. zu Überlegungen einer Zugangsbewertung jüngst *IASCF* (2005c), die verschiedene Wertansätze zur Diskussion stellen und Vor- und Nachteile der Werte im Überblick geben. Vgl. auch *Schmidt* (2006), zu einer Darstellung der wesentlichen Punkte des Diskussionspapiers.

[1028] Vgl. z.B. IAS 16.7, IAS 39.44, IAS 40.20; *Cairns* (2003), S. 95-98, im Überblick *Hoffmann* (2006), Rn. 1-5. Ausnahmen der Bewertung mit Anschaffungs- oder Herstellungskosten finden sich z.B. beim Finanzierungsleasing, beim Sachanlagevermögen, bei durch Tausch erworbenen immateriellen Vermögenswerten und bei finanziellen Vermögenswerten, vgl. *Heuser/Theile* (2005), Rz. 301. Der Zugang von Vermögenswerten und Schulden ist meist erfolgsneutral. Ausnahmen sind z.B. landwirtschaftliche oder biologische Produkte, bei denen nach IAS 41.26 und .28 ein Gewinn oder Verlust durch Bilanzierung zum *fair value less estimated point-of-sale costs* sofort erfolgswirksam zu erfassen ist.

[1029] Nach *Cairns* (1995), S. 97, liegt es nicht im Interesse des *IASB*, einen Bewertungsmaßstab vorzugeben.

findenden Tabelle mit ihren Fundstellen nach dem Grad der Zuverlässigkeit geordnet zusammengefasst.[1030]

Wertmaßstab	**Fundstelle(n)**
historische Anschaffungs- oder Herstellungskosten (*historical cost, cost*)	F.100(a), IAS 1.109, IAS 16.6, IAS 38.8, IAS 38.75, IAS 40.5, IFRS 6.8
Tageswert (*current cost*)	F.100(b), F.101, IAS 1.109
Marktwert (*market value*)	IAS 36.5, IAS 38.50
aktueller Börsenkurs (*current market value*)	IFRS 3.B16(a)
Veräußerungswert/Erfüllungsbetrag (*realisable value/settlement value*)	F.100(c), F.101, IAS 21.28
Nettoveräußerungswert (*net realisable value*)	F.101, IAS 2.6, IAS 2.7, IAS 1.109
beizulegender Zeitwert (*fair value*)	F.51, F.100, IAS 1.109, IAS 2.6, IAS 11.12, IAS 16.6, IAS 17.4, IAS 18.7, IAS 19.7, IAS 20.3, IAS 21.8, IAS 32.11, IAS 38.8, IAS 39.9, IAS 41.8, IFRS 1.A, IFRS 2.A, IFRS 3.A, IFRS 4.31, 4.A, IFRS 5.A
▪ aktueller beizulegender Zeitwert (*current fair value*)	IAS 39.68
▪ beizulegender Zeitwert abzgl. Verkaufskosten (*fair value less costs to sell*)	IAS 2.36(c), IAS 36.6, IAS 36.105(a), IAS 40.5, IFRS 5.15
▪ beizulegender Zeitwert abzgl. geschätzter Verkaufskosten (*fair value less estimated point-of-sale costs* (*at the point of harvest*))	IAS 41.12, .13
▪ beizulegender Nettozeitwert (*net fair value*)	IFRS 3.51(b), IFRS 3.56, IFRS 3.78(b)
▪ angepasster beizulegender Zeitwert (*adjusted fair value*)	IFRS 3.64
erzielbarer Betrag (*recoverable amount*)	IAS 1.109, IAS 16.6, IAS 36.6, IFRS 5.A
Barwert (*present value*)	F.100(d), F.101, IAS 19.7, IAS 39.63, IFRS 3.26
unternehmensspezifischer Wert (*entity-specific value*)	IAS 2.6, IAS 16.6, IAS 38.8
Nutzungswert (*value in use*)	IAS 36.6, IAS 36.105(b), IAS 40.49, IFRS 5.A
versicherungsmathematischer Barwert (*actuarial present value*)	IAS 26.8
innerer Wert (*intrinsic value*)	IFRS 2.A, IFRS 4.25(b)

Tabelle 4.1: Übersicht über Wertmaßstäbe in den IFRS

Die Erfassung von Ertrag und Aufwand ist im Rahmenkonzept der IFRS nur sehr allgemein als Ab- und Zunahme wirtschaftlichen Nutzens geregelt. Die einzelnen Standards ergänzen und spezifizieren die allgemeinen Regelungen zur erfolgswirksamen

---

[1030] Die Werte werden nur z.T. in den Standards oder im Rahmenkonzept definiert. Z.B. finden sich für *market value, adjusted fair value* und *net fair value* keine Definitionen. Die deutschen Begriffe sind der autorisierten Übersetzung der IFRS entnommen. Allerdings werden die Begriffe in den unterschiedlichen Standards nicht immer einheitlich ins Deutsche übertragen. Z.B. wird der *fair value less costs to sell* mal mit beizulegender Zeitwert abzgl. Veräußerungskosten und mal mit beizulegender Zeitwert abzgl. Vertriebsaufwendungen übersetzt. Vgl. auch Abschnitt 4.1.4.

oder erfolgsneutralen Erfassung[1031] von Erträgen und Aufwendungen in der Gewinn- und Verlustrechnung oder im Eigenkapitalspiegel.[1032] Tabelle 4.2 gibt – ohne Anspruch auf Vollständigkeit im Detail – einen Überblick über die Kriterien zur Erfassung von Erträgen und Aufwendungen aus Lieferung und Leistung sowie aus Wertänderungen und ihre Behandlung.[1033] Sie geht weit über die überblicksartige Darstellung bei *Hollmann*[1034] hinaus, indem sie nicht nur Erträge und Aufwendungen aufführt und in Leistungsvorgänge und Wertänderungen unterteilt, sondern auch deren Behandlung thematisiert.[1035]

IFRS	**Problem**	**Behandlung**
IAS 2	Leistungsvorgang: ▪ Verkauf (2.34)	 sofort erfolgswirksam
	Wertänderung: ▪ Abschreibung (2.28) ▪ Wertaufholung (2.33)	 sofort erfolgswirksam sofort erfolgswirksam
IAS 8	Wertänderung: ▪ Änderungen von Bilanzierungs- und Bewertungsmethoden (*accounting policies*) (8.22, Ausnahme 8.23) ▪ Änderungen von Schätzungen (*accounting estimates*) (8.36) ▪ Fehler (*errors*) (8.42)	 rückwirkende Anpassung der Eröffnungsbilanz erfolgswirksam rückwirkende Anpassung der Eröffnungsbilanz
IAS 10	Wertänderung: ▪ Anpassung der im Abschluss erfassten Beträge bei berücksichtigungspflichtigen Ereignissen (10.8-.11)	 abh. vom Ereignis
IAS 11	Leistungsvorgang: ▪ Langfristfertigung (11.22, 11.32) ▪ erwartete Verluste (11.26)	 erfolgswirksam gem. Leistungsfortschritt/i.H.d. angefallenen Auftragskosten sofort erfolgswirksam
	Wertänderungen: ▪ Änderungen von Schätzungen gem. IAS 8 (11.38)	 erfolgswirksam

[1031] Eine erfolgswirksame Erfassung meint die Erfassung in der Gewinn- und Verlustrechnung, die erfolgsneutrale Erfassung erfolgt in der Eigenkapitalveränderungsrechnung. Vgl. zu einer anderen terminologischen Abgrenzung *Haller/Schloßgangl* (2003), S. 319, die in der Gewinn- und Verlustrechnung erfasste Erträge und Aufwendungen als ergebniswirksam, im Eigenkapital erfasste Erträge und Aufwendungen als ergebnisneutral und Eigenkapitalveränderungen durch Transaktionen mit Eignern als erfolgsneutral bezeichnen.

[1032] Vgl. zu einem Überblick über Regeln zur Ertragsrealisierung bei IFRS und US-GAAP *Cook* et al. (2005), S. 538-577, die sich bei den IFRS im Wesentlichen auf IAS 18 konzentrieren, *Grau* (2002), S. 84-196, der einen Vergleich zu handelsrechtlichen Regelungen zieht, *Bender* (2005), S. 45-86, der Regeln der Umsatzerfassung nach IFRS und US-GAAP kritisch betrachtet.

[1033] Fragen des Ausweises (IAS 10, 24, 26, 30, 32, 34, IFRS 7), IFRS 1 für die Erstanwendung und IAS 29 für Rechnungslegung in Hochinflationsländern sowie die Berechnung des Ergebnisses je Aktie nach IAS 33 werden von der Betrachtung ausgeklammert, da der Fokus auf den Einzelregelungen zur Erfassung von Erträgen und Aufwendungen liegt. Vgl. zu den Wahlrechten bei IFRS im Überblick *Tanski* (2004), *Wagenhofer* (2005a), S. 555-558.

[1034] Vgl. *Hollmann* (2003), S. 39, 45, 49, 60f., 67-69.

[1035] Die Angaben in Klammern bezeichnen die Fundstelle des in der ersten Spalte genannten IFRS.

IFRS	Problem	Behandlung
IAS 12	Wertänderungen:	
	▪ tatsächliche/latente Steuern (12.58, 12.61)	erfolgswirksam, außer: erfolgsneutrale Buchung des zugrunde liegenden Geschäftsvorfalls oder Unternehmenszusammenschluss
IAS 16	Leistungsvorgang:	
	▪ Folgebewertung nach dem Anschaffungskostenmodell (16.30, .48, .50)	erfolgswirksam über die Nutzungsdauer
	▪ Abgang (Verkauf/Stilllegung) (16.56)	sofort erfolgswirksam
	▪ Entschädigungen durch Dritte für Wertminderung (16.65)	erfolgswirksam, wenn Forderung entsteht
	Wertänderungen:	
	▪ Wertminderung nach IAS 36 (16.63)	sofort erfolgswirksam
	▪ Neubewertungsmodell (16.31):	
	Wertzuwachs direkt ins Eigenkapital als Neubewertungsrücklage (16.39)	erfolgsneutral, außer: Rückgängigmachung einer Wertminderung
	Wertminderungen (16.40)	erfolgswirksam, außer: Rückgängigmachung einer Wertsteigerung
	▪ Auflösung der Neubewertungsrücklage (16.41)	erfolgsneutral durch Umbuchung in Gewinnrücklagen oder Zuführung zu den Gewinnrücklagen während der Nutzungsdauer
IAS 17	Leistungsvorgänge:	
	Leasingnehmer:	
	▪ Finanzierungs-Leasing: Leasingzahlungen (17.25), Abschreibungen nach IAS 16 und IAS 38 (17.27)	erfolgswirksam über Laufzeit/ Nutzungsdauer
	▪ Operating-Leasing: Leasingzahlungen (17.33)	erfolgswirksam über Laufzeit
	Leasinggeber:	
	▪ Finanzierungs-Leasing:	
	Leasingzahlungen (17.37, .39)	erfolgswirksam über Laufzeit
	Vereinnahmung von Verkaufsgewinn/-verlust bei Herstellern/Händlern (17.42)	erfolgswirksam über Laufzeit
	Kosten, die keine direkten Kosten darstellen (17.38)	sofort erfolgswirksam
	▪ Operating-Leasing: Leasingzahlungen (17.50), Abschreibung nach IAS 16 und IAS 38 (17.53)	erfolgswirksam über Laufzeit/ Nutzungsdauer
	Sale-and-lease-back:	
	▪ Finanzierungs-Leasing: Verkaufserlöse (17.59)	erfolgswirksam über Laufzeit
	▪ Operating-Leasing:	
	▪ Transaktion zum *fair value* (17.61)	sofort erfolgswirksam
	▪ Veräußerungspreis < *fair value* (17.61, .62)	erfolgswirksam über die Laufzeit
	▪ Buchwert > *fair value* (17.63)	sofort erfolgswirksam, außer: Abgrenzung, sofern Ausgleich eines Verlusts durch Leasingzahlungen
	Wertänderungen:	
	▪ Wertminderung nach IAS 36 (17.30, .54)	sofort erfolgswirksam
IAS 18	Leistungsvorgang:	
	▪ Verkauf von Gütern bei Lieferung (18.14)	sofort erfolgswirksam
	▪ Dienstleistungen (18.20, .26)	erfolgswirksam gem. Leistungsfortschritt/i.H.d. angefallen Kosten

IFRS	Problem	Behandlung
	uneinbringlicher/zweifelhafter Betrag (18.22) ▪ Nutzungsüberlassung (18.29, .30): Zinsen Nutzungsentgelte Dividenden ▪ Tausch: unterschiedliche Güter/Dienstleistungen (18.12)	sofort erfolgswirksam erfolgswirksam gem. Effektivzinsmethode erfolgswirksam über die Laufzeit erfolgswirksam bei Entstehung des Rechtsanspruchs sofort erfolgswirksam
IAS 19	Leistungsvorgang: ▪ kurzfristig fällige Leistungen an Arbeitnehmer (19.10) ▪ beitragsorientierte Versorgungspläne (19.44), Abzinsung (19.45) ▪ leistungsorientierte Versorgungspläne (19.61, 19.63-.91, 19.82, 19.105-.107, 19.92-.93, 19.96, 19.109, .110)	 erfolgswirksam über Laufzeit erfolgswirksam über Laufzeit erfolgswirksam über Laufzeit
	Wertänderung: ▪ Verbuchung versicherungsmathematischer Gewinne/Verluste (19.93, 19.93A)	 erfolgsneutral
IAS 20	Leistungsvorgänge: ▪ Zuwendungen der öffentlichen Hand (20.12, 20.20) ▪ Rückzahlung einer Zuwendung (20.20) ▪ Berichtigung von Schätzungen nach IAS 8 (20.32)	 erfolgswirksam mit Anfall der Aufwendungen sofort erfolgswirksam erfolgswirksam
IAS 21	Leistungsvorgang: ▪ Verkauf eines Tochterunternehmen (inkl. *recycling*) (21.48)	 sofort erfolgswirksam
	Wertänderung: ▪ Umrechnungsdifferenz aus Umrechnung in die funktionale Währung (21.28, .30, .32) ▪ Umrechnungsdifferenz aus Umrechnung von funktionaler Währung in die Berichtswährung (21.40)	 abh. vom Posten erfolgsneutral
IAS 23	Leistungsvorgang: ▪ Benchmark-Methode (23.7) ▪ alternativ zulässige Methode (23.10, .11)	 sofort erfolgswirksam Aktivierung mit qualif. VW
	Wertänderung: ▪ Wertminderung des qualif. VW (23.19)	 sofort erfolgswirksam
IAS 27	Leistungsvorgang: ▪ Eliminierung von konzerninternen Salden, Transaktionen, Gewinnen und Aufwendungen in voller Höhe (27.24, .25) ▪ Berücksichtigung von Transaktionen zwischen Stichtag des Tochter- und Stichtag des Mutterunternehmens (27.27) ▪ Abgang eines Tochterunternehmens (27.30) ▪ Bilanzierung von Anteilen im Einzelabschluss zu AHK oder nach IAS 39 (27.37)	 abh. von zugrunde liegendem Geschäftsvorfall abh. von zugrunde liegendem Geschäftsvorfall sofort erfolgswirksam abh. vom ausgeübten Wahlrecht
IAS 28	Leistungsvorgang: ▪ Konsolidierungsmaßnahmen nach IAS 27 (28.20, 28.22), Vereinheitlichung von Bilanzierungs- und Bewertungsmethoden (28.26, .27)	 abh. von zugrunde liegendem Geschäftsvorfall

IFRS	Problem	Behandlung
	▪ Berücksichtigung von Transaktionen zwischen Stichtag des assoziierten Unternehmens und Stichtag des beteiligten Unternehmens (28.25)	abh. von zugrunde liegendem Geschäftsvorfall
	Wertänderungen:	
	▪ Umklassifizierung (28.18)	erfolgsneutral
	▪ Anpassung des Equity-Wertes in den Folgeperioden (28.11)	abh. von zugrunde liegendem Ereignis
	▪ Folgebewertung des Goodwill gem. IFRS 3, Abschreibung der stillen Reserven/Auflösung stiller Laster, negativer Unterschiedsbetrag (28.23)	sofort erfolgswirksam
	▪ negativer Equity-Wert (28.29, .30)	erfolgsneutral
	▪ Prüfung des Wertminderungsaufwands gem. den Bestimmungen von IAS 39 (28.31, .32), Berechnung des Wertminderungsaufwands gem. IAS 36 (28.33)	erfolgswirksam
IAS 31	Leistungsvorgänge:	
	▪ Erträge und Aufwendungen aus gemeinsamen Tätigkeiten (*jointly controlled operations*) (31.15(b))	sofort erfolgswirksam
	▪ Erträge und Aufwendungen aus Vermögenswerten unter gemeinschaftlicher Führung (*jointly controlled assets*) (31.21(c), (d))	sofort erfolgswirksam
	▪ Erträge und Aufwendungen aus gemeinschaftlich geführten Unternehmen (*jointly controlled entities*) (Quotenkonsolidierung oder Equity-Methode gem. IAS 28) (31.30, .33, .38, .40)	abh. von angewendeter Methode
	▪ Wegfall der gemeinschaftlichen Führung: Entkonsolidierung (31.36, .37, .41)	sofort erfolgswirksam
IAS 36	Wertänderungen:	
	▪ Wertminderung (36.59, .60), Anpassung der Abschreibung nach Wertminderung (36.63)	abh. von Bewertung des Vermögenswerts
	▪ Wertaufholung (36.114, .119), Anpassung der Abschreibung nach Wertaufholung (36.121)	abh. von Bewertung des Vermögenswerts
	▪ Wertminderung einer ZGE oder einer Gruppe von ZGE (36.104)	sofort erfolgswirksam
	▪ Wertaufholung bei einer ZGE (36.123), keine Wertaufholung beim Goodwill (36.124)	sofort erfolgswirksam
IAS 37	Leistungsvorgang:	
	▪ Bildung einer Rückstellung (37.54)	sofort erfolgswirksam
	▪ Anpassung am Bilanzstichtag (37.59)	sofort erfolgswirksam
	▪ periodische Erhöhung des Buchwerts wegen Abzinsung auf den Barwert = Fremdkapitalkosten (37.60)	erfolgswirksam
IAS 38	Leistungsvorgang:	
	▪ Kriterien für immat. VW nicht erfüllt oder durch Unternehmenskauf erworben (38.68)	sofort erfolgswirksam
	▪ Anschaffungskostenmodell: Abschreibung (38.74)	erfolgswirksam über Nutzungsdauer
	▪ Verkauf (38.113)	sofort erfolgswirksam
	Wertänderung:	
	▪ Neubewertungsmodell (38.75): Wertsteigerung in Neubewertungsrücklage (38.85)	erfolgsneutral, außer: Rückgängigmachung früherer Wertminderung

IFRS	Problem	Behandlung
	Wertminderung (38.86)	erfolgswirksam, außer: Rückgängigmachung früherer Wertsteigerung
	▪ Auflösung Neubewertungsrücklage: Umbuchung in Gewinnrücklage möglich (38.87)	erfolgsneutral
	▪ Wertminderung gem. IAS 36 (38.111)	sofort erfolgswirksam
	▪ Änderungen von Schätzungen gem. IAS 8 (38.104)	sofort erfolgswirksam
IAS 39	Leistungsvorgang:	
	▪ Abgang des *financial asset* durch Übertragung (inkl. *recycling*) (39.26, .27)	sofort erfolgswirksam
	▪ Übertragung des *financial asset*, wobei Chancen und Risiken behalten werden oder anhaltendes Engagement vorliegt (39.29, .32)	erfolgswirksam über Laufzeit
	▪ Ausbuchung der *financial liability* (inkl. *recycling*, 39.55(b)) (39.41)	sofort erfolgswirksam
	▪ Sicherungsbeziehungen	
	Ausbuchung einer Absicherung des beizulegenden Zeitwertes (*fair value hedges*) (39.91)	erfolgswirksam
	Ausbuchung einer Absicherung von Zahlungsströmen (*cash flow hedges*) (39.101)	gesonderter Posten des kumulierten Erfolgs aus dem Sicherungsinstrument bis Transaktion eingetreten
	Ausbuchung einer Absicherung einer Nettoinvestition in einen ausländischen Geschäftsbetrieb (*hedge of a net investment in a foreign operation*) (39.102)	erfolgswirksam bei Veräußerung der Investition
	Wertänderungen:	
	▪ Umklassifizierungen gem. 39.55 (39.50-.54)	abh. von Einordnung
	▪ *financial assets/financial liabilities at fair value through profit or loss* (39.55(a))	sofort erfolgswirksam
	▪ *available for sale financial assets* (39.55(b))	erfolgsneutral, außer: Wertminderung, Gewinne/Verluste aus Währungsumrechnungen, Zinsen nach der Effektivzinsmethode
	▪ zu fortgeführten AK bewertete *financial assets* und *financial liabilities* (39.56)	erfolgswirksam bei Abschreibung
	▪ bei Bilanzierung zum Erfüllungstag gem. 39.38 (39.57)	erfolgsneutral, außer: Wertminderungen, VW gem. 39.55
	Wertminderungen bei *financial assets*:	
	▪ Wertminderung bei zu fortgeführten AK bewerteten Krediten, Forderungen, *held to maturity*-Investitionen (39.63); Wertaufholung (39.65)	sofort erfolgswirksam
	▪ Wertminderung bei zu AK bewerteten nicht notierten Eigenkapitalinstrumenten, Derivaten, keine Wertaufholung (39.66)	sofort erfolgswirksam
	▪ *available for sale*-Vermögenswerte (39.67, .68), Wertaufholung nur bei *debt instruments* erfolgswirksam (39.69, .70)	sofort erfolgswirksam

IFRS	Problem	Behandlung
	Wertänderung bei Sicherungsbeziehungen:	
	▪ Absicherung des beizulegenden Zeitwertes (*fair value hedges*) (39.89)	erfolgswirksam
	▪ Absicherung von Zahlungsströmen (*cash flow hedges*) (39.95)	abh. von Effizienz der Absicherung (bei effektiver Absicherung: erfolgsneutral, sonst: erfolgswirksam)
	▪ Absicherung einer Nettoinvestition in einen ausländischen Geschäftsbetrieb (*hedge of a net investment in a foreign operation*) (39.102)	abh. von der Effizienz der Absicherung (s.o.)
IAS 40	Leistungsvorgänge:	
	▪ Anschaffungskostenmodell gem. IAS 16, IFRS 5 (40.56)	Abschreibung erfolgswirksam
	▪ Verkauf von Immobilien (40.69)	sofort erfolgswirksam
	▪ Entschädigungen von Dritten (40.72)	sofort erfolgswirksam
	Wertänderungen:	
	▪ Neubewertungsmodell (40.33, .35)	erfolgswirksam
	▪ Umklassifizierungen (40.57-.65)	abh. vom Standard
IAS 41	Wertänderungen:	
	▪ Wertsteigerungen/-minderungen (41.12, .13, .26-.29)	sofort erfolgswirksam
	▪ *fair value* nicht zuverlässig ermittelbar: Wertminderung, Berücksichtigung von IAS 2, 16, 36 (41.30, .33)	sofort erfolgswirksam
	▪ Zuwendungen der öffentlichen Hand (41.34, .35)	erfolgswirksam bei Entstehen der Forderung oder Eintreten damit verbundener Bedingungen
IFRS 2	Leistungsvorgänge:	
	▪ aktienbasierte Vergütungen mit Ausgleich durch Eigenkapitalinstrumente: erworbene oder erhaltene Güter/Dienstleistungen (2.7, .8), Ausübung einer Aktienoption erst nach Sperrfrist (2.15) (keine Anpassung der Eigenkapitalbuchungen, außer: Verfall der Eigenkapitalinstrumente) (2.23, .19-.21)	erfolgswirksam über Laufzeit
	▪ aktienbasierte Vergütungen mit Barausgleich (2.30)	erfolgswirksam über Laufzeit
	▪ Kombinationsmodelle (vertragliche Wahl zum Ausgleich in bar oder durch Ausgabe von Eigenkapitalinstrumenten) (2.34)	erfolgswirksam über Laufzeit
IFRS 3	Leistungsvorgänge:	
	▪ Aufwendungen für allgemeine Verwaltungskosten im Rahmen eines Unternehmenszusammenschlusses (3.29)	sofort erfolgswirksam
	▪ negativer Unterschiedsbetrag (3.56(b))	sofort erfolgswirksam
	▪ Ansatz latenter Steuern gem. IAS 12 (3.65)	abh. vom zugrunde liegenden Geschäftsvorfall
	Wertänderungen:	
	▪ Wertminderung des Goodwill gem. IAS 36 (3.55)	sofort erfolgswirksam

IFRS	Problem	Behandlung
IFRS 4	Leistungsvorgänge:	
	▪ Versicherungsverträge mit ermessensabhängiger Überschussbeteiligung und garantiertem Element (4.34(c))	erfolgswirksam bei Erhalt der Beiträge
	▪ Finanzinstrumente mit ermessensabhängiger Überschussbeteiligung (4.35(c))	erfolgswirksam bei Erhalt der Beiträge
	Wertänderungen:	
	▪ *loss adequacy test*: Prüfung auf Angemessenheit versicherungstechnischer Verpflichtungen, Wertminderungen (4.15, .16(b), .17(b))	sofort erfolgswirksam
	▪ Wertminderung von Vermögenswerten aus Rückversicherungsbeziehungen (4.20)	sofort erfolgswirksam
	▪ Änderung von Bilanzierungs- und Bewertungsmethoden gem. IAS 8 (4.22)	erfolgsneutral
	▪ Änderung von diskontierten versicherungstechnischen Verpflichtungen aufgrund von Änderungen der aktuellen Marktzinssätze (4.24)	sofort erfolgswirksam
IFRS 5	Leistungsvorgänge:	
	▪ Ausbuchung des Vermögenswertes (5.24)	sofort erfolgswirksam
	Wertänderungen:	
	▪ Wertminderung (5.15, .20)	sofort erfolgswirksam
	▪ Wertaufholung gem. IFRS 5 oder IAS 36 (5.21)	sofort erfolgswirksam
	▪ Verkauf erst nach einem Jahr erwartet: Ansatz der Veräußerungskosten mit Barwert (5.17)	Anstieg des Barwerts sofort erfolgswirksam
	▪ Umklassifizierung (5.28)	sofort erfolgswirksam
IFRS 6	Leistungsvorgang:	
	▪ Anschaffungskostenmodell gem. IAS 16 oder IAS 38 (6.12)	erfolgswirksam über Nutzungsdauer
	Wertänderungen:	
	▪ Neubewertungsmodell nach IAS 16 oder IAS 38: Wertsteigerung in Neubewertungsrücklage (IAS 16.39, IAS 38.85)	erfolgsneutral, außer: Rückgängigmachung früherer Wertminderung
	Wertminderung (IAS 16.40, IAS 38.86)	erfolgswirksam, außer: Rückgängigmachung früherer Wertsteigerung
	▪ Änderungen von Bilanzierungs- und Bewertungsmethoden gem. IAS 8 (6.13)	erfolgsneutral
	▪ Wertminderungsaufwand gem. IAS 36 (6.18)	abh. von Bewertung des Vermögenswerts

Tabelle 4.2: Übersicht über Erträge und Aufwendungen sowie deren Behandlung nach IFRS

Das Prinzip der Einzelbewertung ist zwar nicht explizit in den IFRS verankert, lässt sich jedoch aus den verschiedenen IFRS zur Bewertung erschließen.[1036] So sieht z.B. IAS 2.29 eine Wertminderung von Vorräten zum Nettoveräußerungspreis „*item by item*" zu erfolgen hat. IAS 16.43 und .44 verlangen sogar eine Zerlegung von Sachan-

[1036] Vgl. *Cairns* (1995), S. 99, *Hayn/Graf Waldersee* (2004), S. 69. Die Einzelbewertung resultiert nach *Ballwieser* (2002d), Rz. 119, bei IFRS bereits aus der Definition von *assets* und *liabilities*.

lagen in einzelne Komponenten zur planmäßigen Abschreibung.[1037] Ausnahmen von der Einzelbewertung finden sich in IAS 2.29, wo eine Gruppenbewertung von Vorräten zum Durchschnittswert oder nach dem FIFO-Verfahren erlaubt wird. Eine Gruppenbewertung findet sich zudem in IAS 36[1038], IAS 39[1039], IAS 41[1040], IFRS 5[1041] und IFRS 6[1042].

Es zeigt sich, dass Erträge und Aufwendungen, die aus Lieferungen und Leistungen eines Unternehmens resultieren, immer in der Gewinn- und Verlustrechnung erfolgswirksam zu erfassen sind. Bei Erträgen und Aufwendungen aus Wertänderungen ergibt sich ein gemischtes Bild. Während Wertminderungen überwiegend erfolgswirksam in die Gewinn- und Verlustrechnung einfließen,[1043] sind Wertsteigerungen meist direkt in das Eigenkapital zu buchen. Dies gilt insbesondere bei der Anwendung des Neubewertungsmodells[1044] nach IAS 16 und IAS 38 sowie für bestimmte Umrechnungsdifferenzen aus der Währungsumrechnung nach IAS 21.

4.1.3. Gewinndarstellung nach IFRS

Die Aufstellung eines IFRS-Abschlusses hat nach allgemeinen Grundsätzen zu erfolgen. Zentral ist die Forderung nach der Vermittlung eines den tatsächlichen Verhältnissen entsprechenden Bildes der Vermögens-, Finanz- und Ertragslage (*fair presentation*) (IAS 1.13). Gemäß IAS 1.13 und 1.15 erfüllt ein Abschluss, der im Einklang mit den IFRS steht, „unter nahezu allen Umständen" (IAS 1.15) den Grundsatz der *fair presentation.*[1045] Im Rahmenkonzept der IFRS wird die Unternehmensfortführung unterstellt (F.23), wobei bei der Abschlusserstellung zu prüfen ist, ob von einer Fortfüh-

[1037] Vgl. *Schildbach* (2005a), S. 557. Daneben kann das Rahmenkonzept F.82-.85 zur Ableitung des Grundsatzes der Einzelbewertung herangezogen werden, vgl. *Achleitner* et al. (2005), Rz. 105.

[1038] Nach IAS 36.104 kann eine Wertminderung auch für eine Gruppe von zahlungsmittelgenerierenden Einheiten vorgenommen werden.

[1039] IAS 39.58 und .59 spricht von Wertminderungen bei *financial assets* oder bei einer Gruppe von *financial assets*.

[1040] Nach IAS 41.15 dürfen biologische Vermögenswerte oder landwirtschaftliche Erzeugnisse aus Vereinfachungsgründen zu Gruppen zusammengefasst werden.

[1041] IFRS 5.15 sieht eine Gruppenbewertung für „Veräußerungsgruppen" (*disposal groups*) vor, die nach IFRS 5.4 definiert werden als eine „Gruppe von *zahlungsmittelgenerierenden Einheiten*, eine einzelne zahlungsmittelgenerierende Einheit oder einen Teil einer zahlungsmittelgenerierenden Einheit. Die Gruppe kann alle Arten von Vermögenswerten und Schulden des Unternehmens umfassen." (kursiv im Original)

[1042] IFRS 6.21 sieht beim Wertminderungstest eine Aufteilung von Vermögenswerten auf zahlungsmittelgenerierende Einheiten oder Gruppen von zahlungsmittelgenerierenden Einheiten vor, die nicht größer als ein Segment gem. IAS 14 sein dürfen.

[1043] Wertminderungen sind z.B. erfolgsneutral im Eigenkapital zu buchen, wenn frühere, in einer Neubewertungsrücklage erfasste Wertsteigerungen rückgängig gemacht werden (IAS 16.40, IAS 38.86).

[1044] Es besteht nach IAS 16 und IAS 38 ein Wahlrecht zwischen Anschaffungskosten- und Neubewertungsmodell.

[1045] Vgl. ausführlich zu einer Diskussion des Grundsatzes *Kleekämper* et al. (2005), Rz. 13-23.

rung ausgegangen werden darf (IAS 1.23, .24).[1046] Nach dem Prinzip der periodengerechten Erfolgsermittlung sind Vermögenswerte, Schulden, Erträge und Aufwendungen unabhängig vom Zeitpunkt der zugehörigen Zahlungsströmen dann im Abschluss zu erfassen, wenn die Kriterien für die Erfassung erfüllt sind (F.22, IAS 1.25, .26). Da dieses Prinzip sehr allgemein gehalten ist und sich keine konkreten Bilanzierungsregeln daraus ableiten lassen, ist es für den Anwender wenig hilfreich.[1047] Die Forderung nach *fair presentation* und einer periodengerechten Erfolgsermittlung sowie die Annahme der Unternehmensfortführung sind in erster Linie für die Bilanzerstellung relevant. IAS 1 stellt sie jedoch als „Grundlegende Überlegungen" zusammen mit den im nächsten Absatz erläuterten Kriterien den Regeln für die Darstellung des Abschlusses voran.

IAS 1.27 schreibt die Darstellungsstetigkeit vor.[1048] Von dieser darf nur in Ausnahmefällen abgewichen werden (IAS 1.17, .28).[1049] Darstellungsstetigkeit bezieht sich v.a. auf die Beibehaltung von Posten, Postenbezeichnungen, Gliederung, Zuordnung von Geschäftsvorfällen zu bestimmten Posten im Zeitablauf.[1050] Zusätzlich sind nicht art- oder funktionsgleiche sowie wesentliche Posten gesondert zu erfassen (IAS 1.29).[1051] Es besteht grundsätzlich ein Saldierungsverbot von Vermögenswerten und Schulden sowie Erträgen und Aufwendungen (IAS 1.32).[1052] Vergleichsinformationen für die vergangene Periode sind für alle Posten anzugeben (IAS 1.36).[1053]

Die Gewinn- und Verlustrechnung soll alle in der Periode angefallenen Erträge und Aufwendungen erfassen, sofern ein anderer Standard nicht etwas anderes verlangt (IAS 1.78).[1054] Allerdings findet sich in den IFRS kein verbindliches Gliederungsschema für die Gewinn- und Verlustrechnung.[1055] IAS 1.81 enthält lediglich Angaben darüber, welche Posten in der Gewinn- und Verlustrechnung mindestens aufzunehmen sind. Dazu zählen:

[1046] Ist nicht von einer Unternehmensfortführung auszugehen, ist der Abschluss unter Annahme der Liquiditation aufzustellen und um entsprechende Angaben im Anhang zu ergänzen, vgl. *Kleekämper* et al. (2005), Rz. 28-33.

[1047] Vgl. *Kleekämper* et al. (2005), Rz. 25.

[1048] SIC 1, 2 und 18 schreiben sachliche und zeitliche Stetigkeit vor, d.h., Darstellungs-, Bilanzierungs- und Bewertungsmethoden sind stetig anzuwenden, vgl. *Kleekämper* et al. (2005), Rz. 38.

[1049] Dazu zählt z.B. eine wesentliche Änderung des Tätigkeitsfeldes oder eine Darstellungsänderung aufgrund eines neuen oder überarbeiteten Standards.

[1050] Vgl. *Kleekämper* et al. (2005), Rz. 40.

[1051] Die Wesentlichkeit eines Postens bestimmt sich danach, ob der Verzicht auf die Angabe die Entscheidung des Adressaten ändert (F.29, .30, IAS 1.31). Näher konkretisiert, z.B. durch eine Prozentzahl, wird Wesentlichkeit nicht. Allerdings ist erst die Relevanz einer Information zu prüfen, bevor über ihre Wesentlichkeit entschieden werden kann, vgl. *Ballwieser* (2002b), S. 116f.

[1052] Von dem Grundsatz darf abgewichen werden, wenn dies von einem Standard gefordert wird oder die Verrechnung den wirtschaftlichen Gehalt eines Geschäftsvorfalls wiedergibt (IAS 1.33, .35).

[1053] Dies gilt, sofern ein Standard nichts anderes vorschreibt.

[1054] Ausnahmen sind IAS 8, 16, 21 und 39 (IAS 1.79, .80).

[1055] Vgl. *Dexheimer* (2002), S. 456, *Kleekämper* et al. (2005), Rz. 125.

(i) Umsatzerlöse;
(ii) Finanzierungsaufwendungen;
(iii) Gewinn- und Verlustanteile an assoziierten Unternehmen und Joint-Ventures, die nach der Equity-Methode bilanziert werden;
(iv) Steueraufwendungen;
(v) gesonderter Betrag, der der Summe aus dem Ergebnis nach Steuern des aufgegebenen Geschäftsbereichs und dem Ergebnis nach Steuern, das bei einer Bewertung zum *fair value less costs to sell* oder der Veräußerung der Vermögenswerte oder Veräußerungsgruppen, die den aufgegebenen Geschäftsbereich darstellen, erfasst wurde, entspricht;
(v) Ergebnis.

Darüber hinaus sind Anteile an Gewinnen und Verlusten von Minderheiten und von Eignern des Mutterunternehmens nach der Ergebniszuordnung auszuweisen (IAS 1.82). IAS 1.83 erlaubt den Ausweis zusätzlicher Posten, Überschriften und Zwischensummen, sofern sie für das Verständnis der Ertragslage relevant sind. Die Reihenfolge der in IAS 1.81 genannten Posten kann geändert werden (IAS 1.84).[1056] Wesentliche Ertrags- und Aufwandsposten sind in der Gewinn- und Verlustrechnung oder im Anhang separat auszuweisen (IAS 1.86).[1057]

Die Gewinndarstellung kann dem Umsatz- oder dem Gesamtkostenverfahren folgen.[1058] Die Wahl des Verfahrens ist davon abhängig, „welche Darstellungsweise verlässliche und relevantere Informationen ermöglicht“ (IAS 1.88).[1059] Die Entscheidung für ein Verfahren hat unter Beachtung von historischen und branchenabhängigen Faktoren zu erfolgen (IAS 1.94). Wird das Umsatzkostenverfahren angewendet, sind zusätzliche Angaben im Anhang über die Art der Aufwendungen (inkl. planmäßige Abschreibungen und Leistungen an Arbeitnehmer) verlangt (IAS 1.93). Die in den einzelnen Standards geforderten Angaben zu Erträgen und Aufwendungen sind nicht zwingend in der Gewinn- und Verlustrechnung auszuweisen, sondern können auch im Anhang erfolgen.[1060]

1056 Vgl. auch *Hollmann* (2003), S. 151.

1057 Dazu nennt IAS 1.87 Beispiele wie außerplanmäßige Abschreibungen auf Vorräte oder Sachanlagevermögen, die Veräußerung von Finanzanlagen oder aufgegebene Geschäftsbereiche.

1058 Beide Verfahren gelten grundsätzlich als gleichwertig. Der Wortlaut von IAS 1.92 impliziert eine leichte Präferenz für das Umsatzkostenverfahren („can provide more relevant information [...] than the classification of expenses“, ins Deutsche übersetzt mit „liefert den Adressaten oft wichtigere Informationen als die Aufteilung nach Aufwandsarten“). Allerdings wird ein höherer Grad an Willkür eingeräumt.

1059 Aus dem Wortlaut von IAS 1.89 wird ersichtlich, dass auch eine andere Darstellung gewählt werden kann.

1060 Vgl. kritisch auch *Ernstberger* (2004), S. 170-172, zu einem (nicht mehr ganz aktuellen) Überblick über nicht zwingend in der Gewinn- und Verlustrechnung zu veröffentlichenden Angaben *Kirsch* (2003), S. 2550, grob auch *Kirk* (2005), S. 17.

Neben der Erfassung von Erträgen und Aufwendungen in der Gewinn- und Verlustrechnung werden sie auch erfolgsneutral im Eigenkapital verbucht. IAS 1.96 führt die erforderlichen Angaben im Rahmen der Eigenkapitalveränderungsrechnung auf:

(i) Gewinn/Verlust der Periode;
(ii) Erträge und Aufwendungen, die aufgrund einer Einzelregelung oder einer Interpretation direkt im Eigenkapital zu erfassen sind;
(iii) Gesamtertrag und -aufwand der Periode als Summe aus (i) und (ii), wobei der Anteil der Anteilseigner des Mutterunternehmens und der Minderheiten getrennt auszuweisen sind;
(iv) die Auswirkungen für jeden Eigenkapitalbestandteil aufgrund von IAS 8.

Zudem sind in der Eigenkapitalveränderungsrechnung oder im Anhang die Beträge der Transaktionen mit den Eignern, der Betrag der Gewinnrücklagen sowie eine Überleitung der Buchwerte jeder Kategorie des gezeichneten Kapitals und der Rücklagen jeweils zu Periodenbeginn, zum Bilanzstichtag und Bewegungen während der Periode zu zeigen (IAS 1.97).[1061] Dividenden sind separat auszuweisen (IAS 1.97(a)).[1062] Unverbindliche Beispiele für die Gewinn- und Verlustrechnung und die Eigenkapitalveränderungsrechnung finden sich in IAS 1.IG4.[1063]

4.1.4. Mängel und Inkonsistenzen

Die derzeitigen IFRS weisen eine Vielzahl an Mängeln und Inkonsistenzen hinsichtlich der Gewinnermittlung und Gewinndarstellung auf. Die Problembereiche können unterteilt werden in (i) Definitionen, (ii) erfolgswirksame oder erfolgsneutrale Erfassung von Erträgen und Aufwendungen sowie *recycling*, (iii) Einhaltung des Kongruenzprinzips, (iv) Gewinnkonzept und (v) Gewinndarstellung.

Die in den IFRS verwendeten Definitionen (Problembereich (i)) sind teilweise uneinheitlich oder unklar und weisen Inkonsistenzen auf. Diese finden sich innerhalb des Rahmenkonzepts, zwischen Rahmenkonzept und Standards, innerhalb von Standards und zwischen verschiedenen Standards. Im Rahmenkonzept ist keine überschneidungsfreie Trennung zwischen Erlösen (*revenues*) und anderen Erträgen (*gains*) sowie zwischen Aufwendungen der gewöhnlichen Tätigkeit und anderen Aufwendungen

[1061] Die Darstellung kann in Spaltenformat erfolgen, wobei die Werte der Anfangsbilanz auf die Werte der Schlussbilanz übergeleitet werden (IAS 1.96, .97). Alternativ können nur die Posten nach IAS 1.96 ausgewiesen und die Posten nach IAS 1.97 im Anhang veröffentlicht werden (IAS 1.101). Vgl. zu möglichen Varianten auch *Baetge* (1998), S. 353-355.

[1062] Dies kann in der Gewinn- und Verlustrechnung, in der Eigenkapitalveränderungsrechnung oder im Anhang erfolgen (IAS 1.95).

[1063] Die fehlende Bindungswirkung stellt der *Guidance on Implementing* IAS 1 klar: „This guidance accompanies, but is not part of, IAS 1“. Vgl. auch *Kirk* (2005), S. 13.

(*losses*) gelungen.[1064] Andere Erträge und andere Aufwendungen können ebenfalls aus der gewöhnlichen Geschäftstätigkeit resultieren, so dass nur anhand der im Rahmenkonzept genannten Beispiele erahnt werden kann, was darunter zu subsumieren ist (F.76, .80). Für Aufwendungen der gewöhnlichen Tätigkeit wurde zudem kein eigener Begriff (wie für die übrigen Kategorien von Aufwendungen und Erträgen) gefunden. Gleichzeitig dient der Begriff *expenses* als Ober- und Unterbegriff (F.78).[1065] Der Gewinn (*profit*) wird definiert als (1) Differenz zwischen Erträgen und Aufwendungen, (2) Eigenkapitalveränderung der Periode (F.105) und (3) als in Zusammenhang mit Erträgen und Aufwendungen stehend (F.69). Aufgrund der doppelten Buchführung können die Definitionen (1) und (2) in Einklang gebracht werden. Die ungenaue Aussage in F.69 lässt aber vermuten, dass weitere Gewinnkomponenten einfließen können, ohne diese näher zu spezifizieren.

Inkonsistenzen zwischen Rahmenkonzept und Standards finden sich z.B. bei der Verwendung der Begriffe Gewinn und Verlust. Im Rahmenkonzept wird von Gewinn (*profit*) als Oberbegriff und Residualgröße gesprochen; ein Begriff für den Periodenverlust oder Jahresfehlbetrag fehlt.[1066] In IAS 1.8(b) und IAS 1.78-.95 ist vom *income statement* die Rede, welches den Gewinn (*profit*) oder Verlust (*loss*) einer Periode zeigen soll.[1067] *Income statement* wird daher als Gewinn- und Verlustrechnung[1068], *income* mithin als Oberbegriff Gewinn verstanden, gleichzeitig aber auch als Ertrag im Sinne des Rahmenkonzepts und damit als Unterbegriff verwendet (IAS 1.78).[1069] Der Verlust einer Periode wird mit *loss* bezeichnet, so dass *loss* zugleich andere Aufwendungen und das Residuum aus Erträgen und Aufwendungen darstellt. Einzelregelungen schreiben eine Erfassung der Erträge und Aufwendungen *in profit or loss* (d.h. im Ergebnis ohne expliziten Bezug zur Gewinn- und Verlustrechnung) vor.[1070]

Die in Rahmenkonzept und in Standards benannten Wertmaßstäbe sind weder eindeutig und überschneidungsfrei definiert noch werden sie konsistent in den IFRS verwendet. Z.B. definiert IAS 2.6 sowohl Nettoveräußerungswert (*net realisable value*) als auch *fair value*. Der Unterschied zwischen beiden Werten liegt darin, dass der Nettoveräußerungswert im Unterschied zum *fair value* ein unternehmensspezifischer Wert

---

[1064] Vgl. auch *Kirsch* (2003), S. 2451. Zusätzliche Unstimmigkeiten tauchen in der Übersetzung der IFRS auf. So wird z.B. *income* im Rahmenkonzept mit „Erträge" und in IAS 27.24 mit „Gewinn" übersetzt. Einige terminologische Inkonsistenzen wurden im *Improvements Project* 2003 bereits behoben, vgl. mit Beispielen *Ballwieser/Zimmermann* (2004), S. S78f.

[1065] Vgl. auch *Ballwieser/Zimmermann* (2004), S. S79, *Adler/Düring/Schmaltz* (2005), Abschnitt 1, Rz. 195.

[1066] Dies gilt für die englische Ausgabe und die deutsche autorisierte Übersetzung.

[1067] IAS 1.13 verweist explizit auf die Definitionen und Ansatzkriterien im Rahmenkonzept.

[1068] Vgl. die deutsche autorisierte Übersetzung der IFRS. Vgl. allgemein zu Problemen, die aus der Übersetzung der IFRS erwachsen *Ballwieser/Zimmermann* (2004), S. S79-S82, jüngst auch *Niehus* (2005), der IAS 24, IAS 27, IAS 28 und IAS 31 näher betrachtet.

[1069] Vgl. auch *Ballwieser/Zimmermann* (2004), S. S78f.

[1070] Vgl. z.B. IAS 1.79, IAS 8.38, IAS 16.39, IAS 40.35. *Profit or loss* wird in der deutschen Fassung teils mit Periodenergebnis und teils mit erfolgswirksamer Erfassung übersetzt.

ist (IAS 2.7).[1071] Beide Werte können daher voneinander abweichen. Eine Bewertung der Vorräte soll zum niedrigeren Wert aus Anschaffungs- oder Herstellungskosten und Nettoveräußerungswert erfolgen (IAS 2.9). Auszuweisen ist am Periodenende u.a. jedoch der Buchwert der Vorräte, die zum *fair value less costs to sell* angesetzt werden (IAS 2.36(c)). Nettoveräußerungswert und *fair value less costs to sell* werden hier synonym verwendet, was IAS 2.7 widerspricht.[1072]

Der *fair value* wird in den IFRS definiert als „der Betrag, zu dem ein Vermögenswert zwischen sachverständigen, vertragswilligen und voneinander unabhängigen Geschäftspartnern getauscht werden könnte." (IAS 16.6).[1073] Ausgangspunkt für die *fair value*-Ermittlung ist grundsätzlich der Marktpreis, der auf einem aktiven Markt beobachtet werden kann.[1074] Da dieser nicht immer beobachtbar ist, enthalten einige IFRS Hierarchien für die Ermittlung des *fair value*.[1075] Ist kein aktiver Markt vorhanden, so ist der *fair value* auf Basis von mittelbaren Märkten[1076], von anerkannten Bewertungsverfahren (IAS 16.33, IAS 39.AG74, IAS 40.46(c), IFRS 3.26), von sonstigen Schätzungen[1077] oder von fortgeführten Wiederbeschaffungskosten (IAS 16.33)[1078] zu ermitteln. Sofern Bewertungsverfahren anzuwenden sind, enthalten einige Standards Regelungen zur Diskontierung künftiger Zahlungsströme.[1079] Allerdings sind diese nicht immer kompatibel. Insbesondere sind unterschiedliche Zinssätze für ver-

---

[1071] Der Nettoveräußerungswert stellt den Nettobetrag dar, den sich ein Unternehmen aus dem Verkauf der Vorräte erhofft. Der *fair value* ist der Betrag, für den die Vorräte zwischen unabhängigen, sachverständigen und vertragwilligen Dritten auf einem Markt getauscht werden könnten.

[1072] IAS 2.3(b) und IAS 2.4 erwähnen Vorräte von Warenmaklern und Warenhändlern, die zum *fair value less costs to sell* geführt werden sollen. Da diese jedoch explizit von IAS 2 ausgenommen sind, kann sich IAS 2.36(c) nicht auf diese Vorräte beziehen. *Heuser/Theile* (2005), Rz. 319, sehen keinen konzeptionellen Unterschied zwischen beiden Werten.

[1073] Die Definition des *fair value* ist in den verschiedenen Standards (nahezu) deckungsgleich. Sie wird lediglich in einigen Standards um Schulden oder Eigenkapitalinstrumente ergänzt. Vgl. zu den Fundstellen des *fair value* in den IFRS Abschnitt 4.1.2.

[1074] Vgl. IAS 16.33, IAS 38.75, IAS 39.A71, IAS 40.45, IAS 41.17. Ausnahme ist IAS 36.25, der den *fair value less costs to sell* auf der ersten Stufe als den in einem bindenden Verkaufsvertrag vereinbarten Preis abzgl. zusätzlicher, direkt zurechenbarer Kosten festlegt. Nur wenn dieser nicht vorliegt, wird auf der zweiten Stufe auf den Marktpreis zurückgegriffen (IAS 36.26). Vgl. aber *Tanski* (2006), S. 55, zu Unterschieden zwischen Marktpreis und *fair value*.

[1075] Vgl. zu einem Überblick über *fair value*-Ausprägungen auch ausführlich *Ballwieser/Ktting/Schildbach* (2004), S. 532-534.

[1076] Es wird z.B. auf die zuletzt vorliegenden Werte als Grundlage der Schätzung (IAS 36.26, IAS 39.A72, IAS 41.18(a)) oder auf den Vergleich mit ähnlichen Vermögenswerten rekurriert (IAS 40.46(a), (b), IAS 41.18(b)).

[1077] IAS 36.27 rekurriert dann z.B. auf die besten verfügbaren Informationen, die den Betrag widerspiegeln, der aus dem Verkauf des Vermögenswertes zu Marktbedingungen erzielt werden könnte. IAS 40.46 nennt verschiedene Möglichkeiten zur Ermittlung des *fair value*, die zu verschiedenen Ergebnissen führen können. Daher ist nach IAS 40.47 auf den „verlässlichsten Schätzwert innerhalb einer Bandbreite vernünftiger Abschätzungen" abzustellen. IAS 41.18(c) nennt auch den Rückgriff auf Branchen-Benchmarks.

[1078] Nach IAS 38.81 sind, falls kein aktiver Markt vorhanden ist, fortgeführte Anschaffungs- oder Herstellungskosten anzusetzen. Insofern stellt IAS 38 eine Ausnahme dar, weil zur Bestimmung des *fair value* nicht auf Bewertungsmodelle zurückgegriffen wird, vgl. *Kessler* (2005), S. 69.

[1079] Vgl. kritisch *Ballwieser* (2006b).

schiedene Positionen vom Unternehmen festzulegen.[1080] Eine einheitliche Rangfolge der Bestimmung des *fair value* existiert in den IFRS jedoch nicht.[1081] Bei im Rahmen eines Unternehmenszusammenschlusses erworbenen immateriellen Vermögenswerten und landwirtschaftlichen Erzeugnissen wird davon ausgegangen, dass deren *fair value* „normalerweise verlässlich genug bewertet werden" (IAS 38.35)[1082] oder „immer verlässlich bewertet werden kann" (IAS 41.32).

Nach IAS 40.49 unterscheidet sich der *fair value* vom *value in use* dadurch, dass der *fair value* den Kenntnisstand sachverständiger und vertragswilliger Parteien widerspiegelt, während der *value in use* die Erwartungen des Unternehmens inkl. unternehmensspezifischer Faktoren wiedergibt.[1083] IAS 40.49 verweist für die Unterscheidung beider Werte auf IAS 36, der den *value in use* als „Barwert künftiger Cashflows, der voraussichtlich aus einem Vermögenswert oder einer zahlungsmittelgenerierenden Einheit abgeleitet werden kann" (IAS 36.6), definiert.[1084] Die Unterscheidung beider Werte verwischt in IFRS 3.26, wo der *fair value* für später beglichene Anschaffungskosten im Rahmen eines Unternehmenszusammenschlusses durch Diskontierung der zu zahlenden Beträge unter Berücksichtigung eines Auf- oder Abschlags zu ermitteln ist. Er löst sich damit von der unternehmensunabhängigen Bewertung, da ein Auf- oder Abschlag unternehmensspezifisch für den Zusammenschluss festgelegt wird, und widerspricht damit IAS 40.49.

Zudem ist ein Unterschied zwischen unternehmensspezifischem Wert (*entity-specific value*) und dem Nutzungswert (*value in use*) anhand der Definitionen nicht zu konstatieren.[1085] IAS 16.6 und IAS 38.8 definieren den Nutzungswert als „Barwert der Cashflows, von denen ein Unternehmen erwartet, dass sie aus der fortgesetzten Nutzung eines Vermögenswertes und seinem Abgang am Ende seiner Nutzungsdauer oder bei Begleichung einer Schuld entstehen". Fast wortgleich findet sich in IFRS 5.A die Definition des Nutzungswerts als „Barwert der geschätzten künftigen Cashflows, die aus

---

[1080] Vgl. ausführlich mit Beispielen *Wagenhofer* (2000), S. 309-312.

[1081] Vgl. auch *Ballwieser/Küting/Schildbach* (2004), S. 533.

[1082] Bei einem in einem Unternehmenszusammenschluss erworbenen Vermögenswert besteht die widerlegbare Vermutung der verlässlichen Bewertung zum *fair value*, wenn die Nutzungsdauer begrenzt ist (IAS 38.35).

[1083] Zu den unternehmensspezifischen Faktoren werden (i) der zusätzliche Wert aus der Bildung eines Portfolios von Immobilien, (ii) Synergieeffekte, (iii) Rechtsansprüche oder gesetzliche Einschränkungen für den Eigentümer oder (iv) Steuervorteile oder -belastungen für den Eigentümer gezählt (IAS 40.49).

[1084] Vgl. zu einer ähnlichen Definition auch IFRS 5.A.

[1085] Auch beim *entity-specific value* und Nettoveräußerungswert, für den kein aktiver Markt vorliegt, sind jeweils Barwerte zu berechnen. Der Unterschied besteht lediglich in der Berücksichtigung unternehmensspezifischer Ertragspotenziale beim *entity-specific value*. Vgl. *Freiberg/Lüdenbach* (2005), S. 480, die zusätzlich die zu verwendenden Zinssätze bei der Ermittlung der Werte im Rahmen von IAS 36 diskutieren. Vgl. auch *May/Querner/Schmitz* (2005) zur Ableitung von Zinssätzen für die Bilanzierung nach IFRS und US-GAAP.

der fortgesetzten Nutzungsdauer eines Vermögenswertes und seinem Abgang am Ende seiner Nutzungsdauer erwartet werden".[1086]

Problembereich (ii) betrifft die Erfassung von Erträgen und Aufwendungen in der Gewinn- und Verlustrechnung oder im Eigenkapital sowie Kriterien für deren *recycling*. Den IFRS liegt für die erfolgswirksame oder erfolgsneutrale Erfassung von Erträgen und Aufwendungen kein klares Konzept zugrunde.[1087] Das Rahmenkonzept eröffnet keine Lösung, da zwar die Anwendung eines Kapitalerhaltungskonzepts gefordert wird, welches bei der Einteilung der Geschäftsvorfälle in erfolgswirksam oder erfolgsneutral Hilfestellung leisten kann. Allerdings lassen sich aus den Kapitalerhaltungskonzepten keine konkreten Bilanzierungsregeln ableiten.[1088] Das Rahmenkonzept ist zudem bewusst allgemein gehalten und soll durch Einzelregelungen konkretisiert werden.[1089] Es ist nicht Teil der IFRS (F.2) und damit nicht verbindlich anzuwenden.[1090] Eine Unterscheidung anhand des Realisationsgrads scheint naheliegend, wird vom Standardsetter jedoch nicht durchgehalten.[1091] So werden z.B. Wertsteigerungen des Sachanlagevermögens nach IAS 16.39, von immateriellen Vermögenswerten nach IAS 38.85 und von *available for sale*-Wertpapieren nach IAS 39.55(b) erfolgsneutral im Eigenkapital verbucht.[1092] IAS 40.35 und IAS 41.26-.29 schreiben hingegen vor, sämtliche Wertänderungen bei einer *fair value*-Bewertung in der Gewinn- und Verlustrechnung zu erfassen.

Erschwerend kommt hinzu, dass der Auflösung der erfolgsneutral erfassten Wertsteigerungen in einer Neubewertungsrücklage keine klaren Kriterien zugrunde gelegt werden.[1093] *Recycling* wird daher von den verschiedenen Standards unterschiedlich umgesetzt.[1094] Nach IAS 16.41 und IAS 38.87 darf eine Neubewertungsrücklage direkt in die Gewinnrücklagen umgebucht werden, während IAS 39.55(b) eine Erfassung

---

[1086] IAS 36.6 weicht leicht von der Definition des Nutzungswertes in IFRS 5.A ab, indem der Nutzungswert den „Barwert der künftigen Cashflows, der voraussichtlich aus einem Vermögenswert oder einer zahlungsmittelgenerierenden Einheit abgeleitet werden kann" darstellt.

[1087] Die gewährten Wahlrechte zur Anwendung verschiedener Modelle verstärken das Problem und schränken zudem die Vergleichbarkeit ein, vgl. *Haller/Schloßgangl* (2003), S. 319, 321. Vgl. zu einem Überblick über erfolgswirksam und erfolgsneutral zu erfassende Erträge und Aufwendungen auch *Hachmeister* (2005), S. 374f.

[1088] Vgl. *Rammert* (2000), S. 37.

[1089] Vgl. *Achleitner* et al. (2005), Rz. 60.

[1090] Vgl. *Ballwieser* (2003), S. 338. Es darf auch nicht gegen einzelne Standards zur Erfüllung des Rahmenkonzeptes verstoßen werden, vgl. *Zülch* (2005), S. 12. Da das Rahmenkonzept nicht zu den IFRS gehört und allenfalls mittelbar durch den Verweis übriger Standards auf das Rahmenkonzept Verbindlichkeitscharakter entfaltet, ist die Vorschrift von IAS 1 verbindlich.

[1091] Vgl. *Haller/Schloßgangl* (2005), S. 284f.

[1092] Eine erfolgswirksame Erfassung von Wertsteigerungen ist nur dann gefordert, wenn zuvor in der Gewinn- und Verlustrechnung erfasste Wertminderungen rückgängig gemacht werden. Obergrenze für die erfolgswirksame Erfassung sind fortgeführte Anschaffungs- oder Herstellungskosten (IAS 16.39, IAS 38.85).

[1093] Dies erkennt das *IASB* selbst an, vgl. *Ballwieser/Hettich* (2004), S. 80.

[1094] Vgl. ähnlich *Haller/Schloßgangl* (2003), S. 318-320.

kumulierter Wertänderungen in der Gewinn- und Verlustrechnung bei Abgang von *available for sale*-Wertpapieren gebietet.

Die Erfassung von Erträgen und Aufwendungen direkt im Eigenkapital führt zu Verstößen gegen das Kongruenzprinzip (Problembereich (iii)).[1095] Diese sind nur teilweise vorübergehender Natur.[1096] Nach IAS 21.48 sind Umrechnungsdifferenzen, die in den vergangenen Perioden im Eigenkapital aufgefangen wurden, bei Verkauf eines Tochterunternehmens in der Gewinn- und Verlustrechnung zu erfassen. Bei Änderungen von Bilanzierungs- und Bewertungsmethoden und bei Fehlern nach IAS 8 wird rückwirkend die Eröffnungsbilanz angepasst, so dass – ebenso wie bei der Umbuchung der Neubewertungsrücklage in die Gewinnrücklagen – dauerhafte Verstöße gegen das Kongruenzprinzip vorliegen.[1097] Außer bei IAS 8 handelt es sich aber um Wahlrechte, so dass ein Verstoß gegen das Kongruenzprinzip nicht zwingend folgt, sondern im Ermessen des Managers durch Ausübung der Wahlrechte liegt.[1098]

Der Verstoß gegen das Kongruenzprinzip wiegt insofern schwer, als dessen Einhaltung wichtig für die Kontrolle von Investitionsentscheidungen ist.[1099] Bilanzpolitik wird durch Einhaltung des Kongruenzprinzips begrenzt.[1100] Durch die direkte Verbuchung bestimmter Erfolgskomponenten im Eigenkapital entspricht die Summe der Periodengewinne nicht mehr dem Totalgewinn, so dass eine Kontrolle des Managers durch Externe erschwert wird. Zudem stellt das Kongruenzprinzip oft eine zentrale Annahme verschiedener Modelle dar.[1101] Dadurch können die IFRS nur bedingt oder nach Korrektur der Verstöße in den Modellen verwendet werden.

Ein separater Ausweis von Wertänderungen ist begrüßenswert, um dem Adressaten zu verdeutlichen, welche Erträge und Aufwendungen aus Lieferungs- und Leistungsvorgängen und welche aus Bewertungsvorgängen resultieren (Problembereich (iv)). Aber durch die Erfassung von Wertminderungen im Rahmen eines *impairment* in der Ge-

---

[1095] Vgl. im Überblick auch *Gaber* (2005), S. 287-290, der feststellt, dass sich die Zahl der Kongruenzverstöße durch das *Improvements Project* 2003 nicht vermindert hat. Vgl. aber *Black* (1993), der für die Aufgabe des Kongruenzprinzips zur Informationsverbesserung plädiert.

[1096] Das Rahmenkonzept sieht die Einhaltung des Kongruenzprinzips vor, vgl. *Van Cauwenberge/De Beelde* (2005), S. 6.

[1097] Zusätzlich wird das Prinzip der Bilanzidentität, welches Bestandteil des Stetigkeitsprinzips ist, untergraben. Vgl. zum Stetigkeitsprinzip ausführlich *Leffson* (1987), S. 426-465.

[1098] Empirisch sind endgültige Kongruenzverstöße – abseits von IFRS 1 – kaum zu beobachten. Vgl. dazu *Haller/Schloßgangl* (2003), S. 322, deren Stichprobe aber nur aus 62 Unternehmen besteht, auch *von Keitz* (2005), S. 43, 59, die bei den untersuchten 100 deutschen Unternehmen feststellt, dass von der Neubewertungsmethode nach IAS 16 und IAS 38 kein Gebrauch gemacht wird.

[1099] Vgl. insb. Abschnitt 3.2.2.1., zur theoretischen und praktischen Bedeutung des Kongruenzprinzips ausführlich *Ordelheide* (1998), S. 517-521. Vgl. aber *Yee* (2005), der modelltheoretisch einen Zusammenhang zwischen dem Marktwert des Eigenkapitals, dem Buchwert des Eigenkapitals, Dividenden, Gewinnen und Gewinnprognosen herstellt, wobei Dividenden wertirrelevant sind, und gleichzeitig das Kongruenzprinzip nicht erfüllt sein muss.

[1100] Ein einzelner Periodengewinn, nicht aber die Summe der Periodengewinne, ist manipulierbar, vgl. *Schildbach* (1999), S. 1814.

[1101] Vgl. auch die in dieser Arbeit betrachteten Modelle in den Abschnitten 3.1.3.1. und 3.3.3.1.

winn- und Verlustrechnung wird diese Trennung in realisierte und unrealisierte Erfolgskomponenten bereits aufgegeben. Zudem werden nicht alle Wertsteigerungen bei Abgang der Vermögenswerte in der Gewinn- und Verlustrechnung erfasst.[1102]

Laut F.101 werden meist historische Anschaffungs- oder Herstellungskosten für die Bilanzerstellung herangezogen und mit anderen Werten kombiniert. Das leistungswirtschaftliche Kapitalerhaltungskonzept erfordert eine Bewertung zu Tageswerten, während das finanzwirtschaftliche Kapitalerhaltungskonzept keinen bestimmten Wertansatz vorsieht, sondern von der Art des finanzwirtschaftlichen Kapitals abhängt (F.106). Insofern zeigt das Rahmenkonzept, dass kein einheitliches Gewinnkonzept vom *IASB* vorgesehen ist (F.110).[1103] Eine Zusammenschau der Standards könnte jedoch Rückschlüsse auf ein Gewinnkonzept liefern.

Das Festhalten am Realisationsprinzip für Lieferungs- und Leistungsvorgänge nach IAS 18 sowie weiteren Einzelregelungen ist mit Statik und Dynamik vereinbar, was auch durch die Bewertung von Vermögenswerten zu Anschaffungs- oder Herstellungskosten untermauert wird (z.B. IAS 2.9, IFRS 5.15). Allerdings ist eine Bewertung zum *fair value* wahlweise möglich (z.B. IAS 16.29, 38.72, 40.30) oder zwingend vorgeschrieben (z.B. IAS 41.12); die Wertsteigerungen auch über ursprüngliche Anschaffungs- oder Herstellungskosten hinaus sind zu erfassen. Daher verfolgen die IFRS weder durchgängig eine Bilanzierung zu historischen Kosten noch ein dynamisches Gewinnkonzept.

Eine vorsichtige Rechnungslegung ist in den IFRS nicht vorgesehen. Zwar spricht das Rahmenkonzept in F. 37 von Vorsicht (*prudence*). Dort heißt es: „Vorsicht bedeutet, dass bei der Aufstellung ein gewisses Maß an Sorgfalt bei der Ermessensausübung, die für die erforderlichen Schätzungen unter gewissen Umständen erforderlich ist, einbezogen wird, so dass Vermögenswerte oder Erträge nicht zu hoch und Schulden oder Aufwendungen nicht zu niedrig angesetzt werden." (R.37) Stille Reserven dürfen jedoch nicht gebildet werden.[1104] Das *IASB* wertet den Grundsatz der Neutralität stärker als den Grundsatz der Vorsicht.[1105]

IAS 2 sieht z.B. eine vorsichtige Rechnungslegung vor, da die Vorräte mit dem niedrigeren Wert aus historischen Kosten und Nettoveräußerungspreis anzusetzen sind. Jedoch ist bei Wegfall der Gründe für eine Abschreibung Wertaufholung geboten (IAS 2.33). Weitere Standards schreiben zwingend einen Werthaltigkeitstest (*impairment*

[1102] Dieses Vorgehen sieht jedoch z.B. die organische Bilanz nach *Schmidt* (1979), S. 119, vor.

[1103] Vgl. auch *Ballwieser* (2003), S. 342, 343, *Caliz* (2003), S. 73, *Ballwieser/Hettich* (2004), S. 82.

[1104] Gegen diese Forderung im Rahmenkonzept wird jedoch z.B. durch eine Bilanzierung zu Anschaffungskosten nach IAS 16 oder IAS 38 verstoßen.

[1105] Dieser ist in F.36 geregelt und besagt, dass die gelieferten Informationen frei von verzerrenden Einflüssen sein müssen, damit sie zuverlässig sind. Die Neutralität ist verletzt, wenn durch Auswahl oder Darstellung der im Abschluss gelieferten Informationen Entscheidungen beeinflusst werden, um ein bestimmtes Ergebnis zu erreichen.

test) nach IAS 36 vor.[1106] Danach ist regelmäßig der Buchwert mit dem erzielbaren Betrag zu vergleichen und eine außerplanmäßige Abschreibung vorzunehmen, wenn der erzielbare Betrag unter dem Buchwert liegt (IAS 36.59).[1107] IAS 16 und IAS 38 erlauben zudem den Ansatz von Vermögenswerten zu fortgeführten Anschaffungskosten. Zur Beseitigung übermäßiger Vorsicht darf ein Versicherer Bilanzierungs- und Bewertungsmethoden nach IFRS 4.26 nicht ändern. Auch die Ertragsrealisierung kann als vorsichtig interpretiert werden, da ein Ertrag erst bei Lieferung und Leistung als realisiert gilt.[1108]

In einigen Einzelregelungen finden sich Durchbrechungen der vorsichtigen Rechnungslegung. IAS 41.13 z.B. schreibt eine *fair value*-Bewertung sowie deren erfolgswirksame Erfassung von Wertänderungen vor.[1109] Nach IAS 16, 38 und 40 kann der Vermögenswert statt zu historischen Kosten auch zum *fair value* angesetzt werden. In diesen Fällen ist der Überschuss über die historischen Anschaffungs- oder Herstellungskosten nicht in der Gewinn- und Verlustrechnung, sondern direkt im Eigenkapital zu verbuchen. Sowohl in der Bilanz als auch in der Gewinn- und Verlustrechnung finden sich daher neben historischen Kosten *fair values* und neben Erträgen und Aufwendungen aus Lieferung und Leistung auch solche aus Wertänderungen. Zudem ist nach IAS 11 und 18 eine Ertragsrealisierung nach dem Leistungsfortschritt möglich, was mit einer vorsichtigen Rechnungslegung kollidiert, die erst mit vollständiger Lieferung und Leistung eine Ertragsvereinnahmung vorsieht.

Eine Zusammenschau der Standards zeigt deutlich auf, dass in den IFRS weder ein einheitlicher Wertmaßstab verfolgt noch ein bestimmtes Gewinnkonzept zugrunde gelegt wird.[1110] Vielmehr findet sich in den IFRS eine Mischung aus historischen Kosten, Marktpreisen und geschätzten Werten, was die Konsistenz und Nachvollziehbarkeit der Regeln erheblich unterminiert. Zudem existieren in den Standards verschiedene Kriterien für die Erfassung von Aufwendungen und Erträgen.[1111] Die Standards stellen ein Gemenge an Kompromissen dar, ohne dass ein durchgängiges Konzept erkennbar ist.[1112] Ein Grund kann sein, dass ein Zielkonflikt zwischen Objektivierung und einzelfallbezogener Aussagekraft besteht, der in Abhängigkeit der Interessenlage

---

[1106] Vgl. z.B. IAS 16, IAS 17, IAS 38, IFRS 3.

[1107] Vgl. zur ökonomischen Begründung für den erzielbaren Betrag *Wagenhofer* (2005a), S. 165.

[1108] Vgl. *Weber* (2004), Rz. 13. Der Realisationszeitpunkt kann jedoch vor dem Zeitpunkt des Zahlungseingangs liegen, so dass man auch von einer unvorsichtigen Rechnungslegung sprechen kann, vgl. zu dieser Argumentation *Leuz* (1996), S. 208-217.

[1109] Die Anwendung von historischen Kosten ist nur dann im Zugangszeitpunkt erlaubt, wenn der *fair value* nicht zuverlässig ermittelt werden kann (IAS 41.30).

[1110] Vgl. zu dieser Feststellung jüngst *Ballwieser* (2005b), S. 736, *Haller/Schloßgangl* (2005), S. 283-285, *Wüstemann/Kierzek* (2005c), S. 79. Weder im Rahmenkonzept noch in den einzelnen Standards wird definiert, was das *IASB* unter „Erfolg" versteht.

[1111] Vgl. Tabelle 4.1, *Wüstemann/Kierzek* (2005c), S. 80-84. In IAS 18 z.B. werden Erträge und Aufwendungen durch Lieferung und Leistung bestimmt, während IAS 40 auch Wertänderungen des *fair value* erfolgswirksam erfasst.

[1112] Vgl. auch *Haller/Schloßgangl* (2003), S. 317.

der Konfliktparteien für einzelne Bilanzposten unterschiedlich gelöst wird.[1113] Allerdings kommt *Kirschenheiter* in einer signaltheoretischen Analyse zu dem Ergebnis, dass für die Verwendung von Bilanzwerten als Schätzgrößen des Unternehmenswertes lediglich ein intertemporal konstantes Verhältnis der Abbildungsregeln zwischen Relevanz und Zuverlässigkeit vorhanden sein muss, welches allgemein bekannt und für alle Bilanzposten approximativ gleich ist.[1114] Eine einzelfallbezogene Gewichtung und Mindestschwellen der Zuverlässigkeit als Voraussetzung für den Ansatz von Bilanzposten sind damit nicht begründbar.[1115]

Neben Schwächen in der Gewinnermittlung nach IFRS finden sich Mängel in der Gewinndarstellung (Problembereich (v)).[1116] Die in IAS 1.81 geforderte Mindestgliederung gibt nur grobe Anhaltspunkte für die Gestaltung der Gewinn- und Verlustrechnung. Detaillierte Vorschriften fehlen, so dass Posten nur unpräzise definiert sind,[1117] eine verbindliche Reihenfolge der Posten nicht feststeht[1118] und es unklar ist, ob Gesamt- und das Umsatzkostenverfahren auch gemischt angewendet werden dürfen.[1119] Für die Darstellung ist die Staffelform üblich. Strittig ist, ob eine Darstellung in Kontoform möglich ist.[1120]

Die mindestens in der Gewinn- und Verlustrechnung zu zeigenden Posten umfassen unter anderem Erlöse (*revenue*) und den Gewinn oder Verlust der Periode (*profit or loss*) (1.81). Die im Rahmenkonzept für den Ausweis geforderte Trennung zwischen Erlösen und anderen Erträgen sowie Aufwendungen der gewöhnlichen Tätigkeit und anderen Aufwendungen wird in IAS 1 nicht konsequent umgesetzt, weil ein Posten für andere Erträge und Aufwendungen im Mindestgliederungsschema fehlt.[1121]

Neben IAS 1.81 schreiben die einzelnen Standards zusätzlich auszuweisende Erträge und Aufwendungen sowie erforderliche Angaben vor, die z.T. sehr umfangreich sind.[1122] Unklar ist in vielen Fällen, ob die Angaben in der Gewinn- und Verlustrech-

---

[1113] Vgl. dazu *Kuhner* (2001), S. 523-530.

[1114] Vgl. *Kirschenheiter* (1997), *Kuhner* (2001), S. 532-537.

[1115] Vgl. *Kuhner* (2001), S. 536f. Vernachlässigt werden Bilanzpolitik und strategische Interaktionen zwischen verschiedenen Interessengruppen und Konfliktparteien, vgl. *Kuhner* (2001), S. 540.

[1116] Die Gliederungsvorschriften werden von *Achleitner* et al. (2005), Rz. 135, als „schwach" bezeichnet. Das Argument, dass lokale Rechtsvorschriften verschiedene Gliederungsschemata vorgeben und die IFRS daher auf eine strengere Vorgabe verzichten, um Widersprüche zu vermeiden (vgl. *Achleitner* et al. (2005), Rz. 135), ist im Zuge einer Harmonisierung der Rechnungslegung und aus Gründen der Vergleichbarkeit zumindest zu überdenken.

[1117] Vgl. *Kirsch* (2003), S. 2455, *Küting/Keßler/Gattung* (2005), S. 21.

[1118] Vgl. *Haller/Schloßgangl* (2005), S. 285.

[1119] Vgl. *Haller/Schloßgangl* (2003), S. 321, ähnlich *Kleekämper* et al. (2005), Rz. 153.

[1120] Vgl. *Kleekämper* et al. (2005), Rz. 125.

[1121] Vgl. auch *Haller/Schloßgangl* (2003), S. 318 Fn. 15. Die im Rahmenkonzept geforderte Trennung kann nur als Empfehlung interpretiert werden. Die IFRS erkennen jedoch die Trennung von *income* in *revenue* und *gains* an, da sich in IAS 16.8 und IAS 38.113 explizit der Hinweis „gains shall not be classified as revenue" findet. Würde das Rahmenkonzept konsequent in den übrigen Standards befolgt und umgesetzt, wäre ein solcher Hinweis überflüssig.

[1122] Vgl. zu einem Überblick über Anhangsangaben *Ballwieser* (2006a).

nung, in der Eigenkapitalveränderungsrechnung oder im Anhang zu machen sind.[1123] Dies eröffnet dem Management große Freiräume bei der Abschlussaufstellung.[1124] Zwar können dadurch unternehmensindividuelle Besonderheiten besser berücksichtigt[1125] und dem Adressaten private Informationen des Managers vermittelt werden. Die zwischenbetriebliche Vergleichbarkeit der Abschlüsse wird jedoch erheblich unterminiert, da Posten unterschiedlich verstanden und angeordnet werden können[1126] und einige Unternehmen bestimmte Posten in der Gewinn- und Verlustrechnung ausweisen, während andere diese in den Anhang verschieben.

Zusätzlich dürfen Unternehmen weitere Zwischenergebnisse ausweisen, sofern diese den Grundsatz der *fair presentation* erfüllen und für das Verständnis relevant sind (IAS 1.83, IAS 1.13).[1127] Der Ausweis von sog. *pro forma*-Gewinnen[1128] steht daher in Einklang mit den IFRS. Die Bereinigung der Gewinngröße erfolgt jedoch unternehmensindividuell und daher uneinheitlich, was zu Mehrdeutigkeiten der gleich benannten *pro forma*-Gewinngröße führt und eine zwischenbetriebliche Vergleichbarkeit sowie die Verständlichkeit des Abschlusses erschwert. Zudem kann der Manager Bilanzpolitik betreiben.[1129] Die uneinheitliche Definition von *pro forma*-Gewinnen war zu einem früheren Zeitpunkt des Projektes *performance reporting* anerkannter Mangel und expliziter Grund für die Aufnahme des Projektes.[1130]

Für die Bilanzanalyse ist eine Spaltung des Ergebnisses in Erfolgskomponenten relevant.[1131] Eine Erfolgsspaltung kann in der Erfassung von Erträgen und Aufwendungen in der Gewinn- und Verlustrechnung und in der Eigenkapitalveränderungsrechnung gesehen werden. Als Indikator für künftige Gewinne oder Verluste können erfolgsneutral erfasste Erträge und Aufwendungen dienen,[1132] da es sich um noch nicht realisierte Wertänderungen handelt. Die erfolgsneutral verbuchten Wertsteigerungen decken stille Reserven verschiedener Vermögenswerte auf.[1133] Die Indikatorfunktion

---

[1123] Vgl. z.B. IAS 2.36, IAS 18.35, IAS 37.84-.86.

[1124] Vgl. *Brakensiek/Hütten* (1999), S. 1108.

[1125] Vgl. *Ballwieser* (2002b), S. 120, *Küting/Keßler/Gattung* (2005), S. 20.

[1126] Vgl. *Baetge/Hollmann* (2004), S. 371. Anhand von 62 deutschen und österreichischen Unternehmen zeigen *Haller/Schloßgangl* (2005), S. 286-295, Unterschiede in der Gewinndarstellung auf, die aus der vagen Regelung von IAS 1 resultieren und die Vergleichbarkeit torpedieren. Die Vorschriften für den Eigenkapitalspiegel sind ebenfalls vage und daher ermessensabhängig.

[1127] Die Festlegung weiterer Posten für die Darstellung der Ertragslage liegt im Ermessen des Bilanzerstellers und kann nicht objektiviert erfolgen, vgl. *Baetge/Hollmann* (2004), S. 369.

[1128] Unter *pro forma*-Gewinnen wird eine bereinigte Gewinngröße, z.B. EBIT oder EBITDA, verstanden, vgl. *Kley/Vater* (2003), S. 45. Vgl. zu einer Systematisierung von *pro forma*-Kennzahlen *Küting/Heiden* (2003), zur *pro forma*-Berichterstattung die Analyse von *Heiden* (2006).

[1129] Vgl. *Wagenhofer* (2005a), S. 578.

[1130] Vgl. dazu *Ballwieser/Hettich* (2004), S. 80.

[1131] Vgl. *Coenenberg/Deffner/Schultze* (2005), S. 435.

[1132] Vgl. *Coenenberg/Deffner/Schultze* (2005), S. 442.

[1133] So z.B. bei Sachanlagevermögen (IAS 16) oder immateriellen Vermögenswerten (IAS 38).

wird allerdings dadurch beschnitten,[1134] dass nicht alle Wertänderungen erfasst werden[1135] und die im Abschluss zu berücksichtigenden Wertänderungen nicht zwingend im Eigenkapital zu berücksichtigen sind.[1136]

Eine Erfolgsspaltung innerhalb der Gewinn- und Verlustrechnung ist aus IAS 1.81 sowie den Beispielen zur Gliederung im Anhang von IAS 1 nur rudimentär zu entnehmen.[1137] Die Forderung nach einem separaten Ausweis des Ergebnisses der gewöhnlichen Geschäftstätigkeit (*results of ordinary activities*) in IAS 1.75 (rev. 1997) wurde im Rahmen des *Improvements Project* 2003 mit dem Hinweis gestrichen, dass *operating activities* im Standard nicht definiert sind und der Ausweis eines undefinierten Zwischenergebnisses nicht verlangt werden kann (IAS 1.BC12.). IAS 1.BC13 erlaubt jedoch weiterhin die Veröffentlichung eines Ergebnisses der gewöhnlichen oder betrieblichen Geschäftstätigkeit.[1138] Explizit untersagt ist der Ausweis von außerordentlichen Erträgen und Aufwendungen in der Gewinn- und Verlustrechnung oder im Anhang (IAS 1.85).[1139] Dieser war zuvor in IAS 8 ausdrücklich gefordert, aber eng auszulegen (IAS 8 (rev. 1993)).[1140] Begründet wird der Entschluss damit, dass nicht die Häufigkeit eines Geschäftsvorfalls, sondern dessen Natur oder Funktion für den Ausweis in der Gewinn- und Verlustrechnung entscheidend ist (IAS 1.BC17). Eine – nach Ansicht des *IASB* – willkürliche Trennung von Erfolgskomponenten in ordentlich und außerordentlich entfällt (IAS 1.BC18). Als einziger Posten, der als außerordentlich einzuordnen und separat auszuweisen ist, verbleibt der Erfolg aus der Aufgabe von Geschäftsbereichen nach IFRS 5.33.[1141]

Insgesamt zeigt sich, dass die IFRS im Rahmen der Gewinnermittlung und Gewinndarstellung erhebliche Mängel und Inkonsistenzen aufweisen.[1142] Dies wurde auch vom *IASB* erkannt. Neben dem Rahmenkonzept[1143] befasst sich das *IASB* gemeinsam mit dem *FASB* in getrennten Projekten mit (i) der Gewinnermittlung (*revenue recogni-*

[1134] Die Studie von *Haller/Schloßgangl* (2003), S. 321f., zeigt, dass der Umfang der erfolgsneutral erfassten Erträge und Aufwendungen von Unternehmen zu Unternehmen z.T. erheblich variiert. Zu einem ähnlichen Ergebnis gelangen *Lachnit/Müller* (2005), S. 1639.

[1135] IAS 2.33 z.B. begrenzt die Wertaufholung auf fortgeführte Anschaffungs- oder Herstellungskosten.

[1136] Nach IAS 40.35 werden Wertsteigerungen bei einer *fair value*-Bewertung in der Gewinn- und Verlustrechnung verbucht. Vgl. auch Tabelle 4.1.

[1137] Vgl. *Küting/Keßler/Gattung* (2005), S. 19.

[1138] Vgl. auch *Küting/Keßler/Gattung* (2005), S. 18f. Laut Rahmenkonzept F.72 wird ein separater (unternehmensspezifischer) Ausweis des Ergebnisses der gewöhnlichen Geschäftstätigkeit für sinnvoll erachtet.

[1139] Überflüssig scheint damit ein separater Ausweis von Steueraufwendungen der gewöhnlichen Geschäftstätigkeit nach IAS 12.77, vgl. auch *Wagenhofer* (2005a), S. 441 Fn. 13.

[1140] Vgl. ausführlich *Biener/Blaum* (2005), Rz. 28-33.

[1141] Vgl. auch *Coenenberg/Deffner/Schultze* (2005), S. 435.

[1142] V.a. Mängel in der Umsatzrealisation und der Aufwandsverbuchung sind ursächlich für Bilanzdelikte, vgl. *Ballwieser/Dobler* (2003), S. 454, m.w.N.

[1143] Derzeit werden Ziele von Abschlüssen und qualitative Anforderungen an einen Abschluss diskutiert. In einem nächsten Schritt folgen die Definition von Elementen, deren Ansatz und Bewertung. Vgl. zu einem aktuellen Stand *FASB/IASB* (2006a).

tion) und (ii) der Gewinndarstellung (*performance reporting*).[1144] Beide Projekte befinden sich in der Diskussionsphase. Für das Projekt *revenue recognition* wird im dritten Quartal 2006 mit *preliminary views* gerechnet.[1145] Ein *exposure draft* für den ersten Teil des Projektes *performance reporting* wurde am 17. März 2006 vom *IASB* veröffentlicht,[1146] *preliminary views* (*FASB*) bzw. ein *discussion paper* (*IASB*) zum zweiten Teil des Projektes sollen – ebenso wie der Standard zum ersten Teil des Projektes beim *IASB* – im ersten Quartal 2007 veröffentlicht werden.[1147]

Im Folgenden werden die Vorschläge zur Gewinndarstellung dargestellt und gewürdigt. Bei den Überlegungen im Rahmen der Gewinnermittlung ist zwar die Zuwendung zu einem bilanzorientierten Ansatz (*asset liability approach*) und damit einem statischen Gewinnkonzept zu beobachten.[1148] Sie werden jedoch heftig und sehr kontrovers diskutiert, so dass in absehbarer Zeit nicht mit einem *exposure draft* oder sogar Standard zu rechnen ist. Wegen der Zurückdrängung von Vorsichts- und Realisationsprinzip wird eine Übernahme der neuen Regeln zur Ertragsvereinnahmung in europäisches Recht als „nicht vertretbar"[1149] eingestuft. Zudem ist bislang nicht abzusehen, ob ein neuer Standard zur Gewinnrealisierung lediglich IAS 18 ersetzen wird oder sich auch in den übrigen Standards niederschlägt. Insofern ist auf die derzeitigen Gewinnermittlungsregeln abzustellen. Da sie eine grundsätzlich vergangenheitsorientierte Perspektive einnehmen, ist zu hinterfragen, wie die Gliederung des Gewinns erfolgen sollte, um als Indikator künftiger Entwicklungen zu dienen.[1150]

Das Projekt *performance reporting* geht ebenfalls schleppend voran, hat sich als ambitioniertes Ziel jedoch die Anwendung des Standards für den ersten Teil des Projektes ab dem Geschäftsjahr 2007 gesetzt.[1151] Dass dieser Zeitplan eingehalten wird, ist – auch im Hinblick auf die Erfahrungen der Vergangenheit – zu bezweifeln.[1152] Die bei den Boards geführte Diskussion der Gewinndarstellung geht – anders als bei der Ge-

---

[1144] Vgl. zur Gewinndarstellung bei US-GAAP im Vergleich zum HGB *Dexheimer* (2004), S. 149-274.

[1145] Vgl. zum Projekt *revenue recognition* kritisch *Wüstemann/Kierzek* (2005a, 2005b), *Dobler/Hettich* (2006), kritisch anhand von IAS 11 *Dobler* (2006).

[1146] Vgl. *IASCF* (2006) (im Folgenden ED IAS 1), zu den wesentlichen Änderungen *Bogajewskaja* (2006), *Hasenburg/Dräxler* (2006). Die Kommentierungsfrist läuft bis 17.07.2006.

[1147] Vgl. zum Zeitplan http://www.fasb.org/project/ (Stand: 30.06.2006), http://www.iasb.org/current/iasbworkplan.asp (Stand: 30.06.2006). Das *FASB* wird zum jetzigen Zeitpunkt noch keinen *exposure draft* veröffentlichen, sondern vielmehr für beide Segmente *preliminary views* zu einem späteren Zeitpunkt herausgeben, vgl. *FASB* (2005b, 2005d).

[1148] Vgl. zum Stand des Projektes *FASB* (2006b).

[1149] *Wüstemann/Kierzek* (2005a), S. 434. Vgl. auch *Dobler/Hettich* (2006), S. 23.

[1150] Vgl. *Dexheimer* (2002), S. 452, ähnlich bereits *Moyer/Mautz* (1966), S. 392, die aber zuerst die Gewinnermittlung betrachten und darauf aufbauend die Gewinndarstellung diskutieren.

[1151] Vom Mitarbeiterstab wird eine verpflichtende Anwendung des neuen Standards für Geschäftsjahre empfohlen, die am oder nach dem 01.01.2007 beginnen. Dieser Empfehlung ist das *IASB* gefolgt, vgl. *IASB* (2005g), S. 3. Der neue Standard soll im dritten Quartal 2006 veröffentlicht werden. Vgl. *IASB* (2005d), Rn. 16.

[1152] So wurden z.B. Diskussionspapiere bereits für 2004 und 2005 angekündigt, vgl. *IASB* (2003), S. 7, *IASB* (2004b), S. 9.

winnermittlung – von den derzeit geltenden IFRS-Regeln aus,[1153] so dass diese auch für die Analyse im folgenden Abschnitt herangezogen werden. Völlig unklar ist im Moment, ob und, wenn ja, inwieweit die beiden Projekte aufeinander abgestimmt sind. Da Gewinnermittlung und Gewinndarstellung eng miteinander verzahnt sind, würde man eine enge Kooperation und parallele Diskussion beider Problembereiche erwarten, die für Außenstehende aber nicht erkennbar ist.[1154]

4.2. Stand des Projektes *performance reporting*

4.2.1. Ziel und Motivation des Projektes

Ziel des Projektes *performance reporting* von *IASB* und *FASB*[1155] ist es, Standards für die Darstellung von Informationen im Abschluss zu entwickeln, die der Entscheidungsnützlichkeit der Informationen für die Beurteilung der Vermögens-, Finanz- und Ertragslage förderlich ist.[1156] Das Ziel des Projektes hat sich seit Zusammenarbeit der beiden Standardsetter im Oktober 2003 erheblich erweitert, da es nicht mehr allein auf die Gewinn- und Verlustrechnung (und allenfalls noch auf die Eigenkapitalveränderungsrechnung),[1157] sondern vielmehr auf den gesamten Abschluss eines Unternehmens rekurriert. Schwerpunkt ist jedoch nach wie vor die Darstellung der Ertragslage eines Unternehmens.[1158]

Für die Aufnahme des Projektes nennen das *IASB* und das *FASB* folgende Gründe, die nur teilweise die in Abschnitt 4.1.4 aufgezeigten Mängel aufgreifen:[1159]

(i) Die verschiedenen (internationalen) Rechtsregelungen verlangen unterschiedliche Abschlüsse und unterschiedliche Zeiträume, für die Vergleichszahlen angegeben werden müssen.

(ii) Es fehlen einheitliche Definitionen für die Elemente zur Darstellung der Ertragslage. Die Darstellung der Vermögens-, Finanz- und Ertragslage ist in der Praxis inkonsistent.

[1153] Vgl. z.B. *IASB* (2005c), Rn. 31, die die derzeitigen Komponenten des *other comprehensive income* in den IFRS auflisten.

[1154] Vgl. auch *Dobler/Hettich* (2006), S. 22f. Hinweise auf Querverweise finden sich beim Projekt Rahmenkonzept, vgl. *FASB/IASB* (2006a), und beim Projekt *revenue recognition* in einem früheren Diskussionsstadium, wo über die Komponenten des *comprehensive income* und die Vorteile einer Unterteilung in *revenues* und *gains* diskutiert wurde, vgl. *IASB* (2004a), S. 4.

[1155] Das Projekt wurde beim *FASB* unter dem Titel „*financial performance reporting by business enterprises*" geführt, vgl. *FASB* (2005b). Es wurde mittlerweile beim *IASB* und *FASB* in „*Financial Statement Presentation*" umbenannt, vgl. *FASB/IASB* (2006b). Aus Vereinfachungsgründen wird im Folgenden der frühere Titel des Projektes beim *IASB* (*performance reporting*) verwendet.

[1156] Vgl. *IASB* (2005b), Rn. 1, *FASB* (2005b).

[1157] Vgl. zu den früheren Zielen des Projektes z.B. *Ballwieser/Hettich* (2004), S. 80f.

[1158] Dies ist aus den weiteren Zielen des Projektes ersichtlich.

[1159] Vgl. *IASB* (2005a), S. 1.

(iii) Es besteht kein Konsens über wichtige Finanzkennzahlen oder über Indikatoren der Vermögens-, Finanz- und Ertragslage eines Unternehmens, die in einem Abschluss erforderlich sind.[1160]

(iv) Die vermehrte Berichterstattung von *pro forma*-Kennzahlen deutet darauf hin, dass die Relevanz und Zuverlässigkeit derzeitiger Zwischenergebnisse und Ergebnisse (z.B. *net income*) als Indikatoren für die Ertragslage eines Unternehmens an Bedeutung verlieren.[1161]

(v) Es gibt Bedenken über die Auswirkungen einer Darstellung der Vermögens-, Finanz- und Ertragslage in einem *mixed attribute model*, in dem bestimmte Transaktionen und Ereignisse zu historischen Kosten und andere zum *fair value* erfasst werden.

(vi) Die Einordnung von Informationen (inkl. solche Informationen, die innerhalb oder außerhalb des Ergebnisses oder von Zwischenergebnissen ausgewiesen werden) in den Abschlüssen ist inkonsistent.

(vii) Derzeit ist die Disaggregation bestimmter Informationen unzureichend, so dass die Bilanzanalyse erschwert wird.

Die zunehmende Verbreitung von alternativen und inkonsistenten Finanzkennzahlen droht nach Ansicht der Boards, eine hochwertige Berichterstattung zu unterminieren, die für fundierte Investitionsentscheidungen und effiziente Kapitalmärkte erforderlich ist.[1162] Das Projekt konzentriert sich auf den Inhalt, die Form, die Kategorisierung und die Aggregation sowie den Ausweis bestimmter Elemente und Zwischenergebnisse im Abschluss. Ausgeblendet wird die Diskussion über einen Lagebericht (*management discussion and analysis* oder *management commentary*), die Veröffentlichung von *pro forma*-Kennzahlen außerhalb des Abschlusses, Segmentinformationen und die Erfassung und Bewertung von Vermögenswerten und Schulden.[1163]

1160 Vgl. zur unterschiedlichen Definition von *pro forma*-Gewinnen und deren Auswirkungen auf die Kapitalmärkte *Kley/Vater* (2003).

1161 Zur Vereinheitlichung von Kerngewinnen hat Standard & Poor's 2001 ein Diskussionspapier veröffentlicht, vgl. ausführlich mit Beispiel und Kritik *Kirsch/Steinhauer* (2003). *Bhattacharya* et al. (2004) stellen in einer empirischen Untersuchung von 1.149 quartalsmäßig veröffentlichten *pro forma*-Gewinnen zwischen 1998 und 2000 fest, dass v.a. relativ „junge" Unternehmen aus dem Technologie- und Dienstleistungssektor *pro forma*-Ergebnisse angeben. Zudem werden *pro forma*-Gewinne zwischenbetrieblich und intertemporal uneinheitlich definiert, um möglichst die erwarteten Gewinne zu übertreffen oder Gewinnminderungen zu vermeiden. *Nichols/Gray/Street* (2005) konstatieren einen Anstieg der Angaben zu *pro forma*-Gewinnen in den USA zwischen 1999 und 2001, aufgrund von Bemühungen der *SEC*, die im Dezember 2001 wegen Irreführung vor *pro forma*-Gewinnen gewarnt hat, sind die Angaben jedoch rückläufig. *Johnson/Schwartz* (2005) können in ihrer Untersuchung die These jedoch nicht stützen, dass Investoren durch die Veröffentlichung von *pro forma*-Gewinnen getäuscht werden.

1162 Vgl. hierzu und im Folgenden *FASB* (2005b).

1163 Vgl. zum Lagebericht das Diskussionspapier *Management Commentary IASCF* (2005b), zu Ansatz und Bewertung von Vermögenswerten und Schulden das gemeinsame Projekt zum Rahmenkonzept *FASB/IASB* (2006a) und zur Ertragsrealisierung *IASB* (2006c), *FASB* (2006b).

4.2.2. Aufteilung des Projektes

Die Diskussion über eine Neugestaltung der Gewinn- und Verlustrechnung wird seit vielen Jahren geführt. So erschien z.B. 1993 der Bericht des *AIMR* über „Financial Reporting in the 1990s and Beyond", 1998 und 1999 legte die Gruppe G4+1[1164] zwei Diskussionspapiere vor,[1165] 2001 wurde ein „Draft Statement of Principles" vom *IASC Steering Committee* veröffentlicht. Das *IASB* verfolgte zunächst die Idee einer Gesamtreinvermögensänderungsrechnung (*statement of comprehensive income*) in Matrixform.[1166] Nach Feldstudien wurde das Projekt im Jahr 2003 jedoch eingehend analysiert und neu aufgesetzt. Im November 2003 einigten sich *IASB* und *FASB* auf eine enge Zusammenarbeit und gründeten zu diesem Zweck die *Joint International Group on Performance Reporting* (*JIG*), welche die Boards unterstützen soll.[1167]

Das Projekt wurde im April 2004 für die Bearbeitung in mehrere Segmente aufgeteilt.[1168] Segment A befasst sich mit Konvergenz der erforderlichen Abschlussbestandteile.[1169] Insbesondere wird diskutiert, ob ein *statement of comprehensive income* gefordert werden sollte, welches ein dem *net income from continuing operations* oder *profit and loss* ähnliches Zwischenergebnis enthält. Zusätzlich sollen die Zahl der Jahre, für die Vergleichsinformationen anzugeben sind, sowie dazugehörige Angaben im Anhang festgelegt werden.

Segment B fokussiert auf eine grundlegende Prüfung der Darstellung und des Ausweises im Abschluss.[1170] Diskutiert werden soll, ob ein *recycling* für Posten vorzusehen ist, die nach dem *net income* als Teil des *comprehensive income* ausgewiesen werden. Dabei ist zu klären, welche Art von Sachverhalten unter das *recycling* fällt und zu welchem Zeitpunkt es vorgenommen werden sollte.[1171] Daneben soll festgelegt werden, ob konsistente Prinzipien für die Disaggregation in den Instrumenten des Abschlusses entwickelt und welche Zwischenergebnisse und Ergebnisse in jedem Instrument auszuweisen sind. Daneben soll die verpflichtende Anwendung der direkten Methode in der Kapitalflussrechnung behandelt werden.

[1164] Die Gruppe G4+1 bestand aus Vertretern der Standardsetter Australiens, Kanadas, Neuseelands und der USA sowie des *IASC* und wurde 2001 aufgelöst.

[1165] Vgl. *Johnson/Lennard* (1998), *IASC* (1999).

[1166] Vgl. die Darstellungen bei *Hollmann* (2003), S. 247-271, *Ballwieser/Hettich* (2004), S. 80-82, *Whittington* (2005), S. 149f., *Zülch* (2005), S. 215-293. Das *FASB* diskutierte ebenfalls ein *statement of comprehensive income*, im Unterschied zum *IASB* waren aber zusätzliche Kategorien und eine Staffelform vorgesehen, vgl. zu den beiden Konzepten im Überblick *FASB* (2003).

[1167] Vgl. *IASB* (2004c). Im November 2004 wurden die Mitglieder der *JIG* benannt. Vgl. zur Rolle der *JIG IASB/FASB* (2005b), S. 5f.

[1168] Die Aufteilung in Segmente überrascht, da die Projekte bei *IASB* und *FASB* üblicherweise in Phasen eingeteilt werden. Vgl. z.B. die Projekte zu Versicherungsverträgen und Unternehmenszusammenschlüssen.

[1169] Vgl. hierzu und im Folgenden *IASB* (2005b), Rn. 7, *FASB* (2005b), *FASB/IASB* (2006b).

[1170] Vgl. hierzu und im Folgenden *IASB* (2005b), Rn. 8, *FASB* (2005b), *FASB/IASB* (2006b).

[1171] Die fehlende Konzeption für *recycling* wurde bereits bei der Überarbeitung von SFAS 130 angeführt, aber im Diskussionspapier der G4+1 nicht aufgegriffen, vgl. *Deller* (2002), S. 49.

Das *FASB* greift zusätzlich in Segment C die Zwischenberichterstattung auf, die beim *IASB* ausgeblendet wird.[1172] Ebenso wird der Bereich *earnings per share* und *comprehensive income per share* nur vom *FASB* in die Diskussion einbezogen. Der Anhang ist nicht Gegenstand des Projektes.

4.2.3. Diskutierte Determinanten der Gewinndarstellung

4.2.3.1. Instrumente

Nach derzeitigem Stand der Diskussion soll ein vollständiger Abschluss[1173] folgende Instrumente enthalten:[1174]

(i) Eröffnungsbilanz der Periode (*statement of financial position as at the beginning of the period*);
(ii) Schlussbilanz der Periode (*statement of financial position as at the end of the period*);
(iii) Gesamtreinvermögensänderungsrechnung (*statement of recognised income and expense for the period*),[1175] die als Zwischenergebnis das *net income*[1176] enthält;
(iv) Eigenkapitalveränderungsrechnung (*statement of changes in equity for the period*), welche die Transaktionen mit den Eignern wiedergibt;
(v) Kapitalflussrechnung (*statement of cash flows for the period*).

Während die Instrumente (ii)-(v) in gleicher oder ähnlicher Form bislang bereits veröffentlicht werden sollten oder mussten, ist der Ausweis einer Eröffnungsbilanz neu. Vom Mitarbeiterstab wird empfohlen, eine Eröffnungsbilanz anzuregen, aber nicht verbindlich vorzuschreiben,[1177] um die Verständlichkeit des Abschlusses zu erhöhen. Insbesondere rückwirkende Anpassungen z.B. nach IAS 8 oder IAS 29 führen dazu,

---

[1172] Dies wurde auf der Sitzung im Januar 2006 nochmals betont, vgl. *IASB* (2006b), S. 2.

[1173] *IASB/FASB* (2005a), S. 2, weisen darauf hin, dass zu einem lückenlosen (*complete*) Abschluss auch der Anhang zählt, wohingegen ein vollständiger (*full*) Abschluss keinen Anhang beinhaltet.

[1174] Vgl. hierzu und im Folgenden ED IAS 1.31. .BC6-.BC9, *IASB* (2005a), S. 3f. Nach ED IAS 1.BC5 wird die Änderung der Bilanz vom bisherigen *balance sheet* in *statement of financial position* damit begründet, dass Konsistenz zum Rahmenkonzept geschaffen wird. Dann verwundert allerdings, dass das *income statement* nicht konsequenterweise in *statement of financial performance* oder *statement of changes in financial position* umbenannt wurde.

[1175] Auf der Sitzung des *IASB* im Oktober 2005 einigte man sich auf den Begriff *statement of recognised income and expense* statt *statement of earnings and comprehensive income*, vgl. *IASB* (2005g), S. 3. Der Begriff ist nicht neu, da er bereits im *Draft Statement of Principles* 2001 verwendet wurde. Die Bezeichnungen für die übrigen Instrumente wurden nicht geändert. Im Folgenden wird auf die englische Bezeichnung rekurriert, da bereits das derzeitige *income statement* mit Gewinn- und Verlustrechnung belegt ist.

[1176] *IASB/FASB* (2005g), S. 2 Fn. 2, setzen den vom *FASB* verwendeten Begriff *net income* dem vom *IASB* benutzten Begriff *profit or loss* gleich. Dem Vorgehen soll aus Vereinfachungsgründen gefolgt werden.

[1177] Vgl. *IASB/FASB* (2005d), Rn. 9, *IASB* (2006a), Rn. 4-9, *IASB* (2006b), S. 2. *IASB* (2005g), S. 3, nennt bei der Bezeichnung der *statements* nur noch vier Instrumente, die Bilanz erscheint als *statement of financial position*.

dass Eröffnungs- und Schlussbilanz nicht übereinstimmen.[1178] Allerdings stiftet eine Eröffnungsbilanz keinen zusätzlichen Nutzen, wenn sie der Schlussbilanz der Vorperiode gleicht.[1179]

Die verschiedenen Bestandteile des Abschlusses stehen gleichberechtigt nebeneinander.[1180] Das *statement of recognised income and expense* soll alle Änderungen der Vermögens- und Finanzlage eines Unternehmens darlegen, die nicht auf Transaktionen mit den Eignern zurückgehen. Als Ergebnis resultiert das *comprehensive income.*[1181] Es kommen drei Darstellungsmethoden in Betracht:[1182]

(i) *pure single statement approach*: Alle Posten, die derzeit direkt im Eigenkapital verbucht werden (*other comprehensive income*), fließen auch in ein *statement of recognised income and expense* ein, so dass das Statement alle Eigenkapitalveränderungen enthält, die nicht auf Transaktionen mit Eignern zurückgehen. Das *net income* wird nicht länger separat ausgewiesen.[1183]

(ii) *modified single statement approach*: Hier ist ebenfalls ein Statement für alle Eigenkapitalveränderungen außer den Transaktionen mit Eignern vorgesehen. Im Unterschied zum *pure single statement approach* wird jedoch weiterhin das *net income* als Zwischenergebnis ausgewiesen.[1184]

(iii) *two statement approach*: Der *two statement approach* sieht ein Statement vor, das das *net income* als Residualgröße ausweist. Ein zweites Statement zeigt die Komponenten des *other comprehensive income.*[1185]

Alternative (ii) wird derzeit vom *IASB* favorisiert und vom Mitarbeiterstab empfohlen.[1186] Die Abgrenzung von *net income* und *other comprehensive income* in den *observer notes* ist zirkulär, da das *net income* die Erfolgskomponenten enthält, die nicht zum *other comprehensive income* gehören und umgekehrt.[1187] Aus Gründen der Vergleichbarkeit sollen für alle Instrumente des Abschlusses die Zahlen für das aktuelle

---

[1178] Vgl. zu den Vor- und Nachteilen ausführlich *IASB/FASB* (2005d), Rn. 7.

[1179] Vgl. auch *IASB/FASB* (2005d), Rn. 10.

[1180] Vgl. ED IAS 1.32, .BC10, auch die Empfehlungen des Mitarbeiterstabs in *IASB/FASB* (2005d), Rn. 12-23.

[1181] Nach *IASB* (2005g), S. 3, soll das Ergebnis statt mit *comprehensive income* mit *recognised income and expense* bezeichnet werden. Nach dem *pre-ballot draft* sollen die Begriffe nicht verpflichtend anzuwenden sein, vgl. dazu und zu Begriffen, die das gleiche meinen, *IASB* (2005c), Rn. 6, 7, 12, sowie ED IAS 1.31. Da das *IASB* mit den Begriffen *comprehensive income* und *net income* arbeitet, sollen sie ebenfalls verwendet werden.

[1182] Vgl. *IASB/FASB* (2005d), Rn. 27-49. Diese drei Möglichkeiten der Darstellung finden sich bereits in SFAS 130.22-.25 und Appendix B. Den Darstellungsmethoden liegen ein *all inclusive*-Konzept (*single statement approach*) und ein *current operating profit*-Konzept (*two statement approach*) zugrunde. Vgl. zu den Konzepten *Hendriksen/van Breda* (1992), S. 325-328.

[1183] Vgl. *IASB/FASB* (2005d), Rn. 30-34.

[1184] Vgl. *IASB/FASB* (2005d), Rn. 35-39.

[1185] Vgl. *IASB/FASB* (2005d), Rn. 40-49.

[1186] Vgl. *IASB* (2005a), S. 3, *IASB/FASB* (2005d), Rn. 50, 51. ED IAS 1.33, .81-.105, sieht ein Wahlrecht zwischen Alternative (ii) und (iii) vor.

[1187] Vgl. *IASB* (2005c), Rn. 6, 20.

Geschäftsjahr und das Vorjahr angegeben werden.[1188] Das *IASB* wird keine Hilfestellung für die Veröffentlichung weiterer Informationen gewähren. Allerdings dürfen die Unternehmen zusätzlich freiwillige Angaben machen.[1189] Ein zu entwickelnder Standard soll IAS 1 ersetzen, während das *FASB* einen neuen SFAS avisiert.

Für Segment A und Segment B soll ein Standard entwickelt wird, der für alle Unternehmen gilt. Zunächst soll dazu ein Modell für die Disaggregation von Informationen entworfen werden, welches Finanzinstitutionen nicht berücksichtigt.[1190] Für diese soll in einem zweiten Schritt die Anwendung des Modells geprüft werden. Daher sollen Mitglieder von Finanzinstitutionen eine Untergruppe der *JIG* bilden.

4.2.3.2. Kategorisierung der Erfolgsquellen innerhalb eines *statement of recognised income and expense*

Damit Informationen über Transaktionen und Ereignisse nützlich sind, müssen sie vereinfacht und aggregiert werden.[1191] Dazu werden Erträge und Aufwendungen, die aus ähnlichen Transaktionen und Ereignissen resultieren, in homogene Gruppen eingeteilt und im Abschluss als eigene Posten getrennt von anderen Gruppen mit abweichenden Merkmalen ausgewiesen. Für die Darstellung von Erträgen und Aufwendungen werden derzeit folgende Alternativen zur Kategorisierung betrachtet:[1192]

(i) gewöhnlich/außergewöhnlich (*non-exceptional/exceptional*): Erträge und Aufwendungen aus Geschäftsvorfällen[1193], die mit einem ungewöhnlich hohen Betrag einhergehen oder unregelmäßig auftreten, werden als außergewöhnlich eingestuft. Die Einteilung hängt von der Periode und vom Unternehmen ab und liegt im Ermessen des Managements. Ziel ist eine Trennung zwischen nachhaltigen und nicht nachhaltigen Gewinnkomponenten.

(ii) wiederkehrend/nicht wiederkehrend (*recurring/non-recurring*): Die Einteilung erfolgt nach regelmäßig wiederkehrenden im Unterschied zu einmaligen und unregelmäßigen Erträgen und Aufwendungen. Ziel ist wieder der Ausweis eines nachhaltigen Gewinns. Die Einordnung liegt jedoch – im Gegensatz zu (i) – nicht im Ermessen des Managements und wird nicht periodisch neu vorgenommen, sondern stetig beibehalten.

(iii) realisiert/unrealisiert (*realized/unrealized*): Ein Gewinn ist dann realisiert, wenn sich der Sachverhalt in einem Stadium befindet, in der eine Umwand-

---

[1188] Vgl. ED IAS 1.38-.44. Zudem wird Konvergenz mit nationalen Regelungen verfolgt, vgl. *IASB/FASB* (2005e), Rn. 28.

[1189] Vgl. *IASB/FASB* (2005a), S. 2.

[1190] So die Empfehlung des Mitarbeiterstabs, vgl. *IASB/FASB* (2005c), Rn. 5, 6.

[1191] Vgl. hierzu und im Folgenden *IASB/FASB* (2005g), S. Rn. 8-13.

[1192] Vgl. mit Beispiel *IASB/FASB* (2005g), Rn. 39-47, zu weiteren Gliederungsmöglichkeiten *Johnson/ Lennard* (1998), S. 28, *Reinhart* (1998), S. 308f. Laut einer Umfrage des *FASB* in 2001 und 2002 unter 56 Praktikern besteht ein großer Wunsch nach vermehrter Offenlegung von Informationen mit Prognoseeignung und von Kennzahlen. Wenig Interesse besteht am *comprehensive income*, das *net income* ist oft nur Ausgangspunkt für Analysen. Vgl. *FASB* (2002).

[1193] Geschäftsvorfälle umfassen Transaktionen und Ereignisse.

lung in Zahlungsmittel oder Zahlungsmitteläquivalente leicht möglich oder bereits erfolgt ist. Die Einteilung erfolgt daher in zahlungsmittelbasierte Gewinne und Gewinne aus Wertänderungen.[1194]

(iv) betrieblich/nicht betrieblich (*operating/non-operating*): In eine Kategorie „betrieblich" sollen alle werterhöhenden Aktivitäten eingeordnet werden, von denen sich das Unternehmen künftige Gewinne erwartet. Während die Einteilung erheblich von der Sicht des Managers geprägt ist, wird eine Definition vom *IASB* vorgegeben, die von den Unternehmen anzuwenden ist. Auch hier ist das Ziel der Ausweis eines nachhaltigen Gewinns.

(v) Periodenabgrenzungen/Marktwerte/geschätzte Werte (*cash accruals/market value/estimated value*): Periodenabgrenzungen resultieren aus einer periodengerechten Gewinnermittlung. Erträge und Aufwendungen aus Änderungen von Marktpreisen werden der Kategorie Marktwerte zugeordnet. In die Kategorie „geschätzte Werte" fallen Gewinnkomponenten aus der Wertänderung von Vermögenswerten und Schulden, die durch Änderungen von Schätzungen, z.B. von Zahlungsströmen und Zinssätzen, eingetreten sind.

Die derzeit im Eigenkapital erfassten Erträge und Aufwendungen sind je nach gewählter Variante den Kategorien zuzuordnen.[1195] Zusätzlich wird diskutiert, ob eine eigene Finanzierungskategorie (*financing*) gefordert werden sollte, und wenn ja, wie diese zu definieren ist. Sie könnte folgende Posten enthalten:[1196]

(i) Zinsaufwendungen oder Transaktionen, die sich auf den Zeitwert des Geldes beziehen;

(ii) den Verbindlichkeiten zuzuordnende Kosten wie z.B. für die Ausgabe, Restrukturierung und Tilgung;

(iii) Änderungen in erwarteten Zinssätzen oder revidierte Erwartungen über künftige Zinsaufwendungen;

(iv) Änderungen in geschätzten Zahlungsströmen bei Finanzinstrumenten, die als Verbindlichkeiten gehalten werden.

Innerhalb einer Finanzierungskategorie können Kosten, die durch den Zeitwert des Geldes entstehen, (i) Fremdkapitalgebern, (ii) Arbeitnehmern, (iii) Lieferanten, (iv) anderen Parteien oder (v) einer Kombination von (i) bis (iv) zugeordnet werden. Überlegt wird, ob die Finanzierungskategorie nach dem Konzept *gross debt* oder *net debt* dargestellt werden soll.[1197] Das Konzept *gross debt* geht von der Annahme aus,

---

[1194] Der Aussage von *IASB* und *FASB*, wonach das Konzept realisiert/unrealisiert kein *financial performance concept* ist, weil Informationen über die Realisation von Zahlungsströmen der Kapitalflussrechnung entnommen werden können (vgl. *IASB/FASB* (2005g), Rn. 45), ist nicht zuzustimmen, da die Kapitalflussrechnung keine Periodisierung von Zahlungsströmen vorsieht. Zudem müsste der Zusammenhang zwischen Erträgen und Aufwendungen und zugehörigen Ein- und Auszahlungen verdeutlicht werden.

[1195] Vgl. mit einer Übersicht über die Einteilung *IASB/FASB* (2005g), Rn. 48-52.

[1196] Vgl. *IASB/FASB* (2005g), Rn. 17, *FASB* (2005c), S. 1-22.

[1197] Vgl. hierzu und im Folgenden *IASB/FASB* (2005g), Rn. 19-21.

dass Schulden (*debt*) nur aus Verbindlichkeiten (*liabilities*) bestehen. Das Konzept *net debt* hingegen definiert Bargeld (*cash*) und kurzfristige Investitionen eines Unternehmens als „negative Schulden", da sie zur Begleichung ausstehender Verbindlichkeiten herangezogen werden können. Erträge aus finanziellen Vermögenswerten werden daher der Finanzierungskategorie zugeordnet.[1198] Darüber hinaus ist zu klären, ob die Finanzierungskategorie eine über- oder untergeordnete Kategorie ist und welche anderen Kategorien definiert werden sollen.[1199]

In der Diskussion im Juni 2005[1200] zeigte sich, dass eine Kategorisierung von Erträgen und Aufwendungen nützlich, aber schwer zu definieren ist.[1201] Zudem stellen sowohl *net income* als auch *comprehensive income* wichtige und nützliche Maße dar, allerdings wird die Definition des *net income* kontrovers gesehen.[1202] Geteilt sind die Ansichten, ob *net income* und *comprehensive income* Maße der Leistungsmessung (*performance*) sind und ob Ziel der Unternehmensberichterstattung, insb. der Gewinndarstellung, die Beurteilung der Leistungsfähigkeit des Unternehmens und des Managements ist.[1203]

Ein Statement für alle Erträge und Aufwendungen mit dem Ausweis des *net income* als Zwischenergebnis wird als konsensfähiger Kompromiss erachtet. Damit würde v.a. den von Bilanzerstellern geäußerten Bedenken Rechnung getragen, die dem *net income* eine herausragende Bedeutung beimessen.[1204] Die Bilanzersteller würden das *comprehensive income* gleichberechtigt, aber in einem anderen Statement ausweisen. Nutzer der Abschlüsse sehen jedoch keinen überzeugenden Grund, einen Seitenumbruch nach dem *net income* und vor dem *comprehensive income* zu verlangen.

Eine gesonderte Finanzierungskategorie wird derzeit überwiegend für sinnvoll erachtet.[1205] Für die Nutzer eines Abschlusses sei eine Finanzierungskategorie nützlich, da sie die Analyse des Abschlusses erleichtert.[1206] Bei den übrigen Kategorien herrscht Uneinigkeit. Derzeit findet sich auch Unterstützung für eine Matrixform des *statement of recognised income and expense*. Viele befürworten zudem einen *management approach* für die Kategorisierung der Posten, wonach dem Management erlaubt wäre, die

---

[1198] Vgl. zu den möglichen Formaten im Überblick *IASB/FASB* (2005g), Rn. 23, im Einzelnen Rn. 24-32.

[1199] Vgl. *IASB/FASB* (2005g), Rn. 33-36, *FASB* (2005d), S. 2.

[1200] Die Mitglieder der *JIG* waren aufgefordert, beim Treffen im Juni 2005 Präsentationen zur Bedeutung des *net income* zu halten, vgl. *IASB/FASB* (2005f).

[1201] Vgl. *IASB/FASB* (2005h), S. 4.

[1202] So wird einmal auf die Realisierung von Erträgen und Aufwendungen (z.B. *Yamada* (2005), Folie 11, 12) und einmal auf Erträge und Aufwendungen unter der Kontrolle des Managements (z.B. *Cheetham* (2005), Folie 8) als Kriterium für das *net income* abgestellt.

[1203] *Schuster* (2005), Folie 2-4, betrachtet beide Maße als relevante Indikatoren für die Ertragslage, *Kerkhoff* (2005a), Folie 3, bezweifelt die Relevanz von Komponenten des *other comprehensive income*, ebenso *Yaekura* (2005), Folie 5, 6.

[1204] Vgl. *IASB/FASB* (2005h), S. 5.

[1205] Vgl. *IASB/FASB* (2005h), S. 6.

[1206] Vgl. *AICPA* (1994), S. 82.

Informationen ihrer Ansicht nach einzuordnen. Dazu müssten die Annahmen vollständig offen gelegt und eine konsistente Anwendung gefordert werden.[1207]

4.3. Würdigung

4.3.1. Würdigungskriterien

Die Würdigung erfolgt (i) anhand der qualitativen Kriterien des Rahmenkonzepts, die sich aus dem Zweck des IFRS-Abschlusses ableiten, und (ii) anhand der möglichen weiteren Zwecksetzungen eines IFRS-Abschlusses wie Rechenschaft, Ausschüttungsbemessung und Anreizsetzung, die mit dem Abschluss verfolgt werden können.[1208] Die Entwicklung eines neuen Standards sollte sich an übergeordneten Kriterien orientieren, um ein konsistentes Rechnungslegungssystem zu schaffen. Diese Kriterien sind aus dem Zweck des Abschlusses zu generieren.[1209] Der Zweck eines IFRS-Abschlusses liegt in der Entscheidungsnützlichkeit. Zur Erfüllung dieses Zwecks werden im Rahmenkonzept qualitative Anforderungen an einen Abschluss formuliert. Es liefert damit einen Bezugsrahmen für die Ableitung von Kriterien. Da das Rahmenkonzept u.a. dem Standardsetter Hilfestellung bei der Entwicklung neuer Standards leisten soll (F.1(a)), muss das Projekt *performance reporting* im Lichte der dort formulierten Kriterien betrachtet werden, die Abbildung 4.2 zusammenfasst.

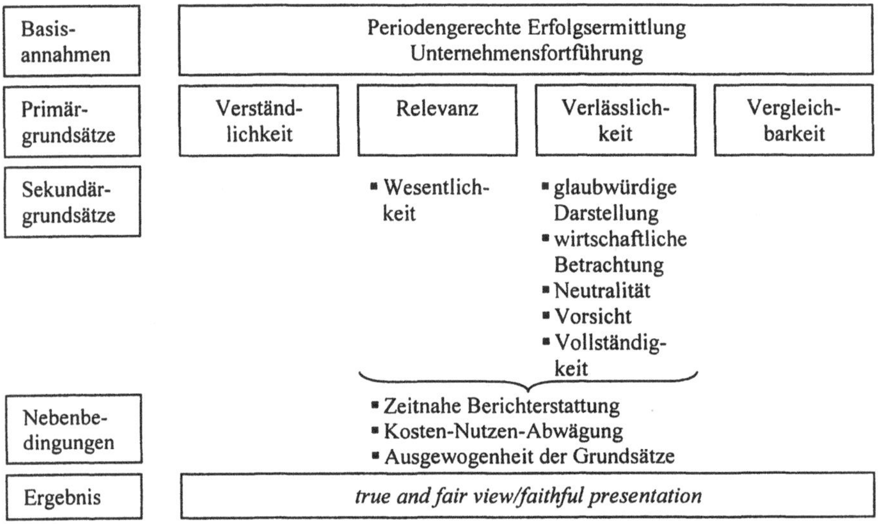

Abbildung 4.2: Qualitative Merkmale eines IFRS-Abschlusses[1210]

[1207] Vgl. *IASB/FASB* (2005h), S. 6.
[1208] Zur Begründung der Zwecke vgl. Kapitel 1 und Abschnitt 2.1.2.
[1209] Vgl. *Ballwieser* (1996b), S. 503f.
[1210] Vgl. ähnlich *Hayn* (1994), S. 720.

Eine periodengerechte Erfolgsermittlung erfordert die Erfassung von Erträgen und Aufwendungen unabhängig vom Eintreffen der zugehörigen Ein- und Auszahlungen (F.22). Da aus der Forderung nach einer periodengerechten Gewinnermittlung keine konkreten Regeln ableitbar sind und die Frage der Gewinndarstellung zu diskutieren ist, wird dieses Kriterium aus der Diskussion ausgeblendet. Das Prinzip der Unternehmensfortführung unterstellt die Fortführung des Unternehmens, nicht dessen Liquidation (F.23). Davon soll im Folgenden ausgegangen werden, da eine Bilanz zum Zweck der Liquidation eine andere Bilanzierung, Bewertung und Darstellung von Vermögenswerten und Schulden sowie Erträgen und Aufwendungen erfordert.[1211]

Eine Information ist verständlich, wenn sie problemlos von Adressaten aufgenommen werden kann (F.25).[1212] Das bedeutet formal, dass die Informationen übersichtlich, transparent, nachvollziehbar und strukturiert dargestellt werden und damit schnell auffindbar sind. Materiell äußert sich Verständlichkeit in der Eindeutigkeit von Darstellungen und Formulierungen.[1213] Daneben ist die Nachprüfbarkeit einer Information wichtig, die jedoch unter Verlässlichkeit subsumiert wird.

Entscheidungsrelevant ist eine Information laut Rahmenkonzept dann, wenn sie den Investor bei der Entscheidungsfindung unterstützt, indem sie eine Beurteilung vergangener, gegenwärtiger und künftiger Ereignisse ermöglicht und vergangene Entscheidungen revidiert (F.26). Dazu müssen die Informationen prognosegeeignet sein (F.28). Beeinflusst wird die Entscheidungsrelevanz durch die Art und die Wesentlichkeit der Information (F.29).[1214] Eine Information ist dann wesentlich, wenn sich ihr Weglassen oder ihre fehlerhafte Darstellung auf die Entscheidungen des Nutzers auswirkt (F.30). Die Wesentlichkeit hängt dabei von der Größe des Postens oder des Fehlers in der jeweiligen Situation ab.[1215]

Die Entscheidungsnützlichkeit einer Information setzt deren Verlässlichkeit voraus (F.31.-.34), grenzt sie jedoch gleichzeitig ein.[1216] Damit eine Information verlässlich ist, muss der zugrunde liegende Sachverhalt glaubwürdig dargestellt werden (F.33, .34).[1217] Für eine glaubwürdige Darstellung der Informationen ist der wirtschaftliche

---

[1211] Vgl. z.B. *Mujkanovic* (2002), S. 60f.

[1212] Vgl. *Ballwieser* (2001a), S. 160. *Snavely* (1967), S. 229f., betont, dass Verständlichkeit darauf abstellt, dass der Nutzer die Information verstehen kann. Demzufolge ist auf das vom Nutzer verwendete Konzept abzustellen.

[1213] Vgl. *Moxter* (2003), S. 231f.

[1214] *Snavely* (1967), S. 230, spricht auch von *significance*. Vgl. zu Entscheidungsrelevanz und Wesentlichkeit in der Informationsökonomie *Ro* (1982), S. 403, 407, *Ballwieser* (2002b), S. 118, *Ballwieser* (2004d), S. 60.

[1215] Das *IASB* legt jedoch keine quantitative Wesentlichkeitsgröße (außer in IAS 14.35 und .37 und – neuerdings – in IAS 39.16) fest, vgl. *Adler/Düring/Schmaltz* (2005), Abschnitt 1, Rz. 64.

[1216] Vgl. *Snavely* (1967), S. 229, *Kuhner* (2001), S. 530-537.

[1217] Dazu zählt z.B. auch, dass den in der Bilanz erfassten Vermögenswerten und Schulden reale Geschäftsvorfälle zugrunde liegen und die Ansatzkriterien erfüllt sind, vgl. *Adler/Düring/Schmaltz* (2005), Abschnitt 1, Rz. 73.

Gehalt und nicht (allein) die rechtliche Gestaltung ausschlaggebend (F.35).[1218] Verlässlichkeit einer Information bedingt deren Neutralität, d.h., die Information muss frei von verzerrenden Einflüssen sein (F.36).[1219] Nicht neutral ist ein Abschluss dann, wenn durch die Auswahl oder Darstellung der Informationen Entscheidungen des Adressaten beeinflusst werden, um ein bestimmtes Ziel zu erreichen. Der Grundsatz der Vorsicht ist von untergeordneter Bedeutung.[1220] Ein Abschluss kann nur verlässlich sein, wenn er vollständig ist (F.38). Es ist aber von relativer Vollständigkeit auszugehen, da Vollständigkeit durch Wesentlichkeit und Kosten beschnitten wird.[1221]

Relevanz und Verlässlichkeit von Informationen werden durch die Zeitnähe, eine Abwägung von Nutzen und Kosten sowie eine Abwägung der qualitativen Anforderungen an den Abschluss begrenzt. Eine Information kann ihre Relevanz verlieren, wenn sie nicht rechtzeitig zur Verfügung steht (F.43). Eine zeitnahe Bereitstellung von Information kann jedoch deren Verlässlichkeit unterminieren. Es ist daher zwischen Relevanz und Verlässlichkeit einer Information im Rahmen der Zeitnähe abzuwägen. Die Abwägung von Nutzen und Kosten einer Information umfasst die Forderung, dass eine Information veröffentlicht werden soll, wenn der Nutzen der Information die Kosten übersteigt (F.44). Da diese Abwägung ermessensabhängig ist und Kostenträger und Nutznießer oft auseinander fallen, ist eine Kosten-Nutzen-Analyse schwierig. Zwischen den verschiedenen qualitativen Anforderungen an den Abschluss können Zielkonflikte auftreten. Anzustreben ist eine Ausgewogenheit der Kriterien (F.45). Weil dies unscharf und einzelfallabhängig ist, vernachlässigt die folgende Diskussion das Kriterium.

Vergleichbarkeit bezieht sich auf zwischenbetriebliche und intertemporale Vergleichbarkeit (F.39). Daher müssen die Informationen ähnlicher Transaktionen und Ereignisse sowohl innerhalb eines Unternehmens als auch im Zeitablauf sowie für verschiedene Unternehmen stetig gegeben werden. Die Bereitstellung vergleichbarer Informationen fördert auch deren Verständlichkeit.[1222]

[1218] Die Erfassung von Erträgen und Aufwendungen wird durch die Einzelregelungen normiert. Insofern bleibt dem Bilanzierenden kaum Entscheidungsfreiheit, da er mit Berufung auf den Grundsatz der Wirtschaftlichkeit nicht abweichend bilanzieren darf. Vgl. ähnlich *Kuhlewind* (1997), S. 106. *Wollmert/Achleitner* (1997), S. 214, führen aus, dass sich die wirtschaftliche Betrachtungsweise auf Form und Inhalt des Abschlusses auswirkt, dass aber „nicht die Form der Darstellung, sondern die Informationsgewährung als solche entscheidend ist." Für die formale Darstellung ist der Grundsatz ein „abstraktes Normierungsziel", das zu einer „gewissen Gestaltungs- und Strukturierungsanforderung" führt. Daher wird der Grundsatz der Wirtschaftlichkeit im Folgenden vernachlässigt.

[1219] Vgl. auch *Ijiri* (1975), S. 37, *Kuhlewind* (1997), S. 88f.

[1220] Vgl. Abschnitt 4.1.4. Da das Vorsichtsprinzip an der Bewertung und nicht am Ausweis ansetzt, wird es im Folgenden von der Betrachtung ausgeblendet.

[1221] Vgl. *Moxter* (1976), S. 92f., *Ballwieser* (2002c), Rz. 538. *Adler/Düring/Schmaltz* (2005), Abschnitt 1, Rz. 80, betonen, dass sich der Grundsatz der Vollständigkeit „auf alle Formen der Informationsvermittlung im Unternehmensabschluß" bezieht und daher umfassend auszulegen ist.

[1222] Vgl. *Snavely* (1967), S. 230.

Das Rahmenkonzept selbst befasst sich nicht (direkt) mit der Darstellung eines den tatsächlichen Verhältnissen entsprechenden Bildes der Vermögens-, Finanz- und Ertragslage (*true and fair view/fair presentation*). Die Anwendung der qualitativen Anforderungen und der einzelnen Standards führt jedoch laut F.46 zu einem Abschluss, der dem Grundsatz der *fair presentation* gerecht wird.

Mit einem IFRS-Abschluss können weitere Zwecke verfolgt werden, die sich durch die Übernahme der IFRS in deutsches Recht begründen lassen.[1223] Um das *IASB*-Projekt würdigen zu können, sind daher zusätzlich die konzeptionellen, modelltheoretischen und empirischen Ergebnisse aus Kapitel 3 aufzugreifen. Es gilt zu prüfen, inwieweit die derzeitigen Vorschläge zur Gewinndarstellung den Zwecken Rechenschaft und Entscheidungsnützlichkeit, Ausschüttungsbemessung und Anreizsetzung gerecht werden. Da die Gewinndarstellung nicht losgelöst von einem zugrunde gelegten Gewinnkonzept erfolgen kann, ist dieses in die Diskussion einzubeziehen.

4.3.2. Qualitative Anforderungen

4.3.2.1. Verständlichkeit

Verständlichkeit von Informationen bedingt deren übersichtliche und nachvollziehbare Darstellung. Eine Erfassung sämtlicher Erträge und Aufwendungen in einem Statement, wie sie der *pure single statement approach* und der *modified single statement approach* vorsehen, birgt den Vorteil, dass alle Informationen, die sich auf die Ertragslage des Unternehmens beziehen, in einer Quelle enthalten sind.[1224] Die für die Ertragslage relevanten Informationen werden dadurch gleichbedeutend im Abschluss dargestellt.[1225] Einer Fokussierung auf in der Gewinn- und Verlustrechnung ausgewiesene Erträge und Aufwendungen (im Unterschied zu in der Eigenkapitalveränderungsrechnung berücksichtigten Gewinne) wird vorgebeugt.[1226] Die (willkürliche) Trennung in zwei Statements wird aufgegeben.[1227] Darüber hinaus werden in der Eigenkapitalveränderungsrechnung Sachverhalte nicht mehr gemischt,[1228] während bislang erfolgsneutrale Gewinne und Transaktionen mit den Eignern aufgeführt werden. Durch Verlagerung der Erfolgskomponenten in ein Statement kann sich die Eigenkapitalverände-

---

[1223] Vgl. Kapitel 1.

[1224] Vgl. *IASB/FASB* (2005d), Rn. 33g. Zudem besteht dann Konsistenz zum Rahmenkonzept, vgl. ED IAS 1.BC13. Im Rahmenkonzept wird *net income* nicht definiert.

[1225] Vgl. *IASB/FASB* (2005d), Rn. 33c.

[1226] Vgl. *Johnson/Lennard* (1998), Rn. 3.8, *Gerbaulet* (1999), S. 212.

[1227] Sofern die Standards, die die Erfassung der Erträge und Aufwendungen regeln, nicht ebenfalls angepasst werden, ist weiterhin zwischen bislang erfolgsneutral und erfolgswirksam erfassten Erträgen und Aufwendungen in dem Statement zu differenzieren. Ein neuer Standard hat dann festzulegen, wie diese darzustellen sind.

[1228] Vgl. *Johnson/Lennard* (1998), Rn. 3.9, *Gerbaulet* (1999), S. 210. Allerdings wird derzeit überlegt, einen Posten *accumulated other comprehensive income* im Eigenkapital aufzunehmen, so dass erneut Sachverhalte vermischt werden. Es handelt sich um Posten, die derzeit bereits im Eigenkapital verbucht werden und später in die Gewinnrücklagen umgebucht werden sollen. Insofern wird das Konzept eines *single statement approach* unterlaufen. Als Alternative wird auch eine spätere Erfassung im *net income* in Erwägung gezogen. Vgl. *IASB* (2005c), Rn. 24, 25. Der Bruch mit den derzeit geltenden Regelungen wäre dann minimal.

rungsrechnung ausschließlich auf Transaktionen mit den Eignern konzentrieren.[1229] Zudem wird Gewinnsteuerung eher sichtbar, während Gewinnglättung und Ergebnismanipulationen – nach Meinung von *IASB* und *FASB* – zurückgedrängt werden können.[1230] Durch den Ausweis aller Erträge und Aufwendungen in einem Statement können Suchkosten gesenkt werden, weil nicht mehr in verschiedenen Statements Erfolgskomponenten zu finden sind.[1231]

Der *two statement approach* hingegen ist vorteilhaft, da als Ergebnis das *net income* resultiert.[1232] Das *net income* wird zwar ebenfalls in einem *modified single statement approach* als Zwischenergebnis ausgewiesen, die Trennung beider Komponenten ist aber nicht so klar und das *net income* in einem einzigen Statement möglicherweise schwerer zu finden.[1233] Dem Adressaten sind – bei klarer Trennung der zwei Statements nach bestimmten Kriterien – die für ihn relevanten Informationen leichter und schneller ersichtlich, weil Informationen detaillierter und übersichtlicher dargestellt werden können.[1234] Zudem können Suchkosten beim Adressaten gesenkt werden.

Die Zusammenfassung aller Erfolgskomponenten in einem Statement birgt die Gefahr einer Erhöhung der Komplexität. Wird ein *single statement approach* verfolgt, leidet möglicherweise durch Bündelung der Erfolgskomponenten die Übersichtlichkeit, während beim *two statement approach* die Komplexität durch die Beibehaltung des bisherigen (vertrauten) Formats vergleichsweise gering ist. Eine Spaltung der Erfolgskomponenten nach bestimmten Kriterien erfordert ein Umgewöhnen sowohl auf Ersteller- als auch auf Nutzerseite. Anfangs kann es zu Verwirrung durch die formale Neugliederung kommen, da die – größtenteils im bisherigen Abschluss bereits vorhandenen, aber anders angeordneten – Zahlen in einem Statement enthalten sind und der Bilanzleser erst erkennen muss, welche Zahl an welcher Stelle zu finden ist. Dies sollte aber ein kurzfristiger Effekt sein, der einmalige Lernkosten verursacht und durch erhöhte Übersichtlichkeit kompensiert wird.

Insgesamt ist aus Gründen der Übersichtlichkeit und damit zur Förderung der Verständlichkeit ein Statement für den Ausweis von Aufwendungen und Erträgen vorteilhaft.[1235] Der *two statement appro*ach kann möglicherweise als Zwischenlösung dienen.[1236] Es ist jedoch zu bedenken, dass der sofortige Übergang auf einen *single state-*

[1229] Vgl. auch *Hollmann* (2003), S. 272.
[1230] Vgl. *IASB/FASB* (2005d), Rn. 33j.
[1231] Vgl. *Ballwieser/Hettich* (2004), S. 84.
[1232] Vgl. zur Bedeutung des *net income* die in Abschnitt 3.1.5. diskutierten Studien.
[1233] Vgl. *Moyer/Mautz* (1966), S. 405. Die Position *net income* findet sich nicht mehr – wie es Bilanzleser gewohnt sind – am Ende des Statements, vgl. *Holzer/Ernst* (1999), S. 365.
[1234] Vgl. *Johnson/Lennard* (1998), Rn. 3.12
[1235] Das *IASB* präferiert derzeit den *single statement approach*, überlegt jedoch, dem Bilanzersteller beide Möglichkeiten zur Wahl zu stellen, wenn das *FASB* diesem Vorschlag zustimmt, vgl. *IASB* (2005g), S. 3. ED IAS 1.33 sieht ein Wahlrecht vor, obgleich das *IASB* einen *single statement approach* bevorzugt, vgl. ED IAS 1.BC13. Bereits zum Entwurf von 1999 gab es viele Befürworter für ein Statement, vgl. *Hollmann* (2003), S. 271, m.w.N.
[1236] So wird es z.B. von *IASB/FASB* (2005d), Rn. 40, und *Gerbaulet* (1999), S. 212, vorgeschlagen.

ment approach, sofern er langfristiges Ziel ist, sinnvoll ist, weil die zeitliche Stetigkeit dann nur einmal durchbrochen wird.

Für die Verständlichkeit ist eine Festlegung der auszuweisenden Posten und Zwischenergebnisse zu unterstützen. Die Verständlichkeit des *statement of recognised income and expense* steigt mit der Klarheit der Abgrenzung der einzelnen Kategorien. Dazu müssen die Kriterien für die Erfolgsspaltung vom *IASB* präzise vorgegeben werden.[1237] Dies erleichtert z.B. eine Analyse der Leistungsfähigkeit des Unternehmens und der Ursachen für Ergebnisvolatilitäten bei Trennung in realisierte und unrealisierte Erfolgskomponenten. Zudem werden die Freiräume des Managements beim Ausweis eingeschränkt.[1238] Einteilungen in gewöhnlich/außergewöhnlich, wiederkehrend/nicht wiederkehrend, realisiert/unrealisiert und betrieblich/nicht betrieblich sind relativ leicht nachvollziehbar und verständlich, da sie bisher in gleicher oder ähnlicher Form verwendet oder diskutiert wurden.[1239] Neu ist in der Diskussion der Standardsetter die Kategorie Periodenabgrenzungen/Marktwerte/geschätzte Werte, deren Einteilung plausibel scheint.[1240] Allerdings sind die Kriterien möglicherweise nicht überschneidungsfrei, da Marktwerte auch geschätzte Werte sein können, wenn sie durch Vergleich mit ähnlichen Vermögenswerten und Schulden am Markt gewonnen werden. Während die Kriterien für eine Kategorisierung bislang nur sehr grob beschrieben werden, müssen sie für einen späteren Standard präzisiert werden.

Das *comprehensive income*[1241] soll als neue Ergebnisgröße in einem *statement of recognised income and expense* ausgewiesen werden, während das *net income* weiterhin als Zwischensumme veröffentlicht wird. Für die neue Ergebnisgröße *comprehensive income* muss Verständnis geschaffen werden. Zwar wird diese bislang als *total income and expense* in der Eigenkapitalveränderungsrechnung ausgewiesen (IAS 1.96(c)). Sie spielt jedoch in den derzeitigen Abschlüssen eine im Vergleich zum *net income* geringe Rolle.[1242] Da ein klares Gewinnkonzept bei den IFRS fehlt, ist sowohl für das *net income* als auch für das *comprehensive income* der materielle Informationsgehalt unklar.[1243]

[1237] Gleichzeitig sollten die Kriterien möglichst klar, kurz und übersichtlich gehalten werden, um den Standard nicht durch ein Überfrachten mit Regeln unverständlich zu machen, vgl. ähnlich *Nobes* (2005), S. 32.

[1238] Vgl. auch *Hollmann* (2003), S. 274.

[1239] Eine Trennung in gewöhnlich/außergewöhnlich war vor Änderung des IAS 1 und IAS 8 zwingend geboten, realisierte versus unrealisierte Erfolge spiegeln sich z.B. in IAS 16 wieder, wo unrealisierte Erfolge im Eigenkapital verbucht werden.

[1240] Vgl. aber z.B. bereits *Paton/Littleton* (1967), S. 118, die eine Trennung in zuverlässige und geschätzte Werte vorschlagen.

[1241] Dieses wird in den IFRS voraussichtlich als *recognised income and expense* bezeichnet werden, vgl. die Empfehlung des Mitarbeiterstabs in *IASB* (2005c), Rn. 3, ED IAS 1.82.

[1242] Vgl. Abschnitt 3.1.5. Das *comprehensive income* wird von Analysten wenig genutzt, vgl. *FASB* (2002), S. 3.

[1243] Vgl. *Ballwieser/Hettich* (2004), S. 85, auch *Beaver* (1991), S. 129.

4.3.2.2. Relevanz

Durch die Erfassung aller Erträge und Aufwendungen in einem Statement wird das Kongruenzprinzip nicht verletzt.[1244] Alle Eigenkapitalveränderungen, die nicht auf Transaktionen mit Eigentümern zurückgehen, schlagen sich im Gewinn nieder. Für Adressaten birgt dies den Vorteil, z.B. Residualgewinnmodelle zur Unterstützung ihrer Entscheidung heranziehen zu können. Dann ist jedoch zu klären, wie künftig mit dem *recycling* von unrealisierten Erträgen und Aufwendungen zu verfahren ist. Die Mitglieder der *JIG* erachten das *recycling* überwiegend als geboten.[1245] Wird eine Zuteilung der Erträge und Aufwendungen in realisiert und unrealisiert angestrebt, so gelten unrealisierte Erträge und Aufwendungen spätestens beim Abgang des Vermögenswertes oder der Schuld als realisiert. Dadurch wird eine Umbuchung notwendig,[1246] die sich nicht auf die Gewinnziffer auswirkt, jedoch Verwirrung stiften kann, weil Gewinne zweimal erfasst werden.[1247] Zudem bestünde die Gefahr, dass das Statement aufgebläht und die Übersichtlichkeit torpediert wird. Darüber hinaus ergeben sich durch die Umbuchung Verstöße gegen das (derzeitige) Rahmenkonzept, da der Abgang des Vermögenswertes erfolgsneutral ist, wenn der in vergangenen Perioden neubewertete Buchwert dem Erlös entspricht.[1248]

Die Beurteilung vergangener, gegenwärtiger und künftiger Ereignisse zur Unterstützung der Entscheidungsfindung hängt von der Erfolgsspaltung ab. Die Einschätzung der Leistung eines Unternehmens in der vergangenen Periode kann z.B. durch realisierte Gewinne erfolgen und Hinweise auf mögliche künftige Gewinne in Form von unrealisierten Gewinnen geben.[1249] Dadurch kann dem Bilanzleser der Risikogehalt der Gewinne – in Grenzen – vermittelt werden.[1250] Realisierte Gewinne bergen weniger Risiko, da Lieferung und Leistung bereits erfolgt sind und somit allenfalls der Zahlungseingang aussteht. Einen hohen Grad an Risiko weisen unrealisierte Gewinne aus, weil sie auf Wertänderungen zurückgehen, die (noch) nicht durch z.B. Verkauf umgesetzt wurden.[1251] Aussagen über den Risikogehalt der Erträge und Aufwendungen lässt

---

[1244] Verstöße gegen das Kongruenzprinzip können jedoch weiterhin vorliegen, wenn sich z.B. *fair value*-Änderungen nie in Ein- oder Auszahlungen niederschlagen. Ein Beispiel sind Währungsumrechnungsdifferenzen, vgl. *Ordelheide* (1998), S. 522f.

[1245] Vgl. *Eriksson* (2005), *Kelly* (2005), *Kerkhoff* (2005a), *Schuster* (2005), *Yamada* (2005). Anders fielen die Reaktionen zu dem Positionspapier von 1999 aus, wo *recycling* zum Großteil abgelehnt wurde, vgl. *Hollmann* (2003), S. 287, m.w.N.

[1246] Vgl. auch *Whittington* (2005), S. 147. ED IAS 1.90-.96 sieht eine Umbuchung und eine Bezeichnung dieser Posten mit *reclassification adjustments* vor. Der Ausweis kann im Statement oder im Anhang erfolgen. Zur Begründung vgl. ED IAS 1.BC21-.BC23.

[1247] Vgl. auch *Gerbaulet* (1999), S. 177, 222. Wird auf eine Umbuchung verzichtet, ist für den Bilanzleser nicht ersichtlich, wann die Wertänderung realisiert wird, vgl. *Van Cauwenberge/De Beelde* (2005), S. 9.

[1248] Vgl. *Gerbaulet* (1999), S. 222, *Caliz* (2003), S. 248.

[1249] Vgl. *Whittington* (2005), S. 148. Dabei hängt die Prognoseeignung der unrealisierten Erträge und Aufwendungen von deren Zusammenhang zu den zugehörigen Zahlungsströmen ab, der über das Prinzip der periodengerechten Erfolgsermittlung hergestellt wird, vgl. *Zülch* (2005), S. 43.

[1250] Den separaten Ausweis von *fair value*-Änderungen fordern auch *Baetge/Lienau* (2005a), S. 83.

[1251] Vgl. auch *Glover* et al. (2005), S. 280f.

auch eine Aufteilung in Periodenabgrenzungen, Marktpreise und geschätzte Werte zu.[1252] Geschätzte Werte sind aufgrund der Änderungen der Annahmen einem hohen Risiko unterworfen, während Periodenabgrenzungen ein geringes Risiko aufweisen. Für Adressaten ist die Trennung sinnvoll, soweit klare Definitionen – anders als heute – eine klare Abgrenzung herbeiführen.[1253] Durch den Einblick in die mit den verschiedenen Erträgen und Aufwendungen verbundenen Risiken kann der Nutzer Rückschlüsse für seine Entscheidungsfindung ziehen und ggf. seine eigenen Schätzungen und Prognosen revidieren.[1254]

Eine Zusammenfassung möglichst homogener Erträge und Aufwendungen in einem (unsaldierten)[1255] Posten, wobei die Posten zueinander sehr heterogen sind, ist für die Vermittlung entscheidungsrelevanter Informationen förderlich.[1256] Eine Disaggregation der Erfolgskomponenten in gewöhnlich/außergewöhnlich, wiederkehrend/nicht wiederkehrend und betrieblich/nicht betrieblich liefert solche Informationen,[1257] da ein nachhaltiger Gewinn ausgewiesen wird, der einer Prognose zugrunde gelegt werden kann.[1258] Die Konzentration auf nachhaltige Gewinne erleichtert die Extrapolation des Gewinns.[1259] Mit dem Ausweis einer nachhaltigen Gewinnziffer ist jedoch vorsichtig umzugehen, weil sie sich auf *vergangene* nachhaltige Gewinne bezieht,[1260] deren künftiges Auftreten unsicher ist.[1261] Die Prognoseeignung der Gewinnziffer hängt ebenso vom zugrunde liegenden Gewinnkonzept ab,[1262] welches im Projekt von der Diskussion um die Gewinndarstellung ausgeblendet ist.[1263] Eine unternehmensindividuelle Gliederung der Erträge und Aufwendungen ist im Rahmen der Entscheidungsnützlichkeit in Erwägung zu ziehen, da dem Manager dadurch die Kommunikation privater

---

[1252] Vgl. auch *Glover* et al. (2005), S. 271-280, die ebenfalls eine Trennung der Erträge und Aufwendungen nach dem Ausmaß des Risikogehalts vorschlagen und dabei Regeln für die Unterscheidung entwickeln.

[1253] Dies ist bislang nicht der Fall, vgl. Abschnitt 4.1.2. und 4.1.4.

[1254] Vgl. auch *IASB/FASB* (2005g), Rn. 47, *Glover* et al. (2005), S. 280.

[1255] Vgl. zur Notwendigkeit eines Bruttoausweises *Laßmann* (1961), S. 657-660.

[1256] Vgl. bereits *Moyer/Mautz* (1966), S. 401f., modelltheoretisch zur Aggregation von Rechnungslegungsdaten unter Berücksichtigung des Spannungsverhältnisses Relevanz und Zuverlässigkeit *Dye/Sridhar* (2004).

[1257] *Moxter* (2003), S. 235-243, definiert, was unter „außerordentlich" subsumiert werden kann und umschreibt die Kategorie „ordentlich" negativ als Residuum weiterer Erträge und Aufwendungen. *Halstenberg* (1989), S. 45-17, betont die Einteilung in regelmäßige und unregelmäßige Gewinnkomponenten neben einer Einteilung nach der Betriebsbezogenheit.

[1258] Vgl. *IASB/FASB* (2005g), Rn. 43, 44, 46. Zu einem möglichen Vorgehen bei der Ermittlung prognosefähiger Ergebnisse vgl. auch *Arbeitskreis DVFA/Schmalenbach-Gesellschaft* (2003).

[1259] *Moxter* (2005a), S. 221, bemängelt, dass „die resultierende Gewinngröße immer noch mit dem Manko der Einwertigkeit behaftet (wäre)". Seiner Meinung nach muss eine nachhaltige Gewinnerwartung als Bandbreite dargestellt werden, deren Struktur bzgl. Wahrscheinlichkeiten und Determinanten erläutert wird.

[1260] Vgl. *Streim* (2000), S. 126f., *Zülch* (2005), S. 303.

[1261] Zudem können z.B. erst im nächsten Jahr in Kraft tretende Preiserhöhungen nicht im Gewinn berücksichtigt werden, vgl. *Moxter* (2005b), S. 1013.

[1262] Vgl. *Ballwieser/Hettich* (2004), S. 83.

[1263] Im Projekt *revenue recognition*, das sich mit der Ertragsrealisierung befasst, ist eine Hinwendung zur Statik, nicht aber die Festlegung auf ein Gewinnkonzept erkennbar, vgl. *FASB* (2006b).

Information ermöglicht wird.[1264] Allerdings ist eine Abgrenzung in nachhaltige und nicht nachhaltige Gewinne ebenso ermessensbehaftet und nach Einschätzung des Managers vorzunehmen, so dass durch die Trennung bereits private Information in das Statement einfließt.

Eine separate Finanzierungskategorie ist förderlich für die Beurteilung der Finanzierungsaufwendungen und -erträge des vergangenen Geschäftsjahres und unterstützt die Analyse der Finanzlage des Unternehmens.[1265] Zudem erlaubt eine weitere Untergliederung in z.B. wiederkehrend/nicht wiederkehrend künftige Be- und Entlastungen im Finanzierungsbereich zu beurteilen. Die Bildung von Finanzkennzahlen zur Abschlussanalyse wird erleichtert.[1266] Die Vorgabe einheitlicher Definitionen und die verpflichtende Offenlegung von Finanzkennzahlen sind zu empfehlen.

Gewinnsteuerung[1267] durch gezielten Kauf, Verkauf oder gezieltes Halten wird eher unterbunden, wenn sowohl realisierte als auch unrealisierte Erträge und Aufwendungen in einem Statement ausgewiesen werden.[1268] Dem Nutzer des Abschlusses werden durch einen hohen Grad an Disaggregation umfangreiche Einblicke in die Ertragslage des Unternehmens gewährt. Die Bildung von Kennzahlen wird sowohl für Außenstehende als auch für das Unternehmen selbst erleichtert.[1269] Damit wird eine Harmonisierung von internem und externem Rechnungswesen ermöglicht.[1270]

Der Grundsatz der Wesentlichkeit ist sowohl im Rahmenkonzept verankert als auch in den Standards zu finden (F.29, .30, IAS 1.29-.31). Die bisherige Regelung zur Gewinndarstellung sieht vor, wesentliche Posten separat auszuweisen. Welche Erträge und Aufwendungen wann in den Abschluss gelangen, bestimmen die Einzelregelungen. Insofern ergibt sich keine Änderung für die Gewinndarstellung zu den derzeit geltenden Regeln. Allerdings darf bislang ein unwesentlicher Posten der Gewinn- und Verlustrechnung mit einem anderen Posten zusammengefasst werden, obwohl ein einzelner Standard einen separaten Ausweis fordert (IAS 1.31). Das *IASB* plant, keine Hilfestellung zum Ausweis zusätzlicher Angaben zu leisten.[1271] Konsistent mit aktuellen Regelungen wäre die Forderung nach getrennter Offenlegung wesentlicher Posten. Hierbei ist zu klären, (i) ob eine Wesentlichkeitsgrenze vorgegeben werden sollte,

---

[1264] Vgl. *IASB/FASB* (2005g), Rn. 8-13.

[1265] Vgl. *Hachmeister* (2005), S. 380.

[1266] Vgl. *FASB* (2002), S. 3. Z.B. stellt *net debt* eine relevante Größe auch für die interne Steuerung dar, vgl. *Kerkhoff* (2005b), Folie 12, *Kerkhoff/Diehm* (2006), S. 225.

[1267] Hierbei handelt es sich um reale Gewinnsteuerung durch Sachverhaltsgestaltung. Vgl. zu einer Unterscheidung verschiedener Arten von Gewinnsteuerung z.B. *Dechow/Skinner* (2000), S. 238-241, *Wagenhofer/Ewert* (2003), S. 200-203.

[1268] Dies wird auch vom zugrunde gelegten Gewinnkonzept beeinflusst, vgl. Abschnitt 3.1.2.1.

[1269] Vgl. zu Kennzahlen für die wertorientierte Steuerung *Schaffer* (2005), S. 12-31. Vgl. zu einer kritischen Würdigung eines früheren Stands des Projektes für die wertorientierte Steuerung *Pellens/Basche/Crasselt* (2004), S. 608-612.

[1270] Vgl. auch *Pellens/Basche/Crasselt* (2004), S. 608f., *Kerkhoff* (2005b), Folie 6, 9, zur Eignung der IFRS für die Unternehmenssteuerung ausführlich *Klein* (1999), *Wussow* (2004).

[1271] Vgl. *IASB* (2005b), S. 3.

(ii) ob, und wenn ja, wie sich der Ausweis wesentlicher Posten mit einem vorgegebenen Gliederungsschema vereinbaren lässt und (iii) auf welcher Stufe der Aggregation das Prinzip der Wesentlichkeit ansetzen sollte.

Die Vorgabe einer Wesentlichkeitsgrenze (Problem (i)) krankt an der theoretischen Ableitbarkeit und Quantifizierbarkeit dieser Grenze,[1272] da sie die Kenntnisse der Nutzenfunktionen und Entscheidungsfelder der Adressaten bedingt.[1273] Nur durch den Rückgriff auf Konventionen und Werturteile kann der Standardsetter versuchen, einen Ausgleich schutzwürdiger Interessen zu schaffen.[1274] IAS 1.29-.31 sieht eine Aggregation ähnlicher Erträge und Aufwendungen zu einem Posten und einen separaten Ausweis dieser Posten bei Wesentlichkeit vor. Ist ein Posten für sich nicht wesentlich, darf er mit anderen Posten zusammengefasst oder im Anhang ausgewiesen werden. Der Grundsatz der Wesentlichkeit wurde im Rahmen des Projektes bislang nicht betrachtet. Eine Übernahme ist aber zu erwarten, da das Prinzip der Wesentlichkeit in vielen Standards verankert ist.[1275] Auf die Vorgabe einer Wesentlichkeitsgrenze hingegen wird vermutlich verzichtet, da – außer in IAS 14.35, .37 zur Segmentberichterstattung und IAS 39.16 zur Ausbuchung von finanziellen Vermögenswerten – keine Quantifizierung von Wesentlichkeitsgrenzen zu finden ist.[1276]

Die Vorgabe eines Gliederungsschemas kann mit dem Grundsatz der Wesentlichkeit in Einklang gebracht werden (Problem (ii)). Dies zeigt sich in der bisherigen Regelung, wonach ein – wenn auch sehr grobes – Schema verpflichtend anzuwenden ist (IAS 1.81) und gleichzeitig unwesentliche Posten nicht ausgewiesen werden müssen (IAS 1.29).[1277] Wird eine striktere Anzahl von Posten als bisher und gleichzeitig die Beachtung des Wesentlichkeitsgrundsatzes vorgeschrieben, ist vom Standardsetter festzulegen, in welchem Verhältnis beide Aspekte zueinander stehen. Möglich wäre die Vernachlässigung unwesentlicher Posten oder eine Zusammenfassung mit einem anderen Posten bei gleichzeitiger Forderung nach einer Begründung für das Weglassen oder Zusammenfassen im Anhang. Die Anhangsangabe könnte die Quantifizierung oder Disaggregation des betreffenden Postens umschließen.

In ein *statement of recognised income and expense* fließen nur solche Erträge und Aufwendungen ein, die die Wesentlichkeitsgrenze bei den Einzelregelungen überschreiten (Problem (iii)). Das Prinzip der Wesentlichkeit kann daher nur auf den Stufen der Aggregation von Erträgen und Aufwendungen ansetzen. Dabei stehen Feinheit und Wesentlichkeit von Informationen in einem Spannungsverhältnis. Eine tiefgehen-

---

1272 Vgl. *Ro* (1982), S. 404f., 407f.

1273 Vgl. *Ballwieser* (1985b), S. 62-64, m.w.N. Unterschiedliche Adressaten haben zudem unterschiedliche Nutzenfunktionen.

1274 Vgl. auch *Jung* (1997), S. 187.

1275 ED IAS 1.24-.26 enthält lediglich sprachliche Änderungen im Vergleich zum bisherigen Grundsatz der Wesentlichkeit in IAS 1.29-.31.

1276 Vgl. *Hacker* (2002), S. 200. Die Schwellenwerte in IAS 14 stehen nicht stellvertretend für die Auslegung von Wesentlichkeitsgrenzen anderer IFRS, vgl. *Wagenhofer* (2005a), S. 475.

1277 Diese Regelungen werden in ED IAS 1.82, .83, .26, nahezu unverändert übernommen.

de Gliederung der Erträge und Aufwendungen in über- und untergeordnete Kategorien erlaubt dem Nutzer einen guten Einblick in die Ertragslage. Er erhält feine Informationen zur Beurteilung der Leistungsfähigkeit des Unternehmens.[1278] Zu umfangreiche Angaben hingegen schränken die Verständlichkeit und Nachvollziehbarkeit ein, so dass die Beachtung des Wesentlichkeitsprinzips geboten ist. Wird dem Manager die Anordnung der Erträge und Aufwendungen überlassen, wobei zumindest bestimmte Zwischenergebnisse zwingend auszuweisen sind, so kann der Manager selbst die Feinheit der Abgrenzung von Erträgen und Aufwendungen bestimmen.[1279] Dies torpediert die Vergleichbarkeit und Verständlichkeit der Informationen. Zudem drohen eine zu starke Aggregation und damit der Ausweis einer zu geringen Zahl an Posten. Die Vorgabe vom Standardsetter zur Offenlegung bestimmter Posten schränkt dies ein und verhindert eine zu grobe Aggregation.

4.3.2.3. Verlässlichkeit

Verlässlichkeit erfordert die Nachprüfbarkeit und Willkürfreiheit von Informationen. Die Erfassung von Erträgen und Aufwendungen des Geschäftsjahres in einem Statement verzichtet auf die – bislang – willkürliche Trennung in erfolgswirksame und erfolgsneutrale Gewinne.[1280] Damit wird dem Prinzip der Willkürfreiheit besser gerecht. Sofern alternativ ein *two statement approach* erlaubt wird, sind klare und nachvollziehbare Kriterien für die Erfassung der Erträge und Aufwendungen im jeweiligen Statement zu formulieren.

Nachprüfbarkeit äußert sich in einer nachvollziehbaren Anwendung und Darstellung von Erfassungs- und Messmethoden zur Vermeidung subjektiver Verzerrungen und kann zukunfts- und vergangenheitsorientiert interpretiert werden.[1281] Eine zukunftsorientierte Nachprüfbarkeit zielt auf Prognosen, die sich auf die Plausibilität der getroffenen Annahmen und darauf aufbauender Schätzungen beschränken muss. Vergangenheitsorientierte Nachprüfbarkeit stellt auf Objektivierung durch Dokumentation ab.[1282] Für die Nachprüfbarkeit und glaubwürdige Darstellung von Sachverhalten sind verbindliche Vorgaben zur Erfassung, Messung und Darstellung der Informationen vom Standardsetter festzusetzen.

Die Erfassung von Erträgen und Aufwendungen wird in den Einzelregelungen festgelegt, deren Nachprüfbarkeit an dieser Stelle nicht diskutiert werden soll, da der Fokus

---

[1278] Von Bilanzanalysten wird eine stärkere Disaggregation der Gewinnkomponenten begrüßt, vgl. *FASB* (2002), S. 4.

[1279] Vgl. auch die Diskussion des Managementansatzes im Rahmen der Segmentberichterstattung bei *Hacker* (2002), S. 203f.

[1280] Vgl. zu einem Überblick über die derzeitige Einteilung in erfolgswirksam und erfolgsneutral zu erfassende Erträge und Aufwendungen *Hachmeister* (2005), S. 374f., Abschnitt 4.1.2.

[1281] Vgl. hierzu und im Folgenden *Kuhlewind* (1997), S. 87f.

[1282] Der Abschluss hat einen primär vergangenheitsorientierten Charakter, weil über Transaktionen und Ereignisse der vergangenen Berichtsperiode berichtet werden soll: „Abschlüsse befassen sich mit der Vermögens- und Finanzlage eines Unternehmens zum Ende der Berichtsperiode und nicht mit der möglichen künftigen Situation." (IAS 37.18). Vgl. *Moxter* (2005b), S. 1010.

auf der Gewinndarstellung liegt.[1283] Die Nachprüfbarkeit des Erfolgsausweises verlangt, dass die Zuordnung von Erträgen und Aufwendungen zu einer bestimmten Kategorie von Dritten nachvollziehbar ist. Dazu müssen die Vorgaben eindeutig, möglichst einfach und verständlich sind.[1284] Innerhalb eines Statements sind explizite und detaillierte Definitionen der Kategorien für die Nachprüfbarkeit förderlich. Dies erleichtert auch dem Abschlussprüfer die Prüfung, weil Soll-Objekte klar vorgegeben sind und konstruiert werden können.

Unterteilt man Erträge und Aufwendungen in realisiert und unrealisiert, so sind zumindest realisierte Gewinne regelmäßig von einem Abschlussprüfer anhand der vorhandenen Dokumentation überprüfbar. Die Gewinne sind durch Markttransaktionen bestätigt und belegt.[1285] Sie stellen daher relativ verlässliche Größen dar. Sofern Gewinne auf Wertänderungen beruhen, sind sie dann verlässlich, wenn Marktpreise beobachtbar sind. Liegen geschätzte Werte vor, kann vom Abschlussprüfer lediglich die Plausibilität der zugrunde liegenden Annahmen für die Wertermittlung geprüft werden.[1286] Eine Unterteilung in Periodenabgrenzungen, Marktpreise und geschätzte Werte verdeutlicht den Grad der Verlässlichkeit der Informationen.

Gewährt man dem Manager die Möglichkeit, Erträge und Aufwendungen unternehmensindividuell einzuteilen, kann er auf umfangreiche unternehmensinterne Aufzeichnungen zurückgreifen. Werden diese dem Prüfer bei der Prüfung zur Verfügung gestellt, ist das Kriterium der Nachprüfbarkeit erfüllt.[1287] Allerdings wird üblicherweise einem Dritten keine Einsicht in die Unterlagen gewährt, so dass dieser der Berichterstattung des Managements und dem Prüfer vertrauen muss. Zwingend sollte in diesem Fall die Einteilung im Anhang erläutert werden.

Auch bei den übrigen, derzeit diskutierten Kriterien hängt die Nachprüfbarkeit entscheidend von der Dokumentation der Zusammensetzung der einzelnen Positionen ab. Je genauer die Einteilung vorgegeben wird, umso weniger Spielraum hat der Manager, so dass die Informationen verlässlicher sind. Bei faktischen oder expliziten Wahlrechten sollten die zugrunde liegenden Prämissen und Kriterien für die Einordnung verpflichtend zu erläutern sein.[1288] Inwiefern explizite Wahlrechte bei der Gewinndarstellung vom Standardsetter in einem Standard verankert werden, ist bislang offen. Der-

---

[1283] Vgl. z.B. zur Verlässlichkeit bei immateriellen Vermögenswerten *Bentele* (2004), S. 153-154, bei der Segmentberichterstattung *Hacker* (2002), S. 194f., 209f., 215-218, bei der *fair value*-Bilanzierung versicherungstechnischer Verpflichtungen *Rockel* (2004), S. 162-164, 172f., 187f.

[1284] Vgl. auch *Ballwieser/Hettich* (2004), S. 83.

[1285] Vgl. *Ijiri* (1970), S. 13.

[1286] Vgl. dazu bereits Abschnitt 3.1.2.1.

[1287] Vgl. ausführlich zur Prüfung des Management-Ansatzes *Benecke* (2000), S. 240-248.

[1288] Vgl. zu Wahlrechten bei IFRS im Vergleich zum HGB ausführlich *Moxter* (2004), zu Ermessensspielräumen beim Werthaltigkeitstest *Pottgießer/Velte/Weber* (2005).

zeit zeichnet sich ein Wahlrecht zur Anwendung eines *single* und eines *two statement approach* ab.[1289]

Faktische Wahlrechte können bei Anwendung der (noch vorzugebenden) Kriterien auftreten. Objektivierbare Kriterien schränken Ermessensspielräume ein. Dazu zählen z.B. die Kriterien realisiert/unrealisiert und wiederkehrend/nicht wiederkehrend.[1290] Eine unternehmensindividuelle Einteilung hingegen eröffnet große Spielräume, da die Gliederung vollständig vom Management festgelegt wird.[1291] Lediglich die Forderung nach Stetigkeit beschneidet im Zeitablauf die Ermessensspielräume, wenn eine Änderung der Gliederung nur in Ausnahmefällen erlaubt wird.[1292] Weniger offensichtlich sind die Gestaltungsspielräume bei den Kriterien betrieblich/nicht betrieblich und gewöhnlich/außergewöhnlich.[1293] Dabei hängt es von der Einschätzung des Managers ab, ob ein Ertrag oder Aufwand z.B. als außergewöhnlich oder als betrieblich erwirtschaftet gilt. Hier leisten überschneidungsfreie und möglichst eindeutige Kriterien Hilfestellung; es muss jedoch zwangsläufig zu einem gewissen Grad auf die Einschätzung des Managers zurückgegriffen werden.

Informationen sollten dann in den Abschluss gelangen, wenn sie zuverlässig messbar sind. Dies bedingt einen bestimmten Sicherheitsgrad, der aber bei der Erfassung von Erträgen und Aufwendungen ansetzt und damit in den Einzelregelungen zu verankern ist. Die formale Darstellung kann allenfalls durch geeignete Zuordnung der Erträge und Aufwendungen verlässliche von weniger verlässlichen Informationen trennen. Dies lässt sich z.B. durch eine Aufteilung in realisiert/unrealisiert oder Periodenabgrenzungen/Marktpreise/geschätzte Werte erreichen. Dabei resultiert ein realisierter Gewinn gleichermaßen aus Risikoabwägungen.[1294] Sofern eine andere Einteilung gewählt wird (z.B. wiederkehrend/nicht wiederkehrend, betrieblich/nicht betrieblich, gewöhnlich/außergewöhnlich) sollten zusätzlich Informationen über mit Unsicherheiten behafteten Posten offen gelegt werden.[1295]

Sachverhalte werden dann glaubwürdig dargestellt, wenn die angewendeten Erfassungsmethoden und Maßstäbe den zugrunde liegenden ökonomischen Sachverhalten entsprechen und ausreichend operationalisierbar sind. Voraussetzung ist die Eindeutigkeit und Vollständigkeit, damit für einen Sachverhalt nur eine Art der Behandlung

---

[1289] Eine Abstimmung erfolgte im November (vgl. *IASB* (2005e)), wobei sich das *IASB* für den *single statement approach* ausspricht, im *exposure draft* jedoch ein Wahlrecht gewähren möchte, *IASB* (2005h), S. 2, auch ED IAS 1.81, zur Begründung ED IAS 1.BC12-.BC16.

[1290] Vgl. *IASB/FASB* (2005g), Rn. 44, 45, auch *Moxter* (2000), S. 2147.

[1291] Vgl. auch *Barker* (2004), S. 163.

[1292] ED IAS 1.45, .46, übernimmt die Ausweisstetigkeit sowie deren Ausnahmen aus IAS 1.

[1293] Bereits *Laßmann* (1961), S. 665, weist auf Abgrenzungsschwierigkeiten der Kategorien ordentlich/außerordentlich hin, betont aber, diese nicht zu überschätzen. Seiner Meinung nach lassen sich die überwiegende Zahl der Aufwendungen und Erträge eindeutig einer der Kategorien zuordnen.

[1294] Vgl. *Ordelheide* (1988a), S. 282-283, *Ordelheide* (1988b), S. 280-281, *Ballwieser* (2005c), Tz. 33.

[1295] Dies gilt z.B. für *fair value*-Bewertungen, bei denen ein Marktpreis nicht beobachtbar ist, sondern durch Schätzung ermittelt werden muss. Vgl. auch *Ballwieser/Hettich* (2004), S. 84.

resultiert.[1296] Dazu müssen für die formale Darstellung des Gewinns die Abgrenzungskriterien den zugrunde liegenden ökonomischen Gegebenheiten gerecht werden. Detaillierte und überschneidungsfreie Ausweiskategorien gewährleisten eine glaubwürdige Darstellung, weil nur dann der Art oder der Funktion nach gleiche Erträge und Aufwendungen gleich behandelt.

Neutralität der Gewinndarstellung bedingt, dass die Darstellung der Erträge und Aufwendungen frei von verzerrenden Einflüssen ist (F.36) und damit kein bestimmtes Ziel durch Beeinflussung der Entscheidung des Adressaten erreicht wird. Eine neutrale und ausgewogene Darstellung hängt von den implizit oder explizit gewährten Spielräumen ab. Nach derzeitigem Stand der Diskussion zeichnet sich eine striktere Regelung als bisher ab. Dadurch werden Ermessensspielräume eingeschränkt.

Der *single statement approach* unterbindet eine willkürliche Trennung von erfolgswirksam und erfolgsneutral erfassten Erträgen und Aufwendungen. Dem Prinzip der Neutralität wird dadurch besser entsprochen, da dem Manager die Möglichkeit genommen wird, durch Ausnutzung von Wahlrechten den Sachverhalt in einem bestimmten Statement unterzubringen.[1297] Auch kann ein klares Konzept bei einem *two statement approach* die Neutralität der Informationen wahren.

Die Erfolgsspaltung innerhalb eines Statements ist für die Neutralität der Information förderlich, wenn die Abgrenzung der Kategorien genau umrissen ist. Dem Manager werden dadurch Gestaltungsmöglichkeiten genommen. Allerdings werden ihm implizit Spielräume eröffnet, wenn die Einteilung in die Kategorien ermessensbehaftet ist. Weist das *net income* als Zwischenergebnis z.B. den Gewinn der gewöhnlichen Geschäftstätigkeit aus, erfährt dieser für die Entscheidungsfindung beim Adressaten eine höhere Bedeutung als das *comprehensive income*, da für die Prognose künftiger Gewinne auf die Nachhaltigkeit von Gewinnen rekurriert wird. Dabei können vom Manager Informationen nach dem *net income* als Teil des *comprehensive income* ausgewiesen werden, die möglicherweise für dessen Entscheidungsfindung relevant sind, aber übersehen werden, da er sich auf das *net income* konzentriert. Gelingt dem Manager durch die Zuordnung der Erträge und Aufwendungen in bestimmte Kategorien eine Beeinflussung der Entscheidung, ist die Neutralität verletzt. Ein unternehmensindividueller Ansatz eröffnet – freilich – die größten Spielräume. Diese können vom Manager im Dienste der Informationsfunktion oder aber opportunistisch genutzt werden, was die Neutralität gefährdet.[1298]

Die Verlässlichkeit eines Abschlusses hängt von seiner Vollständigkeit ab (F.38). Für das Prinzip der Vollständigkeit ist die Erfassung aller Erträge und Aufwendungen in einem Statement als positiv zu werten, da alle Informationen über die Ertragslage eines Unternehmens vollständig ausgewiesen werden.[1299] Sämtliche Eigenkapitalverän-

---

[1296] Vgl. *Ballwieser* (2001a), S. 160.
[1297] Vgl. ähnlich *Holzer/Ernst* (1999), S. 369.
[1298] Vgl. ähnlich *Dye/Sridhar* (2004), S. 53.
[1299] Vgl. *Johnson/Lennard* (1998), Rn. 3.14, *Holzer/Ernst* (1999), S. 369f.

derungen, die nicht auf Transaktionen mit Eignern zurückzuführen sind, werden gebündelt in einem Statement dargestellt. Eine Verteilung von Erfolgen aus Transaktionen mit Dritten oder aus Wertänderungen auf zwei Statements unterbleibt.

Die Kriterien für die Erfassung von Erträgen und Aufwendungen sind in den Einzelregelungen verankert. Daher ergibt sich in Bezug auf die Vollständigkeit der Erfassung von Erträgen und Aufwendungen keine Änderung. Bisherige Zuordnungen zu Bilanz, Gewinn- und Verlustrechnung und Anhang bleiben erhalten, so dass die Vollständigkeit wie in bisherigem Maße erfüllt wird.[1300] Lediglich bei der Zuordnung von Erträgen und Aufwendungen ins Eigenkapital können sich Änderungen durch die Zusammenfassung in einem Statement ergeben.

Eine zeitnahe Berichterstattung ist für die Relevanz von Informationen von großer Bedeutung, schränkt aber gleichzeitig deren Verlässlichkeit ein. Das *statement of recognised income and expense* ist Bestandteil des Abschlusses und damit (mindestens) jährlich für das abgelaufene Geschäftsjahr zum Bilanzstichtag zu erstellen (IAS 1.49). Zusätzlich kann eine Zwischenberichterstattung unterjährig erfolgen. IAS 34.1 legt dabei weder die Unternehmen, die Zwischenberichte veröffentlichen sollen, noch die Frequenz der Berichterstattung fest.[1301] Eine Änderung von IAS 34 oder Regelungen zur Zwischenberichterstattung in einem neuen Standard sind nicht Bestandteil der Diskussion.[1302] Damit ist offen, welche Angaben eines verkürzten *statement of recognised income and expense* verpflichtend auszuweisen sind. Ein aktueller Informationsstand im Rahmen einer jährlichen und unterjährigen Berichterstattung ist insofern – zumindest bislang – nicht ausreichend gewährleistet.

Eine Kosten-Nutzen-Abwägung ist schwierig durchzuführen, da weder Kosten noch Nutzen problemlos quantifiziert werden können. Kosten können zum einen nach Art der Entstehung in direkte und indirekte Kosten unterteilt werden.[1303] Direkte Kosten resultieren unmittelbar aus der Änderung des Berichtsformats, während sich Reaktionen auf die Änderung der Gewinndarstellung in indirekten Kosten niederschlagen. Zum anderen können Kosten anhand der Kostenträger unterschieden werden. Dazu zählen das Unternehmen sowie Adressaten und Interessenten eines Abschlusses.

Bei Unternehmen können direkte Kosten durch die Datenbeschaffung, Datenaufbereitung, Veröffentlichung und Prüfung auftreten.[1304] Durch eine Umstellung des Berichtsformats für die Gewinndarstellung können (einmalige) Anpassungskosten bei der Da-

---

[1300] Vgl. *Ballwieser/Hettich* (2004), S. 83.

[1301] Vgl. zu Inhalt und Form des Zwischenberichts auch *Cook* et al. (2005), S. 734-745, *Kirk* (2005), S. 538-362, *Wagenhofer* (2005a), S. 495-500.

[1302] Vgl. ED IAS 1.A16, .BC 32. In einem früheren Stadium des Projektes wurde die Zwischenberichterstattung explizit berücksichtigt, vgl. *Ballwieser/Hettich* (2004), S. 83.

[1303] Vgl. zu dieser Einteilung der Kosten *Dobler* (2004), S. 77, m.w.N, der darauf verweist, dass die Einteilung nicht überschneidungsfrei ist.

[1304] Die Datenbeschaffung dürfte nicht zu zusätzlichen Kosten führen, da die Informationen bereits größtenteils vorhanden und nur anders zu bündeln sind. Gleiches gilt für die Veröffentlichung.

tenaufbereitung entstehen, wenn IT-Systeme an die neue Gewinngliederung angepasst, Mitarbeiter geschult und neue Konzern- oder Unternehmensrichtlinien entwickelt werden müssen. Im Rahmen der Prüfung steigen die Kosten möglicherweise etwas an, da eine umfangreichere Prüfung als bisher durch die Einteilung in die einzelnen Kategorien notwendig wird. Indirekte Kosten können bei Unternehmen durch nachteilige Reaktionen der Berichtsempfänger entstehen, weil den Adressaten die Analyse der Ertragslage des Unternehmens durch eine feinere Erfolgsspaltung als bisher erleichtert wird. Nachteilige Reaktionen für das Unternehmen resultieren dann, wenn aufgrund der Analyse eine Verschlechterung der Ertragslage leichter erkennbar ist. Als Konsequenz können sich Eigenkapitalgeber zu einem Verkauf der Anteile entschließen oder höhere Renditeforderungen durchzusetzen versuchen und Fremdkapitalgeber eine vorzeitige Rückzahlung der Kredite verlangen.[1305] Allerdings zieht das Unternehmen im umgekehrten Fall einen Nutzen, indem es bei Verbesserung der Ertragslage neue Eigenkapitalgeber gewinnen und günstigere Kreditkonditionen erhalten kann. Indirekte Kosten können auch durch eine Verbesserung der Vergleichbarkeit mit anderen Unternehmen resultieren, wenn Konkurrenten aus der besseren Analysierbarkeit der Abschlüsse Vorteile ziehen.

Direkte Kosten beim Adressaten ergeben sich bei der Datenbeschaffung und Datenverarbeitung.[1306] Sie können einmalig in Form von Lernkosten, z.B. durch Schulungen, bei der Datenverarbeitung auftreten, weil sich der Adressat auf das neue Berichtsformat einstellen muss. Er kann jedoch auch erheblich von einer Änderung der Gewinndarstellung profitieren, wenn die Vergleichbarkeit und Verständlichkeit des Abschlusses steigt. Die Kosten dürften durch den Nutzen (über-)kompensiert werden. Zu den indirekten Kosten der Adressaten zählen Fehlinterpretationen. Sie können entstehen, wenn der Adressat aufgrund der geänderten Gewinndarstellung suboptimale Entscheidungen trifft. Da durch die Erfolgsspaltung die Entscheidungsfindung der Adressaten jedoch erleichtert werden soll, ist eher eine Verbesserung als eine Verschlechterung der Entscheidungsfindung zu erwarten.

Kosten und Nutzen hängen vom Unternehmen und Adressaten ab und lassen sich daher nur schwer abschätzen.[1307] Kurzfristig treten Kosten der Datenaufbereitung beim Unternehmen und der Informationsverarbeitung beim Adressaten auf. Nutzen können das Unternehmen aus einer günstigeren Beschaffung von Eigen- und Fremdkapital oder aus der Analyse der Konkurrenz und Adressaten aus der erhöhten Verständlichkeit, Vergleichbarkeit und Relevanz ziehen. Aus Kosten-Nutzen-Abwägungen ist eine Neugestaltung der Gewinndarstellung zu befürworten.

1305 Vgl. *Wagenhofer* (1990), S. 61. Zusätzliche Konsequenzen können ein Abwandern der Arbeitnehmer oder der Abbruch von Verbindungen zu Lieferanten und Abnehmern umfassen.

1306 Höhere Kosten für die Datenbeschaffung sind nicht zu erwarten, weil Abschlüsse nach wie vor als Printmedium oder in elektronischer Form vorliegen. Vgl. ähnlich *Ballwieser* (2002a), S. 301.

1307 Vgl. *Ballwieser* (1985b), S. 51.

4.3.2.4. Vergleichbarkeit

Die mangelnde Vergleichbarkeit der bisher nach IFRS aufgestellten Gewinn- und Verlustrechnungen zwischen verschiedenen Unternehmen wurde als erhebliches Defizit der derzeitigen Regeln identifiziert.[1308] Daher gilt es zu prüfen, ob und, wenn ja, inwiefern eine Änderung der Regeln die Vergleichbarkeit sowohl zwischenbetrieblich als auch intertemporal erhöht.

Die zwischenbetriebliche Vergleichbarkeit wird formal durch eine striktere Normierung der Gewinndarstellung als bisher erhöht. Ist das *statement of recognised income and expense* verpflichtend und einheitlich für alle Unternehmen (außer ggf. Finanzinstitutionen) anzuwenden, fördert dies die zwischenbetriebliche Vergleichbarkeit. Dazu ist die Vorgabe und hinreichende Abgrenzung von Posten, deren Bezeichnungen und Reihenfolge sowie Zwischensummen notwendig, damit die Zuordnung eindeutig und kontrollierbar ist. Suchkosten entfallen, wenn die Posten einheitlich benannt sind, was noch der Klärung im Projekt bedarf. Die Analyse der Ertragslage von Unternehmen wird durch die erhöhte Vergleichbarkeit erleichtert. Im Zuge einer *faithful presentation* der Ertragslage könnten andere Bezeichnungen die angefallenen Erträge und Aufwendungen möglicherweise besser beschreiben,[1309] allerdings wäre eine Vergleichbarkeit wiederum erschwert. Eine hinreichende Erläuterung, was unter welchen Posten subsumiert wurde, wäre notwendig.[1310] Eine ausführlichere Gliederung des Statements erlaubt zudem die Verwendung standardisierter Software.[1311] Dies gilt für die interne Verarbeitung und Darstellung der Information sowie für die externe Kommunikation z.B. bei einer Veröffentlichung der Zahlen mit XBRL.

Damit die Darstellungen eindeutig sind, müssen Posten überschneidungsfrei definiert sein.[1312] Einigkeit scheint darüber zu herrschen, dass eine separate Finanzierungskategorie auszuweisen sein wird,[1313] deren Abgrenzung derzeit diskutiert wird.[1314] Die Festlegung dieser Kategorie wird der Diskussion über andere Kategorien vorangestellt. Diese ist – nach derzeitigem Stand der Diskussion – von allen Unternehmen außer Finanzinstitutionen konsistent anzuwenden.[1315] Den Bilanzerstellern soll nach derzeitigem Stand des Projektes aber erlaubt sein, auch andere als die im (noch zu verabschiedenden) Standard benutzten Bezeichnungen für die Statements zu verwenden.[1316] Dies torperdiert die Eindeutigkeit des neuen Statements. Zudem werden in den IFRS die

---

[1308] Vgl. Abschnitt 4.1.4. und die dort angegebene Literatur.
[1309] Vgl. *Hollmann* (2003), S. 274-276.
[1310] Vgl. *Moxter* (2003), S. 243-246, der die Notwendigkeit der Erläuterung von Posten betont.
[1311] Vgl. *Ballwieser/Hettich* (2004), S. 85.
[1312] Zur Notwendigkeit einer festen Struktur des Statements vgl. auch *Caliz* (2003), S. 249.
[1313] Vgl. *IASB* (2005g), S. 4.
[1314] Vgl. z.B. *FASB* (2005c, 2005d, 2005e).
[1315] Vgl. *IASB* (2005g), S. 4.
[1316] Vgl. jüngst *IASB* (2005g), S. 3.

vorgeschriebenen Posten voraussichtlich anders benannt sein als bei US-GAAP,[1317] was die angestrebte Harmonisierung und Konvergenz der Rechnungslegungssysteme untergräbt. Verwirrung wird erzeugt, wenn sich hinter verschiedenen Bezeichnungen der gleiche Sachverhalt verbirgt.

Die materielle Vergleichbarkeit hängt von den Posteninhalten ab. Wenn zwar die Kategorien eindeutig definiert sind, die Einteilung aber ermessensbehaftet ist, wird die zwischenbetriebliche Vergleichbarkeit unterwandert.[1318] So fällt z.B. die Einteilung in z.B. betrieblich/nicht betrieblich oder gewöhnlich/außergewöhnlich von Unternehmen zu Unternehmen unterschiedlich aus, so dass gleiche Sachverhalte bei verschiedenen Unternehmen unterschiedlich behandelt werden. Diskutiert wird, ob das Statement unternehmensindividuell mit bestimmten, verpflichtend auszuweisenden Zwischensummen aufgestellt werden solle.[1319] Dies ist insofern vorteilhaft, als unternehmensindividuelle Besonderheiten besser berücksichtigt werden können, der Manager private Informationen kommunizieren kann und dem Grundsatz der *fair presentation* besser gerecht wird. Allerdings wird dadurch die Vergleichbarkeit der Abschlüsse unterminiert. Teilweise kann dies durch den geforderten Ausweis bestimmter Zwischenergebnisse aufgefangen werden, indem sich z.B. hinter der Größe *net income* die gleichen Erträge und Aufwendungen verbergen, deren Aufspaltung aber unternehmensindividuell erfolgt.

Als Restgröße oder *bottom line figure* resultiert das *comprehensive income*. Es ist in der derzeitigen Regelung eher von untergeordneter Bedeutung, während das *net income* als Ergebnis aus der Gewinn- und Verlustrechnung die wichtigere Größe als Indikator für die Ertragslage darstellt.[1320] Die zwischenbetriebliche Vergleichbarkeit des *net income* leidet jedoch an der Ausnutzung von Wahlrechten, die zu einer unterschiedlichen Erfassung von Erträgen und Aufwendungen in verschiedenen Statements führen kann.[1321] Das *comprehensive income* stellt demgegenüber eine bessere Aus-

---

1317 Da nach US-GAAP *comprehensive income* gem. SFAS 130 bereits verwendet wird, ist zu erwarten, dass dieses auch Teil eines neuen Standards ist. Das *IASB* hingegen sieht die Verwendung anderer Bezeichnungen vor, vgl. *IASB* (2005c), Rn. 3, *IASB* (2005g), S. 3, ED IAS 1.82, zur Begründung ED IAS 1.BC17-.BC19

1318 Im Positionspapier von 1999 stellt die Gruppe G4+1 fest, dass für die Vergleichbarkeit eine Regulierung notwendig ist, dass die Einteilung aber immer zu einem gewissen Grad subjektiv erfolgen muss, vgl. *IASC* (1999), Rn. 2.19.

1319 Vgl. *Kerkhoff* (2005b), Folie 11. Das wäre dem Mindestschema der derzeitigen Regelung vergleichbar, allerdings wären bestimmte Zwischenergebnisse anzugeben, die in dieser Form im Moment nicht verlangt werden.

1320 Empirisch ist beobachtbar, dass dem *other comprehensive income* von Laien mehr Aufmerksamkeit geschenkt wird, wenn es in einem Statement zusammen mit dem *net income* ausgewiesen wird, als wenn der Ausweis in zwei Statements erfolgt, vgl. *Maines/McDaniel* (2000), S. 181, 200. Vgl. auch *Lev/Sarath/Sougiannis* (2005), die die sofort aufwandswirksame Erfassung versus die Aktivierung von Ausgaben für Forschung und Entwicklung auch im Hinblick auf unterschiedliche Reaktionen auf die Gewinnziffer untersuchen. Aufgrund ihrer Ergebnisse kann die These nicht verworfen werden, dass Investoren auf die berichteten Gewinngrößen fixiert sind.

1321 Vgl. z.B. das Wahlrecht zur Anwendung des Anschaffungskostenmodells oder des Neubewertungsmodells nach IAS 16 und IAS 38.

gangsbasis für Unternehmensvergleiche dar, weil dort alle Erträge und Aufwendungen der vergangenen Periode einfließen. Die Ausübung von Wahlrechten bzgl. der erfolgswirksamen oder erfolgsneutralen Verrechnung von Erträgen und Aufwendungen ist dann irrelevant; ihr Ausweis erfolgt lediglich an unterschiedlichen Stellen im Statement. Die Ergebnisgröße *comprehensive income* erleichtert damit die Analyse der Ertragslage verschiedener Unternehmen. Allerdings enthält das *comprehensive income* auch volatile Größen aus der Zeitbewertung verschiedener Posten, so dass die Aussagefähigkeit untergraben wird.[1322] Inwiefern die Vergleichbarkeit der Größe *net income* künftig gegeben ist, hängt entscheidend davon ab, wie *net income* und *other comprehensive income* voneinander abgegrenzt werden.

Intertemporal ist die formale Stetigkeit durch die Neugestaltung der Gewinn- und Verlustrechnung dann erheblich gestört, wenn der *single statement approach* verfolgt wird. Die Zusammenfassung sämtlicher Erträge und Aufwendungen in einem Statement birgt einen einmaligen Bruch zur bisherigen Darstellungsweise. Dies kann durch eine umfangreiche Dokumentation gemildert werden.[1323] Beim *two statement approach* ist die formale Stetigkeit weniger gestört, da die derzeitigen Berichtsformate nahezu identisch beibehalten werden.[1324] Durchbrochen wird die Stetigkeit zusätzlich durch eine neue Anordnung der Aufwendungen und Erträge zu den verschiedenen, noch zu definierenden Kategorien. Hier ist die Vergleichbarkeit kurzfristig gestört, insb. wenn eine eigene Finanzierungskategorie und die Einteilung der Aufwendungen und Erträge strikt vorgegeben werden. Langfristig sollte sich die Vergleichbarkeit sowohl bei Verwendung eines *single statement approach* als auch bei der Kategorisierung durch konsistente Anwendung und möglicherweise geringere Spielräume[1325] erhöhen. Die Angabe der Vorjahreszahlen erleichtert ein Umgewöhnen.

Auch die materielle, intertemporale Stetigkeit dürfte kurzfristig gestört sein. Bislang ist zwar der Ausweis des *net income* als Zwischenergebnis vorgesehen, so dass die Bilanzleser diese vertraute Gewinngröße dem Statement entnehmen können. Unklar ist jedoch, wie das *net income* definiert sein wird. Wird das *net income* als Restgröße aller realisierten Erträge und Aufwendungen festgelegt, ergibt sich ein Bruch zur bisherigen Definition, da auch durch Wertänderungen verursachte Erträge und Aufwendungen in das *net income* einfließen. Die Aussagekraft des *comprehensive income* ist offen, da sämtliche Erträge und Aufwendungen sowohl aus Leistungsvorgängen als auch aus Wertänderungen durch eine *fair value*-Bilanzierung enthalten sind. Weil das *IASB* aber einen *mixed fair value*-Ansatz verfolgt, fließen nicht die Wertänderungen aller, sondern nur bestimmter Vermögenswerte und Schulden ein. Damit ist der materielle Gehalt des *comprehensive income* unklar. Inwiefern diese Größe daher im Zeitablauf vergleichbar ist, ist fraglich.

[1322] Vgl. *Ballwieser/Hettich* (2004), S. 87.

[1323] Vgl. *Ballwieser/Hettich* (2004), S. 85.

[1324] Diese Möglichkeit gewährt ED IAS 1.81.

[1325] Dies hängt von der Genauigkeit der Definitionen der einzelnen Posten ab.

4.3.3. Zwecke

4.3.3.1. Rechenschaft und Entscheidungsnützlichkeit

Neben einer Würdigung der Vorschläge des *IASB* zu einer formalen Neugestaltung der Gewinndarstellung anhand der qualitativen Anforderungen des Rahmenkonzeptes interessiert, inwieweit die Vorschläge den in Kapitel 3 diskutierten Zwecken Rechenschaft, Entscheidungsnützlichkeit, Ausschüttungsbemessung und Anreizsetzung gerecht werden können.

Der Zweck der Entscheidungsnützlichkeit – ebenso wie Rechenschaft – ist erklärtes Ziel einer Rechnungslegung nach IFRS. Insofern treten Überschneidungen zu der in Abschnitt 4.3.2. vorgenommenen Würdigung anhand der qualitativen Kriterien des Rahmenkonzepts auf, die die Vermittlung entscheidungsnützlicher Informationen sichern soll. Um Redundanzen zu vermeiden, wird dieser Abschnitt auf eine Würdigung der derzeitigen Vorschläge in Bezug auf die in Abschnitt 3.1. gewonnen Ergebnisse beschränkt, die über die Diskussion im obigen Abschnitt hinausgehen.

Konzeptionell ist – wie in Abschnitt 3.1.2. diskutiert – eine Rechnungslegung zu unternehmensspezifischen Werten aufgrund der Zukunftsorientierung vorteilhaft, krankt jedoch an mangelnder Nachprüfbarkeit und Verlässlichkeit.[1326] Dieses Konzept ist vom *IASB* auch nicht vorgesehen. Das gemischte Konzept, welches bei den IFRS derzeit zu konstatieren ist, unterminiert die Entscheidungsnützlichkeit der Gewinngröße, da deren materieller Gehalt unklar ist.[1327] Die Gewinndarstellung kann das zumindest teilweise auffangen, indem z.B. das *net income* als Residuum realisierter Erträge und Aufwendungen definiert und als Ergebnis oder Zwischenergebnis ausgewiesen wird.[1328] Der Nutzer hätte dann auch die Möglichkeit, eigene Prognosen zu prüfen, indem er seine geschätzten und die realisierten Werte vergleicht und darauf aufbauend ggf. Änderungen an seinem Entscheidungsmodell vornimmt.[1329] Insofern kann eine Kontrolle der Investitionsentscheidung und des Managers mittels Soll-Ist-Vergleiche durch den Eigner erfolgen. Unrealisierte Erträge und Aufwendungen können als Anhaltspunkte für zu erwartende Gewinne herangezogen werden.[1330]

1326 Vgl. *Barth/Landsman* (1995), S. 101, *Baetge/Zülch* (2001), S. 558f.

1327 Vgl. kritisch zur Verwendung unterschiedlicher Wertmaßstäbe *Siegel* (1998), S. 598, *Streim/Bieker/Esser* (2005), S. 87.

1328 Damit würde man auch ein klares Abgrenzungskriterium zwischen erfolgsneutral und erfolgswirksam zu erfassenden Erträgen und Aufwendungen schaffen.

1329 Dadurch wird dem sog. *feedback value* der Informationen gerecht. Dieser wird z.B. auch von *Kerkhoff* (2005a), Folie 14, und *Yaekura* (2005), Folie 7, 14, gefordert. Auch aus Sicht des *IASB* sind Informationen über die vergangene Entwicklung nützlich (F.16).

1330 Vgl. ähnlich *Hitz* (2005a), S. 274, verneinend *Streim/Bieker/Esser* (2005), S. 105.

Die modelltheoretischen Ergebnisse legen – gestützt durch die empirischen Befunde – einen getrennten Ausweis von Kerngewinnen und transitorischen Gewinnen nahe.[1331] Als nachhaltig könnten Erträge und Aufwendungen definiert werden, die bei konstanten Bedingungen künftig erwartet werden.[1332] Zu empfehlen ist daher die Einteilung in gewöhnliche, wiederkehrende und betriebliche versus außergewöhnliche, nicht wiederkehrende und nicht betriebliche Gewinne.[1333] Im oberen Teil des Statements würden Erträge und Aufwendungen ausgewiesen, die gewöhnlich, wiederkehrend und betrieblich sind. Als Zwischenergebnis resultiert ein – aus Sicht des Managers – nachhaltiger oder beständiger Gewinn. Im unteren Teil des Statements würden die übrigen Erträge und Aufwendungen aufgenommen.

Problematisch ist die Ermittlung eines realisierten Gewinns, weil sowohl realisierte als auch unrealisierte Erträge und Aufwendungen alle drei Merkmale erfüllen können. Möglich wäre eine Matrixdarstellung,[1334] die vertikal nach realisiert/unrealisiert und horizontal nach Beständigkeit/Nicht-Beständigkeit unterteilt ist.[1335] Der Investor erhält Informationen über in der Vergangenheit nachhaltige Gewinne, die auch künftig erwartet werden, so dass die Prognose erleichtert wird.[1336] Zudem kann er durch den Ausweis realisierter Gewinne vergangene Entscheidungen kontrollieren.[1337]

Pro forma-Kennzahlen werden inzwischen von vielen Unternehmen veröffentlicht.[1338] Die Definitionen der Kennzahlen erfolgen unternehmensindividuell, was auch das *IASB* bemängelt.[1339] Dem könnte vorgebeugt werden, indem weitere Zwischensummen verpflichtend vorgeschrieben und weitere Angaben untersagt werden. Damit würde jedoch u.U. dem Grundsatz der *faithful presentation* und dem *true and fair view* widersprochen. Es ist nicht davon auszugehen, dass das *IASB* eine solch strikte Normie-

---

[1331] Vgl. modelltheoretisch *Stark* (1997), *Ohlson* (1999a), *Pope/Wang* (2000), empirisch z.B. *Cheng/Cheung/Gopalakrishnan* (1993), *O'Hanlon/Pope* (1999), *Bradshaw/Sloan* (2002), *Brown/ Sivakumar* (2003). Vgl. auch die Studie von *Nichols/Wahlen* (2004), S. 275f., 284f., die die Bedeutung von Gewinnänderungen für Unternehmen mit einem hohen und einem geringen Anteil an nachhaltigen Gewinnen differenziert analysieren.

[1332] Vgl. *Black* (1993), S. 4f. *Schildbach* (2006) untersucht kritisch die Vermögens- und Erfolgskonzeption der IFRS im Hinblick auf die Nachhaltigkeit von Gewinnen.

[1333] Dazu muss die Abgrenzung hinreichend objektiviert sein, vgl. *Gaber* (2005), S. 283f. Das ist nach Ansicht *Whittingtons* (2005), S. 148, nicht möglich.

[1334] Die Matrixdarstellung war beim *IASB* bereits als mögliche Lösung diskutiert worden, vgl. *Newberry* (2003), S. 332f. Vgl. zu einem ähnlichen Ansatz wie das *IASB Barker* (2004), S. 165-170, zu einer Würdigung *Ballwieser/Hettich* (2004), S. 82-85, *Zülch* (2005), S. 298-306. *Van Cauwenberge/De Beelde* (2005), S. 4, befürworten eine Matrixdarstellung, weil dann „Neutralität" zwischen einer Rechnungslegung zu historischen Kosten und zu *fair values* besteht.

[1335] Vgl. zu diesem Vorschlag auch *Van Cauwenberge/De Beelde* (2005), S. 20, die den Ausweis aller transitorischen Gewinnkomponenten in der Neubewertungsspalte empfehlen. Vgl. ähnlich auch *Glover* et al. (2005), S. 281.

[1336] Vgl. ähnlich *Moxter* (1982), S. 114f., 117.

[1337] Ein Soll-Ist-Vergleich ist bei einer Rechnungslegung z.B. zu unternehmensspezifischen Werten nicht möglich, vgl. *Leffson* (1966), S. 379.

[1338] Vgl. z.B. *Bradshaw/Sloan* (2002).

[1339] Vgl. die Motivation des Projektes in Abschnitt 4.2.1.

rung mit der Unterbindung zusätzlicher Angaben vorgibt. Selbst bei Vorgabe könnten Unternehmen diese umgehen, indem die Informationen außerhalb des Abschlusses vom Unternehmen kommuniziert würden.[1340] Investoren, Finanzanalysten und den Unternehmen selbst könnte ein neuer Standard durch einheitliche Definitionen von z.B. Finanzkennzahlen oder *pro forma*-Gewinnen Hilfestellung leisten und Vergleichbarkeit schaffen.[1341]

4.3.3.2. Ausschüttungsbemessung

Die Ausschüttungsbemessung ist nicht Zweck der IFRS.[1342] Allerdings ist insbesondere für deutsche Unternehmen seit der verpflichtenden Anwendung der IFRS für kapitalmarktorientierte Konzerne interessant, inwiefern ein nach IFRS ermittelter Gewinn für die Ausschüttungsbemessung geeignet ist, damit direkte Erstellungs- und Publizitätskosten gesenkt werden können.[1343] Das zeigt sich bei *Kerkhoff*, der die Gewinnermittlung für Ausschüttungszwecke betont und Mitglied der *JIG* ist.[1344]

Für den Zweck der Ausschüttungsbemessung stehen dem Standardsetter zwei Wege offen: Entweder (i) betrachtet er den Abschluss als Informationsinstrument und überlässt es den beteiligten Parteien, Ausschüttungsrestriktionen vertraglich festzulegen, oder (ii) er gibt ein verbindliches Gewinnkonzept und eine Gliederung der Gewinndarstellung vor. Da sich das *IASB* weder für ein Gewinnkonzept entschieden hat noch Regelungen für die Ermittlung eines ausschüttungsfähigen Betrags vorschreibt, ist für eine Würdigung der Vorschläge vornehmlich auf (i) zurückzugreifen.

Konzeptionell, modelltheoretisch oder empirisch sind keine eindeutigen Aussagen über die Überlegenheit eines Gewinnkonzeptes für Ausschüttungszwecke möglich.[1345] Grund ist, dass optimale Restriktionen von unternehmensindividuellen Investitions- und Finanzierungsmöglichkeiten abhängen. In der Analyse zeigte sich jedoch, dass sich eine Trennung in realisierte und nicht realisierte Erträge und Aufwendungen auch für den Zweck der Ausschüttungsbemessung als sinnvoll erweist.[1346] Entspricht das *net income* dem realisierten Gewinn, kann diese Größe der Ausschüttungsbemessung zugrunde gelegt werden. Insofern ließe sich (ii) ansatzweise umsetzen, indem der resultierende Gewinn demjenigen entspricht, der auf Basis einer Rechnungslegung zu historischen Kosten ermittelt wird.[1347] Durch zusätzliche Berücksichtigung von Wert-

[1340] Vgl. ähnlich *Newberry* (2003), S. 331f.
[1341] Das wird vom *IASB* bislang abgelehnt, vgl. *IASB* (2005a), S. 3.
[1342] Dies zeichnet sich auch nicht ab, vgl. *FASB/IASB* (2006a).
[1343] Vgl. ähnlich auch *Gjesdal/Antle* (2001), S. 62.
[1344] Vgl. *Kerkhoff* (2005a), Folie 8, *Kerkhoff* (2005b), Folie 8.
[1345] Vgl. Abschnitt 3.2.6.
[1346] Vgl. *Leuz* (1996), S. 203.
[1347] Da die IFRS keine (reine) Rechnungslegung auf Basis historischer Kosten vorsehen, sondern auch Wiederbeschaffungs-, Veräußerungspreise und unternehmensspezifische Werte zulassen, wird das Gewinnkonzept nicht durchgängig verfolgt. Zudem sind manche Einzelregelungen, wie z.B. die Aktivierung von Entwicklungskosten (IAS 38.57-.64), nicht mit dem Konzept der historischen Kosten vereinbar.

minderungen wird ein vorsichtiger Gewinn ermittelt, dessen Verwendung als Grundlage der Ausschüttungsbemessung in der Praxis zu beobachten ist.[1348] Eignern und Gläubigern wird durch dessen separaten Ausweis die Möglichkeit gegeben, die Ausschüttungsbemessung auf das *net income* im Sinne eines vorsichtigen Gewinns zu begrenzen.[1349] Dies böte für deutsche Unternehmen den Vorteil, auf eine vertraute und bereits für Ausschüttungszwecke verwendete Größe zurückgreifen zu können. Allerdings ist ein nach HGB vorsichtig ermittelter Gewinn nicht mit einem nach IFRS vorsichtig ermittelten Gewinn gleichzusetzen, weil z.B. immaterielle Vermögenswerte nach IAS 38 umfassender aktiviert werden dürfen.[1350] Gleichzeitig ist zu bedenken, dass die Aktivierung immaterieller Vermögenswerte zur Reduzierung von Unterinvestitionsproblemen beitragen kann.[1351]

Gewährt der Standardsetter die Möglichkeit, das vorsichtig ermittelte *net income* als ausschüttungsfähigen Betrag heranzuziehen, ist ein *recycling* der unrealisierten Erträge und Aufwendungen notwendig. Ein Verzicht auf *recycling* würde dazu führen, dass der Eigner nicht für in der Vergangenheit getätigte vorteilhafte oder ungünstige Investitionen belohnt oder sanktioniert wird. Er würde dann versuchen, so viele Erträge wie möglich im *net income* zu verbuchen, während Aufwendungen ins *other comprehensive income* verschoben würden. Beim Eigner würden Anreize geschaffen, in solche Vermögenswerte zu investieren, bei denen ein Wahlrecht für die Erfassung der Erträge und Aufwendungen besteht, obwohl der gesamte Unternehmenswert dadurch c.p. möglicherweise gemindert würde. Durch *recycling* schlagen sich die Zahlungsströme genau einmal im *net income* nieder, so dass das Kongruenzprinzip auf das *net income* bezogen erfüllt ist.

Ein optimales Maß an Gläubigerschutz ist unternehmensindividuell anhand der dem Unternehmen offen stehenden Investitions- und Finanzierungsmöglichkeiten festzulegen.[1352] Der Abschluss kann dabei als Informationsinstrument genutzt werden. Vertragliche Vereinbarungen zwischen Eignern und Gläubigern können daher zur Ermittlung eines ausschüttungsfähigen Betrags an die veröffentlichen Informationen anknüp-

---

[1348] Vgl. Abschnitt 3.2.5. Im Modell von *Gjesdal/Antle* (2001) ist ein vorsichtiger Gewinn als Ausschüttungsbemessungsgrundlage nur bei geringen Insolvenzkosten vorteilhaft.

[1349] Die Forderung nach einem Ausweis eines ausschüttungsfähigen Gewinns in einem neu gestalteten Statement wird auch von Mitgliedern der *JIG* vertreten, vgl. *Kerkhoff* (2005b), Folie 8, 9. Es ist jedoch darauf hinzuweisen, dass *Kerkhoff* Zentralbereichsleiter im Konzernrechnungswesen der Deutschen Telekom ist und damit vor einem deutschen Hintergrund argumentiert, wo das HGB den ausschüttungsfähigen Gewinn festlegt.

[1350] Vgl. zu einem detaillierten Vergleich *Bentele* (2004), S. 27-42, 44-56.

[1351] Vgl. *Leuz* (1996), S. 205f.

[1352] Vgl. *Ewert/Wagenhofer* (2003), S. 607.

fen.[1353] Die Vorgabe verpflichtend auszuweisender Posten erleichtert den Rückgriff auf Rechnungslegungsdaten für die Vertragsgestaltung.[1354]

Der Ausweis einer eigenen Finanzierungskategorie gewährt den Gläubigern Einblick in zu erwartende finanzielle Belastungen. Der Kreditumfang sowie damit verbundene Zahlungsleistungen werden transparent. Eine Unterscheidung in regelmäßige und unregelmäßige Zinsaufwendungen und Zinserträge sowie nachhaltige Gewinne kann dem Gläubiger helfen, ein Kreditengagement oder die Rückzahlungswahrscheinlichkeit eines Kredits besser einzuschätzen. Die Kategorisierung der Erträge und Aufwendungen liefert Informationen über die Finanz- und Ertragslage, so dass Gläubiger eine lockere oder strikte Ausschüttungsbemessung festlegen. Der Ausweis nicht realisierter Gewinne liefert zusätzliche Informationen über erwartete Gewinne, die je nach Art, Umfang und Unsicherheitsgrad zu einer Erhöhung oder Senkung des ausschüttungsfähigen Betrags führen. Eine strikte Normierung erleichtert auch Gläubigern die Analyse des Unternehmens.

4.3.3.3. Anreizsetzung

Rechenschaft verstanden als Anreizkontrolle weist Überschneidungen zur internen Steuerung auf. Weil eine Rechnungslegung nach IFRS kein bestimmtes Gewinnkonzept vorsieht, gilt es zu prüfen, welche Auswirkungen eine Neugestaltung der Gewinn- und Verlustrechnung auf das Verhalten des Managers hat. Da die Vorschläge aber bislang wenig ausgereift sind, soll im Folgenden der für den Zweck der Anreizsetzung geeignete Ausweis relevanter Gewinnkomponenten und Gewinngrößen in der Gewinn- und Verlustrechnung diskutiert werden. Auch bei den Mitgliedern der *JIG* wird eine Einteilung der Erträge und Aufwendungen nach der kurzfristigen Kontrollierbarkeit durch den Manager als mögliches Kriterium in Erwägung gezogen.[1355]

Die konzeptionellen und modelltheoretischen Ergebnisse aus Abschnitt 3.3. legen eine Rechnungslegung auf Basis historischer Kosten oder eine vorsichtige Rechnungslegung zum Zweck der Anreizsetzung nahe.[1356] Der ermittelte Gewinn (ggf. bereinigt um Eigenkapitalkosten als Residualgewinn) kann als Basis für die Entlohnung des

---

[1353] Der Rückgriff auf die Rechnungslegung und individuelle Modifizierung der Größen ist empirisch beobachtbar, vgl. z.B. *El-Gazzar/Lilien/Pastena* (1989), *Frost/Bernard* (1989), *El-Gazzar/Pastena* (1990, 1991), *Leuz/Deller/Stubenrath* (1998).

[1354] Bei einer Trennung von Erträgen und Aufwendungen nach dem Risikogehalt wird den Gläubigern die Möglichkeit gewährt, *covenants* auf Basis von Tatsachen (und nicht von Schätzungen oder einer Mischung aus beidem) zu vereinbaren, vgl. *Glover* et al. (2005), S. 280.

[1355] Vgl. *Cheetham* (2005), Folie 8, zugleich kritisch *Barker* (2004), S. 162, 164. Anhand dieses Kriteriums beurteilt *Cheetham* die derzeit im *other comprehensive income* erfassten Gewinne bzgl. *recycling* im *net income*. Z.B. unterliegen Marktpreise beim Sachanlagevermögen nicht der Kontrolle des Managements und sollten daher im *other comprehensive income* erfasst werden, vgl. *Cheetham* (2005), Folie 5.

[1356] Vgl. modelltheoretisch insb. die Ergebnisse von *Bushman/Indjejikian* (1993), *Wagenhofer* (1996b), *Baldenius/Reichelstein* (2000), *Kwon/Newman/Suh* (2001), *Dutta/Zhang* (2002).

Managers dienen, so dass ihm Anreize gesetzt werden, im Sinne der Eigenkapitalgeber zu handeln.

Die Frage, ob eine Zusammenfassung sämtlicher Informationen, die sich auf die Ertragslage des Unternehmens beziehen, in einem Statement auszuweisen, ist zum Zweck der Anreizsetzung von eher untergeordneter Bedeutung. Zwar erhalten die Eigenkapitalgeber durch den Ausweis in einem Statement umfangreiche Informationen; für eine geeignete Motivation des Managers, im Interesse des Eigners zu handeln, ist eine Entlohnung auf Basis des *comprehensive income* jedoch abzulehnen.[1357] Insofern zielt der Zweck der Anreizsetzung in erster Linie auf den Ausweis bestimmter Erträge und Aufwendungen innerhalb eines Statements sowie deren Residuum. Ob die übrigen Erträge und Aufwendungen im Anschluss daran oder in einem zweiten Statement untergebracht werden, ist nachrangig.

Zur Beurteilung der Leistung des Managers ist eine Trennung in realisierte und unrealisierte Erträge und Aufwendungen unabdingbar.[1358] Wertänderungen, die sich aus Schwankungen von Marktpreisen ergeben, unterliegen nicht der Kontrolle des Managements und sollten daher nicht für die Entlohnung berücksichtigt werden.[1359] Das Zwischenergebnis *net income* könnte so definiert werden, dass es nur realisierte Erträge und Aufwendungen enthält. Um Investitionen in ungünstige Projekte oder ein langes Hinauszögern des Verkaufs von im Wert geminderten Vermögenswerten zu unterbinden, wären zusätzlich Wertminderungen als Teil des *net income* zu erfassen und in die Entlohnung einzubeziehen.[1360] Das *net income* würde damit so konstruiert werden, dass es einen vorsichtig ermittelten Gewinn anzeigt. D.h., in das *net income* fließen alle realisierten Erträge und Aufwendungen und zusätzlich Wertminderungen nach IAS 36. Wertsteigerungen werden außerhalb des *net income* erfasst.

Eine Kategorisierung der Erträge und Aufwendungen in realisierte und unrealisierte Komponenten, die durch den Standardsetter vorgegeben wird, unterstützt Eigner und Manager bei der Ausgestaltung der Entlohnung. Zusätzlich kann der Ausweis einer nachhaltigen Gewinngröße als Indikator für künftige Gewinne dienen und damit in der Entlohnung des Managers Berücksichtigung finden. Durch die Rechnungslegungsregeln ist der Manager zum Ausweis und zur Aufteilung von Erträgen und Aufwendungen verpflichtet. Ein Abschlussprüfer muss die Einhaltung der Standards testieren.[1361] Dadurch erhält der Eigner verlässliche Größen, die er der Entlohnung zugrunde legen kann, so dass Kosten für die Erfassung und Überprüfung von Informationen gesenkt

---

[1357] Vorteilhaft ist aber der Ausweis aller positiven und negativen Wirkungen auf den Gewinn, vgl. *Streim/Bieker/Esser* (2005), S. 104. So können sämtliche Erträge und Aufwendungen für die Beurteilung der Managementleistung herangezogen werden.

[1358] Vgl. *Ijiri* (1975), S. 86.

[1359] Vgl. *Choudhury* (1986), S. 189f. Wertänderungen aus *fair value*-Bewertungen können als Zusatzvariable herangezogen werden, um Risiken zu filtern, vgl. *Ewert* (2005), Folie 18, *Ewert* (2006), S. 199-201.

[1360] Das legen die modelltheoretischen Ergebnisse von *Baldenius/Reichelstein* (2000), S. 20, und *Dutta/Zhang* (2002), S. 78f., 82f., nahe.

[1361] Vgl. zur Notwendigkeit nachprüfbarer und zuverlässiger Werte *Baetge* (1970), S. 21.

werden können.[1362] Eine individuelle Festlegung von zu berücksichtigenden Gewinngrößen in der Entlohnung wird durch eine Aufspaltung des Gewinns in seine Komponenten erleichtert. Es kann direkt an die ausgewiesenen Ergebnisse angeknüpft werden.

Als problematisch könnte sich die Einteilung der Erträge und Aufwendungen erweisen, wenn die Kategorien ermessensabhängig sind, wie z.B. bei betrieblich/nicht betrieblich, ordentlich/außerordentlich, oder unternehmensindividuell gestaltet werden können.[1363] Selbst bei Vorgabe von Abgrenzungskriterien liegt es im Ermessen des Managers zu beurteilen, welche Erträge und Aufwendungen z.B. der betrieblichen Tätigkeit zuzuordnen sind. Die Verwendung des nachhaltigen Gewinns als Entlohnungsbestandteil, deren Inhalt vom Manager festgelegt wird, muss daher von Seiten der Eigner mit Skepsis gesehen werden.[1364]

Strikte Vorgaben für die Darstellung der Ertragslage sind auch deshalb für den Eigner von Vorteil, da er dann in Lage ist, die Leistungsfähigkeit des Managers im Verhältnis zu Managern anderer Unternehmen einschätzen zu können.[1365] Eine durch die Neugestaltung der Gewinndarstellung erhöhte Vergleichbarkeit erlaubt es dem Eigner, die Ertragslage anderer Unternehmen leichter zu analysieren und mit der Ertragslage des Unternehmens, an dem er beteiligt ist, zu vergleichen.[1366]

4.3.4. Fazit

Die Neugestaltung einer Gewinn- und Verlustrechnung ist aufgrund der derzeitigen Mängel und Inkonsistenzen der IFRS-Regelungen zu begrüßen. Das Thema steht seit vielen Jahren auf der Agenda des *IASB*, ohne nennenswerte Fortschritte zu verzeichnen. Vielmehr scheint man sich im Kreis zu drehen, da sowohl die Bezeichnung eines neuen Statements für die Gewinndarstellung als auch die Diskussion um die Kategorisierung der Erträge und Aufwendungen nicht neu sind.[1367] Die Aufteilung des Projektes in Segmente lässt eine schnelle Interimslösung erwarten. Bislang ist das Projekt eher eine Baustelle und lässt ein strukturiertes Vorgehen vermissen, weil verschiedene Problembündel parallel bearbeitet werden. Eine abschließende Beurteilung der Regeln zur Gewinndarstellung ist erst mit Verabschiedung eines Standards möglich, so dass sich die Würdigung auf Empfehlungen beschränken muss.

1362 Vgl. *Schneider* (1981), S. 261.

1363 Vgl. z.B. *Schipper* (1989), *Pfaff/Stefani* (2003), S. 65-68.

1364 Vgl. auch die Ausführungen zum neodynamischen Gewinn in Abschnitt 3.3.2.2.

1365 Bislang ist der Vergleich der Managerleistung mit einer *peer group* empirisch beobachtbar, aber nicht weit verbreitet, vgl. *Bannister/Newman* (2003).

1366 Vgl. auch *Böcking/Wesner* (2004), S. S102. Die Suche nach geeigneten Vergleichsunternehmen kann sich als schwierig erweisen, wenn das Unternehmen z.B. in einer Nische tätig oder Marktführer in seiner Branche ist.

1367 Vgl. z.B. *IASC* (1999), *IASC Steering Committee* (2001).

Die sich derzeit abzeichnende Hinwendung zu einem *single statement approach* ist zu befürworten, da alle Informationen über die Ertragslage in einem Statement gebündelt werden. Insbesondere aufgrund von Übersichtlichkeit, Neutralität und Willkürfreiheit ist der *single statement approach* dem *two statement approach* vorzuziehen. Die Gewährung eines Wahlrechts, alternativ zwei Statements zu veröffentlichen, ist vor allem mit den Prinzipien der Neutralität und der Vergleichbarkeit nicht vereinbar. Fraglich ist, wie mit *recycling* zu verfahren ist. Aus konzeptionellen Erwägungen ist ein *recycling* abzulehnen, um Doppelerfassungen zu vermeiden. Allerdings legt eine Trennung in realisierte und unrealisierte aus Gründen der Vollständigkeit ein *recycling* nahe.

Für die Verständlichkeit, Verlässlichkeit und Vergleichbarkeit sind eindeutige Postenbezeichnungen, deren Inhalte und Reihenfolge im Statement vorzugeben. Nachvollziehbare und überschneidungsfreie Abgrenzungen der Ausweiskategorien erleichtern die Analyse der Ertragslage eines Unternehmens. Eine feine Gliederung der (wesentlichen) Ertrags- und Aufwandsposten ermöglicht es dem Adressaten, die für seine Entscheidungsfindung relevanten Informationen zu finden. Dabei hilft eine Unterteilung in realisiert/unrealisiert oder Periodenabgrenzungen/Marktwerte/geschätzte Werte, um den Grad der Unsicherheit der Erträge und Aufwendungen einzuschätzen. Eine zusätzliche Einteilung, die Rückschlüsse auf die Nachhaltigkeit des Gewinns erlaubt, unterstützt die Prognose künftiger Gewinne. Insofern böte sich eine Matrixdarstellung an, wie sie bereits vor zwei Jahren angedacht war. Eine unternehmensindividuelle Gliederung ist vordergründig für die Lieferung entscheidungsnützlicher Informationen positiv zu werten, weil private Informationen des Managers signalisiert werden können. Sie eröffnet dem Manager jedoch gleichzeitig die Möglichkeit, sich opportunistisch zu verhalten. Dies torpediert die Neutralität.

Die Gewinndarstellung kann dem Zweck der Rechenschaft und Entscheidungsnützlichkeit durch eine Unterteilung in (i) nachhaltige versus nicht nachhaltige sowie (ii) realisierte versus nicht realisierte Gewinne gerecht werden. Abgrenzung (ii) erlaubt, die Gewinne im Hinblick auf den Unsicherheitsgrad ihres Eintretens zu beurteilen. Wiederkehrende, betriebliche und gewöhnliche Gewinnkomponenten sind weiterhin zu erwarten, so dass Abgrenzung (i) für eine Prognoseeignung der Erträge und Aufwendungen sinnvoll ist. Für den Zweck der Ausschüttungsbemessung kann die Neugestaltung der Gewinndarstellung als Informationsinstrument zur Beurteilung der Ertragslage, der Ausschüttungshöhe sowie als Anknüpfungspunkt für vertragliche Vereinbarungen zwischen Eignern und Gläubigern dienen. Zur Abschätzung des Sicherheitsgrads der Gewinne ist eine Unterteilung in realisierte und nicht realisierte Erträge und Aufwendungen sinnvoll. Eine – im Rahmen der IFRS-Einzelregelungen – vorsichtige Gewinngröße kann als Zwischengröße verbindlich auszuweisen sein, so dass diese in Verträgen genutzt werden kann. Für den Zweck der Anreizsetzung empfiehlt es sich, das *net income* als Zwischenergebnis zu definieren, welches alle realisierten Erträge und Aufwendungen, ggf. erweitert um Wertminderungen, umfasst. Eine zusätzliche Unterteilung in nachhaltige und nicht nachhaltige Gewinnkomponenten erleichtert zudem die Beurteilung der Managerleistung.

Die für das Projekt von *IASB* und *FASB* formulierten Ziele werden mit den diskutierten Änderungen nur teilweise erreicht.[1368] Zwar werden Abschlüsse und Zeiträume für Vergleichsinformationen für IFRS- und US-GAAP-Anwender (Ziel (i)) sowie die Definitionen für die Ertragslage weitgehend vereinheitlicht (Ziel (ii)), auch wenn *IASB* und *FASB* voraussichtlich unterschiedliche Begriffe verwenden oder das individuelle Festlegen von Bezeichnungen zulassen. Allerdings werden Definitionen von Finanzkennzahlen (Ziel (iii)) und *pro forma*-Gewinngrößen (Ziel (iv)) nach derzeitigem Stand der Diskussion nicht vorgegeben und damit keine einheitliche Verwendung ermöglicht. Das *mixed attribute*-Modell ist nicht aufgegeben (Ziel (v)), weil im Rahmen des Projektes die Gewinnermittlung ausgeblendet wird. Eine Konsistenz der Einordnung von Informationen (Ziel (vi)) und die Disaggregation von Informationen (Ziel (vii)) scheinen erreichbar, sofern das *IASB* und das *FASB* entsprechend strenge Regeln verabschieden. Die für die Aufnahme des Projektes ebenso wie die in Abschnitt 4.1.4. identifizierten Problembereiche werden nur teilweise behandelt. Inwieweit sie gelöst werden können und inwiefern eine Vereinheitlichung der verschiedenen Instrumente des Abschlusses erfolgt, bleibt bis zur Verabschiedung des Standards abzuwarten.

Die inhaltliche Diskussion über die Definition von *performance* und der Gewinnziffer, die einer formalen Neugestaltung vorausgehen sollte, wird im Rahmen des Projektes vernachlässigt. Damit in einem *statement of recognised income and expense* entscheidungsnützliche Informationen geliefert werden können, müsste ein Gewinnkonzept zugrunde gelegt werden. Die formale Neugestaltung kann nicht ohne Klärung des materiellen Inhalts vonstatten gehen. Insofern verwundert die fehlende Verzahnung der Projekte *revenue recognition* und *performance reporting*. Die Zuwendung zu einem dynamischen Gewinnkonzept, welches für die Leistungsbeurteilung des Managers und für die Entscheidungsfindung der Adressaten ebenfalls als geeignet erachtet wurde, ist nicht zu erwarten. Laut Meinung des *FASB* ist ein solches Gewinnkonzept „almost completely subjective". Die *SEC* betont, „the revenue/expense view is inappropriate for standard-setting – particularly in an objectives-oriented regime. ... Historical experience suggests that the asset/liability approach most appropriately anchors the standard setting process by providing the strongest conceptual mapping to the underlying economic reality."[1369] Diese Aussagen verwundern, weil auch statische Gewinnkonzepte, insb. bei einer Bewertung zum *fair value*, oft keine objektivierten Werte liefern.

Die Überarbeitung des Rahmenkonzeptes, das den IFRS vorangestellt ist und die Ermittlung und Auslegung der Regelungen unterstützen soll, weist auf die beiden Projekte hin. Dies erfolgt allerdings vor dem Hintergrund, dass diejenigen Themenbereiche des Rahmenkonzeptes hohe Priorität haben, die für andere Projekte relevant sind. Bislang wurden die Ziele eines Abschlusses und qualitative Anforderungen sowie die De-

---

[1368] Vgl. zu den Zielen Abschnitt 4.2.1. Die enge Zusammenarbeit und Abstimmung von *IASB* und *FASB* ist positiv zu werten. Allerdings gehen beide Boards z.B. bei der Festlegung von Bezeichnungen der Instrumente, der verbindlich auszuweisenden Posten oder der Gewinngrößen unterschiedliche Wege. Das unterminiert die Vergleichbarkeit und internationale Harmonisierung der Rechnungslegung.

[1369] Zitiert nach *Bullen/Crook* (2005), S. 8 (beide Zitate).

finitionen von Vermögenswerten und Schulden diskutiert, ohne z.B. die Bewertung derselben und die Definitionen von Erträgen und Aufwendungen aufzugreifen. Dies ist erst für die folgenden Phasen geplant. Damit drohen – abseits der in Abschnitt 4.1.4. identifizierten Problembereiche – neue Inkonsistenzen.

Die Hoffnung, die von einem *FASAC*-Mitglied für das Projekt *performance reporting* gehegt wird, nämlich „this project offers the greatest hope of providing genuine improvement in financial reporting of any project on the Board's agenda"[1370], trügt. Zwar kann die Entscheidungsnützlichkeit mit Hilfe einer geeigneten Disaggregation des Gewinns unterstützt und im Vergleich zur bisherigen Regelung auch verbessert werden. Allerdings können weder Mängel in der Gewinnermittlung bei den IFRS beseitigt werden, die den einzelnen Standards vorbehalten bleibt, noch können „(d)ie denkbar besten Regeln [...] den traditionellen Jahresabschluss [...] in die Glaskugel verwandeln, die wie im Märchen den ersehnten Blick in die Zukunft erlaubt."[1371]

[1370] *FASAC* (2005), S. 7.
[1371] *Schildbach* (2005b), S. 45.

5. Thesenförmige Zusammenfassung

(1) Das *IASB* und das *FASB* diskutieren in einem gemeinsamen Projekt *performance reporting* aufgrund bestehender Mängel in der derzeitigen Regelung eine Neuausrichtung der formalen Darstellung des Gewinns, ohne bislang die zugrunde liegende Gewinnkonzeption zu klären. Das verwundert, weil der Gewinn ein theoretisches Konstrukt mit wünschenswerten Eigenschaften ist, die sich aus der Zwecksetzung eines Abschlusses ableiten. Mit der verbindlichen Anwendung der IFRS für kapitalmarktorientierte Konzerne in Deutschland stehen die Zwecke Rechenschaft und Entscheidungsnützlichkeit im Mittelpunkt. Das Wahlrecht zur Veröffentlichung eines IFRS-Einzelabschlusses wirft die Frage auf, inwiefern der nach IFRS ermittelte Gewinn zur Ausschüttungsbemessung geeignet ist. Weil Rechenschaft auch als Anreizkontrolle verstanden werden kann, wird der Bogen zum internen Rechnungswesen geschlagen. Eine konzeptionelle und modellgestützte Diskussion zweckadäquater Gewinnermittlung und Gewinndarstellung unter Einbeziehung empirischer Befunde besorgt eine zentrale Grundlage, um die Vorschläge des Projektes *performance reporting* zu würdigen.

(2) Die Gewinnkonzepte der Statik und der Dynamik bieten sich für eine konzeptionelle Analyse an. Ziel der Statik ist die Vermögensermittlung eines Unternehmens; der Gewinn resultiert als Nebenprodukt durch den Reinvermögensvergleich. Bei den statischen Konzepten werden das Effektivvermögen, eine Vermögensermittlung auf Basis von *fair values* und auf Basis von historischen Kosten mit und ohne Imparitätsprinzip erwogen. Dynamische Gewinnkonzepte konzentrieren sich auf die Erfolgsermittlung. Für die Analyse erweisen sich der dynamische Gewinn nach *Schmalenbach* und der neodynamische Gewinn nach *Moxter* als geeignet. Konsistent damit zeigen modelltheoretische Arbeiten auf, dass unterschiedliche Zwecke unterschiedliche Regeln bedingen. Daher sind die Gewinnkonzepte auf ihre Eignung zur Erfüllung der in der Arbeit identifizierten Zwecke zu prüfen.

(3) Rechenschaft fordert den Schutz von Unternehmensexternen durch Berichterstattung über die Verwendung des Kapitals und dient wie der Zweck der Entscheidungsnützlichkeit der Entscheidungsverbesserung. Entscheidungsrelevanz wird mit Hilfe von Wertrelevanz konkretisiert, die die Relevanz und Zuverlässigkeit einer Information verlangt; Rechenschaft erfordert zusätzlich die Kontrollmöglichkeit der Investition und des Managers durch den Eigner. Unternehmensspezifische Werte scheinen aufgrund ihres Zukunftsbezugs geeignet, unterliegen aber einem hohen Grad an Subjektivität und erlauben daher auch keine Kontrolle der Investition. Vermögenswerte und Schulden auf Basis historischer Kosten können als Ressourcenbestand zur Erzielung künftiger Erträge gesehen werden und sind zuverlässig ermittelbar. Zudem sind Soll-Ist-Abweichungen feststellbar und ermöglichen daher eine Kontrolle der Investition. Der dynamische und der neodynamische Gewinn liefern von ihrer Idee

wertrelevante Informationen, indem sie die relative Lage des Unternehmens und die maximale Ausschüttung ohne Gefährdung künftig gleich hoher Ausschüttungen anstreben. Sie kranken aber konzeptionell vor allem an ihrer mangelnden Präzision.

(4) Das Modell von *Ohlson* (1999a) trennt den Gewinn in eine Kern- und eine transitorische Komponente und formuliert Bedingungen, unter welchen die transitorische Gewinngröße unvorhersehbar, prognose- und wertirrelevant ist. Die Ergebnisse sind robust und werden durch weitere Ansätze gestützt. Für eine Neugestaltung der Gewinn- und Verlustrechnung ist zum Zweck der Entscheidungsrelevanz unter Beachtung des Vollständigkeitsgrundsatzes und des Kongruenzprinzips eine Trennung der Komponenten sinnvoll. Transitorische Gewinne hängen jedoch vom Unternehmen, dessen Umfeld und Branche ab, was ihre Identifikation erschwert. Unter transitorischen Gewinnen unrealisierte Erfolge aus Wertänderungen zu subsumieren, ist zu voreilig, weil auch realisierte Erträge und Aufwendungen einmaliger Natur sein können. Empirische Befunde zeigen, dass eine bereinigte Gewinngröße tendenziell einen hohen Zusammenhang zum Marktwert des Eigenkapitals aufweist. Allerdings sind die Ergebnisse – ebenso wie die Befunde zur Entscheidungsnützlichkeit des *fair value* – uneinheitlich, so dass empirisch keine eindeutige Aussage möglich ist.

(5) Konflikte zwischen Eignern und Gläubigern können entstehen, wenn aufgrund von Informationsasymmetrien Reichtumsverlagerungen durch Ausschüttungen zu Lasten der Gläubiger erfolgen. Eine Ausschüttungsbegrenzung kann auf Basis des bilanziellen Gewinns formuliert werden, wobei eine Überlegenheit der vorsichtigen Rechnungslegung – wie sie in Deutschland oft propagiert wird – aus ökonomischer Sicht nicht zu konstatieren ist. Denn die resultierenden einzubehaltenden Mittel müssen investiert werden, was zu Überinvestitionsproblemen führen kann. Unternehmensspezifische Werte antizipieren Einzahlungen, wodurch Anreize zu Investitionen geschaffen werden. Gleichzeitig sind künftige Auszahlungen zu berücksichtigen, die die Durchführung unrentabler Investitionen verhindert. Auch historische Kosten können sich zur Lösung der Konflikte als geeignet erweisen, wenn z.B. Abschreibungen in dem Maße erfolgen, wie der Vermögenswert zur Generierung von Umsätzen beigetragen hat, und Rückstellungen zu bilden sind, die künftige Belastungen antizipieren.

(6) Das Modell von *Gjesdal/Antle* (2001) formuliert anhand eines Investitionsprojekts mit unsicheren Zahlungsströmen die optimale Ausschüttungsrestriktion und vergleicht sie mit einer gewinnbasierten Ausschüttungsbegrenzung. Eine vorsichtige Rechnungslegung erweist sich bei sehr niedrigen Insolvenzkosten als optimal. Bereits in diesem einfachen Szenario mit einem Investitionsprojekt werden die Komplexität des Problems und die Abhängigkeit von individuellen Investitions- und Finanzierungsmöglichkeiten deutlich. Weitere Mo-

delle untersuchen optimale zahlungsbasierte Ausschüttungsrestriktionen, stellen jedoch keine Verbindung zum bilanziell ermittelten Gewinn her. Empirische Befunde zeigen, dass Vereinbarungen (*covenants*) nur teilweise Ausschüttungsrestriktionen auf Basis des Gewinns enthalten, also auch andere Instrumente zum Schutz der Ansprüche genutzt werden. Wenn auf den Gewinn zurückgegriffen wird, erfolgen überwiegend Anpassungen im Sinn einer vorsichtigen Rechnungslegung.

(7) Durch die Trennung von Eigentum und Verfügungsmacht resultiert die Notwendigkeit zur Rechenschaftslegung. Konflikte zwischen Eigner und Manager entstehen bei unterschiedlichen Zielvorstellungen und Informationsasymmetrien. Durch eine erfolgsabhängige Entlohnung des Managers sollen Anreize geschaffen werden, im Interesse des Eigners zu handeln. Dazu muss der Gewinn entscheidungsverbunden und nachprüfbar sein. Eine Gewinnermittlung auf Basis des Effektivvermögens und unternehmensspezifischer Werte berücksichtigt künftige Gewinne verursachungsgerecht in der Entlohnung und reizt den Manager zu langfristiger Planung an. Demgegenüber sind historische Kosten und der dynamische Gewinn nach *Schmalenbach* zuverlässiger und eignen sich damit besser als Kontrollinstrument. Der neodynamische Gewinn nach *Moxter* unterrichtet über die Nachhaltigkeit der Entscheidungen des Managers. Eine vorsichtige Rechnungslegung bestraft den Manager frühzeitig für Fehlinvestitionen, weist aber nur einen geringen Grad an Entscheidungsverbundenheit auf. *Dutta/Zhang* (2002) zeigen modelltheoretisch, dass der Residualgewinn basierend auf historischen Kosten und eine vorsichtige Rechnungslegung im Unterschied zu *fair values* optimal sind. Das Resultat wird durch Ergebnisse weiterer Modelle gestützt.

(8) Die theoretische Analyse zeigt auf, dass kein Gewinnkonzept zur kumulativen Erfüllung der Zwecke Rechenschaft, Entscheidungsnützlichkeit, Ausschüttungsbemessung und Anreizsetzung geeignet ist. Generell ist eine Rechnungslegung auf Basis historischer Kosten vorzuziehen, weil sie dokumentiert und damit nachprüfbar ist. Die oft kritisierte fehlende Zukunftsorientierung ist zu relativieren, da die vorhandenen Vermögenswerte und Schulden als Ressourcenbestand zur Generierung künftiger Erträge interpretiert werden können. Unternehmensspezifische Werte, die aufgrund ihrer Zukunftsorientierung und ihrer Annäherung an den Ertragswert vorteilhaft scheinen, leiden unter mangelnder Nachprüfbarkeit und entbehren der Möglichkeit eines Soll-Ist-Vergleichs. Die Lösung von Eigner-Manager-Konflikten im Rahmen der Anreizsetzung und von Eigner-Gläubiger-Konflikten im Rahmen der Ausschüttungsbemessung hängt jedoch von unternehmensindividuellen Gegebenheiten ab. Die Rechnungslegung ist damit nur Lieferant möglicher Größen für eine individuelle Vertragsgestaltung und kann insoweit Transaktionskosten senken.

(9) Die derzeitigen Regeln nach IFRS weisen eine Fülle an Schwächen auf. Diese finden sich bei Definitionen von Begriffen sowohl im Rahmenkonzept, zwi-

schen Rahmenkonzept und Standards, innerhalb eines Standards als auch zwischen verschiedenen Standards. Während Erträge und Aufwendungen aus Lieferungen und Leistungen immer erfolgswirksam in der Gewinn- und Verlustrechnung erfasst werden, ist eine äquivalente Aussage für Erträge und Aufwendungen aus Wertänderungen nicht zu treffen. Sie werden ohne erkennbare konzeptionelle Grundlage einmal erfolgswirksam und einmal erfolgsneutral erfasst. Erfolgsneutral erfasste Wertänderungen sind nur teilweise einem *recycling* unterworfen, was zu einer Verletzung des Kongruenzprinzips führt. Zusätzlich zeigt der Katalog verwendeter und nicht immer überschneidungsfrei definierter Wertmaßstäbe, dass die Gewinnermittlung keinem einheitlichen Konzept folgt. Schließlich ist die Gewinndarstellung nur rudimentär geregelt, was insbesondere das Prinzip der Vergleichbarkeit torpediert.

(10) Die Notwendigkeit einer Überarbeitung der Regelungen zur Ertragsrealisierung und Gewinndarstellung wurde vom *IASB* in Projekten aufgegriffen. Während das Projekt *revenue recognition* kaum mehr als die klare Hinwendung zum statischen *asset liability approach* erkennen lässt, widmet sich das Projekt *performance reporting* der formalen Gewinndarstellung. Derzeit wird ein Wahlrecht zwischen einem *statement of recognised income and expense*, welches alle Erträge und Aufwendungen der Periode aufgeteilt in eine noch genauer zu definierende Finanzierungskategorie und weitere Kategorien enthält, oder zwei getrennten Statements (ähnlich den bisherigen Regelungen) diskutiert. Für die Erfolgsspaltung stehen fünf mögliche Prinzipien zur Disposition: (i) gewöhnlich/außergewöhnlich, (ii) wiederkehrend/nicht wiederkehrend, (iii) realisiert/unrealisiert, (iv) betrieblich/nicht betrieblich, (v) Periodenabgrenzungen/Marktwerte/geschätzte Werte. Die Würdigung erfolgt anhand der qualitativen Kriterien des Rahmenkonzepts und anhand der abgeleiteten zweckadäquaten Gewinnermittlungsregeln.

(11) Die Überlegung eines *single statement approach* ist zu begrüßen, weil alle Informationen, die die Ertragslage eines Unternehmens betreffen, in einem Statement zusammengefasst werden. Um den Risikogehalt der Gewinnkomponenten einzuschätzen, empfiehlt sich eine Unterteilung in realisiert/unrealisiert oder Periodenabgrenzung/Marktwerte/geschätzte Werte. Allerdings ist dann zu klären, wie mit dem *recycling* zu verfahren ist, weil es zu Doppelerfassungen kommt, die die Verständlichkeit untergraben. Eine zusätzliche Unterteilung in eine der übrigen Kategorien unterstützt die Extrapolationsfähigkeit des Gewinns und ermöglicht eine Erfolgsquellenanalyse, die der Entscheidungsrelevanz dienlich ist. Verständlichkeit, Verlässlichkeit und Vergleichbarkeit verlangen eine eindeutige Bezeichnung von Posten und deren Inhalten. Entscheidungsrelevante Informationen liefert eine unternehmensindividuelle Gliederung der Erfolgskomponenten, die jedoch mit der Verlässlichkeit und der Vergleichbarkeit konfligiert. Allerdings bietet auch eine Einteilung in ordentlich/außerordentlich oder betrieblich/nicht betrieblich Ermessensspielräume.

(12) Für den Zweck der Rechenschaft und Entscheidungsnützlichkeit ist eine Darstellung in Matrixform zu bevorzugen, die sowohl in realisierte und unrealisierte als auch in nachhaltige und nicht nachhaltige Gewinnkomponenten unterteilt. Eine Neugestaltung der Erfolgsrechnung zum Zweck der Ausschüttungsbemessung kann durch die Darstellung der Ertragslage als Anknüpfungspunkt für Verträge dienen. Auch hier ist eine Unterteilung in realisierte und unrealisierte Erträge und Aufwendungen sinnvoll, um den Sicherheitsgrad des Gewinns abschätzen zu können. Das *net income*, das nur realisierte Gewinnkomponenten und getrennt ausgewiesene Wertminderungen im Rahmen des *impairment test* nach IAS 36 berücksichtigt, liefert einen vorsichtig ermittelten Gewinn, auf den die Ausschüttung begrenzt werden kann. Gleiches ist für den Zweck der Anreizsetzung zu empfehlen. Eine zusätzliche Unterteilung in nachhaltige und nicht nachhaltige Komponenten scheint nützlich, um Hinweise auf die langfristige Ertragskraft des Unternehmens aufzuzeigen, die in der Entlohnung berücksichtigt werden kann.

(13) Eine feinere Erfolgsspaltung, als die derzeitigen IFRS-Regelungen verlangen, ist unabdingbar. Eine Einteilung der Komponenten in realisiert/unrealisiert sowie nachhaltig/nicht nachhaltig ist sowohl aus den qualitativen Kriterien als auch aus der Betrachtung in Abhängigkeit der Zwecksetzung ableitbar und sinnvoll. Die Neugestaltung der Erfolgsrechnung krankt jedoch an der mangelnden Verzahnung mit der Gewinnermittlung, die auch in den Projekten *revenue recognition* und *conceptual framework* weitgehend vernachlässigt wird. Die vom *IASB* selbst gesteckten Ziele werden nach derzeitigem Stand nur teilweise erreicht. Inwiefern auch die aufgeworfenen Problembereiche gelöst werden können, harrt der Klärung bis zur endgültigen Verabschiedung eines Standardentwurfs oder Standards.

Literaturverzeichnis

Aboody, David/Barth, Mary E./Kasznik, Ron (1999), Revaluations of Fixed Assets and Future Firm Performance: Evidence from the UK, in: JAE, Vol. 26, S. 149-178.

Abrutyn, Stephanie/Turner,Robert W. (1990), Taxes and Firm's Dividend Policies: Survey Results, in: NTJ, Vol. 43, S. 491-496.

Achleitner, Ann-Kristin/Wollmert, Peter/Van Hulle, Karel/Hey, Judith/Bischof, Stefan (2005), Grundlagen der Bilanzierung, der Bewertung und des Ausweises, in: *Baetge, Jörg/Dörner, Dietrich/Kleekämper, Heinz/Wollmert, Peter/Kirsch, Hans-Jürgen* (Hrsg.), Rechnungslegung nach International Accounting Standards (IAS) – Kommentierung auf der Grundlage des deutschen Rechts, 2. Aufl., Stuttgart (Stand: Juni 2005).

Ackermann, Ulrich (2001), Marktwertbilanzierung von Finanzinstrumenten nach US-GAAP/IAS: Auswirkungen auf Managemententscheidungen, Frankfurt a.M. u.a.

Adler, Hans/Düring, Walther/Schmaltz, Kurt (2005), Rechnungslegung nach Internationalen Standards, bearbeitet von *Hans-Friedrich Gelhausen/Jochen Pape/Wienand Schruff/Klaus Stolberg*, Stuttgart (Stand: April 2005).

Ahmed, Anwer S./Billings, Bruce K./Morton, Richard M./Stanford-Harris, Mary (2002), The Role of Accounting Conservatism in Mitigating Bondholder-Shareholder Conflicts over Dividend Policy and in Reducing Debt Costs, in: AR, Vol. 77, S. 867-890.

Ahmed, Anwer S./Takeda, Carolyn (1995), Stock Market Valuation of Gains and Losses on Commercial Banks' Investment Securities – An Empirical Analysis, in: JAE, Vol. 20, S. 207-225.

AICPA (Hrsg.) (1973), Objectives of Financial Statements, New York.

AICPA (Hrsg.) (1994), Improving Business Reporting – A Customer Focus: Meeting the Needs of Investors and Creditors, Comprehensive Report of the Special Committee on Financial Reporting, New York.

AIMR (Hrsg.) (1993), Financial Reporting in the 1990s and Beyond, Charlottesville.

Aivazian, Varouj A./Ge, Ying/Qiu, Jiaping (2005a), The Impact of Leverage on Firm Investment: Canadian Evidence, in: JCF, Vol. 11, S. 277-291.

Aivazian, Varouj A./Ge, Ying/Qiu, Jiaping (2005b), Debt Maturity Structure and Firm Investment, in: FM, Vol. 34, S. 107-119.

Akerlof, George (1970), The Market for Lemons: Quality Uncertainty and the Market Mechanism, in: QJE, Vol. 84, S. 488-500.

Albach, Horst (1965), Grundgedanken einer synthetischen Bilanztheorie, in: ZfB, 35. Jg., S. 21-31.

Alberth, Markus R. (1997), USA: Vertraglicher Gläubigerschutz und Ausschüttungsbemessung durch Covenants als Vorbild zur Änderung des deutschen Bilanzrechts?, in: WPg, 50. Jg., S. 744-750.

Amershi, Amin H./Cheng, Peter (1989), On the Demand for Historical Events Recording and Maintenance of Audit Trails, in: CAR, Vol. 6, S. 72-90.

Amir, Eli/Harris, Trevor S./Venuti, Elizabeth K. (1993), A Comparison of the Value-Relevance of U.S. versus Non-U.S. GAAP Accounting Measures Using Form 20-F Reconciliations, in: JAR, Vol. 31 (Suppl.), S. 230-264.

Antle, Rick/Demski, Joel S. (1988), The Controllability Principle in Responsibility Accounting, in: AR, Vol. 63, S. 700-718.

Antle, Rick/Demski, Joel S. (1989), Revenue Recognition, in: CAR, Vol. 5, S. 423-451.

Antle, Rick/Smith, Abbie J. (1985), Measuring Executive Compensation: Methods and an Application, in: JAR, Vol. 23, S. 296-325.

Arbeitskreis DVFA/Schmalenbach-Gesellschaft (2003), Empfehlungen zur Ermittlung prognosefähiger Ergebnisse, in: DB, 56. Jg., S. 1913-1917.

Arora, Alka/Alam, Pervaiz (2005), CEO Compensation and Stakeholders' Claims, in: CAR, Vol. 22, S. 519-547.

Arrow, Kenneth J. (1985), The Economics of Agency, in: *Pratt, John W./Zeckhauser, Richard J.* (Hrsg.), Principals and Agents: The Structure of Business, Boston, S. 37-51.

Arya, Anil/Glover, Jonathan/Liang, Pierre Jinghong (2004), Intertemporal Aggregation and Incentives, in: EAR, Vol. 13, S. 643-657.

Baetge, Jörg (1970), Möglichkeiten der Objektivierung des Jahreserfolges, Düsseldorf.

Baetge, Jörg (1976), Rechnungslegungszwecke des aktienrechtlichen Jahresabschlusses, in: *Baetge, Jörg/Moxter, Adolf/Schneider, Dieter* (Hrsg.), Bilanzfragen, FS für Ulrich Leffson, Düsseldorf, S. 11-30.

Baetge, Jörg (1998), Der Eigenkapitalspiegel als Bestandteil des Konzernabschlusses nach HGB und IAS, in: *Matschke, Manfred/Schildbach, Thomas* (Hrsg.), Unternehmensberatung und Wirtschaftsprüfung, FS für Günter Sieben, Stuttgart, S. 343-358.

Baetge, Jörg/Beermann, Thomas (1998), Die Bilanzierung von Vermögenswerten in der Bilanz nach International Accounting Standards und der dynamischen Bilanztheorie Schmalenbachs, in: BFuP, 50. Jg., S. 154-168.

Baetge, Jörg/Hollmann, Sebastian (2004), Zur Zuverlässigkeit der Rechnungslegung nach IFRS, in: *Döring, Ulrich/Kußmaul, Heinz* (Hrsg.), Spezialisierung und Internationalisierung. Entwicklungstendenzen der deutschen Betriebswirtschaftslehre, FS für Günter Wöhe, München, S. 347-378.

Baetge, Jörg/Kirsch, Hans-Jürgen/Thiele, Stefan (2005), Bilanzen, 8. Aufl., Düsseldorf.

Baetge, Jörg/Lienau, Achim (2005a), Der Gläubigerschutzgedanke im Mixed Fair Value-Modell des IASB, in: *Schneider, Dieter/Rückle, Dieter/Küpper, Hans-Ulrich/Wagner, Franz W.* (Hrsg.), Kritisches zu Rechnungslegung und Unternehmensbesteuerung, FS für Theodor Siegel, Berlin, S. 65-86.

Baetge, Jörg/Lienau, Achim (2005b), Fair Value auf der Passivseite der Bilanz?, in: *Bieg, Hartmut/Heyd, Reinhard* (Hrsg.), Fair Value – Bewertung in Rechnungswesen, Controlling und Finanzwirtschaft, München, S. 309-331.

Baetge, Jörg/Noelle, Jennifer (2001), Shareholder-Value-Reporting sowie Prognose- und Performancepublizität, in: KoR, 4. Jg., S. 174-180.

Baetge, Jörg/Thiele, Stefan (1997), Gesellschafterschutz versus Gläubigerschutz – Rechenschaft versus Kapitalerhaltung, in: *Budde, Wolfgang Dieter/Moxter, Adolf/ Offerhaus, Klaus* (Hrsg.), Handelsbilanzen und Steuerbilanzen, FS für Heinrich Beisse, Düsseldorf, S. 11-24.

Baetge, Jörg/Zülch, Henning (2001), Fair Value-Accounting, in: BFuP, 53. Jg., S. 543-562.

Baker, H. Kent/Farrelly, Gail E./Edelman, Richard E. (1985), A Survey on Management Views on Dividend Policy, in: FM, Vol. 14 No. 3, S. 78-84.

Baker, H. Kent/Powell, Gary E./Veit, E. Theodore (2002), Revisiting Managerial Perspectives on Dividend Policy, in: JEF, Vol. 26, S. 267-283.

Baldenius, Tim/Fuhrmann, Gregor/Reichelstein, Stefan (1999), Zurück zu EVA, in: BFuP, 51. Jg., S. 53-65.

Baldenius, Tim/Reichelstein, Stefan (2005), Incentives for Efficient Inventory Management: The Role of Historical Cost, in: MS, Vol. 51, S. 1032-1045.

Ball, Ray/Brown, Philip (1968), An Empirical Evaluation of Accounting Income Numbers, in: JAR, Vol. 6, S. 159-178.

Ball, Ray/Shivakumar, Lakshmanan (2003), Earnings Quality in U.K. Private Firms: Comparative Loss Recognition Timeliness, Working Paper, University of Chicago and London Business School.

Ballerstedt, Kurt (1965), Bilanzrecht und Unternehmensrechtsreform, in: ZfB, 35. Jg., S. 1-12.

Ballwieser, Wolfgang (1982), Zur Begründbarkeit informationsorientierter Jahresabschlußverbesserungen, in: zfbf, 34. Jg., S. 772-793.

Ballwieser, Wolfgang (1985a), Ergebnisse der Informationsökonomie zur Informationsfunktion der Rechnungslegung, in: *Stöppler, Siegmar* (Hrsg.), Information und Produktion – Beiträge zur Unternehmenstheorie und Unternehmensplanung, FS zum 60. Geburtstag von Waldemar Wittmann, Stuttgart, S. 21-40.

Ballwieser, Wolfgang (1985b), Informationsökonomie, Rechnungslegungstheorie und Bilanzrichtlinie-Gesetz, in: zfbf, 37. Jg., S. 47-66.

Ballwieser, Wolfgang (1987a), Die Analyse von Jahresabschlüssen nach neuem Recht, in: WPg, 40. Jg., S. 57-68.

Ballwieser, Wolfgang (1987b), Kapitalmarkt, Managerinteressen und Rolle des Wirtschaftsprüfers, in: *Schneider, Dieter* (Hrsg.), Kapitalmarkt und Finanzierung, Berlin, S. 351-362.

Ballwieser, Wolfgang (1993), Die Entwicklung der Theorie der Rechnungslegung in den USA, in: *Wagner, Franz W.* (Hrsg.), Ökonomische Analyse des Bilanzrechts – Entwicklungslinien und Perspektiven, zfbf-Sonderheft 32, Düsseldorf/Frankfurt a.M., S. 107-138.

Ballwieser, Wolfgang (1996a), Zum Nutzen handelsrechtlicher Rechnungslegung, in: *Ballwieser, Wolfgang/Moxter, Adolf/Nonnenmacher, Rolf* (Hrsg.), Rechnungslegung – warum und wie, FS für Hermann Clemm, München, S. 1-25.

Ballwieser, Wolfgang (1996b), Ein Überblick über Ansätze zur ökonomischen Analyse des Bilanzrechts, in: BFuP, 48. Jg., S. 503-527.

Ballwieser, Wolfgang (1997), Chancen und Gefahren einer Übernahme amerikanischer Rechnungslegung, in: *Budde, Wolfgang-Dieter/Moxter, Adolf/Offerhaus, Klaus* (Hrsg.), Handelsbilanzen und Steuerbilanzen, FS für Heinrich Beisse, Düsseldorf, S. 25-44.

Ballwieser, Wolfgang (2001a), Anforderungen des Kapitalmarkts an Bilanzansatz- und Bilanzbewertungsregeln, in: KoR, 1. Jg., S. 160-164.

Ballwieser, Wolfgang (2001b), Rechnungsabgrenzung, Steuerlatenz und Bilanztheorie, in: *Bertl, Romuald/Egger, Anton/Gassner, Wolfgang/Lang, Michael* (Hrsg.), Erfolgsabgrenzungen in Handels- und Steuerbilanz, Wien, S. 13-23.

Ballwieser, Wolfgang (2002a), Rechnungslegung im Umbruch, in: ST, 76. Jg., S. 295-304.

Ballwieser, Wolfgang (2002b), Informations-GoB auch im Lichte von IAS und US-GAAP, in: KoR, 2. Jg., S. 115-121.

Ballwieser, Wolfgang (2002c), Kommentierung zu § 264 HGB, in: *Baetge, Jörg/ Kirsch, Hans-Jürgen/Thiele, Stefan* (Hrsg.), Bilanzrecht: Handelsrecht mit Steuerrecht und den Regelungen des IASB, Bonn.

Ballwieser, Wolfgang (2002d), Grundsätze der Aktivierung und Passivierung, in: *Castan, Edgar/Heymann, Gerd/Müller, Eberhard/Ordelheide, Dieter/Scheffler, Eberhard* (Hrsg.), Beck'sches Handbuch der Rechnungslegung, München 1987, Abschnitt B 131 (Stand Februar 2002).

Ballwieser, Wolfgang (2003), Rahmenkonzepte der Rechnungslegung: Funktionen, Vergleich, Bedeutung, in: DK, 1. Jg., S. 337-348.

Ballwieser, Wolfgang (2004a), Unternehmensbewertung – Prozeß, Methoden und Probleme, Stuttgart.

Ballwieser, Wolfgang (2004b), Das Residualgewinnmodell für Zwecke der Unternehmensbewertung, in: *Albrecht, Peter/Lorenz, Egon/Rudolph, Bernd* (Hrsg.), Risikoforschung und Versicherung, FS für Elmar Helten, Karlsruhe, S. 51-64.

Ballwieser, Wolfgang (2004d), The Limitations of Financial Reporting. in: *Leuz, Christian/Pfaff, Dieter/Hopwood, Anthony* (Hrsg.), The Economics and Politics of Accounting, Oxford/New York, S. 58-77.

Ballwieser, Wolfgang (2005a), Bilanzrecht zwischen Wettbewerb und Regulierung – eine ökonomische Analyse, in: Abhandlungen der Bayerischen Akademie der Wissenschaften, München.

Ballwieser, Wolfgang (2005b), Zur Konzeptionslosigkeit des International Accounting Standards Board (IASB), in: *Crezelius, Georg/Hirte, Heribert/Vieweg, Klaus* (Hrsg.), Festschrift zum 65. Geburtstag von Klaus Röhricht, Köln, S. 727-745.

Ballwieser, Wolfgang (2005c), Grundsätze ordnungsmäßiger Buchführung, in: *Castan, Edgar/Böcking, Hans-Joachim/Heymann, Gerd/Pfitzer, Norbert/Scheffler, Eberhard* (Hrsg.), Beck'sches Handbuch der Rechnungslegung. München 1987, Stand Dezember 2005, Abschnitt B 105.

Ballwieser, Wolfgang (2006a), Appendix A: Checkliste zu Anhangangaben, in: *Ballwieser, Wolfgang/Beine, Frank/Hayn, Sven/Peemöller, Volker H./Schruff, Lothar/ Weber, Claus-Peter* (Hrsg.), Wiley-Kommentar zur internationalen Rechnungslegung nach IFRS 2006, 2. Aufl., Weinheim, S. 1163-1237.

Ballwieser, Wolfgang (2006b), Unternehmensbewertung in der IFRS-Bilanzierung, in: *Börsig, Clemens/Wagenhofer, Alfred* (Hrsg.), IFRS in Rechnungswesen und Controlling, Stuttgart, S. 265-282.

Ballwieser, Wolfgang/Dobler, Michael (2003), Bilanzdelikte: Konsequenzen, Ursachen und Massnahmen zu ihrer Vermeidung, in: DU, 57. Jg., S. 449-469.

Ballwieser, Wolfgang/Hettich, Silvia (2004), Das IASB-Projekt „Reporting Performance": Bedeutung für das Controlling, in: ZfCM, Sonderheft 2, 48. Jg., S. 79-88.

Ballwieser, Wolfgang/Küting, Karlheinz/Schildbach, Thomas (2004), Fair value – erstrebenswerter Wertansatz im Rahmen einer Reform der handelsrechtlichen Rechnungslegung?, in: BFuP, 56. Jg., S. 529-549.

Ballwieser, Wolfgang/Schmidt, Reinhard H. (1981), Unternehmensverfassung, Unternehmensziele und Finanztheorie, in: *Bohr, Kurt/Drukarczyk, Jochen/Drumm, Hans-Jürgen/Scherrer, Gerhard* (Hrsg.), Unternehmungsverfassung als Problem der Betriebswirtschaftslehre, Berlin, S. 645-682.

Ballwieser, Wolfgang/Zimmermann, Doris (2004), Bilanzrecht und Sprache, in: WPg, Sonderheft 2004: Wirtschaftsprüfung und Zeitgeist – Prof. Dr. Dr. h.c. mult. Adolf Moxter zum 75. Geburtstag, 57. Jg., S. S73-S83.

Bamberg, Günter/Coenenberg, Adolf G. (2004), Betriebswirtschaftliche Entscheidungslehre, 12. Aufl., München.

Bannister, James W./Newman, Harry A. (2003), Analysis of Corporate Disclosures on Relative Performance Evaluation, in: AH, Vol. 17, S. 235-246.

Barker, Richard (2004), Reporting Financial Performance, in: AH, Vol. 18, S. 157-172.

Barlev, Benzion/Haddad, Joshua Rene (2003), Fair Value Accounting and the Management of the Firm, in: CPoA, Vol. 14, S. 383-415.

Barnea, Amir/Haugen, Robert A./Senbet, Lemma W. (1985), Agency Problems and Financial Contracting, Englewood Cliffs.

Barrett, Michael J./Beaver, William H./Cooper, William W./Milburn, J. Alex/Solomons, David/Tweedie, David P. (1991), American Association Committee on Accounting and Auditing Measurement, 1989-90, in: AH, Vol. 5, S. 81-101.

Barth, Mary E. (1994), Fair Value Accounting: Evidence from Investment Securities and the Market Valuation of Banks, in: AR, Vol. 69, S. 1-24.

Barth, Mary E. (2000), Valuation-based Accounting Research: Implications for Financial Reporting and Opportunities for Future Research, in: A & F, Vol. 40, S. 7-31.

Barth, Mary E./Beaver, William H./Hand, John R.M./Landsman, Wayne R. (1999), Accruals, Cash Flows, and Equity Values, in: RAS, Vol. 4, S. 205-229.

Barth, Mary E./Beaver, William H./Landsman, Wayne R. (1996), Value-Relevance of Banks' Fair Value Disclosures under SFAS No. 107, in: AR, Vol. 71, S. 513-537.

Barth, Mary E./Beaver, William H./Landsman, Wayne R. (2001), The Relevance of the Value Relevance Literature for Financial Accounting Standard Setting: Another View, in: JAE, Vol. 31, S. 77-104.

Barth, Mary E./Landsman, Wayne R. (1995), Fundamental Issues Related to Using Fair Value Accounting for Financial Reporting, in: AH, Vol. 9, S. 97-107.

Barth, Mary E./Landsman, Wayne R./Rendleman, Richard J. Jr. (1998), Option Pricing-Based Bond Value Estimates and a Fundamental Components Approach to Account for Corporate Debt, in: AR, Vol. 73, S. 73-102.

Bayes, Thomas (1763), Essay Towards Solving a Problem in the Doctrine of Changes, in: PT, Vol. 53, S. 370-418, abgedruckt in: Biom., Vol. 45, S. 296-315.

Beatty, Anne/Chamberlain, Sandra/Magliolo, Joseph (1996), An Empirical Analysis of the Economic Implications of Fair Value Accounting for Investment Securities, in: JAE, Vol. 22, S. 43-77.

Beatty, Anne/Ramesh, K./Weber, Joseph (2002), The Importance of Accounting Changes in Debt Contracts: The Cost of Flexibility in Covenant Calculations, in: JAE, Vol. 33, S. 205-227.

Beaver, William H. (1968), The Information Content of Annual Earnings Announcements, in: JAR, Vol. 6 (Suppl.), S. 67-92.

Beaver, William H. (1991), Problems and Paradoxes in the Financial Reporting of Future Events, in: AH, Vol. 75, S. 122-136.

Beaver, William H. (1998), Financial Reporting – An Accounting Revolution, 3. Aufl., New Jersey.

Beaver, William H. (1999), Discussion of "On Transitory Earnings", in: RAS, Vol. 4, S. 163-167.

Beaver, William H./Demski, Joel S. (1974), The Nature of Financial Accounting Objectives: A Summary and Synthesis, in: Studies on Financial Accounting Objectives: 1974, JAR, Vol. 12 (Suppl.), S. 170-187.

Beaver, William H./Demski, Joel S. (1979), The Nature of Income Measurement, in: AR, Vol. 54, S. 38-46.

Beaver, William H./Kennelly, John W./Voss, William M. (1968), Predictive Ability as a Criterion for the Evaluation of Accounting Data, in: AR, Vol. 43, S. 675-683.

Beisse, Heinrich (1984), Zum Verhältnis von Bilanzrecht und Betriebswirtschaftslehre, in: StuW, 61. Jg., S. 1-14.

Beisse, Heinrich (1993), Gläubigerschutz – Grundprinzip des deutschen Bilanzrechts, in: *Beisse, Heinrich/Lutter, Marcus/Närger, Heribold* (Hrsg.), FS für Karl Beusch zum 68. Geburtstag, Berlin, New York, S. 77-97.

Bender, Christian (2005), Umsatzerfassung nach US-GAAP und IFRS – Konzeption, Problembereiche, Lösungsansätze, Wiesbaden.

Benecke, Birka (2000), Internationale Rechnungslegung und Management Approach – Bilanzierung derivativer Finanzinstrumente und Segmentberichterstattung, Wiesbaden.

Bentele, Martina (2004), Immaterielle Vermögenswerte in der Unternehmensberichterstattung, Frankfurt a.M..

Berle, Adolf A./Means, Gardiner C. (1932), The Modern Corporation and Private Property, New York u.a.

Bernard, Victor L./Merton, Robert C./Palepu, Krishna G. (1995), Mark-to-Market Accounting for Banks and Thrifts: Lessons from the Danish Experience, in: JAR, Vol. 33, S. 1-32.

Bhattacharya, Nilabhra/Black, Ervin L./Christensen, Theodore E./Mergenthaler, Richard D. (2004), Empirical Evidence on Recent Trends in Pro Forma Reporting, in: AH, Vol. 18, S. 27-43.

Biddle, Gary C./Chen, Peter Fusheng/Zhang, Guochang (2000), When Capital Follows Profitability: Non-linear Residual Income Dynamics, Working Paper, Hong Kong University of Science and Technology.

Biddle, Gary C./Choi, Jong-Hag (2003), Is Comprehensive Income Useful?, Working Paper, Hong Kong University of Science and Technology.

Biddle, Gary C./Seow, Gim S./Siegel, Andrew F. (1995), Relative versus Incremental Information Content, in: CAR, Vol. 12, S. 1-23.

Bieker, Marcus (2006), Ökonomische Analyse des Fair Value Accounting, Frankfurt a.M.

Biener, Herbert/Blaum, Ulf (2005), Kommentierung zu IAS 8: Periodenergebnis, grundlegende Fehler und Änderungen der Bilanzierungs- und Bewertungsmethoden (Net Profit or Loss for the Period, Fundamental Errors and Changes in Accounting Policies), in: *Baetge, Jörg/Dörner, Dietrich/Kleekämper, Heinz/Wollmert, Peter/Kirsch, Hans-Jürgen* (Hrsg.), Rechnungslegung nach International Accounting Standards (IAS) – Kommentar auf der Grundlage des deutschen Rechts, 2. Aufl., Stuttgart 2005 (Stand: Juni 2005).

Bierman, Harold Jr./Black, Homer A./Gray, Jack/Sapienza, Samuel R./Davidson, Sidney (1965), The Realization Concept, in: AR, Vol. 40, S. 312-322.

Birnberg, Jacob G. (1980), The Role of Accounting in Financial Disclosure, in: AOS, Vol. 5, S. 71-80.

Black, Fischer (1993), Choosing Accounting Rules, in: AH, Vol. 7, S. 1-17.

Blaufus, Kay (2005), Fair Value Accounting, Zweckmäßigkeitsanalyse und konzeptioneller Rahmen, Wiesbaden.

Böcking, Hans-Joachim/Lopatta, Kerstin/Rausch, Benjamin (2005), Fair Value-Bewertung versus Anschaffungskostenprinzip – ein Paradigmenwechsel in der Rechnungslegung?, in: *Bieg, Hartmut/Heyd, Reinhard* (Hrsg.), Fair Value – Bewertung in Rechnungswesen, Controlling und Finanzwirtschaft, München, S. 83-105.

Böcking, Hans-Joachim/Wesner, Peter (2004), Value Reporting und Corporate Governance – Anreizkompatible Vergütung, Perfromancemessung und Unternehmensüberwachung, in: WPg, Sonderheft 2004: Wirtschaftsprüfung und Zeitgeist – Prof. Dr. Dr. h.c. mult. Adolf Moxter zum 75. Geburtstag, 57. Jg., S. S98-S107.

Bogajewskaja, Janina (2006), Exposure Draft des IASB zur Änderung des IAS 1 Presentation of Financial Statements, in: BB, 61. Jg., S. 1155-1159.

Bradshaw, Mark T./Sloan, Richard G. (2002), GAAP versus the Street: An Empirical Assessment of Two Alternative Definitions of Earnings, in: JAR, Vol. 40, S. 41-66.

Brakensiek, Sonja/Hütten, Christoph (1999), Gliederung von Bilanz und GuV in einem befreienden Konzernabschluß, in: BB, 54. Jg., S. 1108-1109.

Brav, Alon/Graham, John R./Harvey, Campbell R./Michaely, Roni (2003), Payout Policy in the 21st Century (November 2005), Tuck Contemporary Corporate Finance Issues III Conference Paper, abrufbar unter: http://ssrn.com/abstract=571046 (Stand: 30.06.2006).

Brief, Richard P./Zarowin, Paul (1999), The Value Relevance of Dividends, Book Value and Earnings, Ross Institute Working Paper Series ACC-99-9, New York University.

Bromwich, Michael (1992), Financial Reporting, Information and Capital Markets, London.

Bromwich, Michael (2004), Aspects of the Future in Accounting: The Use of Market Prices and "Fair Values" in Financial Reports, in: *Leuz, Christian/Pfaff, Dieter/ Hopwood, Anthony* (Hrsg.), The Economics and Politics of Accounting, Oxford/New York, S. 32-57.

Brown, Lawrence D./Sivakumar, Kumar (2003), Comparing the Value Relevance of Two Operating Income Measures, in: RAS, Vol. 8, S. 561-572.

Bullen, Halsey G./Crook, Kimberley (2005), Revisiting the Concepts – A New Conceptual Framework Project (May 2005), abrufbar unter: http://www.fasb.org/ project/communications_paper.pdf (Stand: 30.06.2006).

Burger, Anton/Buchhart, Anton (2000), Bietet eine investororientierte Rechnungslegung den besseren Gläubigerschutz?, in: BB, 55. Jg, S. 2197-2200.

Bushman, Robert M./Engel, Ellen/Milliron, Jennifer/Smith, Abbie (1998), An Empirical Investigation of Trends in the Absolute and Relative Use of Earnings in Determining CEO Cash Compensation, Working Paper, University of Chicago.

Bushman, Robert M./Indjejikian, Raffi J. (1993), Stewardship Value of "Distorted" Accounting Disclosures, in: AR, Vol. 68, S. 765-782.

Bushman, Robert M./Smith, Abbie J. (2001), Financial Accounting Information and Corporate Governance, in: JAE, Vol. 32, S. 237-333.

Busse von Colbe, Walther (1957), Der Zukunftserfolgswert – Die Ermittlung des künftigen Unternehmenserfolges und seine Bedeutung für die Bewertung von Industrieunternehmen, Wiesbaden.

Busse von Colbe, Walther (1966), Aufbau und Informationsgehalt von Kapitalflußrechnungen, in: ZfB, 36. Jg., S. 82-114.

Cahan, Steven F./Courtenay, Stephen M./Gronewoller, Paul L./Upton, David R. (2000), Value Relevance of Mandated Comprehensive Income Disclosures, in: JBFA, Vol. 27, S. 1273-1301.

Cairns, David (1995), A Guide to Applying International Accounting Standards, Ball and Bain.

Cairns, David (2003), Applying International Accounting Standards, 3. Aufl., Chippenham.

Caliz, Stefan (2003), Erfolgsberichterstattung – Konzeption, Darstellung und Weiterentwicklung nach internationalen Rechnungslegungsstands, Bamberg.

Chang, Chun (1990), The Dynamic Structure of Optimal Debt Contracts, in: JET, Vol. 52, S. 68-86.

Cheetham, Malcolm (2005), JIG Performane Reporting Meeting, Präsentation beim Treffen der JIG am 14. Juni 2005 in New York, abrufbar unter: http://www.fasb.org/project/Malcolm_Cheetham.ppt (Stand: 30.06.2006).

Cheng, C.S. Agnes/Cheung, Joseph K./Gopalakrishnan, V. (1993), On the Usefulness of Operating Income, Net Income and Comprehensive Income in Explaining Security Returns, in: ABR, Vol. 23, S. 195-203.

Choudhury, Nandan (1986), Responsibility Accounting and Controllability, in: ABR, Vol. 16, S. 189-198.

Christensen, John A./Demski, Joel S. (2003), Accounting Theory – An Information Content Perspective, New York u.a.

Christensen, Peter O./Feltham, Gerald A./Şabac, Florin (2005), A Contracting Perspective on Earnings Quality, in: JAE, Vol. 39, S. 265-294.

Citron, David B. (1992), Accounting Measurement Rules in UK Bank Loan Contracts, in: ABR, Vol. 23, S. 21-30.

Citron, David B. (1995), Accounting-Based Covenants and the Structure of Public Debt Agreements, in: ABR, Vol. 25, S. 139-150.

Clemm, Hermann (1987), Unternehmerische Rechnungslegung – Aufgaben, Möglichkeiten und Grenzen, in: *Havermann, Hans* (Hrsg.), Bilanz- und Konzernrecht, FS für Reinhard Goerdeler, Düsseldorf, S. 93-112.

Coenenberg, Adolf G. (1968), Gewinnbegriff und Bilanzierung, in: zfbf, 20. Jg., S. 442-469.

Coenenberg, Adolf G. (1986), Ertragslage, in: *Leffson, Ulrich/Rückle, Dieter/Großfeld, Bernhard* (Hrsg.), Handwörterbuch unbestimmter Rechtsbegriffe im Bilanzrecht des HGB, Köln, S. 155-163.

Coenenberg, Adolf G. (1995), Einheitlichkeit oder Differenzierung von internem und externem Rechnungswesen: Die Anforderungen der internen Steuerung, in: DB, 48. Jg., S. 2077-2083.

Coenenberg, Adolf G. (2005), Jahresabschluss und Jahresabschlussanalyse, 20. Aufl., Stuttgart.

Coenenberg, Adolf G./Deffner, Manuel/Schultze, Wolfgang (2005), Erfolgsspaltung im Rahmen der erfolgswirtschaftlichen Analyse von IFRS-Abschlüssen, in: KoR, 5. Jg., S. 435-443.

Cook, David/Connor, Larissa/Crisp, Richard/Dekker, Pieter/Pankhurst, Margaret/ Wilson, Allister (2005), IFRS / US GAAP Comparison, 3. Aufl., Beccles/Suffolk.

Darrough, Masako N./Mattessich, Richard (1992), Agency Theory and Information Economics, in: *Mattessich, Richard* (Hrsg.), Modern Accounting Research: History, Survey, and Guide, Vancouver, S. 173-178.

Dechow, Patricia M./Hutton, Amy/Sloan, Richard G. (1999), An Empirical Assessment of the Residual Income Valuation Model, in: JAE, Vol. 26, S. 1-34.

Dechow, Patricia M./Skinner, Douglas J. (2000), Earnings Management: Reconciling the Views of Accounting Academics, Practitioners, and Regulators, in: AH, Vol. 14, S. 235-250.

Dechow, Patricia M./Sloan, Richard G. (1991), Executive Incentives and the Horizon Problem – An Empirical Investigation, in: JAE, Vol. 14, S. 51-89.

Deller, Dominic (2002), Auswirkungen von Dirty Surplus Accounting auf Investitionspolitik und Unternehmenskennzahlen, Lohmar/Köln.

Demirakos, Efthimios G./Strong, Norman C./Walker, Martin (2004), What Valuation Models do Analysts Use?, in: AH, Vol. 18, S. 221-240.

Demski, Joel S. (1973), The General Impossibility of Normative Accounting Standards, in: AR, Vol. 48, S. 718-723.

Devine, Carl Thomas (1963), The Role of Conservatism Reexamined, in: JAR, Vol. 1, S. 127-138.

Dexheimer, Sigrid (2002), Gewinngliederungsgrundsätze im internationalen Vergleich: HGB, US-GAAP und IAS, in: BB, 57. Jg., S. 451-457.

Dexheimer, Sigrid (2004), Gewinnerläuterungsgrundsätze nach US-GAAP und SEC-Recht, Düsseldorf.

Dhaliwal, Dan/Subramanyam, K.R./Trezevant, Robert (1999), Is Comprehensive Income Superior to Net Income as a Measure of Firm Performance?, in: JAE, Vol. 26, S. 43-67.

Diedrich, Ralf (2004), Periodenerfolgsmessung bei langfristigen Agency Beziehungen: Pre Decision Information versus Post Decision Information, in: ZfB, 74. Jg., S. 695-718.

Diedrich, Ralf/Rohde, Claudia (2005), Unternehmensführung und -kontrolle auf Basis von Fair Value im Rechnungswesen, in: *Bieg, Hartmut/Heyd, Reinhard* (Hrsg.), Fair Value – Bewertung in Rechnungswesen, Controlling und Finanzwirtschaft, München, S. 701-717.

Dietel, Marco (2004), International Accounting Standards/International Financial Reporting Standards und steuerliche Gewinnermittlung, Sternenfels.

Dobler, Michael (2004), Risikoberichterstattung – Eine ökonomische Analyse, Frankfurt a.M.

Dobler, Michael (2006), Ertragsvereinnahmung bei Fertigungsaufträgen nach IAS 11 und den Vorschlägen des Projekts Revenue Recognition – Vergleich und kritische Würdigung, in: KoR, 6. Jg., S. 160-170.

Dobler, Michael/Ballwieser, Wolfgang (2005), IFRS – Weltweite Sprache der Rechnungslegung? – Stand, Perspektiven und Probleme, in: GoingPublic Magazin, 9. Jg. Nr. 3, Sonderbeilage IFRS 2005, S. 22-23.

Dobler, Michael/Hettich, Silvia (2006), Rethinking Revenue Recognition – Critical Perspectives on the IASB's Current Proposals, Working Paper 2006-03, Munich School of Management, Ludwig-Maximilians-University Munich.

Döllerer, Georg (1958), Zweck der handelsrechtlichen Publizität, in: BB, 13. Jg., S. 1281-1284.

Döllerer, Georg (1959), Grundsätze ordnungsmäßiger Bilanzierung, deren Entstehung und Ermittlung, in: BB, 14. Jg., S. 1217-1221.

Döllerer, Georg (1983), Handelsbilanz ist gleich Steuerbilanz, in: *Baetge, Jörg* (Hrsg.), Der Jahresabschluß im Widerstreit der Interessen, Düsseldorf, S. 157-177.

Drukarczyk, Jochen (1973), Zur Brauchbarkeit der Konzeption des „ökonomischen Gewinns", in: WPg, 26. Jg., S. 183-188.

Drukarczyk, Jochen (2003), Unternehmensbewertung, 4. Aufl., München.

Drukarczyk, Jochen/Schüler, Andreas (2005), Finanzwirtschaftliche Modelle zur Bestimmung des Fair Value, in: *Bieg, Hartmut/Heyd, Reinhard* (Hrsg.), Fair Value – Bewertung in Rechnungswesen, Controlling und Finanzwirtschaft, München, S. 721-740.

Duke, J.C./Hunt III, H.G. (1990), An Empirical Examination of Debt Covenant Restrictions and Accounting-Related Debt Proxies, in: JAE, Vol. 12, S. 45-63.

Dutta, Sunil/Reichelstein, Stefan (1999), Asset Valuation and Performance Measurement in a Dynamic Agency Setting, in: RAS, Vol. 4, S. 235-258.

Dutta, Sunil/Reichelstein, Stefan (2002), Controlling Investment Decisions: Depreciation and Capital Charges, in: RAS, Vol. 7, S. 253–281.

Dutta, Sunil/Reichelstein, Stefan (2005), Stock Price, Earnings, and Book Value in Managerial Performance Measures, in: AR, Vol. 80, S. 1069-1100.

Dutta, Sunil/Zhang, Xiao-Jun (2002), Revenue Recognition in a Multiperiod Agency Setting, in: JAR, Vol. 40, S. 67-83.

Dye, Ronald A./Sridhar, Sri S. (2004), Reliability-Relevance Trade-Offs and the Efficiency of Aggregation, in: JAR, Vol. 42, S. 51-88.

Eccher, Elizabeth A./Ramesh, K./Thiagarajan, S. Ramu (1996), Fair Value Disclosures by Bank Holding Companies, in: JAE, Vol. 22, S. 79-117.

Edwards, Edgar O./Bell, Philip W. (1961), The Theory and Measurement of Business Income, Berkeley/Los Angeles/London.

Egner, Henning (1974), Bilanzen, München.

Eisenführ, Franz (1967), Wiederbeschaffungswerte im Jahresabschluß – eine Notwendigkeit?, in: DB, 20. Jg., S. 608-611.

Eisenhardt, Kathleen M. (1989), Agency Theory: An Assessment and Review, in: AMR, Vol. 14, S. 57-74.

El-Gazzar, Samir/Lilien, Steven/Pastena, Victor (1989), The Use of Off-Balance Sheet Financing to Circumvent Financial Covenant Restrictions, in: JAAF, Vol. 4, S. 217-231.

El-Gazzar, Samir/Pastena, Victor (1990), Negotiated Accounting Rules in Private Financial Contracts, in: JAE, Vol. 12, S. 381-396.

El-Gazzar, Samir/Pastena, Victor (1991), Factors Affecting the Scope and Initial Tightness of Covenant Restrictions in Private Lending Agreements, in: CAR, Vol. 8, S. 132-151.

Elschen, Rainer (1991), Gegenstand und Anwendungsmöglichkeiten der Agency-Theorie, in: zfbf, 43. Jg., S. 1002-1012.

Eriksson, Bo (2005), Performance Reporting – The Way Forward, Präsentation beim Treffen der JIG am 14. Juni 2005 in New York, abrufbar unter: http://www.fasb.org/project/Bo_Eriksson.ppt (Stand: 30.06.2006).

Ernstberger, Jürgen (2004), Erfolgs- und Vermögensmessung nach International Financial Reporting Standards (IFRS), Frankfurt a.M.

Euler, Roland (1996), Das System der Grundsätze ordnungsmäßiger Bilanzierung, Stuttgart.

Ewert, Ralf (1984), Zur Beziehung zwischen Investitionsvolumen, Fremdfinanzierung und Bilanzkennzahlen, in: zfbf, 36. Jg., S. 825-841.

Ewert, Ralf (1986), Rechnungslegung, Gläubigerschutz und Agency-Probleme, Wiesbaden.

Ewert, Ralf (1989), The Financial Theory of Agency as a Tool for an Analysis of Problems in External Accounting, in: *Bamberg, Günter/Spremann, Klaus* (Hrsg.), Agency Theory, Information, and Incentives, Nachdruck der 1. Aufl., Berlin u.a., S. 281-309.

Ewert, Ralf (2005), Fair value-Bewertung und Perforance-Messung, Präsentation am 59. Deutschen Betriebswirtschafter-Tag am 27. September 2005 in Frankfurt a.M., abrufbar unter: http://www.schmalenbach.org/Veranstaltungen/Veranstaltungen.htm (Stand: 30.06.2006).

Ewert, Ralf (2006), Fair value-Bewertung und Perforance-Messung, in: *Börsig, Clemens/Wagenhofer, Alfred* (Hrsg.), IFRS in Rechnungswesen und Controlling, Stuttgart, S. 179-207.

Ewert, Ralf/Wagenhofer, Alfred (2000), Rechnungslegung und Kennzahlen für das wertorientierte Management, in: *Wagenhofer, Alfred/Hrebicek, Gerhard* (Hrsg.), Wertorientiertes Management – Konzepte und Umsetzungen zur Unternehmenswertsteigerung, Stuttgart, S. 2-64.

Ewert, Ralf/Wagenhofer, Alfred (2003), Aspekte ökonomischer Forschung in der Rechnungslegung und Anwendung auf Ausschüttungsbemessung und Unabhängigkeit des Prüfers, in: BFuP, 55. Jg., S. 603-622.

Ewert, Ralf/Wagenhofer, Alfred (2005a), Economic Effects of Tightening Accounting Standards to Restrict Earnings Management, in: AR, Vol. 80, S. 1101-1124.

Ewert, Ralf/Wagenhofer, Alfred (2005b), Interne Unternehmensrechnung, 6. Aufl., Berlin u.a.

FASAC (2005), Summary of the Responses to the Annual FASAC Survey – Priorities of the Financial Accounting Standards Board, October 2005, abrufbar unter: http://www.fasb.org/fasac/results2005.pdf (Stand: 30.06.2006).

FASB (Hrsg.) (2002), Summary of User Interviews – Reporting Financial Performance by Business Enterprises, February 2002, abrufbar unter: http://www.fasb.org/project/interviews.pdf (Stand: 30.06.2006).

FASB (Hrsg.) (2003), Financial Reporting by Business Enterprises – Powerpoint Presentation at the IASB Meeting with the FASB October 2003, abrufbar unter: http://www.iasb.org/uploaded_files/documents/8_439_0310ob10.pdf (Stand: 30.06.2006).

FASB (Hrsg.) (2005a), Original Pronouncements – Accounting Standards as of June 1, 2005, Vol. I-III, New York u.a. 2005.

FASB (Hrsg.) (2005b), Project Updates, Financial Performance Reporting by Business Enterprises, letzte Aktualisierung: 20.12.2005, abrufbar unter: http://www.fasb.org/project/fin_reporting.shtml (Stand: 10.03.2006).

FASB (Hrsg.) (2005c), Board Meeting Handout October 24, 2005, abrufbar unter: http://www.fasb.org/board_handouts/10-24-05.pdf (Stand: 30.06.2006).

FASB (Hrsg.) (2005d), Minutes of the October 24, 2005 Joint Board Meeting: Financial Performance Reporting, Date: November 1, 2005, abrufbar unter: http://www.fasb.org/board_meeting_minutes/10-24-05_perf_reporting.pdf (Stand: 30.06.2006).

FASB (Hrsg.) (2005e), Minutes of the December 7, 2005 Performance Reporting Board Meeting, Date: December 13, 2005, abrufbar unter: http://www.fasb.org/board_meeting_minutes/12-07-05_perf_reporting.pdf (Stand: 30.06.2006).

FASB (Hrsg.) (2006a), Project Updates, Fair Value Measurements, letzte Aktualisierung: 11.05.2006, abrufbar unter: http://www.fasb.org/project/fv_measurement.shtml (Stand: 30.06.2006).

FASB (Hrsg.) (2006b), Project Updates, Revenue Recognition, letzte Aktualisierung: 01.06.2006, abrufbar unter: http://www.fasb.org/project/revenue_recognition.shtml (Stand: 30.06.2006).

FASB/IASB (Hrsg.) (2006a), Project Updates, Conceptual Framework – Joint Project of the IASB and FASB, letzte Aktualisierung: 30.06.2006, abrufbar unter: http://www.fasb.org/project/conceptual_framework.shtml (Stand: 30.06.2006).

FASB/IASB (Hrsg.) (2006b), Project Updates, Financial Statement Presentation – Joint Project of the IASB and FASB (Formerly known as Financial Performance Reporting by Business Enterprises), letzte Aktualisierung: 26.05.2006, abrufbar unter: http://www.fasb.org/project/financial_statement_presentation.shtml (Stand: 30.06.2006).

Feltham, Gerald A./Ohlson, James A. (1999), Residual Earnings Valuation with Risk and Stochastic Interest Rates, in: AR, Vol. 74, S. 165-183.

Feltham, Gerald A./Xie, Jim (1994), Performance Measure Congruity and Diversity in Multi-Task Principal/Agent Relations, in: AR, Vol. 69, S. 429-453.

Feuerbaum, Ernst (1966), Die dynamische Bilanz und dynamische Wirtschaftsverhältnisse, in: zfbf, 18. Jg., S. 554-562.

Fisher, Irving (1906), The Nature of Capital and Income, New York.

Förster, Wolfgang (1992), Die Liquidationsbilanz. Eine handelsrechtliche, betriebswirtschaftliche und steuerrechtliche Darstellung mit Fallbeispiel, Köln.

Franke, Günter/Hax, Herbert (2004), Finanzwirtschaft des Unternehmens und Kapitalmarkt, 5. Aufl., Berlin u.a.

Franke, Günter/Laux, Helmut (1970), Der Wert betrieblicher Informationen für Aktionäre, in: NBW, 23. Jg., S. 1-8.

Franke, Jürgen/Härdle, Wolfgang/Hafner, Christian (2001), Einführung in die Statistik der Finanzmärkte, Berlin u.a.

Franken, Lars (2001), Gläubigerschutz durch Rechnungslegung nach US-GAAP, Frankfurt a.M.

Freiberg, Jens/Lüdenbach, Norbert (2005), Ermittlung des Diskontierungssatzes nach IAS 36, in: KoR, 5. Jg., S. 479-187.

Frost, Carol A./Bernard, Victor L. (1989), The Role of Debt Covenants in Assessing the Economic Consequences of Limiting Capitalization of Exploration Costs, in: AR, Vol. 64, S. 788-808.

Gaber, Christian (2005), Der Erfolgsausweis im Wettstreit zwischen Prognosefähigkeit und Kongruenz, in: BFuP, 57. Jg., S. 279-295.

Gampenrieder, Peter (2003), Variable Vergütung auf Basis des Economic Value Added – Ein kritischer Beitrag zur Diskussion um die richtige Bemessungsgrundlage, in: ST, 77. Jg., S. 123-128.

Garrod, N./Giner, B./Larran, M. (2000), The Value Relevance of Earnings, Cash Flow and Accruals: The Impact of Disaggregation and Contingencies, Working Paper 2000/4, Department of Accounting and Finance, University of Glasgow.

Gavish, Bezalel/Kalay, Avner (1983), On the Asset Substitution Problem, in: JFQA, Vol. 18, S. 21-30.

Gedenk, Karen (1998), Agency-Theorie und die Steuerung von Geschäftsführern, in: DBW, 58. Jg., S. 22-37.

Gerbaulet, Christian (1999), Reporting Comprehensive Income – Die Bestrebungen des FASB, des ASB sowie des IASC, Wiesbaden.

Gibbons, Robert/Murphy, Kevin J. (1992), Does Executive Compensation Affect Investment?, in: JACF, Vol. 5, S. 99-109.

Gjesdal, Frøystein (1981), Accounting for Stewardship, in: JAR, Vol. 19, S. 208-231.

Gjesdal, Frøystein (1982), Information and Incentives: The Agency Information Problem, in: RES, Vol. 49, S. 373-390.

Gjesdal, Frøystein/Antle, Rick (2001), Dividend Covenants and Income Measurement, in: RAS, Vol. 6, S. 53-75.

Glover, Jonathan C./Ijiri, Yuji/Levine, Carolyn B./Liang, Pierre Jinghong (2005), Separating Facts from Forecasts in Financial Statements, in: AH, Vol. 19, S. 267-282.

Goerdeler, Reinhard (1962), Die Publizität der Rechenschaftslegung, in: *Barz, Carl Hans* u.a. (Hrsg.), Das Frankfurter Publizitätsgespräch, Vorträge und Diskussionen der gleichnamigen Tagung in Königstein/Ts. am 13. und 14. April 1962, Frankfurt a.M., S. 211-233.

Gordon, M. J. (1971), Towards a Theory of Financial Distress, in: JoF, Vol. 26, S. 347-356.

Graham, Roger C./Lefanowicz, Craig E./Petroni, Kathy R. (2003), The Value Relevance of Equity Method Fair Value Disclosures, in: JBFA, Vol. 30, S. 1065-1088.

Grau, Andreas (2002), Gewinnrealisierung nach International Accounting Standards, Mainz.

Günther, Thomas/Schiemann, Frank (2005), Entscheidungsorientierung von Fair Value-Ansätzen im internen und externen Rechnungswesen, in: *Bieg, Hartmut/Heyd, Reinhard* (Hrsg.), Fair Value – Bewertung in Rechnungswesen, Controlling und Finanzwirtschaft, München, S. 601-628.

Hachmeister, Dirk (2005), Reporting Financial Performance und Fair Value, in: *Bieg, Hartmut/Heyd, Reinhard* (Hrsg.), Fair Value – Bewertung in Rechnungswesen, Controlling und Finanzwirtschaft, München, S. 371-389.

Hacker, Bernd (2002), Segmentberichterstattung – eine ökonomische Analyse, Frankfurt a.M.

Hall, Steven C. (1994), Dividend Restrictions and Accounting Choices, in: JAAF, Vol. 9, S. 447-463.

Haller, Axel (1994), Die Grundlagen der externen Rechnungslegung in den USA, 4. Aufl., Stuttgart.

Haller, Axel/Schloßgangl, Maria (2003), Notwendigkeit einer Neugestaltung des Performance Reporting nach International Accounting (Financial Reporting) Standards, in: KoR, 3. Jg., S. 317-327.

Haller, Axel/Schloßgangl, Maria (2005), Shortcomings of Performance Reporting under IAS/IFRS: A Conceptual and Empirical Study, in: JAAPE, Vol. 2, S. 281-299.

Halstenberg, Bernd (1989), Zur Entwicklung der Gliederungskonzeption der Gewinn- und Verlustrechnung publizitätspflichtiger Unternehmungen, Münster.

Hand, John/Landsman, Wayne (1999), The Pricing of Dividends in Equity Valuation, Working Paper, University of North Carolina at Chapel Hill.

Hansen, Palle (1962), The Accounting Concept of Profit. An Analysis and Evaluation in the Light of the Economic Theory of Income and Capital, Amsterdam.

Hartle, Joachim (1984), Möglichkeiten der Entobjektivierung der Bilanz – Eine ökonomische Analyse, Frankfurt a.M.

Hartmann-Wendels, Thomas (1986), Dividendenpolitik bei asymmetrischer Informationsverteilung, Wiesbaden.

Hartmann-Wendels, Thomas (1989), Principal-Agent-Theorie und asymmetrische Informationsverteilung, in: ZfB, 59. Jg., S. 714-734.

Hartmann-Wendels, Thomas (1991), Rechnungslegung der Unternehmen und Kapitalmarkt aus informationsökonomischer Sicht, Heidelberg.

Hasenburg, Christof/Dräxler, Manfred (2006), Die geplanten Änderungen zur Darstellung von IFRS-Abschlüssen – Der Exposure Draft zur Änderung des IAS 1 –, in: KoR, 6. Jg., S. 289-298.

Hax, Herbert (1964), Der Bilanzgewinn als Erfolgsmaßstab, in: ZfB, 34. Jg., S. 642-651.

Hax, Herbert (1989), Investitionsrechnung und Periodenerfolgsmessung, in: *Delfmann, Werner* (Hrsg.), Der Integrationsgedanke in der Betriebswirtschaftslehre, FS für Helmut Koch, Wiesbaden, S. 153-170.

Hax, Herbert (2004), Was bedeutet Periodenerfolgsmessung?, in: *Gillenkirch, Robert M./Schauenberg, Bernd/Schenk-Mathes, Heike Y./Velthuis, Louis John* (Hrsg.), Wertorientierte Unternehmenssteuerung, FS für Helmut Laux, Berlin u.a., S. 77-98.

Hax, Karl (1926), Der Gewinnbegriff in der Betriebswirtschaftslehre, Ergänzungsbände zur ZfhF, Band 5, Leipzig.

Hax, Karl (1957), Die Substanzerhaltung der Betriebe, Köln/Opladen.

Hayn, Sven (1994), Die International Accounting Standards, in: WPg, 47. Jg., S. 713-721, 749-755.

Hayn, Sven/Graf Waldersee, Georg (2004), IFRS / US-GAAP / HGB im Vergleich – Synoptische Darstellung für den Einzel- und Konzernabschluss, 5. Aufl., Stuttgart.

Healy, Paul M. (1985), The Effect of Bonus Schemes on Accounting Decisions, in: JAE, Vol. 7, S. 85-107.

Healy, Paul M./Palepu, Krishna G. (1990), A Review of the Earnings Management Literature and Its Implications for Standard Setting, in: AH, Vol. 13, S. 365–383.

Healy, Paul M./Palepu, Krishna G. (2001), Information Asymmetry, Corporate Disclosure, and the Capital Markets: A Review of the Empirical Disclosure Literature, in: JAE, Vol. 31, S. 405-440.

Healy, Paul M./Wahlen, James M. (1999), A Review of Earnings Management Literature and Its Implications for Standard Setting, in: AH, Vol. 13, S. 365-383.

Hebertinger, Martin (2002), Wertsteigerungsmaße – Eine kritische Analyse, Frankfurt a.M.

Heiden, Matthias (2006), Pro-forma-Berichterstattung – Reporting zwischen Information und Täuschung, Berlin.

Heinhold, Michael (2004), Kosten- und Erfolgsrechnung in Fallbeispielen, 3. Aufl., Stuttgart.

Hendriksen, Eldon S./van Breda, Michael F. (1992), Accounting Theory, 5. Aufl., Homewood u.a.

Herzig, Norbert (2004), IAS/IFRS und steuerliche Gewinnermittlung, Düsseldorf.

Herzig, Norbert (2005), IAS/IFRS und steuerliche Gewinnermittlung, in: WPg, 58. Jg., S. 211-235.

Hettich, Günter (1981), Struktur, Funktion und Effizienz betrieblicher Informationssysteme, Tübingen.

Heuser, Paul J./Theile, Carsten (2005), IAS/IFRS Handbuch – Einzel- und Konzernabschluss, 2. Aufl., Köln.

Hitz, Jörg-Markus (2005a), Rechnungslegung zum fair value – Konzeption und Entscheidungsnützlichkeit, Frankfurt a.M.

Hitz, Jörg-Markus (2005b), The Decision Usefulness of Fair Value Accounting – A Theoretical Perspective, Kölner Diskussionspapiere zu Bankwesen, Unternehmensfinanzierung, Rechnungswesen und Besteuerung, Working Paper 04/2005.

Hitz, Jörg-Markus/Kuhner, Christoph (2000), Erweiterung des US-amerikanischen conceptual framework um Grundsätze der Barwertermittlung – Inhalt und Bedeutung des Statement of Financial Accounting Concepts No. 7, in: WPg, 53. Jg., S. 889-902.

Hoffmann, Wolf-Dieter (2006), § 8 Anschaffungs- und Herstellungskosten, Neubewertung, in: *Lüdenbach, Norbert/Hoffmann, Wolf-Dieter* (Hrsg.), Haufe IFRS-Kommentar, 4. Aufl., Feiburg i.Br.

Hofmann, Christian (2004), Bilanzielle Darstellungsspielräume und langfristige Anreize, in: *Ballwieser, Wolfgang* (Hrsg.), Shareholder Value-Orientierung bei Unternehmenssteuerung, Anreizgestaltung, Leistungsmessung und Rechnungslegung, zfbf-Sonderheft 51, Düsseldorf, S. 137-171.

Hollmann, Sebastian (2003), Reporting Performance – Analyse des Ausweises der Erträge und Aufwendungen in einem Abschluß nach den Rechnungslegungsvorschriften des IASB, Düsseldorf.

Holmström, Bengt (1984), On the Theory of Delegation, in: *Boyer, M./Kihlstrom, R.* (Hrsg.), Bayesian Models in Economic Theory, Amsterdam, S. 115-141.

Holmström, Bengt/Milgrom, Paul (1987), Aggregation and Linearity in the Provision of Intertemporal Incentives, in: Econ., Vol. 55, S. 303-328.

Holmström, Bengt/Milgrom, Paul (1991), Multitask Principal-Agent Analyses: Incentive Contracts, Asset Ownership, and Job Design, in: JLEO, Vol. 7, S. 24-52.

Holthausen, Robert W./Watts, Ross L. (2001), The Relevance of Value-Relevance Literature for Financial Accounting Standard Setting, in: JAE, Vol. 31, S. 3-75.

Holzer, Peter/Ernst, Christian (1999), (Other) Comprehensive Income und Non-Ownership Movements in Equity – Erfassung und Ausweis des Jahresergebnisses des Eigenkapitals nach US-GAAP und IAS, in: WPg, 52. Jg., S. 353-370.

Honko, Jaakko (1965), Über einige Probleme bei der Ermittlung des Jahresgewinns der Unternehmung, in: ZfB, 35. Jg., S. 611-642.

Hossfeld, Christopher (2005), Fair Value-Bewertung und Ausschüttung, in: *Bieg, Hartmut/Heyd, Reinhard* (Hrsg.), Fair Value – Bewertung in Rechnungswesen, Controlling und Finanzwirtschaft, München, S. 155-177.

Hunt, Steven C. (1995), A Review and Synthesis of Research in Performance Evaluation in Public Accounting, in: JAL, Vol. 15, S. 107-139.

IASB (Hrsg.) (2003), IASB Update November 2003.

IASB (Hrsg.) (2004a), IASB Update April 2004.

IASB (Hrsg.) (2004b), IASB Insight October-November 2004.

IASB (Hrsg.) (2004c), Press Release: Membership of IASB and FASB international working group on performance reporting announced, 22. November 2004, abrufbar unter: http://www.iasb.org/uploaded_files/documents/10_251_2004pr29.pdf (Stand: 30.06.2006).

IASB (Hrsg.) (2005a), Performance Reporting, Aktualisierung: 05.05.2005, abrufbar unter: http://www.iasb.org/uploaded_files/documents/16_19_May2005projectupda te.pdf (Stand: 19.10.2005).

IASB (Hrsg.) (2005b), Performance Reporting, letzte Aktualisierung: 08.12.2005, abrufbar unter: http://www.iasb.org/uploaded_files/documents/16_19_Performancere portingreportDec2005.pdf (Stand: 10.03.2006).

IASB (Hrsg.) (2005c), Information for Observers, October 2005, London, Performance Reporting (Agenda Paper 11A), abrufbar unter: http://www.iasb.org/uploaded_ files/documents/8_1168_0510ob11a.pdf (Stand: 30.06.2006).

IASB (Hrsg.) (2005d), Information for Observers, October 2005, London, Performance Reporting (Agenda Paper 11B), abrufbar unter: http://www.iasb.org/uploaded_ files/documents/8_1168_0510ob11b.pdf (Stand: 30.06.2006).

IASB (Hrsg.) (2005e), Information for Observers, November 2005, London, Performance Reporting – Segment A (Agenda Paper 9), abrufbar unter: http://www.iasb. org/uploaded_files/documents/8_1327_0511ob09.pdf (Stand: 30.06.2006).

IASB (Hrsg.) (2005f), IASB Update July 2005.

IASB (Hrsg.) (2005g), IASB Update October 2005.

IASB (Hrsg.) (2005h), IASB Update November 2005.

IASB (Hrsg.) (2006a), Information for Observers, January 2006, London, Performance Reporting – Segment A (Agenda Paper 5), abrufbar unter: http://www.iasb.org/up loaded_files/documents/8_1404_0601ob05.pdf (Stand: 30.06.2006).

IASB (Hrsg.) (2006b), IASB Update January 2006.

IASB (Hrsg.) (2006c), Revenue Recognition, letzte Aktualisierung: 10.03.2006, abrufbar unter: http://www.iasb.org/uploaded_files/documents/16_213_ProjectUpdateRe venueRecognition.pdf (Stand: 30.06.2006).

IASB/FASB (Hrsg.) (2005a), Information for Observers, Joint International Working Group on Performance Reporting, June 2005, Segment A Update (Agenda Paper 2), abrufbar unter: http://www.iasb.org/uploaded_files/documents/8_954_observer notesforagendapaper2.doc (Stand: 30.06.2006).

IASB/FASB (Hrsg.) (2005b), Information for Observers, Joint International Working Group (JIG) on Performance Reporting, January 2005, History of the Performance Reporting Project (Agenda Paper 2), abrufbar unter: http://www.iasb.org/uploaded _files/documents/8_954_Paper2History-ObserverNotes.doc (Stand: 30.06.2006).

IASB/FASB (Hrsg.) (2005c), Information for Observers, Performance Reporting, 21. April 2005, Agenda Paper 2: Project Update (Agenda Paper 2), abrufbar unter: http://www.iasb.org/uploaded_files/documents/8_1016_0405obj02.doc (Stand: 30.06.2006).

IASB/FASB (Hrsg.) (2005d), Information for Observers, Performance Reporting, 21. April 2005, Agenda Paper 2A: Required Financial Statements, abrufbar unter: http://www.iasb.org/uploaded_files/documents/8_1016_0405obj02A.doc (Stand: 30.06.2006).

IASB/FASB (Hrsg.) (2005e), Information for Observers, Performance Reporting, 21. April 2005, Agenda Paper 2B: Comparative Financial Statements, abrufbar unter: http://www.iasb.org/uploaded_files/documents/8_1016_0405obj02B.doc (Stand: 30.06.2006).

IASB/FASB (Hrsg.) (2005f), Information for Observers, Joint International Working Group (JIG) on Performance Reporting, June 2005, New York, Presentation by JIG Memebers: What does Net Income Mean? (Agenda Paper 1), abrufbar unter: http://www.fasb.org/project/06-14-05_observer_notes_agenda_paper1.pdf (Stand: 30.06.2006).

IASB/FASB (Hrsg.) (2005g), Information for Observers, Joint International Working Group (JIG) on Performance Reporting, June 2005, New York, Categorization in a Statement of Earnings and Comprehensive Income (Agenda Paper 3), abrufbar unter: http://www.fasb.org/project/06-14-05_observer_notes_agenda_paper3.pdf (Stand: 30.06.2006).

IASB/FASB (Hrsg.) (2005h), Minutes of the June 15, 2005 Joint International Group on Performance Reporting, Date: 22.08.05, abrufbar unter: http://www.fasb.org/project/06-14-05_jigminutes.pdf (Stand: 30.06.2006).

IASC (Hrsg.) (1999), G4+1 Position Paper: Reporting Financial Performance. A Discussion Paper Issued for the Comment by the Staff of the International Accounting Standards Committee, London.

IASC Steering Committee (Hrsg.) (2001), Draft Statement of Principles, Reporting Recognised Income and Expense, London.

IASCF (Hrsg.) (2005a), International Financial Reporting Standards, London.

IASCF (Hrsg.) (2005b), Discussion Paper: Management Commentary October 2005, London.

IASCF (Hrsg.) (2005c), Discussion Paper: Measurement Bases for Financial Accounting – Measurement on Initial Recognition, prepared by staff of the Canadian Accounting Standards Board, November 2005, London.

IASCF (Hrsg.) (2005d), International Financial Reporting Standards (IFRSs™) 2005 (Deutsche Ausgabe), Stuttgart.

IASCF (Hrsg.) (2006), Exposure Draft of Proposed Amendments to IAS 1 Presentation of Financial Statements: A Revised Presentation, London.

IDW (Hrsg.) (2005), International Financial Reporting Standards IFRS: einschließlich International Accounting Standards IAS und Interpretationen, Die amtlichen EU-Texte Englisch-Deutsch Stand: Februar 2005 IDW Textausgabe, 2. Aufl., Düsseldorf.

Ijiri, Yuji (1967), The Foundations of Accounting Measurement – A Mathematical, Economic, and Behavioral Inquiry, Englewood Cliffs.

Ijiri, Yuji (1970), A Defense of Historical Cost Accounting, in: *Sterling, Robert R.* (Hrsg.), Asset Valuation and Income Determination, Houston, S. 1-14.

Ijiri, Yuji (1975), Theory of Accounting Measurement, Sarasota.

Ijiri, Yuji/Jaedicke, Robert K. (1966), Reliability and Objectivity of Accounting Measurements, in: AR, Vol. 41, S. 474-483.

Illetschko, Leopold L. (1954), Bilanzgliederung und Bewertung, in: NBW, 7. Jg., S. 41-42.

Indjejikian, Raffi J. (1999), Performance Evaluations and Compensation Research: An Agency Perspective, in: AH, Vol. 13, S. 147-157.

Innes, Robert D. (1990), Limited Liability and Incentive Contracting with Ex-ante Action Choices, in: JET, Vol. 52, S. 45-67.

Isaac, Alfred (1924), Anschaffungswertbilanz und Tageswertbilanz, in: ZfB, 1. Jg., S. 246-265.

Jaggi, Bikki/Zhao, Ronald (2002), Information Content of Earnings and Earnings Components of Commercial Banks: Impact of SFAS No. 115, in: RQFA, Vol. 18, S. 405-421.

Jensen, Michael C./Meckling, William H. (1976), Theory of the Firm: Managerial Behavior, Agency Costs and Ownership Structure, in: JFE, Vol. 3, S. 305-360.

Jensen, Michael C./Murphy, Kevin J. (1988), Performance Pay and Top Management Incentives, in: JPE, Vol. 98, S. 225-264.

Jensen, Michael C./Smith, Clifford W. Jr. (1985), Stockholder, Manager, and Creditor Interests: Applications of Agency Theory, in: *Altman, Edward I./Subrahmanyam, Marti G.* (Hrsg.), Recent Advances in Corporate Finance, Homewood, S. 93-131.

John, Kose/Kalay, Avner (1982), Costly Contracting and Optimal Payout Constraints, in: JoF, Vol. 37, S. 457-470.

John, Kose/Kalay, Avner (1985), Information Content of Optimal Debt Contracts, in: *Altman, Edward I./Subrahmanyam, Marti G.* (Hrsg.), Recent Advances in Corporate Finance, Homewood, S. 133-161.

Johnson, L. Todd/Lennard, Andrew (1998), Reporting Financial Performance: Current Developments and Future Directions, Norwalk.

Johnson, W. Bruce/Schwartz, William C. Jr. (2005), Are Investors Misled by "Pro Forma" Earnings?, in: CAR, Vol. 22, S. 915-963.

Jost, Peter-J. (2001), Die Prinzipal-Agenten-Theorie im Unternehmenskontext, in: *Jost, Peter-J.* (Hrsg.), Die Prinzipal-Agenten-Theorie in der Betriebswirtschaftslehre, Stuttgart, S. 11-43.

Jung, Maximilian (1997), Zum Konzept der Wesentlichkeit bei Jahresabschlußerstellung und -prüfung : Eine theoretische Untersuchung, Frankfurt a.M.

Jüttner-Nauroth, Beate (2002), Definition, Verständnis und Relevanz des Fair Value von Aktienoptionsrechten in der Internationalen Rechnungslegung, Frankfurt a.M. u.a.

Kahle, Holger (2002), Internationale Rechnungslegung und ihre Auswirkungen auf Handels- und Steuerbilanz, Wiesbaden.

Kalay, Avner (1982), Stockholder-Bondholder Conflict and Dividend Constraints, in: JFE, Vol. 10, S. 211-233.

Kelly, Ken (2005), Performance Reporting Meeting of JIG 6/14/05, Präsentation beim Treffen der JIG am 14. Juni 2005 in New York, abrufbar unter: http://www.fasb.org/project/Ken_Kelly.doc (Stand: 30.06.2006).

Kerkhoff, Guido (2005a), JIG Performance Reporting, Präsentation beim Treffen der JIG am 14. Juni 2005 in New York, abrufbar unter: http://www.fasb.org/project/Guido_Kerkhoff.pdf oder http://www.deutschetelekom.com/performance-reporting (Stand: 30.06.2006).

Kerkhoff, Guido (2005b), Performance Reporting – Konsequenzen für das interne Reporting, Präsentation am 59. Deutschen Betriebswirtschafter-Tag am 27. September 2005 in Frankfurt a.M., abrufbar unter: http://www.schmalenbach.org/Veranstaltungen/Veranstaltungen.htm (Stand: 30.06.2006).

Kerkhoff, Guido/Diehm, Sven (2006), Performance Reporting: Konsequenzen für das interne Reporting, in: *Börsig, Clemens/Wagenhofer, Alfred* (Hrsg.), IFRS in Rechnungswesen und Controlling, Stuttgart, S. 209-228.

Kessler, Harald (2005), Ist der Fair Value fair?, in: *Bieg, Hartmut/Heyd, Reinhard* (Hrsg.), Fair Value – Bewertung in Rechnungswesen, Controlling und Finanzwirtschaft, München, S. 57-81.

Khurana, Inder K./Kim, Myung-Sun (2003), Relative Value Relevance of Historical Cost vs. Fair Value: Evidence from Bank Holding Companies, in: JAPP, Vol. 22, S. 19-42.

Kiener, Stefan (1990), Die Principal-Agent-Theorie aus informationsökonomischer Sicht, Heidelberg.

Kim, Myungsun/Kross, William (2005), The Ability of Earnings to Predict Future Operating Cash Flows Has Been Increasing – Not Decreasing, in: JAR, Vol. 43, S. 753-780.

Kirk, Robert J. (2005), International Financial Reporting Standards in Depth, Vol. 1: Theory and Practice, Oxford/Burlington.

Kirsch, Hanno (2003), Erfolgsstrukturanalyse auf Basis der Gliederungs- und Angabevorschriften zur IAS/IFRS-Gewinn- und Verlustrechnung, in: DB, 56. Jg., S. 2449-2455.

Kirsch, Hans-Jürgen/Steinhauer, Leif (2003), Standard & Poor's core earnings – Eine Basis für die externe Berechnung des EVA?, in: FB, 5. Jg., S. 541-548.

Kirschenheiter, Michael (1997), Information Quality and Correlated Signals, in: JAR, Vol. 35, S. 43-59.

Kirschenheiter, Michael (1999), Optimal Contracting, Accounting Standards, and Market Structures, in: CAR, Vol. 16, S. 243-276.

Kleekämper, Heinz/Knorr, Liesel/Somes, Karen/Bischof, Stefan/Doleczik, Günter (2005), Kommentierung zu IAS 1: Darstellung des Abschlusses (Presentation of Financial Statements), in: *Baetge, Jörg/Dörner, Dietrich/Kleekämper, Heinz/Wollmert, Peter/Kirsch, Hans-Jürgen* (Hrsg.), Rechnungslegung nach International Accounting Standards (IAS) – Kommentar auf der Grundlage des deutschen Rechts, 2. Aufl., Stuttgart 2005 (Stand: Juni 2005).

Klein, Georg A. (1999), Unternehmenssteuerung auf Basis der International Accounting Standards, München.

Kley, Christoph R./Vater, Hendrik J. (2003), Pro-forma-Gewinne: des Kaisers neue Kleider?, in: KoR, 3. Jg., S. 45-50.

Kley, Karl-Ludwig (2001), Die Fair Value-Bilanzierung in der Rechnungslegung nach den International Accounting Standards, in: BB, 56. Jg., S. 2257-2262.

Knobloch, Alois Paul (2005), Über den Aussagegehalt des Jahresabschlusses zur Schuldenlage – Ein Vergleich von IAS/IFRS- (gegenwärtig und nach ED 7) und HGB-Abschluss, in: KoR, 5. Jg., S. 93-105.

Kohler, Eric L. (1963), Why Not Retain Historical Cost?, in: JoA, Vol. 116, S. 35-41.

Kosiol, Erich (1940), Formalaufbau und Sachinhalt der Bilanz – Ein Beitrag zur Bilanztheorie, in: Wirtschaftslenkung und Betriebswirtschaftslehre, FS für Ernst Walb, Leipzig, S. 103-132.

Kothari, S.P. (2001), Capital Markets Research in Accounting, in: JAE, Vol. 31, S. 105-231.

Krönert, Björn (2001), Grundsätze informationsorientierter Rechnungslegung, Sternenfels.

Krümmel, Hans-Jacob (1962), Zur Bewertung im Kreditstatus, in: ZfhF, 14. Jg., S. 137-151.

Krümmel, Hans-Jacob (1992), Pagatorisches Prinzip und nominelle Kapitalerhaltung, in: *Moxter, Adolf/Müller, Hans-Peter/Windmöller, Rolf/v. Wysocki, Klaus* (Hrsg.), Rechnungslegung – Entwicklungen bei der Bilanzierung und Prüfung von Kapitalgesellschaften, FS für Karl-Heinz Forster, Düsseldorf, S. 307-320.

Kuhlewind, Andreas-Markus (1997), Grundlagen einer Bilanzrechtstheorie in den USA, Frankfurt a.M.

Kuhn, Klaus (1966), Die dynamische Bilanz als Führungsinstrument im Konzern, in: zfbf, 18. Jg., S. 563-567.

Kuhner, Christoph (2001), Das Spannungsverhältnis zwischen Einzelfallgerechtigkeit und Willkürfreiheit – im Recht und in der Rechnungslegung, in: BFuP, 53. Jg., S. 523-542.

Kuhner, Christoph (2005a), Interessenkonflikte aus der Sicht der Betriebswirtschaftslehre, in: zfwu, 6. Jg., S. 138-154.

Kuhner, Christoph (2005b), Zur Zukunft der Kapitalerhaltung durch bilanzielle Ausschüttungssperren im Gesellschaftsrecht der Staaten Europas, in: ZGR, 34. Jg., S. 753-787.

Küpper, Hans-Ulrich (1998a), Angleichung des externen und internen Rechnungswesens, in: *Börsig, Clemens/Coenenberg, Adolf G.* (Hrsg.), Controlling und Rechnungswesen im internationalen Wettbewerb, Stuttgart, S. 143-162.

Küpper, Hans-Ulrich (1998b), Marktwertorientierung – neue und realisierbare Ausrichtung für die interne Unternehmensrechnung?, in: BFuP, 50. Jg., S. 517-539.

Küpper, Hans-Ulrich (1999), Zweckmäßigkeit, Grenzen und Ansatzpunkte einer Integration der Unternehmensrechnung, in: krp, Sonderheft 3, 43. Jg., S. 5-11.

Küpper, Hans-Ulrich (2005), Controlling, 4. Aufl., Stuttgart.

Küting, Karlheinz/Heiden, Matthias (2003), Zur Systematisierung von Pro-forma-Kennzahlen – Gleichzeitig: Fortsetzung der empirischen Bestandsaufnahme, in: DStR, 41. Jg., S. 1544-1552.

Küting, Karlheinz/Keßler, Marco/Gattung, Andreas (2005), Die Gewinn- und Verlustrechnung nach HGB und IFRS – Auswirkungen der Überarbeitung des IAS 1 auf die GuV und insbesondere auf die Erfolgsspaltungskonzeption der IFRS-Bilanzierung, in: KoR, 5. Jg., S. 15-22.

Küting, Karlheinz/Lorson, Peter (1998), Konvergenz von internem und externem Rechnungswesen: Anmerkungen zu Strategien und Konfliktfeldern, in: WPg, 51. Jg., S. 483-493.

Küting, Karlheinz/Reuter, Michael (2005), Werden stille Reserven in Zukunft (noch) stiller? – Machen die IFRS die Bilanzanalyse überflüssig oder weitgehend unmöglich?, in: BB, 60. Jg., S. 706-713.

Küting, Karlheinz/Weber, Claus-Peter (2004), Die Bilanzanalyse, 7. Aufl., Stuttgart.

Kwon, Young K. (1989), Accrual versus Cash-Basis Accounting Methods: An Agency-Theoretic Comparison, in: JAPP, Vol. 8, S. 267-281.

Kwon, Young K. (2004), Conservative Accounting as a Means to Control Suboptimal Management Decisions in Public Firms, Paper presented at the 15th Annual Conference on Financial Economics and Accounting, 19.-20.11.2004, University of Southern California, Los Angeles, abrufbar unter: http://www.usc.edu/schools/business/FBE/FEA2004/FEApapers/AS1B_YKWON.pdf (Stand: 10.03.2006).

Kwon, Young K./Newman, D. Paul/Suh, Young S. (2001), The Demand for Accounting Conservatism for Management Control, in: RAS, Vol. 6, S. 29-51.

Lachnit, Laurenz/Müller, Stefan (2005), Other comprehensive income nach HGB, IFRS und US-GAAP – Konzeption und Nutzung im Rahmen der Jahresabschlussanalyse, in: DB, 58. Jg., S. 1637-1645.

Lambert, Richard A./Larcker, David F. (1987), An Analysis of the Use of Accounting and Market Measures of Performance in Executive Compensation Contracts, in: JAR, Vol. 25 (Suppl.), S. 85-125.

Lang, Larry/Ofek, Eli/Stulz, René M. (1996), Leverage, Investment, and Firm Growth, in: JFE, Vol. 40, S. 3-29.

Laßmann, Gert (1961), Zur betriebswirtschaftlichen Problematik der neuen aktienrechtlichen Gewinn- und Verlustrechnung, in: ZfhF, 13. Jg., S. 654-667.

Laux, Helmut (1972), Anreizsysteme bei unsicheren Erwartungen, in: zfbf, 24. Jg., S. 784-803.

Laux, Helmut (1994), Anreizkompatible Erfolgsbeteiligung und Kapitalmarkt, in: *Ballwieser, Wolfgang/Böcking, Hans-Joachim/Drukarczyk, Jochen/Schmidt, Reinhard H.* (Hrsg.), Bilanzrecht und Kapitalmarkt, FS für Adolf Moxter, Düsseldorf, S. 1259-1291.

Laux, Helmut (1995), Erfolgssteuerung und Organisation. 1. Anreizkompatible Erfolgsrechnung, Erfolgsbeteiligung und Erfolgskontrolle, Berlin u.a.

Laux, Helmut (2006), Unternehmensrechnung, Anreiz und Kontrolle, 3. Aufl., Berlin u.a.

Lee, T.A. (1974), Income and Value Measurement: Theory and Practice, London.

Leffson, Ulrich (1966), Wesen und Aussagefähigkeit des Jahresabschlusses, in: zfbf, 18. Jg., S. 375-390.

Leffson, Ulrich (1987), Grundsätze ordnungsmäßiger Buchführung, 7. Aufl., Düsseldorf.

Leftwich, Richard W. (1983), Accounting Information in Private Markets: Evidence from Private Lending Agreements, in: AR, Vol. 58, S. 23-42.

Lehmann, Wolfgang (1963), Die dynamische Bilanz Schmalenbachs – Darstellung, Vertiefung und Weiterentwicklung, Wiesbaden.

Leuz, Christian (1996), Rechnungslegung und Kreditfinanzierung, Frankfurt a.M.

Leuz, Christian (1998), The Role of Accrual Accounting in Restricting Dividends to Shareholders, in: EAR, Vol. 7, S. 597-604.

Leuz, Christian/Deller, Dominic/Stubenrath, Michael (1998), An International Comparison of Accounting-Based Payout Restrictions in the United States, United Kingdom and Germany, in: ABR, Vol. 28, S. 111-129.

Lev, Baruch (1989), On the Usefulness of Earnings and Earnings Research: Lessons and Directions from Two Decades of Empirical Research, in: JAR, Vol. 27 (Suppl.), S. 153-192.

Lev, Baruch (2003), Corporate Earnings: Facts and Fiction, in: JEP, Vol. 17 No. 2, S. 27-50.

Lev, Baruch/Sarath, Bharat/Sougiannis, Theodore (2005), R&D Reporting Biases and Their Consequences, in: CAR, Vol. 22, S. 977-1026.

Liang, Pierre Jinghong (2000), Accounting Recognition, Moral Hazard, and Communication, in: CAR, Vol. 17, S. 457-490.

Liang, Pierre Jinghong (2001), Recognition: An Information Content Perspective, in: AH, Vol. 15, S. 223-242.

Liang, Pierre Jinghong (2004), Equilibrium Earnings Management, Incentive Contracts, and Accounting Standards, in: CAR, Vol. 21, S. 685-717.

Lindahl, Erik (1933), The Concept of Income, in: Economic Essays in Honor of Gustav Cassel, London, S. 399-407.

Lindemann, Jens (2004), Rechnungslegung und Kapitalmarkt – Eine theoretische und empirische Analyse, Lohmar/Köln.

Lintner, John (1956), Distribution of Income of Corporations Among Dividends, Retained Earnings, and Taxes, in: AER, Vol. 46, S. 97-113.

Lion, Max (1928), Die dynamische Bilanz und die Grundlagen der Bilanzlehre, in: ZfB, 5. Jg., S. 481-506.

Lipe, R. (1986), The Information Contained in the Components of Earnings, in: JAR, Vol. 24 (Suppl.), S. 37-64.

Lo, Kin/Lys, Thomas (2000), The Ohlson Model: Contribution to Valuation Theory, Limitations, and Empirical Applications, in: JAAF, Vol. 15, S. 337-367.

Loitlsberger, Erich (1955), Gläubigerschutz und Erfolgsbewertung, in: DÖB, 5. Jg., S. 71-86.

Lorson, Peter (2005), Der Fair Value im System der Wertbegriffe nach IAS/IFRS und US-GAAP, in: *Bieg, Hartmut/Heyd, Reinhard* (Hrsg.), Fair Value – Bewertung in Rechnungswesen, Controlling und Finanzwirtschaft, München, S. 3-36.

Lücke, Wolfgang (1955), Investitionsrechnung auf der Grundlage von Ausgaben oder Kosten, in: ZfhF, 7. Jg., S. 310-324.

Lüdenbach, Norbert/Hoffmann, Wolf-Dieter (2005), Faktische Verpflichtungen und (verdeckte) Aufwandsrückstellungen nach IFRS und HGB/EStG, in: BB, 60. Jg., S. 2344-2349.

Lundholm, Russell J. (1999), Reporting on the Past: A New Approach to Improving Accounting Today, in: AH, Vol. 13, S. 315-322.

Magee, Robert P. (1978), Accounting Measurement and Employment Contracts: Current Value Reporting, in: BJE, Vol. 9, S. 145-158.

Maines, Laureen A./McDaniel, Linda S. (2000), Effects of Comprehensive-Income Characteristics on Nonprofessional Investors' Judgments: The Role of Financial-Statement Presentation Format, in: AR, Vol. 75, S. 179-207.

Mandl, Gerwald/Jung, Maximilian (2002), Prognose- und Schätzprüfung in: *Ballwieser, Wolfgang/Coenenberg, Adolf G./v. Wysocki, Klaus* (Hrsg.), Handwörterbuch der Rechnungslegung und Prüfung, 3. Aufl., Stuttgart, Sp. 1698-1706.

Marschak, Jacob (1954), Towards an Economic Theory of Organization and Information, in: *Thrall, Robert M./Coombs, Clyde H./Davis, Robert L.* (Hrsg.), Decision Processes, New York, S. 187-220.

May, Gerhard/Querner, Immo/Schmitz, Udo (2005), Entwicklung von Zinskurven für Zwecke der Bilanzierung nach IFRS/US-GAAP, in: DB, 58. Jg., S. 1229-1237.

McDaniel, Morey W. (1986), Bondholders and Corporate Governance, in: BL, Vol. 41, S. 413-460.

Mellwig, Winfried (1983), Bilanzrechtsprechung und Betriebswirtschaftslehre – Zu einigen Grundlagen der steuerlichen Bilanzrechtsprechung und ihrer betriebswirtschaftlichen Kritik, in: BB, 38. Jg., S. 1613-1620.

Meinhövel, Harald (1999), Defizite der Principal-Agent-Theorie, Lohmar u.a.

Merkt, Hanno (2004), Der Kapitalschutz in Europa – ein rocher de bronze?, in: ZGR, 33. Jg., S. 305-323.

Meyer, Claus (2005), Bilanzrechtsreformgesetz (BilReG) und Bilanzkontrollgesetz (BilKoG) – Die Änderungen im Überblick, in: DStR, 43. Jg., S. 41-44.

Miller, Merton H./Modigliani, Franco (1967), Dividend Policy, Growth, and the Valuation of Shares, in: The Journal of Business of the University of Chicago, Vol. 34 (1961), S. 411-433, Nachdruck in: *Archer, Stephen/D'Ambrosio, Charles A.* (Hrsg.), The Theory of Business Finance: A Book of Readings, New York/London, S. 339-366.

Modigliani, Franco/Miller, Merton H. (1958), The Cost of Capital, Corporation Finance and the Theory of Investment, in: AER, Vol. 48, S. 261-297.

Mohnen, Alwine (2005), Good News für die Steuerung von Investitionsentscheidungen – Eine Verallgemeinerung des relativen Beitragsverfahrens, in: ZfB, 75. Jg., S. 277-297.

Mohrmann, Mary Beth (1996), The Use of Fixed GAAP Provisions in Debt Contracts, in: AH, Vol. 10, S. 78-91.

Möller, Hans Peter/Hüfner, Bernd (2002), Zur Bedeutung der Rechnungslegung für den deutschen Aktienmarkt – Begründung, Messprobleme und Erkenntnisse empirischer Forschung, in: *Seicht, Gerhard* (Hrsg.), Jahrbuch für Controlling und Rechnungswesen 2002, Wien 2002, S. 405-464.

Moxter, Adolf (1962a), Der Einfluß von Publizitätsvorschriften auf das unternehmerische Verhalten, Köln/Opladen.

Moxter, Adolf (1962b), Bilanzierung und unsichere Erwartungen, in: ZfhF, 14. Jg., S. 607-632.

Moxter, Adolf (1964), Präferenzstruktur und Aktivitätsfunktion des Unternehmens, in: zfbf, 16. Jg., S. 6-35.

Moxter, Adolf (1966), Die Grundsätze ordnungsmäßiger Bilanzierung und der Stand der Bilanztheorie, in: zfbf, 18. Jg., S. 28-59.

Moxter, Adolf (1967), Die statische Bilanztheorie heute, in: zfbf, 19. Jg., S. 724-733.

Moxter, Adolf (1974), Bilanzlehre, Wiesbaden.

Moxter, Adolf (1976), Fundamentalgrundsätze ordnungsmäßiger Rechenschaft, in: *Baetge, Jörg/Moxter, Adolf/Schneider, Dieter* (Hrsg.), Bilanzfragen, FS für Ulrich Leffson, Düsseldorf, S. 87-100.

Moxter, Adolf (1977), Bilanztheorien, in: *Albers, Willi* (Hrsg.), Handbuch der Wirtschaftswissenschaften, Bd. 1, Stuttgart u.a., S. 671-687.

Moxter, Adolf (1979), Die Jahresabschlußaufgaben nach der EG-Bilanzrichtlinie: Zur Auslegung von Art. 2 EG-Bilanzrichtlinie, in: AG, 24. Jg., S. 141-146.

Moxter, Adolf (1982), Betriebswirtschaftliche Gewinnermittlung, Tübingen.

Moxter, Adolf (1983), Wirtschaftliche Gewinnermittlung und Bilanzsteuerrecht, in: StuW, 60. Jg., S. 300-307.

Moxter, Adolf (1984), Bilanzlehre, Band 1: Einführung in die Bilanztheorie, 3. Aufl., Wiesbaden.

Moxter, Adolf (1987), Zum Sinn und Zweck des handelsrechtlichen Jahresabschlusses nach neuem Recht, in: *Havermann, Hans* (Hrsg.), Bilanz- und Konzernrecht, FS für Reinhard Goerdeler, Düsseldorf, S. 361-374.

Moxter, Adolf (2000), Rechnungslegungsmythen, in: BB, 55. Jg., S. 2143-2149.

Moxter, Adolf (2003), Grundsätze ordnungsgemäßer Rechnungslegung, Düsseldorf.

Moxter, Adolf (2004), Objektivierte Gewinnkonzeption nach International Accounting Standards?, in: *Gillenkirch, Robert M./Schauenberg, Bernd/Schenk-Mathes, Heike Y./Velthuis, Louis John* (Hrsg.), Wertorientierte Unternehmenssteuerung, FS für Helmut Laux, Berlin u.a., S. 181-192.

Moxter, Adolf (2005a), Dysfunktionale Gewinnwarnungen, in: *Schneider, Dieter/ Rückle, Dieter/Küpper, Hans-Ulrich/Wagner, Franz W.* (Hrsg.), Kritisches zu Rechnungslegung und Unternehmensbesteuerung, FS für Theodor Siegel, Berlin, S. 219-226.

Moxter, Adolf (2005b), Zur Funktionsinadäquanz von Bilanzen, in: *Crezelius, Georg/Hirte, Heribert/Vieweg, Klaus* (Hrsg.), Festschrift zum 65. Geburtstag von Klaus Röhricht, Köln, S. 1007-1014.

Moyer, Cecil Adolph/Mautz, Robert Kuhn (1966), Intermediate Accounting – A Functional Approach, 3. Aufl., New York.

Mujkanovic, Robin (2002), Fair Value im Financial Statement nach International Accounting Standards, Stuttgart.

Müller, Christian (1995), Agency-Theorie und Informationsgehalt, in: DBW, 55. Jg., S. 61-76.

Münstermann, Hans (1948), Schmalenbachs Bilanzauffassung, in: WPg, 1. Jg., S. 33-43.

Münstermann, Hans (1954), Schmalenbachs „Dynamische Bilanz", in: ZfhF, 6. Jg., S. 265-272.

Münstermann, Hans (1966a), Die Bedeutung des ökonomischen Gewinns für den externen Jahresabschluß der Aktiengesellschaften, in: WPg, 19. Jg., S. 579-586.

Münstermann, Hans (1966b), Dynamische Bilanz: Grundlagen, Weiterentwicklung und Bedeutung in der neuesten Bilanzdiskussion, in: zfbf, 18. Jg., S. 512-531.

Münstermann, Hans (1981), Bilanztheorien, dynamische, in: *Kosiol, Erich/Chmielewicz, Klaus/Schweitzer, Marcell* (Hrsg.), Handwörterbuch des Rechnungswesens, 2. Aufl., Stuttgart, Sp. 270-285.

Muscheid, Werner (1957), Schmalenbachs dynamische Bilanz – Darstellung/Kritik und Antikritik, Köln/Opladen.

Myers, James (1999), Implementing Residual Income Valuation with Linear Information Dynamics, in: AR, Vol. 74, S. 1-23.

Myers, S.C. (1977), Determinants of Corporate Borrowing, in: JFE, Vol. 5, S. 147-175.

Myerson, Roger B. (1982), Optimal Coordination Mechanisms in Generalized Principal-Agent Problems, in: JME, Vol. 10, S. 67-81.

Nelson, Karen K. (1996), Fair Value Accounting for Commercial Banks: An Empirical Analysis of SFAS No. 107, in: AR, Vol. 71, S. 161-182.

Newberry, Susan (2003), Reporting Performance: Comprehensive Income and its Components, in: Abacus, Vol. 39, S. 325-339.

Ng, David S. (1978), An Information Economics Analysis of Financial Reporting and External Auditing, in: AR, Vol. 53, S. 910-920.

Nichols, D. Craig/Wahlen, James M. (2004), How do Earnings Numbers Relate to Stock Returns? A Review of Classic Accounting Research with Updated Evidence, in: AH, Vol. 18, S. 263-286.

Nichols, Nancy B./Gray, Sidney J./Street, Donna L. (2005), Pro Forma Adjustments to GAAP Earnings: Bias, Materiality, and SEC Action, in: *Previts, Gary J.* (Hrsg.), Research in Accounting Regulation, Vol. 18, Oxford, S. 29-52.

Niehus, Rudolf J. (2005), Die IFRS auf Deutsch – Fehler und Unzulänglichkeiten der Übersetzung, in: DB, 58. Jg., S. 2477-2483.

Nobes, Christopher (2005), Rules-Based Standards and the Lack of Principles in Accounting, in: AH, 19. Jg., S. 25-34.

O'Hanlon, J.F./Pope, P.E. (1999), The Value-Relevance of UK Dirty Surplus Accounting Flows, in: BAR, Vol. 31, S. 459-482.

Obinata, Takashi (2002), Concept and Relevance of Income, University of Tokyo, Graduate School of Economics, CIRJE Discussion Paper 2002-CF-171.

Ohlson, James A. (1989), Accounting Earnings, Book Value, and Dividends: The Theory of the Clean Surplus Equation (Part I) (January 1989), unpublished paper, Columbia University, gedruckt in: *Brief, Richard P./Peasnell, Ken V.* (1996) (Hrsg.), Clean Surplus – A Link Between Accounting and Finance, New York/London, S. 165-227.

Ohlson, James A. (1995), Earnings, Book Values, and Dividends in Equity Valuation, in: CAR, Vol. 11, S. 661-687.

Ohlson, James A. (1999a), On Transitory Earnings, in: RAS, Vol. 4, S. 145-162.

Ohlson, James A. (1999b), Earnings, Book Values, and Dividends in a Stewardship Setting with Moral Hazard, in: CAR, Vol. 16, S. 525-540.

Ordelheide, Dieter (1988a), Kaufmännischer Periodengewinn als ökonomischer Gewinn, in: *Domsch, Michel/Eisenführ, Franz/Ordelheide, Dieter/Perlitz, Manfred* (Hrsg.), Unternehmenserfolg, FS für W. Busse von Colbe, Wiesbaden, S. 275-302.

Ordelheide, Dieter (1988b), Zu einer neoinstitutionalistischen Theorie der Rechnungslegung, in: *Budäus, Dietrich/Gerum, Elmar/Zimmermann, Gebhard* (Hrsg.), Betriebswirtschaftslehre und Theorie der Verfügungsrechte, Wiesbaden, S. 270-290.

Ordelheide, Dieter (1991), Bilanzen in der Investitionsplanung und -kontrolle – Zur Berücksichtigung von Kommunikationsrisiken und -kosten bei der Entwicklung der finanziellen Zielfunktion der Unternehmung, in: *Rückle, Dieter* (Hrsg.), Aktuelle Fragen der Finanzwirtschaft und der Unternehmensbesteuerung, FS für Erich Loitlsberger, S. 507-523.

Ordelheide, Dieter (1994), Gefährdung der Nominalkapitalerhaltung durch die Währungsumrechnung von Auslandsinvestitionen, in: zfbf, 46. Jg., S. 795-818.

Ordelheide, Dieter (1998), Bedeutung und Wahrung des Kongruenzprinzips („clean surplus") im internationalen Rechnungswesen, in: *Matschke, Manfred Jürgen/Schildbach, Thomas* (Hrsg.), Unternehmensberatung und Wirtschaftsprüfung, Stuttgart, S. 515-530.

Ordelheide, Dieter/Böckem, Hanne (2005), IAS 18: Erträge (Revenue), in: *Baetge, Jörg/Dörner, Dietrich/Kleekämper, Heinz/Wollmert, Peter/Kirsch, Hans-Jürgen* (Hrsg.), Rechnungslegung nach International Accounting Standards (IAS) – Kommentierung auf der Grundlage des deutschen Rechts, 2. Aufl., Stuttgart 2005 (Stand: Juni 2005).

Ordelheide, Dieter/Leuz, Christian (1996), Asset Valuation, Depreciation and Provisions, in: *Warner, Malcolm* (Hrsg.), International Encyclopedia of Business and Management, London, S. 271-285.

Park, Myung S./Park, Taewoo/Ro, Byung T. (1999), Fair Value Disclosures for Investment Securities and Bank Equity: Evidence from SFAS 115, in: JAAF, Vol. 14, S. 347-370.

Parkash, Mohinder (1995), The Differential Information Contents of Unexpected Permanent and Temporary Earnings, in: JBFA, Vol 22, S. 695-712.

Paton, William Andrew/Littleton, Ananias Charles (1967), An Introduction to Corporate Accounting Standards, 13. Nachdruck von 1940, Ann Arbor.

Peasnell, Ken V. (1982), Some Formal Connections between Economic Values and Yields and Accounting Numbers, in: JBFA, Vol. 9, S. 361-381.

Pellens, Bernard/Gassen, Joachim/Richard, Marc (2003), Ausschüttungspolitik börsennotierter Unternehmen in Deutschland, in: DBW, 63. Jg., S. 309-332.

Pellens, Bernhard/Basche, Kerstin/Crasselt, Nils (2004), Eignung des IASB-Vorschlags zur Ergebnisspaltung für die Steuerung von Geschäftsbereichen, in: *Bank, Matthias/Schiller, Bettina* (Hrsg.), Finanzintermediation. Theoretische, wirtschaftspolitische und praktische Aspekte aktueller Entwicklungen im Bank- und Börsenwesen, Stuttgart, S. 599-613.

Pellens, Bernhard/Fülbier, Rolf Uwe/Gassen, Joachim (2006), Internationale Rechnungslegung, IFRS1 bis 7, IAS 1 bis 41, IFRIC-Interpretationen, Standardentwürfe – Mit Beispielen, Aufgaben und Fallstudie, 6. Aufl., Stuttgart.

Pellens, Bernhard/Jödicke, Dirk/Richard, Mark (2005), Solvenztests als Alternative zur bilanziellen Kapitalerhaltung?, in: DB, 58. Jg., S. 1393-1401.

Penman, Stephen H. (2004), Financial Statement Analysis and Security Valuation, 2. Aufl., New York.

Penman, Stephen H./Zhang, Xiao-Jun (2002), Accounting Conservatism, the Quality of Earnings, and Stock Returns, in: AR, Vol. 77, S. 237-264.

Petroni, Kathy Ruby/Wahlen, James Michael (1995), Fair Values of Equity and Debt Securities and Share Prices of Property-Liability Insurers, in: JRI, Vol. 62, S. 719-737.

Pfaff, Dieter (1989), Gewinnverwendungsregelungen als Instrument zur Lösung von Agency-Problemen, Frankfurt a.M.

Pfaff, Dieter (1998), Wertorientierte Unternehmenssteuerung, Investitionsentscheidungen und Anreizprobleme, in: BFuP, 50. Jg., S. 491-516.

Pfaff, Dieter/Bärtl, Oliver (1999), Wertorientierte Unternehmenssteuerung – Ein kritischer Vergleich ausgewählter Konzepte, in: *Gebhardt, Günther/Pellens, Bernhard* (Hrsg.), Rechnungswesen und Kapitalmarkt, zfbf-Sonderheft 41, Düsseldorf, S. 85-115.

Pfaff, Dieter/Pfeiffer, Thomas (2001), Controlling, in: *Jost, Peter-J.* (Hrsg.), Die Prinzipal-Agenten-Theorie in der Betriebswirtschaftslehre, Stuttgart, S. 359-394.

Pfaff, Dieter/Stefani, Ulrike (2003), Wertorientierte Unternehmensführung, Residualgewinne und Anreizprobleme, in: *Franck, Egon/Jungwirth, Carola/Arnoldussen, Ludger* (Hrsg.), Marktorientierte Unternehmensführung, zfbf-Sonderheft 50, S. 51-76.

Pfeiffer, Thomas (2003), Anreizkompatible Unternehmenssteuerung, Performancemaße und Erfolgsrechnung – Zur Vorteilhaftigkeit von Ergebnisgrößen bei unbekannten Zeitpräferenzen des Managers, in: DBW, 63. Jg., S. 43-59.

Pope, Peter/Wang, Pengguo (2000), On the Relevance of Earnings Components: Valuation and Forecasting Links, Lancaster University Management School, Working Paper 2000/013.

Popper, Karl (1966), Logik der Forschung, Tübingen.

Pottgießer, Gabi/Velte, Patrick/Weber, Stefan C. (2005), Ermessensspielräume im Rahmen des Impairment-Only-Approach – Eine kritische Analyse zur Folgebewertung des derivativen Geschäfts- oder Firmenwerts (Goodwill) nach IFRS 3 und IAS 36 (rev. 2004), in: DStR, 43. Jg., S. 1748-1752.

Prakash, Prem/Rappaport, Alfred (1977), Information Inductance and its Significance for Accounting, in: AOS, Vol. 2, S. 29-38.

Pratt, John W./Zeckhauser, Richard J. (1985), Principals and Agents: An Overview, in: *Pratt, John W./Zeckhauser, Richard J.* (Hrsg.), Principals and Agents: The Structure of Business, Boston, S. 1-35.

Preinreich, Gabriel A.D. (1937), Valuation and Amortization, in: AR, Vol. 12, S. 209-226.

Preinreich, Gabriel A.D. (1938), Annual Study of Economic Theory: The Theory of Depreciation, in: Econ., Vol. 6, S. 219-241.

Press, Eric G./Weintrop, Joseph B. (1990), Accounting-Based Constraints in Public and Private Debt Agreements, in: JAE, Vol. 12, S. 65-95.

Prokop, Jörg (2003), Die Bewertung zukünftiger Unternehmenserfolge, Wiesbaden.

Pruitt, Stephen W./Gitman, Lawrence J. (1991), The Interactions Between the Investment, Financing, and Dividend Decisions of Major U.S. Firms, in: FR, Vol. 26, S. 409-430.

Ramakrishnan, R.T.S./Thomas, J.K. (1998), Valuation of Permanent, Transitory, and Price-Irrelevant Components of Reported Earnings, in: JAAF, Vol. 13, S. 301-336.

Rammert, Stefan (2000), Gläubigerschutz durch Nominalkapitalerhaltung – Eine ökonomische Analyse, Habilitationsschrift, Fakultät für Betriebswirtschaft, Ludwig-Maximilians-Universität München.

Rammert, Stefan (2004), Lohnt Erhaltung der Kapitalerhaltung?, in: BFuP, 56. Jg., S. 578-595.

Reichelstein, Stefan (1997), Investment Decisions and Managerial Performance Evaluation, in: RAS, Vol. 2, S. 157-180.

Reichelstein, Stefan (2000), Providing Managerial Incentives: Cash Flows versus Accrual Accounting, in: JAR, Vol. 38, S. 243-269.

Reinhart, Alexander (1998), Die Auswirkungen der Rechnungslegung nach International Accounting Standards auf die erfolgswirtschaftliche Abschlußanalyse von deutschen Jahresabschlüssen, Frankfurt a.M.

Revsine, Lawrence (1971), Predictive Ability, Market Prices, and Operating Cash Flows, in: AR, Vol. 46, S. 480-489.

Revsine, Lawrence (1973), Replacement Cost Accounting, Englewood Cliffs.

Richter, Hermann (1928), Das Problem der Erfolgsspaltung, in: ZfhF, 22. Jg., S. 193-230.

Rieger, Wilhelm (1954), Schmalenbachs Dynamische Bilanz – Eine kritische Untersuchung, Stuttgart/Köln.

Rieger, Wilhelm (1964), Einführung in die Privatwirtschaftslehre, 3. Aufl., Erlangen.

Riegler, Christian (2000), Anreizsysteme und wertorientiertes Management, in: *Wagenhofer, Alfred/Hrebicek, Gerhard* (Hrsg.), Wertorientiertes Management – Konzepte und Umsetzungen zur Unternehmenswertsteigerung, Stuttgart, S. 145-176.

Ro, Byung T. (1982), An Analytical Approach to Accounting Materiality, in: JBFA, Vol. 9, S. 397-412.

Rockel, Werner (2004), Fair Value-Bilanzierung versicherungstechnischer Verpflichtungen – Eine ökonomische Analyse, Wiesbaden.

Rogerson, William P. (1997), Intertemporal Cost Allocation and Managerial Investment Incentives: A Theory Explaining the Use of Economic Value Added as a Performance Measure, in: JPE, Vol. 105, S. 770-795.

Ronen, Joshua/Sorter, George H. (1972), Relevant Accounting, in: JoB, Vol. 45, S. 258-282.

Rosenfield, Paul (1974), Stewardship, in: *Institute of Certified Public Accountants* (Hrsg.), Objectives of Financial Statements, Selected Papers, Vol. 2, New York, S. 123-140.

Ross, Stephen A. (1973), The Economic Theory of Agency: The Principal's Problem, in: AER, Vol. 63 No. 2, S. 134-139.

Rudolph, Bernd (1979), Zur Theorie des Kapitalmarktes – Grundlagen, Erweiterungen und Anwendungsbereiche des 'Capital Asset Pricing Model (CAPM)', in: ZfB, 49. Jg. (1979), S. 1034-1067.

Rudolph, Bernd (1983), Zur Bedeutung der kapitaltheoretischen Separationstheoreme für die Investitionsplanung, in: ZfB, 53. Jg., S. 261-287.

Rudolph, Bernd (1984), Kreditsicherheiten als Instrumente zur Umverteilung und Begrenzung von Kreditrisiken, in: zfbf, 36. Jg. (1984), S. 16-43.

Ruhnke, Klaus (2005), Rechnungslegung nach IFRS und HGB, Stuttgart.

Schaffer, Christian (2005), Führt wertorientierte Unternehmensführung zur messbaren Wertsteigerung?, Frankfurt a.M.

Schildbach, Thomas (1972), Zur Eignung des ökonomischen Gewinns im Rahmen der Rechnungslegung von Aktiengesellschaften – Stellungnahme zum Beitrag von Dieter Schneider: Aktienrechtlicher Gewinn und ausschüttungsfähiger Betrag, in: WPg, 25. Jg., S. 40-42.

Schildbach, Thomas (1975), Analyse des betrieblichen Rechnungswesens aus der Sicht der Unternehmungsbeteiligten, Wiesbaden.

Schildbach, Thomas (1986), Jahresabschluß und Markt, Berlin u.a.

Schildbach, Thomas (1993a), Substanz- und Kapitalerhaltung, in: *Chmielewicz, Klaus/ Schweitzer, Marcell* (Hrsg.), Handwörterbuch des Rechnungswesens, 3. Aufl., Stuttgart, Sp. 1888-1901.

Schildbach, Thomas (1993b), Kapital- und Substanzerhaltung, in: *Wittmann, Waldemar/Kern, Werner/Köhler, Richard/Küpper, Hans-Ulrich/v. Wysocki, Klaus* (Hrsg.), Handwörterbuch der Betriebswirtschaft, 5. Aufl., Teilband 2, Stuttgart, Sp. 2088 - 2101.

Schildbach, Thomas (1998), Zeitwertbilanzierung in den USA und nach IAS, in: BFuP, 50. Jg., S. 580-592.

Schildbach, Thomas (1999), Externe Rechnungslegung und Kongruenz – Ursache für die Unterlegenheit deutscher verglichen mit angelsächsischer Bilanzierung?, in: DB, 52. Jg., S. 1813-1820.

Schildbach, Thomas (2004), Bilanzierung zum „fair value" – Zukunft der Rechnungslegung?, in: *Wildemann, Horst* (Hrsg.), Personal und Organisation, FS für Rolf Bühner, München, S. 845-863.

Schildbach, Thomas (2005a), Was leistet IFRS 5?, in: WPg, 58. Jg., S. 554-561.

Schildbach, Thomas (2005b), Das System IAS/IFRS in der EU: Charakter und Probleme, in: *Schneider, Dieter/Rückle, Dieter/Küpper, Hans-Ulrich/Wagner, Franz W.* (Hrsg.), Kritisches zu Rechnungslegung und Unternehmensbesteuerung, FS für Theodor Siegel, Berlin, S. 45-63.

Schildbach, Thomas (2006), Der Erfolg im Rahmen der internationalen Rechnungslegung – konzeptionelle Vielfalt bei der Information des Kapitalmarkts, in: Kapitalmarkt, Unternehmensfinanzierung und rationale Entscheidungen, FS für Jochen Wilhelm, Berlin/Heidelberg, S. 312-328.

Schipper, Katherine (1989), Commentary on Earnings Management, in: AH, Vol. 3, S. 91-102.

Schmalenbach, Eugen (1919), Grundlagen dynamischer Bilanzlehre, in: ZfhF, 13. Jg., S. 1-50, 65-101.

Schmalenbach, Eugen (1926), Dynamische Bilanz, 4. Aufl., Leipzig.

Schmalenbach, Eugen (1947), Dynamische Bilanz, 8. Aufl., Köln.

Schmalenbach, Eugen (1988), Dynamische Bilanz, Nachdruck der 13. Aufl. von 1962, bearbeitet von Richard Bauer, Darmstadt.

Schmidt, Fritz (1979), Die organische Bilanz im Rahmen der Wirtschaft, Nachdruck von 1921, Wiesbaden.

Schmidt, Martin (2006), Der Bewertungsmaßstab bei erstmaliger Erfassung – Das IASB-Diskussionspapier –, in: KoR, 6. Jg., S. 65-75.

Schneider, Dieter (1963), Bilanzgewinn und ökonomische Theorie, in: zfbf, 15. Jg., S. 457-474.

Schneider, Dieter (1968), Ausschüttungsfähiger Gewinn und das Minimum an Selbstfinanzierung, in: zfbf, 20. Jg., S. 1-29.

Schneider, Dieter (1971), Aktienrechtlicher Gewinn und ausschüttungsfähiger Betrag, in: WPg, 24. Jg., S. 607-617.

Schneider, Dieter (1972), „Aktienrechtlicher Gewinn und ausschüttungsfähiger Betrag" in der Diskussion, in: WPg, 25. Jg., S. 180-188.

Schneider, Dieter (1975), Rezension zu „Bilanzlehre" von Adolf Moxter, in: StuW, 52. Jg., S. 269-270.

Schneider, Dieter (1983a), Betriebswirtschaftliche Gewinnermittlung oder ökonomische Analyse des Bilanzrechts?, in: zfbf, 35. Jg., S. 1040-1065.

Schneider, Dieter (1983b), Wozu eine Reform des Jahresabschlusses? Oder: Jahresabschlußzwecke im Lichte der Temperaturmessung, in: *Baetge, Jörg* (Hrsg.), Der Jahresabschluß im Widerstreit der Interessen, Düsseldorf, S. 131-155.

Schneider, Dieter (1987), Allgemeine Betriebswirtschaftslehre, 3. Aufl., München/ Wien.

Schneider, Dieter (1989), Agency Costs and Transaction Costs: Flops in the Principal-Agent-Theory of Financial Markets, in: *Bamberg, Günter/Spremann, Klaus* (Hrsg.), Agency Theory, Information, and Incentives, Nachdruck der 1. Aufl., Berlin u.a., S. 481-494.

Schneider, Dieter (1992), Investition, Finanzierung und Besteuerung, 7. Aufl., Wiesbaden.

Schneider, Dieter (1994), Betriebswirtschaftslehre, Band 2: Rechnungswesen, München.

Schneider, Dieter (1995), Betriebswirtschaftslehre, Band 1: Grundlagen, 2. Aufl., München.

Schneider, Dieter (1997), Betriebswirtschaftslehre, Band 2: Rechnungswesen, 2. Aufl., München.

Schneider, Dieter (1998), Marktwertorientierte Unternehmensrechnung: Pegasus mit Klumpfuß, in: DB, 51. Jg., S. 1473-1478.

Schneider, Dieter (2002), Geschichte der Rechnungslegung, in: *Ballwieser, Wolfgang/ Coenenberg, Adolf G./v. Wysocki, Klaus* (Hrsg.), Handwörterbuch der Rechnungslegung und Prüfung, 3. Aufl., Stuttgart, Sp. 950-957.

Schneider, Manfred (1981), Die Eignung prospektiver Rechnungslegungsinstrumente zur Realisierung der Informationsfunktion unternehmerischer Rechenschaft, Heidelberg.

Schuster, Walter (2005), Performance Reporting – New York, June 14 2005, Präsentation beim Treffen der JIG am 14. Juni 2005 in New York, abrufbar unter: http://www.fasb.org/project/Walter_Schuster.ppt (Stand: 30.06.2006).

Schweitzer, Marcell/Küpper, Hans-Ulrich (2003), Systeme der Kosten- und Erlösrechnung, 8. Aufl., München.

Searfoss, Gerald/Fellner Weiss, Judith (1990), Current Value Reporting for Real Estate, in: JoA, Vol. 170, S. 69-75.

Seicht, Gerhard (1970), Die kapitaltheoretische Bilanz und die Entwicklung der Bilanztheorien, Berlin.

Seicht, Gerhard (1982), Bilanztheorien, Würzburg/Wien.

Seow, Gim S./Tam, Kinsun (2002), The Usefulness of Derivate-related Accounting Disclosures, in: RQFA, Vol. 18, S. 273-291.

Sieben, Günter (1963), Der Substanzwert der Unternehmung, Wiesbaden.

Sieben, Günter (1964), Prospektive Erfolgserhaltung, in: ZfB, 34. Jg., S. 628-641.

Siegel, Stanley (1997), The Coming Revolution in Accounting: The Emergence of Fair Value as the Fundamental Principle of GAAP, in: WPK-Mitt., 36. Jg., Sonderheft Juni, S. 81-90.

Siegel, Theodor (1998), Zeitwertbilanzierung für das deutsche Bilanzrecht?, in: BFuP, 40. Jg., S. 593-603.

Simko, Paul J. (1999), Financial Instrument Fair Values and Nonfinancial Firms, in: JAAF, Vol. 14, S. 247-274.

Simon, Herman V. (1886), Bilanzen der Aktiengesellschaften und der Kommanditgesellschaften auf Aktien, Berlin.

Skinner, Douglas J. (1999), How Well Does Net Income Measure Firm Performance? A Discussion of Two Studies, in: JAE, Vol. 26, S. 105-111.

Sloan, Richard G. (1993), Accounting Earnings and Top Executive Compensation, in: JAE, Vol. 16, S. 55-100.

Smith, Clifford W./Warner, Jerold B. (1979), On Financial Contracting – An Analysis of Bond Covenants, in: JFE, Vol. 7, S. 117-161.

Smith, Clifford W./Watts, Ross L. (1982), Incentive and Tax Effects of Executive Compensation Plans, in: AJM, Vol. 7, S. 139-157.

Snavely, Howard J. (1967), Accounting Information Criteria, in: AR, Vol. 42, S. 223-232.

Solomons, David (1961), Economic and Accounting Concepts of Income, in: AR, Vol. 36, S. 374-383.

Spremann, Klaus (1989), Agent and Principal, in: *Bamberg, Günter/Spremann, Klaus* (Hrsg.), Agency Theory, Information, and Incentives, Nachdruck der 1. Aufl., Berlin u.a., S. 3-37.

Sprouse, Robert T. (1963), Historical Costs and Current Assets – Traditional and Treacherous, in: AR, Vol. 38, S. 687-695.

Stanke, Cornelia (2003), Entscheidungskonsequenzen der Rechnungslegung bei Unternehmenszusammenschlüssen, Frankfurt a.M.

Stark, Andrew W. (1997), Linear Information Dynamics, Dividend Irrelevance, Corporate Valuation and the Clean Surplus Relationship, in: ABR, Vol. 27, S. 219-228.

Stocken, Phillip C./Verrecchia, Robert E. (2004), Financial Reporting System Choice and Disclosure Management, in: AR, Vol. 79, S. 1181-1203.

Streim, Hannes (1998), Internationalisierung von Gewinnermittlungsregeln zum Zwecke der Informationsvermittlung – Zur Konzeptionslosigkeit der Fortentwicklung der Rechnungslegung, in: *Meffert, Heribert/Krawitz, Norbert* (Hrsg.), Unternehmensrechnung und -besteuerung, FS für Dietrich Börner, Wiesbaden, S. 323-343.

Streim, Hannes (2000), Die Vermittlung entscheidungsnützlicher Informationen durch Bilanz und GuV – Ein nicht einlösbares Versprechen der internationalen Standardsetter, in: BFuP, 52. Jg., S. 111-131.

Streim, Hannes/Bieker, Marcus/Esser, Maik (2003), Vermittlung entscheidungsnützlicher Informationen durch Fair Values – Sackgasse oder Licht am Horizont?, in: BFuP, 55. Jg., S. 457-479.

Streim, Hannes/Bieker, Marcus/Esser, Maik (2005), Fair Value Accounting in der IFRS-Rechnungslegung – eine Zweckmäßigkeitsanalyse, in: *Schneider, Dieter/ Rückle, Dieter/Küpper, Hans-Ulrich/Wagner, Franz W.* (Hrsg.), Kritisches zu Rechnungslegung und Unternehmensbesteuerung, FS für Theodor Siegel, Berlin, S. 87-109.

Stromann, Hilke (2003), Wertrelevanz deutscher und US-amerikanischer Rechnungslegungsinformation, Wiesbaden.

Swoboda, Peter (1991), Betriebliche Finanzierung, 2. Aufl., Heidelberg.

Szyperski, Norbert/Müller-Böling, Detlef (1981), Zur technologischen Orientierung der empirischen Forschung, in: *Witte, Eberhard* (Hrsg.), Der praktische Nutzen empirischer Forschung, Tübingen, S. 159-188.

Tanski, Joachim S. (2004), Bilanzpolitische Spielräume in den IFRS, in: DStR, 42. Jg., S. 1843-1847.

Tanski, Joachim S. (2006), Die Fair Value-Fiktion, in: DStR, 44. Jg., S. 53-58.

ter Vehn, Albert (1924), Gewinnbegriffe in der Betriebswirtschaft, in: ZfB, 1. Jg., S. 361-375.

ter Vehn, Albert (1929), Was ist unter statischer und dynamischer Bilanzauffassung zu verstehen?, in: ZfB, 6. Jg., S. 24-32.

Terstege, Udo (2005), Zu den Möglichkeiten einer kapitalwertkompatiblen Gestaltung von Erfolgsrechnungen, in: BFuP, 57. Jg., S. 588-600.

Troßmann, Ernst/Baumeister, Alexander (2005), Harmonisierung von internem und externem Rechnungswesen durch die Fair Value-Bewertung?, in: *Bieg, Hartmut/ Heyd, Reinhard* (Hrsg.), Fair Value – Bewertung in Rechnungswesen, Controlling und Finanzwirtschaft, München, S. 629-648.

Van Cauwenberge, Philippe/De Beelde, Ignace (2005), On the IASB Comprehensive Income Project, Neutrality of Display and the Case for Two EPS Numbers, Working Paper 2005/305, Ghent University.

Venkatachalam, Mohan (1996), Value-Relevance of Banks' Derivatives Disclosures, in: JAE, Vol. 22, S. 327-355.

von Keitz, Isabel (2005), Praxis der IASB-Rechnungslegung – Best Practice von 100 IFRS-Anwendern, Stuttgart.

Wagenhofer, Alfred (1990), Informationspolitik im Jahresabschluß – Freiwillige Informationen und strategische Bilanzanalyse, Heidelberg.

Wagenhofer, Alfred (1992), Abweichungsanalysen bei der Erfolgskontrolle aus agency theoretischer Sicht, in: BFuP, 44. Jg., S. 319-338.

Wagenhofer, Alfred (1993), Agency Probleme bei Haftungsbeschränkungen, in: *Seicht, Gerhard* (Hrsg.), Gläubigerschutz, Betriebswirtschaftslehre und Recht, FS für Otmar Koren, Wien, S. 239-256.

Wagenhofer, Alfred (1996a), Anreizsysteme in Agency-Modellen mit mehreren Aktionen, in: DBW, 56. Jg., S. 155-165.

Wagenhofer, Alfred (1996b), Vorsichtsprinzip und Managementanreize, in: zfbf, 48. Jg., S. 1051-1074.

Wagenhofer, Alfred (1999), Anreizkompatible Gestaltung des Rechnungswesens, in: *Bühler, Wolfgang/Siegert, Theo* (Hrsg.), Unternehmenssteuerung und Anreizsysteme, Stuttgart, S. 183-205.

Wagenhofer, Alfred (2000), Abzinsung und Zinssätze in internationalen Rechnungslegungsstandards, in: RWZ, 10. Jg., S. 306-312.

Wagenhofer, Alfred (2001), Rechnungslegung, in: *Jost, Peter-J.* (Hrsg.), Die Prinzipal-Agenten-Theorie in der Betriebswirtschaftslehre, Stuttgart, S. 439-486.

Wagenhofer, Alfred (2002), Gewinn und Verlust, in: *Ballwieser, Wolfgang/Coenenberg, Adolf G./v. Wysocki, Klaus* (Hrsg.), Handwörterbuch der Rechnungslegung und Prüfung, 3. Aufl., Stuttgart, Sp. 969-979.

Wagenhofer, Alfred (2004), Accounting and Economics: What We Learn from Analytical Models in Financial Accounting and Reporting, in: *Leuz, Christian/Pfaff, Dieter/Hopwood, Anthony* (Hrsg.), The Economics and Politics of Accounting, Oxford/New York, S. 5-31.

Wagenhofer, Alfred (2005a), Internationale Rechnungslegungsstandards – IAS/FRS, 5. Aufl., Frankfurt a.M.

Wagenhofer, Alfred (2005b), Bilanzielle Vorsicht und Informationsgehalt der Rechnungslegung, in: *Schneider, Dieter/Rückle, Dieter/Küpper, Hans-Ulrich/Wagner, Franz W.* (Hrsg.), Kritisches zu Rechnungslegung und Unternehmensbesteuerung, FS für Theodor Siegel, Berlin, S. 227-248.

Wagenhofer, Alfred/Ewert, Ralf (1993), Linearität und Optimalität in ökonomischen Agency Modellen – Zur Rechtfertigung des LEN-Modells, in: ZfB, 63. Jg., S. 373-391.

Wagenhofer, Alfred/Ewert, Ralf (2003), Externe Unternehmensrechnung, Berlin u.a.

Wagenhofer, Alfred/Riegler, Christian (1999), Gewinnabhängige Managemententlohnung und Investitionsanreize, in: BFuP, 51. Jg., S. 70-90.

Wagner, Franz W. (1978), Kapitalerhaltung, Geldentwertung und Gewinnbesteuerung, Berlin u.a.

Wagner, Franz W. (1982), Zur Informations- und Ausschüttungsbemessungsfunktion des Jahresabschlusses auf einem organisierten Kapitalmarkt, in: zfbf, 34. Jg., S. 749-771.

Wagner, Franz W. (1994), Periodenabgrenzung als Prognoseverfahren – Konzeption und Anwendungsbereich der „einkommensapproximativen Bilanzierung“, in: *Ballwieser, Wolfgang/Böcking, Hans-Joachim/Drukarczyk, Jochen/Schmidt, Reinhard H.* (Hrsg.), Bilanzrecht und Kapitalmarkt, FS für Adolf Moxter, Düsseldorf, S. 1175-1197.

Walb, Ernst (1924), Die Bilanz als Mittel der Erfolgsrechnung, in: ZfB, 1. Jg., S. 34-44.

Walb, Ernst (1926), Die Erfolgsrechung privater und öffentlicher Betriebe, Berlin/ Wien.

Walb, Ernst (1928), Besprechung zu: *W. Rieger*, Einführung in die Privatwirtschaftslehre, in: ZfhF, 22. Jg., S. 511-521.

Wampler, B.M./Posey, C.L. (1998), Fair Value Disclosures and Share Prices: Evidence from the Banking Industry, in: Advances in Accounting, Vol. 16, S. 253-267.

Watts, Ross L. (1977), Corporate Financial Statements, A Product of the Market and Political Process, in: AJM, Vol. 2, S. 53-75.

Watts, Ross L. (2003), Conservatism in Accounting Part I: Explanations and Implications, in: AH, Vol. 17, S. 207-221.

Watts, Ross L./Zimmerman, Jerold L. (1986), Positive Accounting Theory, New Jersey.

Weber, Claus-Peter (2004), Abschnitt 3: Gewinn- und Verlustrechnung, Eigenkapitalveränderungsrechnung und Gesamteinkommensrechnung, in: *Ballwieser, Wolfgang/Beine, Frank/Hayn, Sven/Peemöller, Volker H./Schruff, Lothar/Weber, Claus-Peter* (Hrsg.), Wiley-Kommentar zur internationalen Rechnungslegung nach IAS/IFRS, Braunschweig, S. 71-100.

Wegmann, Wolfgang (1970), Der ökonomische Gewinn, Wiesbaden.

Weißenberger, Barbara E. (2003), Anreizkompatible Erfolgsrechnung im Konzern – Grundmuster und Gestaltungsalternativen, Wiesbaden.

Wendlandt, Klaus/Knorr, Liesl (2004), Der Referentenentwurf des „Bilanzrechtsreformgesetzes" – Darstellung der wesentlichen bilanzrechtlichen Änderungen des HGB und der Folgen für die IAS/IFRS-Anwendung in Deutschland, in: KoR, 4. Jg., S. 45-50.

Whittington, Geoffrey (2005), The Adoption of International Accounting Standards in the European Union, in: EAR, Vol. 14, S. 127-153.

Witte, Eberhard (1974), Empirische Forschung in der Betriebswirtschaftslehre, in: *Grochla, Erwin/Wittmann, Waldemar* (Hrsg.), Handwörterbuch der Betriebswirtschaft, 4. Aufl., Stuttgart, Sp. 1264-1281.

Wittmann, Waldemar (1959), Unternehmung und unvollkommene Information, Köln/ Opladen.

Wollmert, Peter/Achleitner, Ann-Kristin (1997), Konzeptionelle Grundlagen der IAS-Rechnungslegung, in: WPg, 50. Jg., S. 209-222, 245-256.

Wussow, Sabine (2004), Harmonisierung des internen und externen Rechnungswesens mittels IAS / IFRS – unter Berücksichtigung der wertorientierten Unternehmenssteuerung, München.

Wüstemann, Jens/Duhr, Andreas (2005), Entspricht die Full Fair Value-Bewertung nach den Vorschlägen der Joint Working Group of Standard Setters den Informationsbedürfnissen der Bilanzadressaten?, in: *Bieg, Hartmut/Heyd, Reinhard* (Hrsg.), Fair Value – Bewertung in Rechnungswesen, Controlling und Finanzwirtschaft, München, S. 107-127.

Wüstemann, Jens/Kierzek, Sonja (2005a), Ertragsvereinnahmung im neuen Referenzrahmen von IASB und FASB – internationaler Abschied vom Realisationsprinzip?, in: BB, 60. Jg., S. 427-434.

Wüstemann, Jens/Kierzek, Sonja (2005b), Ertragsvereinnahmung im neuen Referenzrahmen von IASB und FASB – Update zu BB 2005, 427ff., in: BB, 60. Jg., S. 2799-2802.

Wüstemann, Jens/Kierzek, Sonja (2005c), Revenue Recognition under IFRS Revisited: Conceptual Models, Current Proposals and Practical Consequences, in: AiE, Vol. 2, S. 69-106.

Yaekura, Takashi (2005), What does Net Income Mean? – Net Income vs Comprehensive Income, Präsentation beim Treffen der JIG am 14. Juni 2005 in New York, abrufbar unter: http://www.fasb.org/project/Takashi_Yaekura.ppt (Stand: 30.06.2006).

Yamada, Hiroshi (2005), JIG – Performance Reporting (FASB/IASB), Präsentation beim Treffen der JIG am 14. Juni 2005 in New York, abrufbar unter: http://www.fasb.org/project/Hiroshi_Yamada.ppt (Stand: 30.06.2006).

Yee, Kenton K. (2005), Aggregation, Dividend Irrelevancy, and Earnings-Value Relations, in: CAR, Vol. 22, S. 453-480.

Young, Danqing/Guenther, David A. (2003), Financial Reporting Environments and International Capital Mobility, in: JAR, Vol. 41, S. 553-579.

Ziegler, Hasso (1994), Neuorientierung des internen Rechnungswesens für das Unternehmens-Controlling im Hause Siemens, in: zfbf, 46. Jg., S. 175-188.

Zimmermann, Doris (1985), Schmalenbachs Aktivierungsgrundsätze, Frankfurt a.M.

Zülch, Henning (2005), Die Gewinn- und Verlustrechnung nach IFRS, Herne/Berlin.

BETRIEBSWIRTSCHAFTLICHE STUDIEN
RECHNUNGS- UND FINANZWESEN, ORGANISATION UND INSTITUTION

Die Herausgeber wollen in dieser Schriftenreihe Forschungsarbeiten aus dem Rechnungswesen, dem Finanzwesen, der Organisation und der institutionellen Betriebswirtschaftslehre zusammenfassen. Über den Kreis der eigenen Schüler hinaus soll originellen betriebswirtschaftlichen Arbeiten auf diesem Gebiet eine größere Verbreitung ermöglicht werden. Jüngere Wissenschaftler werden gebeten, ihre Arbeiten, insbesondere auch Dissertationen, an die Herausgeber einzusenden.

Band 1 Joachim Hartle: Möglichkeiten der Entobjektivierung der Bilanz - Eine ökonomische Analyse. 1984.

Band 2 Peter Wachendorff: Alternative Vertragsgestaltung bei öffentlichen Aufträgen - Eine ökonomische Analyse. 1984.

Band 3 Doris Zimmermann: Schmalenbachs Aktivierungsgrundsätze. 1985.

Band 4 Elke Michaelis: Organisation unternehmerischer Aufgaben - Transaktionskosten als Beurteilungskriterium. 1985.

Band 5 Arno Schuppert: Die Überwachung betrieblicher Routinetätigkeiten. Ein Erklärungs-Entscheidungsmodell. 1985.

Band 6 Bonaventura Lehertshuber: Unternehmensvertragsrecht und Konzernhandelsbilanz. 1986.

Band 7 Joachim Schindler: Kapitalkonsolidierung nach dem Bilanzrichtlinien-Gesetz. 1986.

Band 8 Gerhard R. Schell: Die Ertragsermittlung für Bankbewertungen. 1988.

Band 9 Ulrich Hein: Analyse der Neubewertungsverfahren im belgischen und französischen Bilanzrecht. 1988.

Band 10 Rainer Leuthier: Das Interdependenzproblem bei der Unternehmensbewertung. 1988.

Band 11 Dieter Pfaff: Gewinnverwendungsregelungen als Instrument zur Lösung von Agency-Problemen. Ein Beitrag zur Diskussion um die Reformierung der Ausschüttungskompetenz in Aktiengesellschaften. 1989.

Band 12 Christian Debus: Haftungsregelungen im Konzernrecht. Eine ökonomische Analyse. 1990.

Band 13 Ralph Otte: Konzernabschlüsse im öffentlichen Bereich. Notwendigkeit und Zwecke konsolidierter Jahresabschlüsse von Gebietskörperschaften dargestellt am Beispiel der Bundesverwaltung der Bundesrepublik Deutschland. 1990.

Band 14 Rüdiger Zaczyk: Interdisziplinarität im Bilanzrecht. Rechtsfindung im Spannungsfeld zwischen Betriebswirtschaftslehre und dogmatischer Rechtswissenschaft. 1991.

Band 15 Oliver Fliess: Konzernabschluß in Großbritannien – Grundlagen, Stufenkonzeption und Kapitalkonsolidierung. 1991.

Band 16 Joachim Faß: Konzernierung und konsolidierte Rechnungslegung. Eine Analyse der Eignung des Konzernabschlusses als Informationsinstrument und als Grundlage der Ausschüttungsbemessung konzernverbundener Unternehmen. 1992.

Band 17 Michael Feldhoff: Die Regulierung der Rechnungslegung. Eine systematische Darstellung der Grundlagen mit einer Anwendung auf die Frage der Publizität. 1992.

Band 18 Uwe Jüttner: GoB-System, Einzelbewertungsgrundsatz und Imparitätsprinzip. 1993.

Band 19 Ralf Häger: Das Publizitätsverhalten mittelgroßer Kapitalgesellschaften. 1993.

Band 20 Jutta Menninger: Financial Futures und deren bilanzielle Behandlung. 1993.

Band 21 Stefan Lange: Die Kompatibilität von Abschlußprüfung und Beratung. Eine ökonomische Analyse. 1994.

Band 22 Hans Klaus: Gesellschafterfremdfinanzierung und Eigenkapitalersatzrecht bei der Aktiengesellschaft und der GmbH. 1994.

Band 23 Vera Marcelle Krisement: Ansätze zur Messung des Harmonisierungs- und Standardisierungsgrades der externen Rechnungslegung. 1994.

Band 24 Helmut Schmid: Leveraged Management Buy-Out. Begriff, Gestaltungen, optimale Kapitalstruktur und ökonomische Bewertung. 1994.

Band 25 Carsten Carstensen: Vermögensverwaltung, Vermögenserhaltung und Rechnungslegung gemeinnütziger Stiftungen. 1994. 2., unveränderte Auflage 1996.

Band 26 Dirk Hachmeister: Der Discounted Cash Flow als Maß der Unternehmenswertsteigerung. 1995. 2., durchgesehene Auflage 1998. 3., korrigierte Auflage 1999. 4., durchgesehene Auflage 2000.

Band 27 Christine E. Lauer: Interdependenzen zwischen Gewinnermittlungsverfahren, Risiken sowie Aktivitätsniveau und Berichtsverhalten des Managers. Eine ökonomische Analyse. 1995.

Band 28 Ulrich Becker: Das Überleben multinationaler Unternehmungen. Generierung und Transfer von Wissen im internationalen Wettbewerb. 1996.

Band 29 Torsten Ganske: Mitbestimmung, Property-Rights-Ansatz und Transaktionskostentheorie. Eine ökonomische Analyse. 1996.

Band 30 Angelika Thies: Rückstellungen als Problem der wirtschaftlichen Betrachtungsweise. 1996.

Band 31 Hans Peter Willert: Das französische Konzernbilanzrecht. Vergleichende Analyse zum deutschen Recht im Hinblick auf die Konzernbilanzzwecke und deren Grundkonzeption. 1996.

Band 32 Christian Leuz: Rechnungslegung und Kreditfinanzierung. Zum Zusammenhang von Ausschüttungsbegrenzung, bilanzieller Gewinnermittlung und vorsichtiger Rechnungslegung. 1996.

Band 33 Gerald Schenk: Konzernbildung, Interessenkonflikte und ökonomische Effizienz. Ansätze zur Theorie des Konzerns und ihre Relevanz für rechtspolitische Schlußfolgerungen. 1997.

Band 34 Johannes G. Schmidt: Unternehmensbewertung mit Hilfe strategischer Erfolgsfaktoren. 1997.

Band 35 Cornelia Ballwießer: Die handelsrechtliche Konzernrechnungslegung als Informationsinstrument. Eine Zweckmäßigkeitsanalyse. 1997.

Band 36 Bert Böttcher: Eigenkapitalausstattung und Rechnungslegung. US-amerikanische und deutsche Unternehmen im Vergleich. 1997.

Band 37 Andreas-Markus Kuhlewind: Grundlagen einer Bilanzrechtstheorie in den USA. 1997.

Band 38 Maximilian Jung: Zum Konzept der Wesentlichkeit bei Jahresabschlußerstellung und -prüfung. Eine theoretische Untersuchung. 1997.

Band 39 Mathias Babel: Ansatz und Bewertung von Nutzungsrechten. 1997.

Band 40 Georg Hax: Informationsintermediation durch Finanzanalysten. Eine ökonomische Analyse. 1998.

Band 41 Georg Schultze: Der spin-off als Konzernspaltungsform. 1998.

Band 42 Christian Aders: Unternehmensbewertung bei Preisinstabilität und Inflation. 1998.

Band 43 Thomas Schröer: Das Realisationsprinzip in Deutschland und Großbritannien. Eine systematische Untersuchung und ihre Anwendung auf langfristige Auftragsfertigung und Währungsumrechnung. 1998.

Band 44 Anne d'Arcy: Gibt es eine anglo-amerikanische oder eine kontinentaleuropäische Rechnungslegung? Klassen nationaler Rechnungslegungssysteme zwischen Politik und statistischer Überprüfbarkeit. 1999.

Band 45 Christian Back: Richtlinienkonforme Interpretation des Handelsbilanzrechts. Abstrakte Vorgehensweise und konkrete Anwendung am Beispiel des EuGH-Urteils vom 27. Juni 1996. 1999.

Band 46 Cornelia Flury: Gewinnerläuterungsprinzipien. 1999.

Band 47 Hanne Böckem: Die Durchsetzung von Rechnungslegungsstandards. Eine kapitalmarktorientierte Untersuchung. 2000.

Band 48 Jens Kengelbach: Unternehmensbewertung bei internationalen Transaktionen. 2000.

Band 49 Ursula Schäffeler: Latente Steuern nach US-GAAP für deutsche Unternehmen. 2000.

Band 50 Rainer Doll: Wahrnehmung und Signalisierung von Prüfungsqualität. 2000.

Band 51 Brigitte Strasser: Informationsasymmetrien bei Unternehmensakquisitionen. 2000.

Band 52 Lars Franken: Gläubigerschutz durch Rechnungslegung nach US-GAAP. Eine ökonomische Analyse. 2001.

Band 53 Oliver Bärtl: Wertorientierte Unternehmenssteuerung. Zum Zusammenhang von Kapitalmarkt, externer und interner Rechnungslegung. 2001.

Band 54 Gabi Ebbers: A Comparative Analysis of Regulatory Strategies in Accounting and their Impact on Corporate Compliance. 2001.

Band 55 Mark Währisch: The Evolution of International Accounting Systems. Accounting System Adoptions by Firms from a Network Perspective. 2001.

Band 56 Jakob Schröder: F&E-Bilanzierung als Einflußfaktor der F&E-Freudigkeit. 2001.

Band 57 Martin Hebertinger: Wertsteigerungsmaße – Eine kritische Analyse. 2002.

Band 58 Rainer Zensen: Die Bewertung von deutschen Universalbanken unter Berücksichtigung rechtsformspezifischer Besonderheiten. 2002.

Band 59 Oliver Beyhs: Impairment of Assets nach International Accounting Standards. Anwendungshinweise und Zweckmäßigkeitsanalyse. 2002.

Band 60 Britta Leippe: Die Bilanzierung von Leasinggeschäften nach deutschem Handelsrecht und US-GAAP. Darstellung und Zweckmäßigkeitsanalyse. 2002.

Band 61 Christian Heitmann: Beurteilung der Bestandsfestigkeit von Unternehmen mit Neuro-Fuzzy. 2002.

Band 62 Bernd Hacker: Segmentberichterstattung – Eine ökonomische Analyse. 2002.

Band 63 Jörg Hoffmann: Das DRSC und die Regulierung der Rechnungslegung. Eine ökonomische Analyse. 2003.

Band 64 Cornelia Stanke: Entscheidungskonsequenzen der Rechnungslegung bei Unternehmenszusammenschlüssen. 2003.

Band 65 Peter Gampenrieder: Squeeze-out. Rechtsvergleich, empirischer Befund und ökonomische Analyse. 2004.

Band 66 Tim Laas: Steuerung internationaler Konzerne. Eine integrierte Betrachtung von Wert und Risiko. 2004.

Band 67 Michael Dobler: Risikoberichterstattung. Eine ökonomische Analyse. 2004.

Band 68 Martina Bentele: Immaterielle Vermögenswerte in der Unternehmensberichterstattung. 2004.

Band 69 Maik Esser: Goodwillbilanzierung nach SFAS 141/142. Eine ökonomische Analyse. 2005.

Band 70 Jörg-Markus Hitz: Rechnungslegung zum fair value. Konzeption und Entscheidungsnützlichkeit. 2005.

Band 71 Christian Schaffer: Führt wertorientierte Unternehmensführung zur messbaren Wertsteigerung? 2005.

Band 72 Marcus Borchert: Die Sicherung von Wechselkursrisiken in der Rechnungslegung nach deutschem Handelsrecht und International Financial Reporting Standards (IFRS). Darstellung und Zweckmäßigkeitsanalyse. 2006.

Band 73 Marcus Bieker: Ökonomische Analyse des Fair Value Accounting. 2006.

Band 74 Jörg Wiese: Komponenten des Zinsfußes in Unternehmensbewertungskalkülen. Theoretische Grundlagen und Konsistenz. 2006.

Band 75 Silvia Hettich: Zweckadäquate Gewinnermittlungsregeln. 2006.

www.peterlang.de